# 吴梅研究新集

北京大学昆曲传承与研究丛刊

陈均 主编

宁波出版社

古吴吴梅村他宅止齋
癸卯穀雨吉日揮寫以誌

吳梅研究新集

吴梅与近代以来的中国戏曲文化研讨会合影（2019年11月9日 肖岳摄）

第四届首都戏曲研究青年学者读书会合影（2019年11月10日）

# 前　言

2019年11月9日、10日，"吴梅与近代以来的中国戏曲文化"学术论坛在北京大学举办。吴梅是中国极具影响力的戏曲理论家、教育家、作家，于1917年至1922年在北京大学任教，开设戏曲课程，被认为是中国大学里戏曲研究之始。吴梅的《顾曲麈谈》《曲学通论》等著作，被认为是中国戏曲研究的奠基之作，与王国维的《宋元戏曲考》并称。

本次论坛由北京大学艺术学院、北京大学人文学部主办，北京大学昆曲传承与研究中心、教育部中华优秀传统文化（昆曲）传承基地承办，北京戏曲文化传承与发展研究基地、首都戏曲研究青年学者读书会协办，来自北京大学、台湾大学、香港中文大学、南京大学、中国艺术研究院等高校和研究机构的30余名学者与会。恰逢吴梅逝世八十周年，论坛以近代以来的中国戏曲文化之转变为视角，深入考察吴梅的学术研究与戏曲教育诸方面，并讨论其学术研究的承传与观念的扩散，对中国近代以来的戏曲研究、舞台实践及戏曲形态所产生的影响。

论坛分为两个部分：11月9日为吴梅研究工作坊，以吴梅研究为主题，围绕着吴梅与大学教育、吴梅史料再发现、吴梅曲学研究以及近现代戏曲发展态势等议题展开；11月10日则为第四届首都戏曲研究青年学者读书会专场，主题是近代戏曲与近代社会文化的共生与互动。

  本书汇集了此次论坛与吴梅研究主题相关的论文。本次论坛是继1984年、1994年之后第三次规模较大、也是较有意义的一次纪念吴梅的学术研讨会。本书也是自王卫民先生编《吴梅和他的世界》（河北教育出版社2002年版）以来一次较大规模的吴梅研究论文的结集，不仅展示了戏曲研究的进展与发展趋向，也为进一步研究吴梅先生提供了新的史料文献与可能的路径。

编　者<br>壬寅七月廿五日

# 目　录

## 戏曲史视野下的吴梅研究

吴梅研究的回顾与思考　（苗怀明）/ 003
吴梅戏曲论著的材料来源　（陈燕芳）/ 011
20世纪初戏曲史学科的创设与讲义型戏曲史著的编纂　（黄静枫）/ 023
——以吴梅、许之衡、卢前等人的教研活动为考察中心

## 吴梅史料的挖掘与新路

家常细语与心灵世界：
　日常生活史视域下的吴梅日记　（谷曙光　赵武倩）/ 039
吴梅创作史料三论　（浦海涅）/ 055
吴梅致王立承论曲书札五通笺释　（冯先思）/ 083
新见吴国榛《续西厢》及其曲学观念简论　（冯王玺）/ 112
辽宁省图书馆藏孤本戏曲《玉虎坠传奇》考论　（姚大怀）/ 128

## 吴梅曲学研究

论吴梅"家数"说的价值 （李简）/ 143
从曲牌校注看吴梅的曲学思想与学术传承 （黄金龙）/ 161
吴梅《南北词简谱》对曲牌使用规则的拓展与补充 （刘玮）/ 181
论《顾曲麈谈》中的度曲之法 （孙敏智）/ 195
吴梅的昆曲订谱理论与实践 （俞妙兰）/ 214

## 吴梅与戏曲教育

论吴梅词曲课程建设及其育人理念 （邹青）/ 261
吴梅、陈中凡与民国时期大学的戏曲教育 （陈亮亮）/ 281
吴梅与北京大学早期昆曲教育考述 （陈均）/ 301
北方昆弋名伶韩世昌拜师吴梅先生及从学考述 （王馨）/ 318

## 吴梅研究态势

曲学大成　后世师表 （朱宗明）/ 337
—— 吴梅研究态势散议
吴梅研究的新阶段 （张淼）/ 347
—— 北京大学"吴梅与近代以来的中国戏曲文化·吴梅研究工作坊"会议综述

戏曲史视野下的吴梅研究

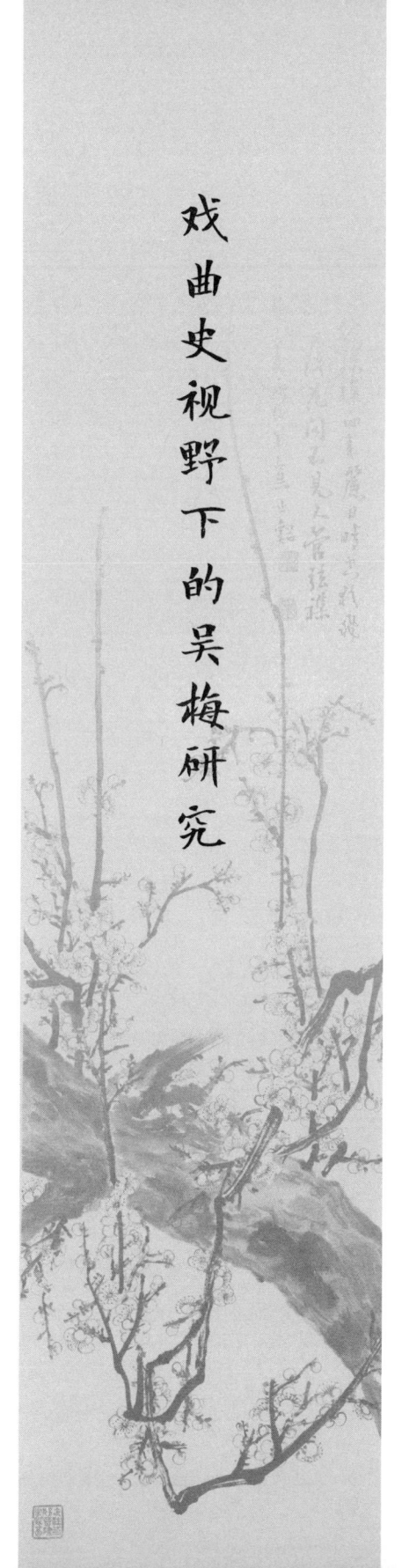

# 吴梅研究的回顾与思考

苗怀明

提起吴梅,人们往往用"一代曲学大师"来称呼他,类似的称呼其实在吴梅生前就已经有了。尽管如此,吴梅对自己身后的寂寞还是有预感的。他虽然第一次将曲学搬上大学课堂,门下涌现了一批像任中敏、卢前、钱南扬、唐圭璋、王季思这样杰出的弟子,但他的课堂上并没有出现学生抢座位、一课难求的盛况。相反,由于曲高和寡,选听其课程的人数并不多,有些学期的听课人数可以用寥寥无几一词来形容,颇为冷清。这与别的知名教授授课时学生争相选听的盛况形成鲜明对比。他常常为课堂上听课学生太少而犯愁。

吴梅曾这样告诉自己的弟子卢前:"唐人歌诗之法废,而后有词,词之歌法废,而后有南北曲,今南北曲又垂废矣。执途人而语之,虽瘏口焦唇,吾知其无益也。不如与子,拍浮高呼,寻味于酸咸之外,而自得于晓风残月之间,誉之勿喜,嗤之亦勿怒,吾固无望于今世之赏音也。"(吴梅《饮虹簃所刻曲·序》(二))

时代文化风气的变迁往往不以个人的意志为转移,有时候会显得十分残酷。在白话文学成为主流的时代里,包括词曲在内的旧体文学创作只能处于文学家族的边缘,成为少数文人雅士象牙塔内的把玩之物，不管如何提倡，也不管如何努力，都不可能再次呈现明清时期的那种繁盛景象。从吴梅这种故作放达的语气中不难感受到其背后蕴含的凄凉和无奈，因而对吴梅的研究并不仅仅是一个学人的问题，从中还可以看到学术文化风尚的变迁。

在吴梅生前，对他的研究就已经开始了。其中一些是其刊印著述时友朋们的序言题词，如黄人的《风洞山》传奇题词、《血花飞传奇》序等；有些是同好之间的诗词唱和；还有一些则是各类报刊的报道，这些文章大多带有即兴随感性质。同时也有一些学术探讨文章，如赵景深的《读吴梅曲论》、钱基博在其《现代中国文学史》一书中对吴梅的评述等，这些可以看作吴梅研究的序曲。

1939年3月17日，吴梅在云南去世，随着相关纪念活动的举办，学术层面的研究也随之展开。根据各个时期的不同情况及特点，可以将吴梅研究分为如下几个阶段。

## 一

从1939年到1949年为第一阶段。这一阶段的研究者主要是吴梅的弟子及生前友好。内容主要包括如下几个方面：

一是对吴梅著述的整理与刊印，这主要是由其弟子完成的。

吴梅去世后，其弟子卢前不负乃师厚望，在十分艰苦的条件下，得友朋同门之助，逐一完成了恩师在遗嘱中所托付的后事，将其遗著《南北词简谱》《霜厓[1]诗录》《霜厓词录》《霜厓曲录》等相继刊行，其中前一种于1939年10月刊行，后三种则由贵州文通书局于1942年刊行。

1940年，弟子潘景郑也履行了对恩师吴梅的承诺，将《霜厓词录》雕版刊行。1943年，他又将《霜厓诗录》雕版刊行。

---

[1] 编者注：吴梅字霜厓，"厓"为"崖"之异体字，今之出版物多写作"崖"，全书编辑过程中将"厓""崖"统一为"崖"字，下不另注，特此说明。

1940年，任中敏将吴梅有关戏曲的序跋结集为《霜崖曲跋》，收入其《新曲苑》中，由中华书局刊行。

上述都是吴梅研究的基础工作，其弟子对恩师情况较为熟悉，学养深厚，态度谨严，因而对吴梅著述整理的质量也很高，为其后的深入研究奠定了坚实的文献基础。

二是对吴梅的研究。这种研究起初多带有纪念性质，由吴梅的弟子及朋友发起。

比如1940年3月17日，昆明学界同仁在西南联合大学举办吴瞿安先生逝世周年纪念会，会上陈列吴梅的遗著、遗墨，并征集文稿，出版纪念刊。

1942年3月，应吴梅弟子徐益藩之请，赵景深和庄一拂在其主编的《戏曲》上做了一期"吴霜崖先生三周年祭特辑"，刊发吴梅的遗著及徐调孚的《霜崖先生著述考略》、郑逸梅的《霜崖先生别传》、浦江清的《悼吴瞿安先生》等文章，以纪念这位曲学名家。

上述纪念专刊、专辑对吴梅的生平、治学及著述做了初步的梳理，对其曲学成就做了概括和总结，不少文章的作者与吴梅有过颇为密切的交往，所言大多来自亲身经历，因而文章不仅有学术价值，同时也有着较为重要的文献价值。

## 二

从新中国成立到二十世纪八十年代，这是吴梅研究的第二阶段。在新中国成立后相当长的一段时间里，受意识形态等因素的影响，学术界对吴梅这位曲学大师关注甚少，甚至可以说是冷淡，其间只有唐圭璋、范烟桥这两位吴梅的弟子、好友在报刊上发表了两篇纪念文章，研究文章更是一篇都没有。直到进入八十年代，随着文化政策的宽松和学术研究逐步恢复正常，学界对吴梅才开始有较多的关注。

其间有三件事值得记述。

一是吴梅迁葬故土。

吴梅去世前在其遗嘱中曾特意交代,希望能安葬故土。抗战胜利后,家属有意将吴梅迁葬故土,但因路途遥远、交通不便等条件的限制,未能如愿。

1950年,在中共中央统战部的协调下,大姚县政府将吴梅的骨灰送归苏州,安葬在木渎。此举多得吴梅弟子李一平之力。

李一平早年在东南大学就读,师从吴梅。因1948年协助龙云起义、和平解放云南有功,新中国成立之后担任国务院参事。当时政府问其有何要求,李一平未提个人要求,但提出两条:一是"请移吴梅(瞿安)师之柩,归葬苏州",二是"请迎著名学者陈寅恪先生居庐山自由研究、讲学"。对第一条要求,政府答应"立即照办"(吴宓1961年8月30日日记,载《吴宓日记续编》第5册第159页,三联书店2006年版)。吴梅得以迁葬故土,这是一个很重要的推动因素。

1986年,在吴梅弟子们的呼吁和协调下,苏州市政协将吴梅骨灰迁葬于吴县穹窿山东小王山,即琴台山。吴梅的好友吴湖帆、周瘦鹃等也安葬在这里。

二是吴梅藏书的捐赠。

吴梅平生喜爱藏书,特别是其曲学收藏,既富且精,不乏珍本秘籍。吴梅去世后,其子女于1952年12月将奢摩他室藏书四千八百多卷全部捐献给北京图书馆(即今天的中国国家图书馆),受到文化部文化事业管理局的嘉奖。这些书籍主要为曲学文献,收藏在中国国家图书馆善本部,今天仍可看到。据统计,在中华书局1959年版《北京图书馆善本书目》第八册曲类部分所著录的善本书目中,带有"吴捐"或"吴梅跋"字样的就有111种,未收入《北京图书馆善本书目》的还有15种,这样算起来,该馆所藏吴梅旧藏至少有126种。

三是吴梅百年诞辰学术讨论会的召开。

1984年,天津、北京、苏州三地相继举办活动,纪念吴梅先生一百周年诞辰。3月11日,中国音乐家协会天津分会、天津古乐研究会昆曲组在天津劳动剧场举办吴梅先生一百周年诞辰纪念演出。10月20日,北京大学、北京昆曲研习社在北京大学举办纪念曲学大师吴梅先生百年诞辰座谈会。11月12日至14日,江苏省文化厅、中国戏剧家协会江苏分会、苏州市文化局、苏州市文联在苏州举办纪念吴梅先生一百周年诞辰学术讨论会。

这三场纪念活动在学界产生较大影响，可以看作改革开放以来吴梅研究的正式起步。其后，吴梅的著述被不断整理出版，相关的研究著述也开始出版发表。

在吴梅著述的整理出版方面，王卫民所编的《吴梅戏曲论文集》（中国戏剧出版社1983年版）将吴梅有关戏曲的著述编为一集，为研究者了解和研究吴梅提供了便利。这是新中国成立后吴梅著述第一次整理出版，此前人们要想看到吴梅的著述并不容易。该书后来在较长一段时间内是了解吴梅戏曲研究的重要参考书。

值得注意的是，1988年出现了研究吴梅的第一篇硕士学位论文，那就是台湾师范大学国文研究所黄立玉的硕士学位论文《吴瞿安先生之曲学及其剧作研究》。该文对吴梅的戏曲创作及研究进行了较为全面的探讨。大陆地区以吴梅为选题的硕士学位论文要到二十一世纪后才相继出现。

## 三

从二十世纪九十年代至今，为第三阶段。这一阶段是吴梅研究正式展开的一个阶段，也是一个大有收获的阶段。随着曲学研究的深入，学界对吴梅也有了新的认识，一些学人将其与王国维、齐如山三位并列为戏曲研究的重要先驱者，高度评价其在曲学研究领域的开山之功。

学界对吴梅研究的重视程度，从如下两件事可以看出来。

一是1994年3月25日至28日，由中国社会科学院文学研究所、中国艺术研究院戏曲研究所、北京市艺术研究所、江苏省文化艺术研究所、江苏戏剧家协会联合发起，江苏省文联、江苏省文化厅、苏州市人民政府、苏州市政协、吴县县政府在吴梅故乡吴县举办"纪念吴梅诞辰110周年暨第五次中国近代戏曲学术研讨会"，来自全国各地的专家代表40多人参加会议，大会围绕着吴梅的曲学理论、戏曲创作、戏曲教学等问题进行了较为深入细致的讨论。《艺术百家》杂志为此推出纪念专辑。

二是 2004 年 9 月 19 日，南京昆曲社在甘熙故居举行主题为"纪念昆曲曲家吴梅诞辰 120 周年暨洪升逝世 300 周年"的曲会，纪念吴梅诞辰 120 周年。在曲会上，吴新雷教授举办专题讲座，向曲友介绍吴梅的生平及学术贡献，同年他还撰文《关于吴梅的昆曲论著及其演唱实践——为纪念曲学大师吴梅先生诞辰 120 周年而作》。

不管这种纪念活动规模的大小，每到吴梅诞辰或去世的整数年份，学界都会举行纪念活动。这本身就说明吴梅在后世影响的深远。

这一时期，吴梅的各类著述被不断整理出版，特别是其《顾曲麈谈》《词学通论》等流传较广的著作，被各类出版社反复重印，成为热销书。吴梅的书札、书法作品不时出现在各类拍卖会上，受到人们的关注。

在研究方面，《吴梅全集》的整理出版，代表着吴梅研究进入了一个新的阶段。

吴梅生前与弟子卢前有刊印遗著之托，但仅限于《南北词简谱》等代表性著述，并未有编印全集的打算，也不愿意编印全集。但对后学者来说，搜集其全部著述，编印全集，则是出于研究的需要，是必须要做的基本工作。这一工作是由王卫民先生完成的。

2002 年，王卫民整理的《吴梅全集》由河北教育出版社出版。该书分作品、理论、南北词简谱、日记四卷，收录当时所能搜罗到的吴梅存世的全部著述，由此可以了解吴梅创作与治学的整体情况，为相关研究提供不少便利，具有重要的参考价值。

在吴梅研究方面，王卫民也是用力最勤、成果最多的一位。这一时期除了整理出版《吴梅全集》，他还撰写、编印了《吴梅评传》（再版时改名《曲学大成 后世师表：吴梅评传》）、《吴梅研究》、《吴梅和他的世界》等著述，其中《吴梅和他的世界》一书收录有关吴梅的纪念文章和研究论文，具有史料价值。

此外还有两部研究吴梅的专著出版，即邓乔彬的《吴梅研究》和蔡孟珍的《近代曲学二家研究：吴梅、王季烈》。

进入二十一世纪，吴梅研究受到学界越来越多的重视，有研究专著相继出版，即胡庆龄的《吴梅戏剧美学思想研究》和笔者的《吴梅评传》。

值得关注的是,这一时期出现了9篇以吴梅为研究对象的硕士、博士论文,其中博士论文1篇,硕士论文8篇,如李伟的《吴梅曲学研究》(南京大学2000年硕士论文)、胡庆龄的《吴梅戏剧美学思想研究》(山东大学2005年博士论文)等。相关论文更是呈现出明显的增长态势。

随着研究的不断深入,在吴梅去世80多年后,人们对这位曲学大师当会有更为全面、深入的了解,相关研究也将进入一个新的阶段。

## 四

总的来看,自吴梅去世特别是二十世纪八十年代以来,吴梅研究取得了较大进展,有不少有分量的著述面世,但不可讳言,其中存在不少缺憾,在这一领域还有相当大的学术空间。就笔者个人的体会,吴梅研究可以在如下几个方面着手。

一是整理佚作。《吴梅全集》虽然已经出版,为相关研究提供了不少便利,但遗憾的是限于当时的条件,该书还存在不少漏收及疏误之处,有些作品有不同的版本,整理者未能进行校对,因此有加以增补修订的必要。笔者撰写《吴梅评传》一书时,在全集之外搜集了三四十篇吴梅的各类佚作,准备等时机成熟,编印出版。在此方面,如果认真搜罗,还是可以再找到一些遗篇的。

二是深入挖掘。吴梅是现代曲学研究的先驱者,开创了与王国维、齐如山不同的研究模式,其成就主要在曲学的声律、品鉴方面。这一领域在民国时期尚有少数学人关注,此后逐渐成为绝学,如今精通此道者更是寥寥无几,需要有人甘于坐冷板凳,涉足这一领域,深入探讨吴梅的曲学成就包括其文学创作。这方面还有很多工作可做。

三是拓展研究领域。吴梅虽然被尊为一代曲学大师,但其学术成就并不仅仅限于曲学,其在词学上的成就也是有目共睹的,为一些学人所关注。此外吴梅在诗文、书画乃至史学方面也均有涉猎,且有著述,这些也都是值得深入探讨的。

此外有关吴梅的生平史料包括书札、书法作品等也需要不断搜罗。总之，吴梅研究还有很多值得去做的工作，这需要有更多的学人加入到这支队伍中来。

当然，吴梅研究与对其他曲学研究者的研究不同，有其特殊性。曲学中的声律之学在明清时期能够精通者本来就不多，尽管到近代经吴梅、王季烈等人提倡示范，发扬广大，但后继乏人，至今仍是冷门绝学，学界即便重视起来，也不会再有当年的盛况。但这也不是什么坏事，只要有三五学者能沉下心来，认认真真梳理文献，进行卓有成效的探讨，其实也就够了，相信这也是吴梅本人希望看到的。

# 吴梅戏曲论著的材料来源

陈燕芳

1905年至1913年,吴梅辗转任教东吴大学堂、南京第四师范、上海民立中学,其间酝酿、撰写《顾曲麈谈》(1914年刊行)。1917年至1922年,吴梅受聘国立北京大学中文系,教授戏曲、戏曲史等课程,任教期间又为学生编写《词余讲义》,此稿1932年改题《曲学通论》由商务印书馆刊行。1922年,吴梅应国立东南大学聘约南归,于1925年发表《中国戏曲概论》,总结南北任教期间的治曲心得。从《顾曲麈谈》《词余讲义》写作发表,到《中国戏曲概论》刊行,十余年间恰逢近代教育、学术、文化思潮发生剧烈变化的特殊时期。三部戏曲研究著作反映了民国时期传统曲学研究范式的转移和吴梅本人曲学理念的进展。本文对以上三书征引新旧曲论的情况进行具体比较,厘清此前部分误归吴梅名下、流传较广的戏曲史叙述,检视传统曲学资源、近代文史新知对吴梅戏曲著述的影响,探讨吴梅戏曲研究在近代戏曲学转型发展历程中的学术史意义。

## 一、传统曲学资源的征引与重组

在20世纪学术史上,吴梅曾有旧曲学集大成者之誉,这一评价除指向以曲为本位、精研曲律曲法的学术旨趣外，还源于吴梅戏曲研究对于传统曲论、曲话的择选与整合。《顾曲麈谈》"原曲"部分谈及著书之由，乃因当时"遍问曲家，卒无有详示本末者"，故将平生所得"倾筐倒箧而出之"，欲使人知曲中亦有"规矩准绳"。[1]所谓"规矩准绳"，对于制曲、度曲实践而言，主要以元明以来逐渐定型的曲体格范为依归。这样的撰述背景及主观目的，决定了元明清传统曲论、曲谱、曲史掌故在吴梅戏曲论著中的资料价值。

通观《顾曲麈谈》《词余讲义》《中国戏曲概论》三著对明清曲论的援引，传统曲论包括王骥德《曲律》、李渔《闲情偶寄》、徐大椿《乐府传声》、杨恩寿《词余丛话》、杨慎《词品》、王世贞《艺苑卮言》、何良俊《四友斋丛说》、陈栋《北泾草堂曲论》、焦循《剧说》、钟嗣成《录鬼簿》等；就曲谱而言，有《纳书楹》《吟香堂》《大成宫谱》《南词谱》等；就音韵理论而言，有毛先舒《声音韵统》《唐人韵四声表释》《南曲入声客问》《燕乐考原》《长庚律话》；笔记杂著，包括《南村辍耕录》《尧山堂外纪》《宜斋野乘》《中山诗话》《齐东野语》《静志居诗话》《钱塘遗事》《元诗选》《列朝诗集小传》《在园杂志》《少室山房笔丛》《武林旧事》和《瓯江逸志》。

从章节设置和基本内容看，吴梅早期成名之作《顾曲麈谈》及任教北京大学期间的《词余讲义》，明显体现出传统曲学理论观念的烙印。《顾曲麈谈》共分原曲、制曲、度曲、谈曲四章，涵盖传统曲学中的基本原理、创作方法、演唱方法和曲史、曲话。第一章"原曲"论曲体要素，分宫调、音韵、南曲作法、北曲作法四节。南曲作法，又分词牌、曲音、板式、套数。北曲作法专论曲谱、务头及套数。各节各目均为传统曲学理论中的基本概念。第二章"制曲"是整体意义上的创作论，分作剧法与作清曲法两部分。作剧法的具体节目依托李渔《闲情偶寄》"结构论"，内文稍有增改。作清曲法则为吴梅自撰。第三章"度曲"为昆曲曲唱理论，分五音、四呼、四声、出字、收声、归韵、曲情各节，章节名

---

[1] 吴梅：《顾曲麈谈》，载王卫民编《吴梅全集·理论卷上》，河北教育出版社2002年版，第4页。

称与正文内容基本依托徐大椿《乐府传声》,并附魏良辅《曲律》一篇。除"去声唱法"及后附制谱之法为吴梅自撰外,本章其余内容基本袭自传统曲论,文字改动不多。第四章《谈曲》,从正史、笔记和曲话作品中辑得元明清重要作家、作品的创作背景、逸事,并对曲文进行赏析评介,对戏曲发展历程做了简要钩沉,主要素材来源为明代《词品》《尧山堂外纪》诸书。

至于任教国立北京大学期间所做的《词余讲义》,吴梅自序称乃"据王骥德《曲律》为本",又采集周德清、朱权、沈璟、沈自晋诸家曲谱,并参考陶宗仪、王世贞、臧懋循、李渔、毛先舒、朱彝尊、焦循各家之言。[1]该讲义的章节结构和主要文本均承袭王骥德《曲律》,其余部分则多为前述诸家曲论的汇辑融合,评介、引用尤其谨慎。从曲学知识体系的建构来看,《顾曲麈谈》和《词余讲义》客观上未脱离传统曲学架构,占据主要篇幅的,是吴梅对传统曲学理论的搜辑、整理与介绍。这一工作在二十世纪初的曲学研究中有筚路蓝缕之功,也体现出吴梅前期戏曲研究对旧曲学的因循。

从《顾曲麈谈》《词余讲义》到《中国戏曲概论》,吴梅先生在其戏曲研究论著中,多次明确指出其所征引的传统曲学资源。具体情形略分四种:其一,引文时直陈作者或书目,如《顾曲麈谈》"原曲"部分所引王世贞论北曲源流之语,以及"度曲"部分所附魏良辅《曲律》等。[2]其二,在考辨曲学源流时,对前人前作进行归纳性的概括,如"原曲"中"论音韵"一节称"今取各家之说,汇集考订,以王鵕《音韵辑要》为主,分别部居,勒成一种曲韵",并列出《集韵》《中原音韵》《大成宫谱》《钦定词韵》《南词谱》《中州韵》等书目备考。[3]其三,在序跋或具体行文中,明确指出参考借鉴的文献材料,例如《词余讲义》自序称此书以王骥德《曲律》为本,又汇辑各谱、众家曲论。[4]其四,在行文中虽未确指具体材料来源,但大致说明参考文献的情况。如《顾曲麈谈》"制曲"

---

[1] 吴梅:《曲学通论》,载《吴梅全集·理论卷上》,第161页。

[2] 吴梅:《顾曲麈谈》,载《吴梅全集·理论卷上》,第3页。

[3] 吴梅:《顾曲麈谈》,载《吴梅全集·理论卷上》,第18、19页。

[4] 吴梅:《曲学通论》,载《吴梅全集·理论卷上》,第161页。

部分提及"宋人说部"所载钱惟演、杨亿逸事,经查源于吴枋《宜斋野乘》、刘攽《中山诗话》等。[1]

在此前对吴梅戏曲研究的评价、讨论中,研究者已注意其广征博引、集成众说的特点。不过,至今仍有部分传统曲论的原文被误归吴梅名下。如清代曲家陈栋在《北泾草堂曲论》中评述尤侗之作:"曲至西堂,又别具一变相,其运笔之奥而劲也,使事之典而巧也,下语之艳媚而油油动人也。置之案头,竟可作一部异书读。"[2]陈栋是清乾嘉时期杭州戏曲作家,吴梅在《中国戏曲概论》"清人杂剧"部分对其作品评价极高,称其曲"骚雅绝伦",能得关、王、宫、乔遗法。在介绍尤侗作品时,吴梅直接引用陈栋此论,仅将"油油动人"改为"悠悠动人",可见对其曲学审美之认同。[3]不过,由于具体行文中未点明出处,后来部分论者误将陈栋论曲之语作为吴梅重视审美体验、强调直觉感悟的典型例证。

与此类似的还有清代杨恩寿《词余丛话》和毛先舒的韵学理论。《中国戏曲概论》梳理介绍清人杂剧、传奇时,部分文字径引《词余丛话》而未及说明,容易造成混淆。如记嵇永仁著《续离骚》之背景、评蒋心馀《藏园九种曲》之人物关系、评《芝龛记》之情节穿插,都是对《词余丛话》原文的直接借用。另如《词余讲义》第八章"论韵"部分。通过对毛氏原文的核查比较不难发现,此节文字乃《声音韵统论》《唐人韵四声表释》和《南曲入声客问》等篇之集合,非吴梅自撰,仅可表明吴梅对毛氏韵说的认同。

与晚出的《中国戏曲概论》相比,《顾曲麈谈》《词余讲义》对传统曲学资源的征引比例更高、篇幅更多。《顾曲麈谈》内容涵括曲体知识、度曲制曲技法和曲史源流,对《闲情偶寄》《乐府传声》和元明清笔记杂著内容均有借鉴参考。《词余讲义》既聚焦曲学基本原理,又兼有讲义性质,因此全书以王骥德《曲律》为纲要,对此书的摘抄引用也很明显。相比之下,《中国戏曲概论》

---

[1] 吴梅:《顾曲麈谈》,载《吴梅全集·理论卷上》,第89页。
[2] 俞为民、孙蓉蓉编:《历代曲话汇编·清代编》第三集,黄山书社2008年版,第534页。
[3] 吴梅:《中国戏曲概论》,载《吴梅全集·理论卷上》,第299页。

属后出的概论式著作,以时间为主要撰述逻辑,着重梳理呈现宋元以至明清时期的戏曲发展历程。该书在参考各类曲史掌故外,更有对戏曲史脉络线索、作家作品流派的关顾留意。这从另一个角度说明,传统曲学资源零散、片段式的特点,已不能完全满足现代戏曲通史的呈现需要。

## 二、基于民国时期文史新知的戏曲史叙述

1922年秋,吴梅离开北京大学,应东南大学之聘赴南京教授词曲,并于1925年发表曲学新著《中国戏曲概论》。此书既融合吴梅此前的治曲、任教、著述经验,又受当时新兴学术理念,特别是民国学界通史、通论书写风潮之影响,在观念、方法和素材使用等方面较前作均有新的进展。在民国时期的戏曲研究领域,以及吴梅个人的学术发展脉络中,《中国戏曲概论》的意义都值得再做讨论。

对吴梅学术研究贡献、学术方法的探讨,难以离开其与王国维、齐如山等人的比较。在二十世纪戏曲学史上,早有学者将"戏曲"这门总的学问分作两途,其一为王国维所擅的戏剧史研究,其二为吴梅所擅长的"戏曲本身"的研讨。浦江清以为"近世对于戏曲一门学问,最有研究者推王静安先生与吴先生两人,静安先生在历史考证方面,开戏曲史研究之先路。但在戏曲本身之研究,还当推瞿安先生独步"[1]。新时期以来,吴梅与王国维、齐如山戏曲研究方法之比较,被进一步提炼、区分为传统曲学、现代戏剧史学和戏曲舞台研究三种路向,在学界影响广泛。[2]从学术史角度对不同学人研究旨趣的归纳,并不意味早期戏曲研究之间存在泾渭分明的路径、观念和方法。事实上,王国

---

[1] 浦江清:《悼吴瞿安先生》,载《戏曲月辑》1942年第三期。唐圭璋先生也称王国维之研究为"从历史考证方面研究中国戏曲的源流与发展",其贡献在于"开辟研究戏曲的途径",吴梅则"从戏曲本身研究作曲、唱曲、谱曲、校曲",并通过集印曲本文献为文学史戏曲史提供"极珍贵的资料"。唐圭璋:《回忆吴瞿安先生》,载《雨花》1957年第5期。

[2] 康保成:《中国近代戏剧形式论》,漓江出版社1991年版。陈平原:《中国戏剧研究的三种路向》,载《中山大学学报·社会科学版》2010年第3期,第1—27页。

维《曲录》《宋元戏曲史》，黄人《中国文学史》等民国戏曲、文学史著作都曾对吴梅的曲学观念和曲学著述产生具体影响。

### 1. 与王国维《曲录》《宋元戏曲考》之关系

以往学者论及王、吴等人之学术成果，往往强调其迥异的研究取向，事实上，王国维对吴梅曲学研究之影响，可以视为近现代文化转型、新旧学术交流对话的典型个案。王国维《曲录》完成于1906年，《宋元戏曲考》于1913年至1914年刊发在《东方杂志》第九、十卷诸期，并于1915年由商务印书馆单独发行，成为现代戏曲研究开创之作。

在吴梅所著《霜崖曲话》《顾曲麈谈》《曲学通论》《中国戏曲概论》诸书中，均见王著《宋元戏曲考》之曲学观念、考证成果乃至具体结论的影响痕迹。此前吴新雷先生已指出《霜崖曲话》卷八关于元杂剧渊源、时地、存亡的论述，卷十一有关乐曲源流、砌末、大曲、院本的部分论述实际源自《宋元戏曲考》。[1]苗怀明先生分析《曲学通论》"原曲"部分"曲之为道"一段叙述，也发现这段文字是从《宋元戏曲考》自序化用而来。[2]通过文本比对，《宋元戏曲考》对吴梅戏曲论著的影响还有多处体现。

在1914年发表的《顾曲麈谈》第四章"谈曲"部分，吴梅超越文人曲家本位，对元代梨园作家亦给予关注，体现其建立在文献、史实基础上的全面戏曲史观。在这段文字后，吴梅引用王国维《曲录》自序："王静庵云：明昌一编，尽金源之文献；吴兴百种，抗皇元之风雅。百年之风会成焉，三朝之人文系焉。况第其卷帙，铁两宋之诗余，论其体裁，开有明之制义，考古者征其事，论世者观其心，游艺者玩其词，知音者辨其律。"[3]传统曲学"知音者"吴梅充分认同"考古者"王国维的曲学研究。

---

[1] 吴新雷：《吴梅遗稿〈霜崖曲话〉的发现及探究》，载《南京大学学报》1990年第4期，第29—37页。

[2] 苗怀明：《吴梅进北大与戏曲研究学科的建立》，载《北京社会科学》2008年第6期，第65—72页。

[3] 吴梅：《顾曲麈谈》，载《吴梅全集·理论卷上》，第138页。

《中国戏曲概论》关于金元戏曲源流的部分，吴梅也多从王说，或直接引用《宋元戏曲考》原文。《中国戏曲概论》卷上由"金元总论""诸杂院本""诸宫调""元人杂剧""元人散曲"诸节构成，多处可见对《宋元戏曲考》内容的采信与援引。例如，"金元总论"对古剧源流、时代之判断来自王国维的观点。"诸杂院本"的综论部分，源自《宋元戏曲考》第六章"金院本名目"而有所简省，结语部分则为吴梅自撰。"诸宫调"一节综论部分对应《宋元戏曲考》第四章"宋之乐曲"，其后对董西厢格律、文本的具体分析、评介为吴梅自撰。"元人杂剧"一节所列元剧目录，与《宋元戏曲考》大同小异，稍有增减。"元人散曲"一节多为吴所自撰，不过所举曲例的内容、顺序却与《宋元戏曲考》第十二章"元剧之文章"相同。除对王氏曲论的直接援引外，吴梅还多次对王国维的曲学成就表示钦服，显示民国时期戏曲研究内部的沟通与融合。

## 2. 与黄人《中国文学史》之关系

另一位对吴梅曲学论著有深刻影响的民国学者，是东吴大学时期与吴梅共事的黄摩西。黄人，字摩西，清光绪二十七年（1901）受聘于东吴大学，曾编订出版《中国文学史》《中国哲学史》《东亚文化史》等大学教材，其中《中国文学史》的编纂曾得吴梅襄助。《东吴六志》载："光绪三十年，西历1904年，孙校长以本校仪式上之布置略有就绪，急应厘订各科课本；而西学课本尽可择优取用，唯国学方面，既一向未有学校之设立，何来合适课本，不得不自谋编著。因商之黄摩西先生，请其担任编辑主任，别延嵇绍周、吴瞿庵两先生分任其事。"[1]

《中国文学史》最终成稿于1907年，时间早于吴梅系列曲学论著。值得注意的是，书中"明之新文学"一节与《中国戏曲概论》的明代部分多有重合之处。《中国戏曲概论》卷中分"明总论""明人杂剧""明人传奇""明人散曲"四章，"明总论"中的"一代之文，每与一代之乐相表里"说称引尤其广泛。黄人《中国文学史》的"明之新文学"部分，自"一代之文，每与一代之乐相表里"，

---

[1] 徐允修：《东吴六志》，利苏印书社1926年版，第96页。

至"比较北部之音,似有积薪之势",与《中国戏曲概论》文字全同。[1]在《国朝文汇》一书的序言中,黄人也表达过类似观念:"有一代之政教风尚,则有一代之学术思想。"[2]这种文艺、政治代变的观念自清代焦循以来便颇具影响力,黄人著作中屡屡出现的相关表述,也使我们重新考量"一代之文与乐"说的提出背景。

《中国文学史》对《浣纱记》《琵琶记》以及"临川四梦"的介绍分析,也与《中国戏曲概论》重合。如对"四梦"之评价,《中国文学史》:"就表面观之,则《四梦》中之主人,为杜女也,霍郡主也,卢生也,淳于酒徒也。而作者之意,则当以冥判、黄衫客、吕翁、契元禅师为主人。盖前四人为场中之傀儡,而后四人则提掇线索者也。前四人为梦中之人,而后四人则梦外之人也……"[3]

黄人《中国文学史》对吴梅曲学著述的影响还体现在文学史观的建立。在中国近代学术发展历程中,"文学史"可视为西方近代人文学术体制的舶来品。早期任职京师大学堂的林传甲、执教东吴大学的黄人等,实际是第一批将传统文法、文话、文坛掌故整合为文学史著作的重要学者。黄人在编选《国朝文汇》一书时曾专门探讨"文"与"史"的关系:

> 然文学虽如是其重,而独无文学史,所以考文学之源流、种类、正变、沿革者,惟有文学家列传(如文苑传;而稍讲考据、性理者,尚入别传),及目录(如艺文志类)、选本(如以时、地、流派选合者)、批评(如《文心雕龙》《诗品》、诗话之类)而已。而所持者又甚狭,既失先河后海之旨,更多朝三暮四之弊,故虽终身隶属于文学界者,亦各守畛域而不能交通。[4]

---

[1] 黄人著,杨旭辉点校:《中国文学史》,苏州大学出版社2015年版,第309页。

[2] 转引自常恒畅:《〈国朝文汇〉与20世纪初文学史观之关系》,载《文艺理论研究》2019年第2期,第126—133页、第169页。

[3] 黄人著,杨旭辉点校:《中国文学史》,苏州大学出版社2015年版,第312页。

[4] 转引自常恒畅:《〈国朝文汇〉与20世纪初文学史观之关系》,载《文艺理论研究》2019年第2期,第126—133页、第169页。

黄人提倡打破文史界限,将文与史结合起来的做法,今日看来或已略显平淡,但在清末民初特定历史语境中,其文学史编撰实践充分体现了传统学人对近代人文学科体制的主动移植与模仿,对其后的文学史、戏曲史书写有重要示范作用。

## 三、从"麈谈""讲义"到"概论":宏观曲学体系的建构

如果《顾曲麈谈》《词余讲义》主要体现传统曲学的传承整理之功,学术观念、方法多属旧式,《中国戏曲概论》则体现新旧学术文化交替加诸文人学者的影响,反映现代知识范式在民国文史研究中的引领。

如前所述,1914年发表的《顾曲麈谈》虽然涉及曲学原理与曲史掌故,但仍是一部以创作、实践为核心的曲学论著。这一撰述取向,与作者早期曲学观念有直接联系,也与当时高等学校课程设置的导向有关。国立北京大学1918年发布《文科国文学门文学教授案》,其中明确规定:"文科国文学门设有文学史及文学两科,其目的本截然不同,故教授方法不能不有所区别。"前者目的"使学者知各代文学之变迁及其派别",后者的功用则为"使学者研寻作文之妙用,有以窥见作者之用心,俾增进其文学之技术"。[1]在当时的专业教授语境中,文学(创作)是与文学史研究同等重要的科目。

对文学史研究、讲授、书写的强调是民国时期史学热潮兴起后的产物。此前,文学文化研究领域基本以服务于创作、实践的技术养成为核心旨归。诸如林纾《春觉斋论文》、姚永朴《文学研究法》等传统文论著作,均源出同一时期的北大国文讲义,着眼点均非"文学研究",而是"写作指导"。从这个角度看,《顾曲麈谈》以教作、教唱为中心的著述理念在二十世纪初的文史研究中并不特殊。

1917年,吴梅赴国立北京大学任教是影响其个人学术生涯、著述旨趣的转折点,也是近现代戏曲研究、戏曲史学科转型的节点。他在此期间完成的

---

[1] 本校纪事《文科国文学门文学教授案》,《北京大学日刊》,1918年第126期。

《词余讲义》一书,虽然仍体现浓厚的传统曲学撰述特点,主要建立在对传统曲学理论的抄撮介绍之上,但也因现代教育体制、专业课程设置的要求而出现"讲义类著述"特有的文本共性。

1910年至1917年任教于北京大学的姚永朴曾著《文学研究法》一书,是当时北大文学课程的完整讲义。在此书"结论"部分,姚永朴介绍此书的撰述目的为"指示图辙",使诸生"知所以用力"而"实行"之。[1]对开设曲学课程的教师吴梅而言,讲义的主要功能同样是指示曲学门径,辅助课程教学顺利完成,并非严谨、严格的个人著作。讲义式著作服务课堂的功能特点,进而决定其结构框架、内容设置、难易程度需要充分考虑、直接满足课堂教学的需要。鉴于当时北京大学教务部门对课程讲义的编写有较严格的具体规定,这一时期吴梅戏曲著述的变化,体现了为适应教学而进行的调整。

以《词余讲义》为例。该书共分十二章,章目分别为"曲原""宫调""调名""平仄""阴阳""作法上""作法下""论韵""正讹""务头""十知""家数"。其中,"十知"又分"字义""章法""句法""引子""过曲""尾格""集曲""衬字""板眼""四十禁"。从各章节的容量来看,吴梅对各节的内容篇幅进行了控制与平衡。为适应课堂要求,知识体系发生调整,部分文字经过删改,与王骥德《曲律》原著和此前的《顾曲麈谈》一书相比,文本面貌有较大改观。例如,《词余讲义》删去原《顾曲麈谈》"论宫调"中较繁复的同宫曲牌胪列,并对"微渺难以具言"的古代律吕理论仅做撮要阐释。《词余讲义》还从《顾曲麈谈》"词牌之体式宜别"部分抽取出独立的"调名"一目,由原来关注曲牌体式对制谱、度曲的影响,转而勾勒曲调、牌名的沿革互异之理。在《词余讲义》中,吴梅还删减《顾曲麈谈》"度曲"一章对四声唱法的具体介绍,代之以更简明的平仄应用原理,并增设"阴阳"一目,具论四声阴阳配搭之法。《顾曲麈谈》的"论音韵"部分,对此前韵谱源流虽有留意,但最终呈现方式是取各家之说,成曲韵一种。这种做法显然是为创作实践服务的。相比之下,《词余讲义》先引毛先舒之韵说,备论四声发音特色,再列唐人韵目韵理,结合

---

[1] 姚永朴:《文学研究法》,黄山书社1989年版,第190页。

曲韵特色进行分析，有更清晰的理论意识和历史观点。另外，从《顾曲麈谈》的"谈曲"到《词余讲义》的"家数"，不仅文字精简，条论流别的意识也更为明晰。对于这一时期吴梅戏曲论著出现的新变化，苗怀明认为："著作内容、表述方式的变化是耐人寻味的，由此可以看到现代教育制度和学术制度对一位学人的改造和影响。""五年的北大执教生活使他逐渐转变为一位现代学者。这种学术文化角色的转换形象地体现了中国学术从传统形态到现代形态的深层变迁。"[1]

继后完成的《中国戏曲概论》，名为概论，实则通史。全书分上、中、下三卷，分别对应宋金元、明代、清代戏曲史内容。全书内容着重戏曲源流发展，大幅吸收新出文学史、戏曲史成果（《曲录》《宋元戏曲考》及《中国文学史》等），旨在建立完整、通贯的戏曲史叙述。王卫民先生在探讨吴梅曲学贡献时，认为吴梅后期曲学研究"努力采用抽象、分类、综合、归纳等科学方法，使自己的曲学研究在科学化、系统化方面，大大超过了以往的曲话著作"[2]。从知识框架、学术体系的角度看，《中国戏曲概论》以时间、文体、作家、作品为内在逻辑的素材组织方式，正是受近代知识范式的影响，开始真正体现新曲学研究的特性。

## 结　语

新旧曲学理论资源、观念框架的冲突与整合，是把握吴梅曲学著作内部发展脉络的核心。受到传统著述习惯及课程讲义体例影响，吴梅早期戏曲论著以述带论、广采博撷。其撰述目的，既与当时学界、文坛对创作实践之强调的影响有关，又必须兼顾课程设置、讲授的实际用途。通过对《顾曲麈谈》《词余讲义》《中国戏曲概论》三书的具体文本分析，可以发现吴梅系列戏曲论著的知识体系、内容框架、叙述模式包含近代学术变迁、知识转型带来的张力。

---

[1] 苗怀明：《吴梅进北大与戏曲研究学科的建立》，载《北京社会科学》2008年第6期，第65—72页。

[2] 王卫民：《继往开来　独树一帜——论吴梅在曲学研究上的贡献》，载《吴梅和他的世界》，河北教育出版社2002年版，第318页。

从麈谈、讲义到概论式著作,在吴梅学术生涯的不同阶段、不同作品中,新旧曲学的角力始终存在。在二十世纪初学术文化剧烈转型的大背景下,吴梅对传统曲学资源、民国文史新知的梳理与重塑,一方面既有身为文人曲家的自得之见,另一方面也体现出他作为知识转型期学者逐渐培育的学术自觉。

# 20世纪初戏曲史学科的创设与讲义型戏曲史著的编纂

## ——以吴梅、许之衡、卢前等人的教研活动为考察中心

黄静枫

作为学科的戏曲史初创于民国,并且涌现了一大批戏曲史著。按照阅读对象的不同,大致可以将这些史著分成三类:学术型、讲义型与普及型。学术型史著是撰著者重要的学术论著,代表戏曲史研究的最高水平,它们的阅读群体主要是从事研究的学人。普及型史著面向广大具有一定知识水平的青年读者,目的是让他们对中国戏曲的来龙去脉有大致的了解。这一时期普及型史著的生产与民族独立运动密切配合。在救亡语境中,中国戏曲作为东方艺术的精粹可以与西方艺术分庭抗礼。而宣传国粹的目的是提升广大青年的文化自信,从而推动全民族抗战的胜利。讲义型史著主要是为需要学习戏曲史课程的学生们服务。它们或者是从文学史讲义中抽取戏曲部分连缀而成,或者是由授课讲义直接刊印而成。之所以有两种不同的成书方式,就在于最初并没有独立的戏曲史课程,戏曲史讲述是被分散到文学史中的。它作为一种文学样式,与诗歌、小说等相提并论,在不同时期的文学概述中被提及。而把每一时期的戏曲部分摘取出来,加以连缀,就成了一部戏曲史著。这种成书方式的代表,是吴梅的《中

国戏曲概论》。随着戏曲史课程从文学史教学中独立出来，教员们需要编写专门的戏曲史讲义。这时候戏曲史著的出版就更方便了，将配合戏曲史课堂教学的授课底稿直接刊印就能实现。许之衡《戏曲源流》、王易《词曲史》、卢前《明清戏曲史》《中国戏剧概论》等都是由授课讲义直接出版而来。讲义型戏曲史著成书方式变化的根本原因是戏曲史课程的独立。讲义型戏曲史著最大的特点就是历史讲述的"提纲化"，即编写者仅在设置的历史框架下填充基本历史事件。纲举目张的历史讲述，在让读者迅速把握戏曲流变的同时，也导致他们无法窥视更具体的历史细节，他们对历史仅有宏观的感受，而无细致的体验。上述"利""弊"共存的现象正是讲义型史著历史书写最显著的特征。

本文将梳理20世纪上半叶讲义型戏曲史著的成书概况，指出此期戏曲史学科建设引起的此类史著成书方式的变化。同时，将这类史著置于戏曲史学史上，客观准确地界定这类历史还原工作的价值。

## 一、吴梅《中国戏曲概论》的成书

1926年10月，吴梅《中国戏曲概论》由大东书局初版。前弁王文濡同年同月所作序，序称："去岁冬因事至苏，邂逅于茗寮桂芳园。……既而询君近作，出示《曲学概论》一编。"[1]知此书已于1925年成稿。吴氏1922年秋后，应东南大学邀聘举室南归，1925年仍执教于东大。故该书实成于吴氏执教东南大学期间，而且成书时间很短。[2]短期内完成戏曲史撰述的情形很像《宋元戏曲史》的写作。这也不得不让我们产生联想，即吴梅的戏曲史编撰实际和王国维一样，在正式写作之前，通过史料爬梳已经初步掌握了戏曲历史的基本内容。可能吴梅要比王国维准备得还充分，甚至连不同历史阶段的描述都

---

[1] 吴梅：《中国戏曲概论》，大东书局1926年版。
[2] "出版社争相约稿，促使他抓紧写作，尽快问世。像《元剧研究》《中国戏曲概论》《辽金元文学史》《奢摩他室曲丛》等，都是在出版社催促下编著出来的。"王卫民：《曲学大成后世师表——吴梅评传》，上海古籍出版社2010年版。

已经大致成文。因此，只要将它们按照时序进行勾联，"速成"一部戏曲史并非难以想象的。当我们试图在他前一研究阶段（执教北京大学）的学术成果中求证时，发现了很多事实可以印证上述猜想。《中国戏曲概论》的确与吴梅北京大学教学存在着学术上的因袭，或者可以说《中国戏曲概论》的部分论述是北大期间研究成果的照搬。

1917年1月，蔡元培出任北京大学校长。蔡氏之前的北大主政者对小说戏曲之类的"体卑"之作是相当排斥的，早期的文学史课程并没有戏曲的一席之地。"蔡校长重视美育，固重文学，亦重艺术，遂由词曲而及戏剧。认为凡此皆美育范围内应有之发展，正赖于大学文科内设专业课，以昌明之。"[1]仰赖蔡氏"美育"思想，词曲、小说顺利地进入了北大课堂。这年9月，时任教于上海民立中学的吴梅欣然接受蔡元培的邀请，入北大讲授词曲。

《国立北京大学廿周年纪念册》（1918年）中《现任职员录》称吴梅在北大系"文本科教授兼国文门研究所教员"，而"一览表"类中《各研究所科目及担任教员一览表》则记录吴梅担任"文学史"和"曲"两门课程教员（文科研究所国文门开设十科）。[2]又北京大学档案馆所藏《北京大学文科一览》（1918年）提及国文系教员吴梅讲授"词曲"和"近代文学史"两门课程。吴氏教授的"词曲"和"近代文学史"两门课，一则注重词体、曲体的探析，一则侧重各体文学流变的梳理。这也是当时北大文学学科调整的结果。中华民国七年（1918年）四月三十日北京大学国文教授会通过议案，将国文学门分成"文学史"和"文学"两科。其中"文学"课程又分三类教授：文、诗赋、词曲。中华民国七年（1918年）五月二日北京大学《四月三十日国文教授会议决国文学门文学教授案》明确规定"文学史"和"文学"两门课程的教学内容和培养目的的区别：

> 习文学史在使学者知各代文学之变迁及其派别；习文学则使学者

---

[1] 任中敏：《回忆瞿庵夫子》，载《文教资料简报》1984年第1期，第46页。
[2] 王学珍、郭建荣：《北京大学史料（第二卷1912—1937）》，北京大学出版社2000年版，第348页、第359页。

研寻作文之妙用，有以窥见作者之用心，俾增进其文学之技术。教授文学史所注重者，在述明文章各体之起源及各家之流别，至其变迁递演，因于时地、才性、政教、风俗诸端者，尤当推迹周尽使源委明了；教授文学所注重者，则在各体技术之研究，只须就各代文学家著作中取其技能最高，足以代表一时或虽不足以代表一时而有一二特长者，选择研究之。[1]

广为人知的《词余讲义》（后经改订易名为《曲学通论》，由商务印书馆刊行）即为配合"曲"这门课程教学而编制的讲义，其内容也确实是从曲源、构成、制曲、曲唱、家数等角度诠释"曲体"。不为人知的则是为文本科三年级开设的"近代文学史"一课的讲义——《中国文学史（自唐迄清）》，[2]该讲义由陈平原先生2004年春天于法兰西学院汉学研究所图书馆发现。

该三册《中国文学史》讲义只写到明代。第一册由"唐代文学总论"和"宋元文学总论"构成，第二册由"明文学总论"和"中国文学史附录（唐代篇）"构成，第三册由"中国文学史附录（宋元篇）"和"附录的附录"——"明人传奇目"和"明人杂剧目"构成。除去其中一半的篇幅是附录的作品选，单独论述文学史的部分有"唐代文学总论""宋元文学总论"和"明文学总论"。[3]

吴氏文学史述的基本单元格是各体文学史。相同时代的分体文学史合成某代文学史，再由各代文学史纵向排列成历朝文学史。"宋元文学总论·（丁）曲"实际是宋元戏曲简史。而"明文学总论·（丙）词曲"，词曲分论，曲尤为详，其中论曲部分实际是明代戏曲简史。

---

[1] 王学珍、郭建荣：《北京大学史料（第二卷 1912—1937）》，北京大学出版社2000年，第1709页。

[2] 1917年文科大学中国文学门文本科课程中"中国文学史"一门，分三学年教授，第一学年学习"上古迄魏"，第二学年学习"魏晋迄唐"，第三学年学习"唐宋迄今"。该讲义骑缝上也明确标明"文本科三年级"字样。朱有瓛主编，《中国近代学制史料（第三辑·下册）》，华东师范大学出版社1992年，第99页。

[3] "唐代文学总论"分六节：（甲）文（乙）诗（丙）词（丁）史（戊）小说（己）缁徒文学；"宋元文学总论"分八节：（甲）文（乙）诗（丙）词（丁）曲（戊）史（己）语录（庚）小说（辛）时文；"明文学总论"分六节：（甲）文（乙）诗（丙）词曲（丁）道学（戊）制艺（己）小说。

这两代戏曲史述的具体内容由"总论"和"分论"两部分构成。"(丁)曲"先总论，再依次列举宋杂剧、金弦索调、连厢词、北杂剧、传奇，大致呈现演剧变迁，辨前人关于南北曲起源之误，介绍元剧选集。后分论，列举代表作家作品兼及点评，重点将《西厢》《琵琶》对比而论。"(丙)词曲"一节先总论，总论先陈述明代文网森严，士大夫因避祸而寄情弦索的创作时代背景，其次根据创作风格，肯定明代杂剧传奇为一代特殊之乐章，指出其有"积薪之势"。总论之后具体叙述，分明初、中叶以还两阶段期，每阶段按杂剧、传奇、散曲三类分论。每类讲述方式为代表作家作品举例，部分重要作品兼及评析。因此《中国文学史》的明代戏曲史述的结构安排为：总论+分论｛[明初：杂剧(宁献王、周宪王等)+传奇(《荆》《刘》《拜》《杀》)+散曲(刘东生)]+[中叶以还：杂剧(王九思、康海、徐渭、汪道昆、沈自徵等十位)+传奇(邱濬、邵璨、李开先、汤显祖、沈璟、徐复祚等十六位)+散曲(杨慎、李伯华等)]｝。

而《中国戏曲概论》述史体例如下：按朝代分为"金元""明""清"上、中、下三卷，每卷先"总论"，再依次论"传奇""杂剧""散曲"，卷上无"传奇"，代之以"诸杂院本"和"诸宫调"。而"传奇""杂剧"的论述又由"剧目胪列+作品赏析"构成。

不难发现，《中国戏曲概论》的述史安排和《中国文学史》总体一致，即"总论+分论"的结构，而且分论部分，无论是先分阶段再分类型还是先分类型再顺时描述，其史述的最小单元格都是一致的，即作家作品。基本体例和所选取的史述最小单元格的一致，从根本上决定了日后《中国戏曲概论》的编撰可以轻而易举地完成。因为总论部分可以直接从《中国文学史》各代戏曲史述的总论移植，而分论则可以将这些自由的单元格从"文学史"中抽取出来，按照另一种逻辑顺序重新排列，同时补充更多新的单元格，再润色和增加每个单元格自身内容，从而组合成"戏曲史"的具体内容。而事实也正是如此，《中国文学史》"明文学总论·(丙)词曲"的总论直接成了《中国戏曲概论》卷中"明总论"的一部分，而基本单元格也都摇身一变成为《中国戏曲概论》史述的单元格，其中评价也基本保留，最明显的就是"临川四梦"的评价基本是照搬。这就大大缩短了《中国戏曲概论》的成书时间。而"附录的附录"——"明人传奇目"和"明人杂剧目"也直接进入《中国戏曲概论》"剧目胪列"的部分。

需要指出的是,《中国戏曲概论》并非《中国文学史》中戏曲部分的简单堆垛。吴梅对它们进行了处理,既进行必要的衔接以保证讲述连贯,也进行了补充使得内容更加翔实。具有了明确体例、丰富史料和必要论述的《中国戏曲概论》更符合现代史著形态。

同样是前期研究基础上的"急就章",《宋元戏曲史》的"水到渠成"依赖王国维在史料钩稽基础上循序渐进的前期研究,而《中国戏曲概论》的快速成书则是因为有了吴梅之前为配合文学史教学而撰写的《中国文学史》讲义。而该讲义又是民国初期北京大学教育机制的产物,即教员配合教学自行编制讲义是其教学工作的硬性规定,旨在确保教学质量和推动学科创建。北京大学的讲义印制极具传统。前身系京师大学堂编书处的北京大学出版部讲义科形成了一套相对完备的讲义生产机制。文学史编撰是吴梅的任务,配合教学编制教材成为吴梅《中国文学史》写作的主要目的。无论吴氏本人有无此主观动机,这都是其必须完成的。而从吴氏本人对于这部早年著作有意无意地忽视,也可以发现《中国文学史》在他的心目中并非引以为傲的学术专著,或许只是用于讲台授课的普通讲义。民间自由学术环境中的戏曲史学研究当然没有编制讲义的硬性规定,甚至连王国维作为这门学问的成功奠基者,也可以根据兴趣随时离开该领域。

假如戏曲史研究完全处于自由学术环境中,那么,戏曲史著的出现也只有依赖具有强烈史纂愿望的学术主体出现。而维系历史书写的学术动力则来自主体强烈的能动意识。可以想见,该环境下的戏曲史编撰,由于没有硬性要求,其生产周期一定是较长的。它的问世时间取决于戏曲史家的何时出现。当戏曲史学脱离自由状态进入体制规范,戏曲史纂才会在获得制度保障的同时,也受到制度的督促和要求。这一历史工作同时具有了动力和压力。此二力显然都可以被具有学术追求的研究主体转化为戏曲史编撰工作的强大推力。从王国维《宋元戏曲史》诞生到吴梅《中国戏曲概论》的出世,中间竟相隔十几年之久。这段戏曲史编撰的空白期也正说明了:在学术自发开展的自由环境中,戏曲史纂这一学术生产活动的周期较长。因此,与其说《中国戏曲概论》是《中国文学史》讲义编写加速了它的成书，不如说是戏曲史研究生态环境由民间向官方的转变催生了它的问世。

如果说王国维《宋元戏曲史》是民间自由学人学术志趣驱使而成，那么，吴梅《中国戏曲概论》则是官方教育与学术机制引导下的产物。可以说，20世纪初戏曲史学"重心"由"私"向"官"的转移，带来了戏曲史成书方式的新变。作为进入高校讲授戏曲史的第一代戏曲研究学人，吴梅《中国戏曲概论》开辟了讲义型戏曲史著的问世之路。戏曲史学在融入官方学术体制后，不仅引起了戏曲史著生产方式的变化，也促使吴梅本人发生了明显的由"旧"入"新"的变化。他的戏曲史研究自觉地由传统学术路数向现代史学规范靠拢。在未进入体制前，吴梅本质上是一位具有很高艺术修养的传统文人，然而进入高校这一新式教育和学术机构后，吴氏开始努力实现自我转型。之前《顾曲麈谈》这样传统曲学论著的写作，被编撰《中国文学史》《中国戏曲概论》之类现代形态史著的工作所取代。虽然这两部史著的具体书写还残留很多旧学术的"话语"，但吴氏从具体作品和有关史料中搜寻历史线索的努力也是显而易见。在每卷总论中，大致勾勒历史脉络，初步划分历史阶段，客观分析历史原因，都表明吴氏已经开始尝试在现代史学规范下书写历史。从《顾曲麈谈》到《中国戏曲概论》，我们能明显发现吴氏这位老派学者进入现代学术机构后的治学变化。

## 二、课程独立以后讲义型史著的生产

当戏曲史教授附属北大文学史课程时，讲义型戏曲史著的编撰实际是抽取文学史讲义中的戏曲史述加以填充、润色而成。而当北大的学科体系发生变动，"戏曲史"从"文学史"中分离出来，独立成专门课程时，北京大学所刊印的戏曲史课程讲义实际就已经是一部戏曲史著，无须进行大幅度加工和修改。随着讲义在本校和其他高校以教学用书的形式被广泛使用，《中国戏曲概论》迅速成为具有影响力的经典著作。这样可以直接印刷、节省出版时间的优质稿源也吸引了商业出版的眼球，并最终以个人学术著作的形式出版，成为戏曲史学科的奠基性史著。

许之衡的《戏曲史》(《戏曲源流》)即为北大出版部刊印的讲义型戏曲史著。1922年秋吴梅应东南大学之聘,举家南归。该年10月吴氏所授的"戏曲""戏曲史""中国古声律"三门课均停课。[1]此时吴梅所讲授的课程已经和他刚进北大时不同了,"戏曲史"课程已经从"文学史"中独立出来,原先只能在文学史中讲述戏曲史的局面发生了改变。吴氏走后,举荐许之衡接替他的位置。1923年10月9日,许氏带着准备好的讲义登上北大讲坛,中断了一年之久的"戏曲""戏曲史""中国古声律"三门课程又正常开课。[2]"戏曲史"课程内容实际由隋至宋古剧介绍和元明清三代代表戏曲家戏曲作品介绍构成。而"戏曲"则主要教授填曲之法和选读戏曲名著。[3]授课内容仍然按照1918年确立的"文学史"和"文学"两门课程的教学规定设置。1933年1月,许之衡被聘为北京大学文史部中国文学史导师,同年许氏将原所授"戏曲"课程更名为"曲","戏曲史"课程更名为"曲史",并新增一门"中国戏剧研究"课程。1923年至1933年将近十年间,许之衡一直在北大开设"戏曲史"课程。

1925年,许氏将该门课程的讲义送北京大学出版组线装刊印,《戏曲史》成为学校向学生颁发的教科书。作为北京大学的自印讲义,它虽然还不及纯商业性质出版社的正式出版物那样规范(封面未题书名、无出版信息等),但已经独立成册。作为第一部戏曲史课程讲义,在该课程开设之初,讲义匮乏的情况下,它很快又被其他学校内部刊印作为教学用书。中法大学服尔德学院

---

[1] 据《北京大学日刊》1095号(民国十一年十月三十一日星期二)注册部布告云:"吴梅先生本学年请假,所授国文系'戏曲''戏曲史''中国古声律'三种功课均停讲。"

[2] 据《北京大学日刊》1302号(民国十二年九月二十九日星期六)注册部布告云:"吴梅教授因事一时不克到校,所有'戏曲''戏曲史''中国古声律'三种功课,由吴教授请许之衡先生代授上课,日期俟许先生到校再行通告。"又据《北京大学日刊》1306号(民国十二年十月四日星期四)注册部布告云:"许之衡先生所授国文系功课,因讲义未齐,由下星期二起来校授课。"知许正式到北大上课的时间为1923年10月9日,所授课程仍然是吴氏临走之前开设的三门课。

[3] 据《北京大学日刊》1540号(民国十三年十月十一日星期六)注册部布告云:"许之衡先生本学年拟定讲授围如下:声律学,述古今乐律之变迁及曲律通论;戏曲史(隋以前俟补讲),隋、唐、宋之戏曲及其曲词结构法,元明清曲家事略;戏曲,作曲法及戏曲名著选。"

（1925—1931）和华北大学即先后刊印许氏《戏曲史》作为教材（中法大学刊印时更名为《戏曲源流》）。比起吴梅《中国戏曲概论》，许之衡《戏曲史》作为该课程讲义具有更大的接受度，成为戏曲史学科早期的经典教材。也正因为如此，该书与许氏的另一部北大讲义《声律学》应商务印书馆之邀合并出版。

北京大学作为高等学府执牛耳者，其开设戏曲课程这一开风气之举引起其他高校的效仿。吴梅赴北大后不久，北京高等师范学校也延请其兼中国文学史课程。不久，全国各高校都陆续将戏曲引入教学。随着北京大学戏曲史课程的独立，其他高校亦纷纷效仿，不仅在文学史中讲授戏曲史，而且还开设专门戏曲史科目。戏曲史课程以附属于文学史科目和单独科目的形式，存在于高校戏曲史学科体系中。

王易《词曲史》亦系由课程讲义加工而成。1926年王易执教南昌心远大学。[1]"撰《词曲史》一编，用作教程"。[2]同年秋，入东南大学（1928年更名为中央大学），与胡翔冬、王伯沆、柳诒徵、黄侃、王易、汪东、汪辟疆聚首金陵，时称"江南七彦"。[3]《词曲史》后记作于1930年6月，其时作者已在中央大学。作为一本曲史讲义，《词曲史》同样具有讲义型戏曲史著的特征，主要体现在历史脉络清晰，以基本戏曲历史事实的介绍和戏曲作品的征引为具体内容。戏曲家简介主要由字号籍里等信息、作品概述、曲话中的评价构成，其作品介绍则由前人批评、经典曲辞摘录构成。这一历史讲述的安排很显然是出于教学的目的。一方面，清晰的历史脉络不仅有利于教学者在课堂有条理地讲授，而且也易于学习者宏观把握历史，他们可以对戏曲演进形成一个整体的认知；另一方面，大量作品的迻录方便学生理解相关历史评价。在阅读作品之后，学生往往比较容易理解前人关于作家作品的评价。在戏曲作品选读作为戏曲史的配套教材出现之前，一本兼具"戏曲史"与"戏曲作品选读"性质

---

[1]《词曲史》周岸登序有"南昌王子简盦，十年来倚声挚友也。去年教授心远大学"语，此序作于丁卯六月（1927年），故知王易1926年始入心远大学授课。

[2] 周岸登：《〈中国词曲史〉序》，载王易著《中国词曲史》，中国文化服务社1948年版，第4页。

[3] 段小华：《赣文化通典（诗词卷）》，江西人民出版社2013年版，第482页。

的讲义(教材)无疑是最满足教学需要的。无怪乎叶恭绰称《词曲史》"征引繁博、论断明允"[1]。这句评语恰把握住了这本讲义型史著的历史书写特征。

　　随着戏曲史教学的正常开展,它所培养的第二代学人也逐渐成长起来,并进入高校从事戏曲史的教学与研究。卢前的两部戏曲史著《明清戏曲史》和《中国戏剧概论》都是在讲稿基础上修订而成,并且在当时都被用作教材。卢氏1926年东南大学毕业后任教于金陵大学,1930年8月又赴国立成都大学,1930—1931年间先后执教于成都大学及成都师范大学。在金陵大学、成都大学执教期间,卢氏都曾开设"戏剧史"的课程。《明清戏曲史》初稿完成于1930年,系其据在金陵大学以及成都大学教授戏曲史的讲稿编订而成。1933年该书由南京钟山书局初版印行,为"钟山学术讲座第八种"。《明清戏曲史》共分为七章:"明清剧作家之时地""传奇之结构""杂剧之余绪""沈璟与汤显祖""短剧之流行""南洪北孔""花部之纷起"。实际是由七个专题构成,既有总述,也有经典个案介绍;既有杂剧、传奇等不同样式的概观,也有花部各剧种的介绍。以专题讲座的方式介绍戏曲的来龙去脉,不失为戏曲史教学的一种有效方法。虽然历史脉络上缺乏连贯性,但对重要现象、重要流变、重要事件等的强调,可以让学习者迅速对漫长复杂的历史有个初步了解。1931年卢氏离开成都,前往开封,1931—1933年间执教于河南大学。在河南大学教授"戏剧史"期间,卢氏开始写作《中国戏剧概论》,后因资料不足而搁笔,又因世界书局的稿约再次拾起著史工作。1933年9月该书脱稿,此时卢氏已经由河南回到南京。《中国戏剧概论》按类型与朝代分章,共计十二章:"戏曲之起原""戏曲之萌芽""宋戏之繁盛""金代的院本""元代的杂剧""元代的传奇""明代的杂剧""明代的传奇""清代的杂剧""清代的传奇""乱弹之纷起""话剧之输入"。清晰的历史分期、相对单一的戏曲类型确实有助于学生对戏曲来龙去脉获得初步认识。但过于明确的界定会造成对历史真相某种程度的遮蔽,这也是不言而喻的。

---

[1] 转引自马兴荣、吴熊和、曹济平:《中国词学大辞典》,浙江教育出版社1996年版,第260页。

戏曲史研究的主要阵地被搬移到官方教研机构，是20世纪20—30年代戏曲史研究体制的重要转变。而戏曲史"自立门户"成为单独的课程，则是戏曲史学术环境在高校体制内的又一次局部调整。全国范围内戏曲史学科的设立则进一步推动戏曲史著的涌现。

当戏曲史附属于文学史时，研究精力被各种文体历史梳理所分散，而留给戏曲史的只有一部分。当戏曲史学科独立后，该学科组的教员们可以集中精力进行戏曲历史的梳理。此时的讲义型戏曲史著生产方式不再像《中国戏曲概论》那样，将戏曲史述从文学史讲义中抽取出来，再施以润色、充实等一系列精加工工序，取而代之的是，反复锤炼的戏曲史讲义的直接刊印。这些配合戏曲史课堂教学的优秀底稿，无论是以戏曲史教材的形式直接刊印，还是以单行本学术著述的形式出版，都意味着一部戏曲史著的编撰完成。它们打破了戏曲史述仅栖身于文学史讲义的局面。虽然文学史研究中仍然保留戏曲史内容，但戏曲史学的核心学术圈却逐渐在专门的戏曲史学科中形成。伴随着核心学术圈的形成，文学史中的戏曲史述在很大程度上需要向专门的戏曲史述"取经"。当然这是后话。

## 三、讲义型史著的戏曲史学史意义

高校戏曲史学科建立伊始，教学用书空缺，戏曲历史基本内容尚未全面整理，完备的戏曲通史尚未出现。因此，教师并不能在现有戏曲史述成果的基础上压缩出一本课堂讲义。他们为了配合教学，需要撰写戏曲简史。在编制讲义时，那些尚未被还原的戏曲历史基本事件，即便是一个戏曲家生平，一个戏曲作品的版本，只要通过史料钩稽进行呈现，都是一件填补空白的工作。因此，戏曲史教学启动之初的讲义编制，并不是一种简单的"节缩"式的因袭，相反，凝聚了编写者的学术劳动。我们不能否认20世纪上半叶诞生的这类戏曲史著在当时所具有的凿空意义。

当第二代戏曲学人投身戏曲史教学与研究时，对于这群主要由高校体制培养出的研究者而言，直接将讲义转化成学术著述仍然是一件"一箭双雕"的事情。虽然此时大部分史实获得考证,戏曲历史面貌被初步描绘,但整体学术积累和研究水平仍然有限。第二代戏曲学人只要稍花气力即可有所增补,略作论述则能颇有新意。因此,继任者们的戏曲史讲义在满足教学要求的同时,也能做到并非一味的人云亦云、陈词滥调。兼顾教学使用和学术创新的讲义型戏曲史著,同样也可以是继任者们的戏曲史纂形态之一。教学研究者们继续在教学过程中通过不断打磨与修订自行编制戏曲史讲义,并最终以个人学术著作的形式完成戏曲史著的出版。卢前作为第二代学人的代表,其对戏曲史的编撰正是戏曲史课程建设和研究者自身学术追求完美结合的典型。《中国戏剧概论》虽然是一本讲义型史著,却凝聚了卢氏的学术追求。卢氏回顾戏曲学界戏曲史编撰的历程,发现《宋元戏曲史》之后,国人的戏曲史撰述并没有全面展开,没有一部戏剧通史。[1]卢氏以为深耻。[2]对于从昆腔到皮黄的变迁还要日本学者青木正儿撰写,卢氏感到"惭愧和愤恨"。正是在国人学术空白的刺激下,他"要来写一部正确的有系统的全部的戏曲大纲"。[3]《中国戏剧概论》从"戏曲之起源"至"话剧之输入"完整呈现了中国戏剧的发展,"这还是记载全部中国戏剧的第一部"。[4]

当教学者没有大量可资借鉴的研究成果以供他们"节缩"成一本戏曲简史作为教材时,当戏曲历史的很多层面和细节仍有待发掘和还原时,对有学

---

[1] 卢前之前的几部戏曲史著,王国维《宋元戏曲史》止于元代,吴梅《中国戏曲概论》仅从金元叙述至清代。许之衡《戏曲源流》虽然从上古一直讲述到明清,但未将当今话剧纳入其中,因此,在卢氏看来也非一部通史。青木正儿《中国近世戏曲史》虽起于南戏北剧之由来,但宋之前戏曲生成并未按部就班地书写,而是就部分论断与王国维商榷,其重点放在明清戏曲上,在卢氏看来,这也不能算作一部严格意义上的戏曲通史。青木氏"原欲题为《明清戏曲史》,以易入日人耳目之故,乃以《中国近世戏曲史》为名"。(《中国近世戏曲史·自序》)【日】青木正儿:《中国近世戏曲史》,王古鲁译,蔡毅校订,中华书局2010年版,第1页。

[2] 卢前《中国戏剧概论》自序:"我们就以局部来说,在中国一部专门论元杂剧,或明传奇,或皮黄戏,或这二十年话剧运动的书籍,都还没有,这是很可耻的事。"卢前:《卢前曲学论著》,上海书店出版社2013年版,第8页。

[3] 卢前:《卢前曲学论著》,第7页。

[4] 卢前:《卢前曲学论著》,第8页。

术责任的研究者而言,写讲义其实就是写学术论文。尤其在戏曲史课程独立出来后,戏曲史讲义编写更成了戏曲史研究的核心工作。20世纪上半叶是戏曲史研究和教学自身紧密结合的学术良性期。高校教员的研究、教学和高校学科建设三者被捆绑在一起。被写进讲义的戏曲史体现了研究者学术追求与体制要求的和谐统一。担任教职的戏曲史家在优秀的戏曲史讲稿基础上稍做润色、加工,生产出具有较强学术创新性的讲义型戏曲史著。

# 吴梅史料的挖掘与新路

# 家常细语与心灵世界：
# 日常生活史视域下的吴梅日记[1]

谷曙光　赵武倩

存世的《瞿安日记》十六卷，是曲学大师吴梅晚年在南京中央大学任教期间所写，今有河北教育出版社《吴梅全集》之整理本。《吴梅全集·日记卷》的"说明"，由王卫民撰写，介绍了吴梅日记的基本情况，可参阅。

吴梅的《瞿安日记》共十六卷，起于1931年10月11日，止于1937年7月7日。这六七年的时间，既是吴梅人生的晚年，又值日本觊觎中华、国事窳败之时。吴梅的日记用文言书写，态度谨严，记录详尽，直陈心迹，不加掩饰，具有极高的史料和研究价值。再加上吴梅的文笔上佳，文字可读性强，故在同辈学人中，其日记是佼佼不群的。目前尚无专门研讨吴梅日记的文章。

日记是散文文体，记录日常生活，而从日常生活史的角度，考察吴梅日记，则别有一番意趣。许钧在他主编的"日常生活译丛"的总序中写道：

> 深入"私人生活空间"，着眼于对"日常生活"的观察、想象和感觉的史料和文献非常少见。通过对这套

---

[1] 本文为国家社科基金艺术学重大项目《百年戏曲演出史及其发展高峰研究》（批准号 21ZD15）阶段性成果。

丛书的译介，我们至少多了一分可能性，可以或多或少地看到被"大写的历史"或遮蔽、或过滤、或忽略、或排斥的"小写的历史"的某些真实侧面。

其用意当然大好，对西方兴起的日常生活史的译介，也有他山之石的独特价值。然而，笔者要说，何必舍近求远！类似微观史学的文献材料，在中国似乎并不少见。特别是存世的历代日记，数量何其巨大！日记记录的，从某种程度上说，恰是日常生活史所强调的家常生活、休闲消费、个人隐私、心理状态、社会交往等。本文拟从日常生活史的视角，做近代学人日记——《瞿安日记》的个案研究。《瞿安日记》不但是吴梅私人的一份珍贵的生活史、心灵史记录，而且与大时代、大历史紧密相关，是转折时代爱国知识分子感时忧国的一个典型标本。

## 一、老辈学人处转折时代，既感时忧国，又紧张惶惧

易代之际的文人及其日记尤具研究价值。吴梅自言："平生之志，五十以后，归田读史"，又表示死后"棺不取厚，衣不取锦，死欲速朽"。[1]看出一个读书人的宁静、纯粹和淡泊。然而，转折时代，国运衰微，日寇入侵，生灵涂炭；作为学者的吴梅，处此"风雨如晦，鸡鸣不已"的大变局中，内心时时充盈着一种紧张感和恐惧感，其心态之敏感、复杂，真如"沧海月明珠有泪，蓝田日暖玉生烟"，何其微妙，又何其敏锐。

吴梅虽然属于晚清过来的老辈学人，甚至可划入"遗老"范畴，但其识见并不迂腐，对于政局、时事、社会、知识分子等的看法，每每显示出通脱达观之态度和分析。在《瞿安日记》的卷首，吴梅自言："今岁辛未，东北构兵，天未厌乱，不知所届，金陵弦诵之地，或有移国瓦解之虞。"[2]中国不久以后的局势，果

---

[1] 吴梅：《百嘉堂遗嘱》，载王卫民编《吴梅全集·日记卷下》，河北教育出版社2002年版，第909页。

[2] 本文所引吴梅《瞿安日记》，据王卫民编《吴梅全集·日记卷》，河北教育出版社2002年版，不一一出注。日记是用农历日期，今一仍其旧，不换算成公历，特此说明。

如其言,真可谓目光如炬,预言之准,一语成谶。

总体看,吴梅继承了古代士人的品节操守,保持着清醒的头脑,绝不是那种在乱世中混沌度日或心肝全无的文人,他每每在日记中抒发爱国情怀,爱憎分明,激愤之情更是倾泻笔端。他对日人吞并中华的野心,剖析极透彻:"殊不知今之亡国,与前代大异,务使人民俯首贴伏,几不知己身出自何地,……不及百年,可以灭种。今之亡人国者,并种族而歼之,尚何言哉!余发此言,老辈咸以为过虑,实则余非愤激语也。"(1931年农历九月初八日)可谓目光犀利,洞察深刻。中日交战,牵动老学人的心弦,一闻胜讯,喜不自胜;遇有败绩消息,则垂头丧气。譬如,1932年农历元月十五日,"吾军又大胜,闻之欣慰。归买各报,与家人言之,皆眉飞色舞。饮两壶,送喜神,又斗牌四围睡"。针对伪满洲国的成立,吴梅在1931年农历十月初七日记云:"宣统复辟后,……愿受日人保护,各国不必干涉,此真甘为张邦昌、石敬塘矣。吾深为故君惜。彼郑孝胥身读万卷,位居师辅,不能畅发日军阴谋,竟以爱君者卖君,其愚陋可叹。"不但惜"故君"之愚蒙鄙陋,更怒郑孝胥之误国卖君,忧愤声口跃然纸上。这种地方很能看出吴梅的政治识见。

日本强敌入寇,固然令人忧惧,而国民党之治国无能,也让吴梅叹息不已。他说:"自民国十七年后,所有政令,无非自杀之道,苛捐杂税,叠床架屋;剿匪筑路,杀人掘坟。最奇者党部开支,须学界捐赀以充之,计七年所耗,不知几百万矣。"(1935年农历六月初五日)吴梅真如骨鲠在喉,不吐不快。在日常生活中,吴梅自己虽时时忧惧,对未来紧张无已,但还经常表现出对乱世哀哀百姓的深切同情,如1932年农历元月十四日午后,与友人"同至车站,一观难民究竟,至则满站皆是,扶老携幼,不下千人。询其籍贯,皆江北如皋、盐城一带,先厄水灾,游食海上,复罹兵燹也。亦可怜矣。"吴梅之记宛如杜甫的"三吏三别",哀民生之多艰,对百姓寄寓了深切的同情。类似记载,日记里所在多有,不遑枚举。

吴梅的研治词曲,既为谋生,也是兴趣,但在乱世中,特别是在日人觊觎中华的背景下,更增添了一番别样的情怀。他在曲社中宣称:"独此词曲一道,日人治之不精,然而近日亦有研勘者。去今两年,如长泽规矩也、吉川幸次郎,曾向余请益,看吾藏弆各书,可知道其心之叵测矣。深望同人于度曲之余,再从事声律之学,勿令垂绝国粹,丧于吾手云云。"(1931年农历十一月十九日)这就有了在乱世保存国粹、接续中华文化的深刻意识,堪称难能可贵。长泽规矩也、吉川幸次郎学习中华文化是否居心叵测,可不具论;但吴梅惧怕"礼失而求诸野",深恐"中人治中国学,他日须以日人为师",确是极有见地的。陈寅恪有名言"敦煌者,吾国学术之伤心史也",流传众口。其实,吴梅的忧心,是与此相类的,都属于有风骨气节的士人的由衷之言。

## 二、书生本色,教授生涯,作育英才,吾道不孤

二十世纪三十年代,吴梅长期在南京的中央大学任职,同时在金陵大学兼课,主讲词学、曲学,同时乐于教学生习曲。吴梅颇有"大先生"的情怀和气概,对学生指授尽心竭力,作育英才。从日记看,其词学课,学生较多,而曲学名著课,选者不多,有的学年仅"小猫三两只",这让吴梅很是失望。但是不要小看这数量不多的选曲学课的学生,"星星之火,可以燎原",当日座上诸生,日后多成为戏曲研究方面的著名学者了。

对于晚清民国学人,今日动辄以大师称之。当然,吴梅名列曲学大师之列而无愧色。但是,作为学者的吴梅,自己也是有反思的,比如他就在日记中谈了学者与时代的关系,说:"吾辈年少时,方盼一第,及身遭鼎革,忧生念乱,又奔走衣食,安得有成学之一日?念此不禁浩叹。"(1935年农历五月初十日)可知吴梅这一代学人,赶上了鼎革时代,原先的科举梦完全破碎,后夤缘成为学者,在大学中讨生活。作为老辈学人的吴梅,深盼身逢和平时代,以便专心学问,而不至于颠沛流离。学者的命运,实系于家国时代。吴梅看到了"乱"对学者不利的一面,却也忽略了"乱"带给学者意想不到的另一面。须知,大时代、大变局,风云变幻,往往会孕育大学者;而承平时代,衣食无忧,学者反多平庸而无思想者。

吴梅先后在北京大学、中央大学等南北名校任教,有趣的是,他对于南北学生有着独特的看法,日记谈到:"余南北雍主讲,垂十六年,北大诸生,多

驰逐声利之场，不知读书之道；中大诸生，间有束身自好，朝夕勤勉者……"（1932年农历五月二十七日）显然他对北大的学生不以为然，而认为中央大学的学生好学。这是怎么回事呢？其实背后的缘由值得深思。从民初到北伐胜利，北京作为政治中心，政权迭经更替，而北大作为民主运动的中心，学生经常发起或参与各种运动，部分学生恐怕真是无暇读书、热衷政治。而南京在民初以来，相对安定，环境较适宜读书，更加上江南学子本就沉静好学，可能更加贴合老先生的心意。总之，对于吴梅的这番话，需要以了解的同情去认识。

不必讳言，吴梅在学人中，是相对保守的。其日记曾评论汤显祖的名剧《紫箫记》："无处无艳语，几成五彩秘戏，即云少作，何至如此。此等艳曲，使初开情窦者见之，安得不色飞魂荡。文人口孽，最为可惧，后人作曲，切忌。"（1934年农历八月二十四日）这种见解，固然有自己的判断，但也略显老辈学人之不知变通。他显然对所谓"淫词艳曲"保持着高度的警惕。

## 三、嗜古成癖的学者：藏书家崖略

吴梅是藏书家，特别是藏曲丰富，蔚为特色。他同时对书画、玉石等也颇感兴趣，但限于财力，无法多买，只是偶有冷摊觅宝之乐。早年的日记虽然不存，但他晚年回忆："授徒北雍，见闻益广，琉璃厂、海王村、隆福寺街，几无日不游，游必满载后车"[1]，可知亦是书痴。日记中除了记录大量的买书信息，还有刻书之举。

吴梅虽然非穷书生，却也不是日掷万金的富豪。他买书，是有原则的，还是因为财力不足，始终未能染指宋元古椠。遇到珍本、善本，他常感囊中羞涩。如1931年农历十月十日记云："衡三来，持书六种，皆精本，爱不忍释，但价昂，不敢买，附记于此，以志眼福而已。"这种爱书人的苦恼，在日记中多有流露。因价昂而放弃好书的难舍经历，藏书家更是感同身受。

---

[1] 吴梅：《百嘉堂遗嘱》，载《吴梅全集·日记卷下》，第908页。

吴梅也是真懂书的。书商固然精明，而吴梅慧眼识书。1931年农历十二月十五日，聚文书店周鉴秋来，"手持虞伯生《杜律笺注》见示，云是元刻本。余缔阅之，则弘治白口本耳。卷端有荃孙及某君三印，皆是伪托，持实估价不过四、五十元之谱，而索价至二百元，近日书估真狮子大开口也。付之一笑"。以明本冒充元本，逃不过吴梅的"火眼金睛"。书商的狡狯，吴梅的"识货"、对行情的了然，都生动鲜活。

吴梅有时甚至可以占到书商的"便宜"。日记中屡屡出现一个叫丁水福的书商，就不甚内行，他经常给吴梅送书。1932年农历八月二十八日，丁"携汲古刻《左传》及《笺经室赋稿》《咸同间词》三、四种钞本，余酬以七元，丁喜去。实则止汲古《笺经赋稿》亦须十元左右，况钞本三种，半皆未刊稿本，而《笺经赋稿》，为亡友曹君直（元忠）底本，岂非一瑰宝耶？小丁不识书，于此可见矣"。此日书缘大好，所获颇丰，吴梅之得意，显露于字里行间。

那时的书店，是直接送书到主顾家中的，而往往年末结账，服务很人性化。1931年农历十二月初七日，吴梅记："昨赴各书店点查欠项：文学山房四十五元；集宝斋十元；来青阁九元；百双楼六十五元，尚不甚巨，今岁可无虞也。"点查一年的买书账目，尚可应付，而不至于透支，心情顿觉轻松许多。买书也要量力而行，吴梅庆幸这一年买得恰到好处。

藏书亦是保存文化。吴梅的"奢摩他室"藏曲丰富，因有珍稀曲选影印之举，于是将部分珍贵曲本暂存商务印书馆，谁知意外碰到日军轰炸，商务印书馆惨遭劫难，"涵芬秘笈悉付祝融，吾恐《奢摩他室曲丛》各底本同遭此厄。二十年奔走南北，仅此数卷破书，苟付劫灰，吾心亦灰矣。归家即睡，不胜愤慨云。"（1931年农历十二月二十五日）真令人痛心疾首！二十年节衣缩食苦心搜求，一夕烈焰扬灰！所幸尚未"悉付祝融"，但到底损失了相当一部分珍本。后来还涉及商务的赔偿问题，总之一波三折，而藏书家内心的煎熬痛苦等复杂情绪，在日记中都有真实流露。不过，吴梅没有仅惋惜一己之损失，而是上升到更高的层面："此次商务书馆之厄，为中国文化之浩劫。吾所失虽不多，然东方馆、涵芬楼之秘笈，已摧残殆尽，梁元江陵之变，亦不过如是焉。"（1932年农历四月初三日）藏书家的"书运"与国家的"国运"，也是联系在一起的,为之发一浩叹! 这颇能体现出个人、单位的藏书小历史与国家层面的宏观大历史的密切关联。

## 四、曲学大师的本色生活:拍曲观剧,按歌授曲,乐在其中

作为曲学大师的吴梅,历年来参加了苏州、南京、上海等多地的曲社。日记中记录最多的,是苏州的道和曲社,他积极参与活动,而且是付社费的。日记提到了多个江南曲社,如幔亭和民立——都是有特色的女曲社,闺秀度曲,大家眷属,有一定的私密性。还有南京的公余联欢社、紫霞社、百雷曲社;上海的啸社、青社等。其中公余联欢社有官方的背景,与褚民谊关系密切。紫霞社曲友还欲推举吴梅作社长,但他力辞。从日记中点点滴滴的片段,可拼接出民国南方曲社的大概运作和活动情况。交会费,日常拍曲,印曲谱,重要成员生日聚会并演出,甚至平时聚在一起打牌……曲家生涯,自有一番乐趣。特别是1936年农历七月初七日,由上海啸社发起,在浙江嘉兴南湖搞了一次规模盛大的"嘉禾曲会",汇聚沪、浙、苏两省一市的曲家,吴梅也躬逢其盛。日记记云:"十时至嘉,以渡船至烟雨楼。楼四面皆水,旷望爽胸,新修才五年。奏曲在楼下,尽一日一夜,共唱曲四十四折,曲毕,天大明矣。"既有日夜唱曲之乐,又有南湖船娘之趣,外加蟹粉鳗鱼之美食,真可谓是良辰美景、赏心乐事,斯游大快!这在昆曲史上,也算难得的韵事了。吴梅日记的记录可谓第一手史料。

吴梅在曲社中,并不是如大多数曲友那样,喜唱主角,长篇大段,必欲自己过足瘾而后止;吴梅时常为人作配搭,专司各种配角。各行当的零碎扫边角色,旁人或不能,或不愿,而他固优为之,既可知渊博,也显出淡泊。如此高格不争的曲家,想必是曲社最欢迎的。

二十世纪三十年代,国事日非,但南方的业余昆曲活动却还略具规模。曲友们是否不管家国兴亡,只顾一心作乐?吴梅在日记中详记了一个老曲友的话:"处此时局,能从容雅歌,所谓黄连树下苦操琴也。但声音之道,与政相通,治世之音必和平雅正。今虽非治世,而保存国粹,留此治世之音,终有和

平之一日。"（1931年农历十一月十九日）吴梅当深韪其言，才记录下来的。可见，当时的曲友，并非一味"大爷高乐"，很多人在拍曲的同时仍不忘爱国，更有人借曲抒愤、寄托遥深，可谓有良心矣。

吴梅除了自己拍曲，还按歌授曲，乐于教授学生、曲友，不但唐圭璋、沈祖棻、常任侠等学生跟他学曲，连程千帆也偶尔参加（后程、沈成为学林伉俪，名重一时）。更不用说，名伶韩世昌、白云生等南来演剧也要向他请益。俞平伯是吴梅早年在北大的学生，俞夫妇南来，亦有曲会欢聚。有趣的是，吴梅认为俞夫人所歌"较平伯为胜"。这确是实情。

吴梅日记还记录了与穆藕初、红豆馆主、甘贡三、张紫东等资深曲家的交往。三十年代初，红豆馆主南下，定居南京，吴梅起初有意疏远，不愿与"亡国士大夫周旋"，心态颇为微妙。后才渐愿接触，又因昆曲而熟络起来，两人还屡在曲社合作高歌。这其实是很珍贵的材料，若非吴梅日记披露，今人是难解其中阃奥的。近年享大名之曲家张充和，三十年代还是妙龄少女，也出现在吴梅日记中。当然，充和应该是恭执弟子礼的，1937年农历五月二十八日，"女生张充和至，为书册页一副，改词二首"。吴梅为充和题写的，是他的自度曲，充和视如拱璧，列其集藏的《曲人鸿爪》第一位，今已影印出版，外间得见矣。这也是难得的缘分。

吴梅观剧并不算多，但宁、沪如有昆曲演出，他还是乐于观看的。比如他就多次观看"传字辈"和韩世昌的演出，青年会、仙霓社都曾"作壁上观"。值得注意的是，吴梅不懂京戏，看京戏绝少，嫌锣鼓喧闹。

吴梅保持着老辈本色，一般不与优伶交往（昆伶拜师请教除外），他拒绝了京剧坤伶新艳秋、秦淮歌妓王熙春的教戏请益要求。不过，他还是为新艳秋填了首词，对王熙春"略指腔格"。他也不参与欢迎梅兰芳的宴席，这与民国时很多遗老遗少，争相与"伶界大王"梅兰芳交往，是大相径庭的。吴梅始终是淡淡的，保有学人的清高。

吴梅日记中有的细节很重要。譬如，北昆名旦韩世昌常被称作吴梅的学生，似乎颇得吴梅真传。《瞿安日记》恰好有记载，1931年农历九月二十九日记云："京师自乱弹盛行，昆调已成绝响。吾丁巳寓京，仅天乐园有高阳班，尚奉演南北曲，其旦名韩世昌，曾就余授曲数支也。"下笔极有分寸，仅仅是"授曲数支"而已，这或许才是吴、韩关系的历史真相。相比坤伶，吴梅对男伶还是忌讳少些。韩世昌与白云生1936年冬联袂南来，韩早已"入室"，而白趁机"叩头拜门，余亦不拒也"。至此，韩、白都成吴门弟子矣。总之，吴梅传统观念深厚，不愿多与优伶来往，即便教授伶人，也是保持距离、很有分寸的。

## 五、战乱中的一段特殊生活：在富豪家做塾师，心态微妙

吴梅日记还记录了一段特殊生活，就是在海上富豪王伯元家做塾师。三十年代初，吴梅一度因局势紧张而避难上海，适逢"金子大王"王伯元聘请西席，通过名画家吴湖帆的介绍，由吴梅承乏。这是一段曲折而有趣的经历。吴梅的月薪原为百元，但看到王伯元在古董字画上一掷万金，吴梅不免有些"心思活络"。后婉转商议，月薪增至两百，但在作塾师外，兼题跋王氏收藏之书画。吴梅衣食虽仰富豪，但还保有知识分子的风骨，不苟且，不婢膝，心态是很微妙的。他自言："敬如上客，苦似楚囚。"乱中不得已而为糊口计，足见读书人的傲岸自负，惟深藏不露耳。

王伯元虽坐拥巨资、富甲一方；吴梅精神上却极度富有，经常在日记中显示出对东家的鄙视，更几度欲辞馆。其实，作为读书人的吴梅，有时太过敏感，对东家未免有些"过度的揣度"。总体看，作为金融家的王氏，并非胸无点墨之徒，他对吴梅一直尊崇有加，奉为上宾，束修也算丰厚。日记中的颇多教馆细节，都堪玩味。旧时东家和西席的微妙关系，于此纤微毕现，这是极难得的民国日常生活史的材料，可谓特殊人群的特殊生活，私密性极强，若非吴梅在日记中披露，外人是无从得知的。

吴梅的教馆之法，也有一定的参考价值和借鉴意义。如谈读书怎样循序渐进、讲如何学作旧诗、谈《兰亭序》等，皆有心得。即便今日视之，也不过时。总之，关于吴梅的西席生涯，他日有暇，当专门为文记之。

## 六、作诗填词,抒感慨,明心迹,存文献

吴梅不但是一代学人,而且文采斐然,擅长作诗填词,对联也极拿手。因为书画素养深厚,其题跋也负一时之誉。他在日记中,每每记录自己或师友的作品,抒感慨,明心迹,存文献。

吴梅对自己的旧学功底是极为自信的,他甚至可专以"墓碑寿文"等应用文字讨生活,而朋友、学生也常找他润色文字、代做应酬文等,如吴梅就屡次记为学生潘景郑改文章,而他代穆藕初作应酬文字颇多,藕初当是专门请托。

1931年农历十月十六日吴梅记云:"日人将断绝宁、沪间交通,是其心直欲吞灭全国矣。闷闷归。改诸生卷。下午仍上课。余归后心思不定,若有重负未释者。因以媚幽阁文娱渎之,亦不适;入晚小饮,添酒仍不醉,自笑仍不能忘情世虑焉。因口占一绝而睡。诗云:'鼠穴乘车得未曾,虫天说法孰师承?鬓丝禅榻茶烟里,怕再驱坚过五陵。'"几番忧国愁绪,愈转愈深,几无法排遣。其沉郁之思,顿挫之韵,足令人感慨。这样高品质的日常生活记录,置之第一流的日记之林而毫无愧色。

1931年农历十二月初五日的日记,吴梅记录了早年的旧作《金缕曲》:"一叠凄凉调,是平生壮游万里,江山文藻。禾黍荒原金梁下,恨事千秋未了,但托意田园吟啸。忍死从军真豪语,梦沙场血溅红心草。秋塞外雪飞早。王师北定中原渺,问他年清明家祭,乃翁谁告?珠玉都收珊瑚网,依旧身栖江表,又引起夜猿哀叫。白雁来时风霜恶,有井中心史称同调。今古泪洒多少。"这是为朱锡梁《放翁诗选》所作,慷慨悲壮、清拔多气,洵佳作也。而在国事陵替之际,录早年词作,也是别有一番深意存焉。

吴梅日记曾记徐志摩之死,1931年农历十一月十五日,并为穆藕初作联代挽:"行路本来难,况上青天,孤注全身轻一掷。作诗在通俗,雅近白傅,别裁伪体倘春秋。"吴"自觉颇工"。实则不但工,而且具巧思,委婉点出徐氏因飞机失事而亡,说得含蓄蕴藉。1932年农历四月初九日,吴梅又代穆藕初作挽十九路军阵亡将士对联:"听鼓鼙思将帅之臣,光我邦族;执干戈卫社稷以死,哀此国殇。"此联亦工,词气雄壮,慷慨悲歌,当是吴梅发自肺腑者。

## 七、录师友往来,述学林珍闻,存文坛掌故

从日记看,吴梅与胡小石、汪东、卢冀野、唐圭璋、吴湖帆等人的交往最为密切。吴梅的学生唐圭璋,先后编订《词话丛编》和《全宋词》,存一代文献,吴梅称赞"嗟乎唐生,可以不朽矣"。(1935年农历五月十七日)足见推许。

吴梅在上海时,与一批文人墨客时常雅集,谈书论画,这对研究民国书画及收藏,颇有价值。其日记记录了与吴湖帆的多年交往。湖帆本名画家,经济较富裕,头脑亦灵活,国难之中,犹大收珍稀古书画,而吴梅屡为其藏品题跋。日记还有鲜活细节,如记湖帆之个性和日常行事,特别是在涉及经济利益时的狡黠,读来真切如见,颇有趣味。这也属"私人史",秘辛细节,非日记不能见。

吴梅与黄侃,关系向不恰,更两度失和。吴梅在日记中大谈黄侃之"种种劣迹",但多借友人之口言之,乐此不疲,可知吴之对黄,确深有意见。日记记录了吴梅与黄侃的两度冲突,如与黄氏日记对读,认识当更全面。郑志良文《吴梅与黄侃失和事实考论》,可参。其实,吴梅自身亦大有问题,他喜饮酒,而酒后时而使酒骂座,屡屡引人侧目。他在日记中曾有反思,自谓"酒德不佳"。吴梅酒后还曾莫名其妙地开罪红豆馆主,事后他自言:"此吾之大过,以后需痛改。"(1935年农历元月二十一日)总之,日记可见人性之复杂、人事之纷纭。很多事,都需要综合起来看,不宜简单分辨是非,更不能非此即彼断人曲直。黄侃死后,胡小石与吴梅谈到黄师章太炎送给黄的五十寿联:"韦编三绝今知命,黄绢初裁好著书",日记详细记述了胡小石的话,此联可谓不祥之兆。这也是难得的文坛掌故了。

吴梅对学生钱南扬颇有微词。钱氏著《南戏百一录》,吴云"所有材料,出自余藏者几半,而书中不提我一字,反请顾颉刚作序,盛道王国维,我亦置诸不复矣"。(1935年农历三月二十七日)此当事人之议论,或可考索,亦为民国学林公案矣。笔者姑且拈出,以待解人。

吴梅日记屡记文人雅集,迻录保存了大量的诗词文献。如诗钟雅集、陈石遗家的祝寿雅集等。吴梅还听陈石遗谈朱古微的临终词作,并录入日记,这也是珍贵掌故。

## 八、家常记忆：寻常百姓生活的鲜活史料

吴梅日记不避细碎，记日常生活、家庭琐事、柴米油盐，其中的物价，是当年鲜活的经济史料。如1931年农历九月十五日记："壬癸之间，每石米止七元余，今则十五元；肉每斤三百文左右，今则千文；鱼虾每两三四十文，今则百二三十文矣。最可笑者，唱经楼大街，有熟面铺一所，所谓鸡丝老面家也。壬癸间每碗定价八十文，今则二百六十文，味虽可口，言之痛心。即此十年间，民间生活，加增如此，将何以为继耶？"不但记录了物价之上涨，数据可靠，还以一碗面条的价格今昔变化，忧民生之多艰，颇有杜甫民胞物与之良心。这是多么"接地气儿"的物价史料！日记中还记录了在松鹤楼、五芳斋、夫子庙等处用餐吃点心，看到今日犹存之老字号，令人颇觉亲切。

日记中，在经济方面，吴梅多次显示出捉襟见肘之窘况。民国时教授的薪水，向是很多人感兴趣的话题，有人专门写过文章。那时的教授，薪金和生活品质应算是中上。但时局不靖，物价腾涌，薪水不免缩水；加上学生时常罢课，而吴梅每忧心薪水迟发、打折扣，甚至无着落。1932年农历一月初八日，吴梅才拿到上年"十月份俸，扣去所得税十二元二角，及水灾捐卅二元外，实收银元二百七十四枚。"时值寒冬，吴梅马上带妻儿去买皮货，此薪水可谓雪中送炭。教授尚且"等米下锅"，乱世中的普通百姓，又当如何度过寒冬呢？不禁令人兴"寒衣处处催刀尺，白帝城高急暮砧"之感慨！

作为学者的吴梅，还有一宗稿费的进项。这对于考察吴梅的整体收入、研究民国学者的稿费标准，都是有价值的。譬如，1931年农历十二月十一日，"振新书社交来《曲选》版税八十四元，度岁可无虑矣"。足见在春节前拿到这笔稿费，如暗室逢灯，还是很管用的。1933年农历十一月二十五日，"取《辽金元文学》稿费，共找百七十五元"。1934年农历七月十三日，"得商务函，《曲选》出售有六十三部，《霜崖曲录》销售二百零七部，得版税四十一元，亦佳"。看来吴梅对当时的版税还是满意的。

吴梅的家庭很和睦，从日记看，夫妻、父子相处融融。他时常为妻拍曲，夫唱妇随，几个儿子也会唱曲。有时家人在一起斗牌、小饮、唱曲，快乐非常。

作为父亲,吴梅屡为儿子的成家立业事,辛勤筹划。吴梅的教子之道,颇为通脱,不望子女成龙成凤,惟希自立。他说:"人海浮沉,位高则险,橼属卑秩,或可安居。好在余不望其做民国伟人,能守勤俭家风,便是吾家佳子弟也。"(1932年农历九月十六日)吴梅给子女的教育,是人贵自立、勤俭安居,可谓通达事理。

吴梅日记还频频记录打牌、饮酒、看电影等细节,令日记富有"烟火气",觉得宛在目前。吴梅不是冬烘的老教授,尚有生活情趣。那时的曲社中,也时常"雀戏"。社会上请客聚会,有时会招侍酒女郎,而吴梅日记就记录了当时新的"侑酒风气",这也是社会史的好材料。

吴梅也有酸腐的一面。曲友夏履平,妻子早卒,后将其妾扶正,遍邀同道和曲友,登场彩戏,这似也合乎情理。但吴梅就说:"如此伤风败俗之事,余未敢附和。"(1931年农历十一月二十八日)人家将妾扶正,唱戏庆祝,"干卿底事"?吴梅有时酸腐得可爱。

## 九、文笔大有可观,沉思翰藻,倾诉心曲

吴梅日记记事、立意皆好,沉思翰藻,飞扬灵动,内容之实、文笔之佳,超过绝大多数同时代的日记。上面的一些引文,已可窥豹一斑、尝鼎一脔。这其实不是偶然,而是与吴梅自身深厚的功底、刻苦的钻研密不可分。他少年时就"注全力于诗古文辞,文读望溪,诗宗选学"[1],孜孜矻矻;后游历四方,"诗得散原老人,词得彊村遗民,曲得粟庐先生,从容谈燕,所获良多"[2],更得诸多名家指授,旧学素养出类拔萃,文字更是不凡。

1931年农历十一月三十日吴梅记:"日兵得锦州后,又欲入关,天津驻兵又有示威举动,国事至此,惟有浩叹而已。晚间,庶祖母唤广东消夜品八碟,红泥炉火,围坐消寒,小饮颇适,得乐且乐,自笑又复自叹也。"令人思及杜诗

---

[1] 吴梅:《百嘉堂遗嘱》,载《吴梅全集·日记卷下》,第908页。
[2] 吴梅:《百嘉堂遗嘱》,载《吴梅全集·日记卷下》,第908页。

《赠卫八处士》,可谓苦中作乐。生活因战争而异化,而乱中家人团聚小饮,又令人感到多么富有温情!

再举一例,1932年农历除夕,"与家人团聚,祭祖拜神,依然旧时风景。荆楚岁时之记,东京梦华之录,不胜凄黯。饭后至观前街,赴桂舫小叙,至十二时归,几忘海上烽火矣。"读来澹澹有味,如尝橄榄。更重要的是,度岁之中不忘忧国,诚为学人本色。

日记中的游览文字,阅读和欣赏的价值甚高。如1934年农历二月二十九日,吴梅有扫叶楼之游。是日先下雨,后止,吴梅"呼马车往扫叶楼一游,而泥途滑滑,殊艰于行路。登楼纵眺,山濛湿雨,江涵宿雾,如大小米画幅,亦有奇观。"文字之精美,读后满口留香,甚至有苏东坡数十字小品之妙。又如1935年农历九月初十日,有采石矶之行,当其登太白楼时,"倚窗四望,南则遥山拱黛,东则烟井万家,大江环其西,谢公山枕其北,云山供养,无怪青莲有终老之愿"。摹景之妙,令人恨不同游!还有滁州琅琊寺、醉翁亭之游等,都值得细品。

战乱时的文人心态,是复杂微妙的。这方面的直接材料本不多,但在日记里往往有毫无掩饰的表达。1935年,"华北之大,已经安放不得一张平静的书桌了!"这句话迅速传遍全国。其实,覆巢之下,焉有完卵?在艰难时局下,全国的学者和学生,都无法安心读书和治学了。吴梅自然也有类似的感慨。在更早的1932年中秋节,吴梅晨起就陷入了沉思:"忽念中秋令节,又值仓皇风鹤之中。昨日南京日舰,方耀武扬威,胁吾人民;东北伪国,正将公告世界,此时正多事之秋。而余日坐书城中,不问世事,蟾宫桂窟,天上定无风浪,人至无可如何处,一作游仙之想,则心境皆空,百难俱释。对此佳节,又奚悲焉?"莫怪吴梅不够爱国,他其实是百忧骈臻的,却又无法排遣,在无可如何之际,只得故作游仙之思,希借天上广寒宫,暂时跳出纷纷扰扰的人间世界,求得片刻的安宁。日记记录的中秋这天的心态,多么真切、多么难得!

## 十、结语:转折时代知识分子的心灵史

通过日记考察吴梅的私人史,观察过往研究中一些被忽略、被遮掩的"小

历史",还原一代学人五光十色的真实晚年,这是本文想努力实现的。转折时代中的知识分子,爱国者大有人在。但时代与知识分子的关系,表现在具体学人身上,又各不相同。上文的多重面向,已经反映出吴梅的人生去就与同时代的学人如黄侃、胡小石等有所不同。凭借对日记的文本细读,我们看出了吴梅的个性和特殊性。这也是我们关注其人其日记的价值所在。

从日常生活史的视角看,吴梅日记不单记录了一个老辈学人的衣食住行、教授生涯、曲家经历、藏书崖略等,更具有难得的历史视野、人文关怀,从中可以映射出社会、国家的复杂变迁。散文文体的日记,往往有"碎片化"的问题,而吴梅日记却有着一以贯之的"主心骨",即感时忧国。其学术研究、藏书命运等种种人生细节,隐含着时代大势的投射。从吴梅晚年大量的日常生活细节,能基本还原其生活图景的主轴,其中的家常细语和心灵景观,映射出学人的微观史与时代、社会、国家的宏观历史错综复杂的纠葛和关联。

现存吴梅日记的时段,具有深刻的时代背景。他没想到,垂老光阴,神州陆沉。当老学人面对社会动荡、家国危局,是怎样的心态?如何去面对?从他的日常记录中,已经彰显出学人的凛凛风骨,所谓"处瓮天之中,卧漏舟之内","生无可乐,死无可悲",恨只恨执政者"事去则袖手,真全无心肝者",而政府"搜括无遗,一路皆哭……,令人灰心"。(1932年农历六月二十九日)吴梅不愿问政治,可是身处那个黯然感伤的时代,有良知的读书人,又怎能缄口不言?中国古代"士"的操守和品格,在清末民初的部分知识分子那里,得到承继,而吴梅的日常生活记录,具体而微地体现出"士"的精神在现代的传承和发扬。甚至可以说,从吴梅日记折射出中华传统文化之辉光。这是一份珍贵的转折时代知识分子的生活史、心灵史,亦是日常生活史研究的绝佳材料。一言以蔽之,吴梅日记大有可观。

吴梅既不是大人物,也不是小百姓,而是一代学人。他的学术标签,与胡适、黄侃、胡小石、陈寅恪、周作人等,又自不同。他的日记,除了普通学人的教书、写文章,还记时局、罢课、担心薪水等富于"时代特色"的内容,更有拍曲、藏书、刻书、教馆等个人独特视角,加以文笔坚凝飞动,情怀老而弥坚,因此显得既沉郁、又鲜活,成为近代学人日记中独特的"这一个"。或许吴梅日记中没有直书惊天动地、荡气回肠的大事件,但就是细枝末节的日常生活史的记录,恰可以连缀成相对宏大的历史画卷。

# 吴梅创作史料三论

浦海涅

吴梅先生是近代词曲界首屈一指的大家,亦是最早把戏曲带进大学校园的划时代的人物,他为我们留下了极其丰富的宝贵文化财富。2019年适逢吴梅先生诞辰一百三十五周年,逝世八十周年,如何发掘、整理、利用好吴梅先生的文化遗产是我们当下应该深入思考的问题。接下来,我将从吴梅先生的《霜崖三剧》《霜崖曲话》《霜崖词录》三部作品入手,结合新近发现的多种珍贵史料,分别论述《霜崖三剧》的出版始末、《霜崖曲话》首次连载以及文楷斋本、潘景郑本、卢前本、王卫民本等四种版本《霜崖词录》的相关情况。

## 一、吴梅与《霜崖三剧》

2013年,信手翻看古籍图录,见《霜崖三剧》及《霜崖三剧歌谱》数种,书籍版本信息有作一册的,也有作两册、三册的,莫衷一是。考诸《昆剧辞典》《曲学大辞典》等书,答案亦是众说纷纭。想吴梅先生乃是近代曲界首屈一指的大家,所作之戏曲作品集《霜崖三剧》亦为学界周知,何至于在书籍版本上诸辞典顾此失彼,罕有完满的说法?在中国昆曲博物馆资料室内借得《霜崖三剧》及《歌谱》原书，并集前贤之说，考证其实略记于下。

先行查阅《苏州戏曲志》《昆剧辞典（台本）》《中国昆剧大辞典（南京本）》《曲学大辞典》等书，《苏州戏曲志》只记《霜崖三剧》词条，在《三剧》中只说"由吴梅、刘凤叔、吴粹伦、徐镜清分别作谱"而未提有《霜崖三剧歌谱》；《昆剧辞典（台本）》记录最详细，但也只记《霜崖三剧歌谱》条，只说明《三剧》"曲白俱全"，《歌谱》"仅有曲词，无科白，曲词皆有谱，工尺、板眼俱全"，似将《三剧》与《歌谱》混为一册（此或因编辑此条目时未见原书，而是用台湾鼎文书局1971年本为蓝本之故）；《中国昆剧大辞典（南京本）》亦只记工尺谱本的《霜崖三剧歌谱》，未提有曲白俱全的《霜崖三剧》；《曲学大辞典》中虽然记录了《三剧》条，并在条目中提及"又有《霜崖三剧歌谱》"，但未作为单独词条展开记述。综上所述，目前曲界最权威的四种辞书关于吴梅先生这部书的记述均有不足的地方，详加考证，去芜存菁就显得尤为必要。目前，在中国昆曲博物馆内藏有《霜崖三剧》和《霜崖三剧歌谱》的红印本和普通本各一套两册，其中尤以吴梅先生亲笔签赠给穆藕初先生的一册红印本最为珍贵。目前国内关于吴梅先生的资料很多，数王卫民先生编校的《吴梅全集》最为权威，而我们要研究吴梅先生是如何编写和出版《三剧》和《歌谱》的，就要从这套《吴梅全集》里做文章。

《霜崖三剧》收录了吴梅先生撰写的南曲《湘真阁》《无价宝》两种，北曲《惆怅爨》四种（《香山老出放杨枝妓》《湖州守乾作风月司》《高子勉提情国香曲》《陆务观寄怨钗凤词》）。各剧的主要情节诸书均有提及，这里不做展开，单论诸书的版本。各剧中以《湘真阁》（初稿名为《煖香楼》）创作时间最早，为光绪三十二年（1906），现有以《煖香楼》为名的1907年《小说林》第一期本及1910年苏州艺林斋刊《奢摩他室曲丛》刻本，亦有以《湘真阁》为名的1927年苏州利苏书社影本和上海《戏剧月刊》一卷第四期本。《无价宝》作于1917年初，初载于1917年刊《小说月报》第八卷七、八号。《惆怅爨》四种则多作于1914—1930年之间，除《杨枝妓》初载于1917年的《小说月报》第八卷九、十号之外，其余三种均在《霜崖三剧》中首次发表。编印此书的初衷，王卫民先生认为是"1933年吴梅为了庆祝自己的五十寿诞",目前不少书籍也多持此观点。但吴梅在1932年6月21日的日记中有这样的记述:"作书(卢)冀野……又托其催姜毓麟刻字铺,从速将《霜崖三剧》赶成。荏苒七年,尚未毕事,亦难矣。"由是可知,至少早在七年之前的1925年,吴梅就已经开始筹备《三剧》的出版印刷事宜,只是因为种种原因限制,恰好在吴梅先生五十岁那年才刻印完成。我们可以将《三剧》的出版看作吴梅先生在五十岁生日之际收到的一份"礼物",但很难想象吴先生会在七年之前就开始为自己的五十岁生日做准备。所以,笔者更倾向于把《三剧》和《歌谱》看作和吴梅先生所出的其他书籍一样,是吴先生对自己一段时间以来研究成果和文学创作的一个小结性的成果汇编。吴先生在1922年起即在南京东南大学任教,并继续出版自己的专著,开始筹备出版《三剧》大概就在这段时间,但中间吴梅先生曾于1927—1928年间短暂任教于广州中山大学,1928年回到南京继续任教。其后数年,吴梅辗转于上海、苏州、南京等地,奔波劳碌,姜毓麟刻字铺又是南京知名的刻字铺,生意繁忙,故而《三剧》历经前后七年方才刻印完成也在情理之中。

《三剧》的出版日期,诸书均作1933年。就《吴梅日记》所记,《三剧》的红样本早在1932年10月9日就已于姜毓麟处刻印完成交付吴梅先生校对,10月11日,《三剧》初稿校对完毕,11月5日作《歌谱》序,11月12日作《三剧》总序,次日收到《三剧》样本,1933年1月《三剧》二稿校对完毕,3月14日校对《歌谱》,"补改处略有数条"。此后再无谈及校对事。到1933年5月14日,吴梅拿到了第一批《三剧》的红印本,这可以看作《三剧》出版的准确时间。为《三剧》及《歌谱》担任刻工的是当时南京知名的刻工姜毓麟刻字铺。姜毓麟,原名子卿,祖籍泰州,时居南京东牌楼党家巷内,曾为南浔嘉业堂刻印书籍,亦曾参与卢冀野主持的民国南京通志馆的木版修复工作,吴梅的很多自印书籍均由姜氏刻印。

在《三剧》即将问世之际,吴梅曾委托民国苏州著名书肆护龙街双百楼的老板邹百耐代为销售,并曾通过邹百耐花了上百元的广告费,为《三剧》营销做宣传。先期刻印的红印本只有二十六套,红印本付工费五十元,则每套的工费将近两元,这在民国线装本亦算一个不低的价格,其余印费二百六十元,假设以普通本一元一套计,则此书的印数也不过二百多册,百劫之余,流传至今者不知还能有多少。

《三剧》一经问世,销售情况尚可,据 1933 年 5 月 27 日日记言:仅两周时间内,"检《三剧》已购出四部,将来当可畅销"。但出书盈利并非吴梅先生的目的,在日记中我们更多的还是看到先生赠书的记录。只 1933 年 5 月 20 日至 1934 年 11 月 8 日将近一年半的时间内,吴梅先生先后向唐圭璋、吴伯匋、翟贞元、张明义、徐子明、学南、高祖同、马衡、仇亮卿、仇涞之、冒广生、叶恭绰等人赠送了自己的书籍,未记入日记的恐怕还有不少,比如民国实业家、曲家穆藕初先生。昆博所藏的这套红印本《三剧》,即二十六册红印本之一,书前扉页更有"藕初道兄先生惠存,霜崖持赠"的吴梅亲笔签赠,弥足珍贵。签名下有一方"瞿安填词"印,此为西泠印社第二任社长,金石考古学家、书法篆刻家,时任故宫博物院院长的马衡先生所刻。

《三剧》问世之后,亦受到曲界诸人的好评。吴梅先生所在的业余昆曲社啸社的同人们,曾于 1933 年 8 月 27 日在吴梅的上海别业为他祝寿,其间将《三剧》剧目次第搬演,前后六小时,参演者有周冰心、王亦民、王育之、居逸鸿、陆济民、沈芷忱、贾韶中等,"旧曲新词,衣冠雅集,颇极一时之盛"。到 1935 年 11 月 6 日,仙霓社传字辈艺人在沪上苏州同乡会排演《湘真阁》,周传瑛、赵传珺、倪传钺、施传镇等饰演,观者甚众。张振镛评之,有"付之梨园矱弄,词律俱佳"语。

1939 年,吴梅先生客死异乡,此后,《三剧》再未见搬演,至今则已成广陵绝唱矣。

## 二、《通俗教育丛刊》连载《霜崖曲话》考

在吴梅先生的众多著作中,《霜崖曲话》一书或许是一颗被忽视的明珠。称其为明珠,是因为以目前所见的《霜崖曲话》十六卷十多万字的篇幅,不仅相较于吴梅先生的另外两部曲话类作品《奢摩他室曲话》和《奢摩他室曲旨》

多出数倍，且"在科学性和系统性方面，则远远超过了以前的《雨村曲话》《藤花亭曲话》和《菉漪室曲话》"，称其是"堪称卷帙最多、蕴蓄最丰富的一部关于戏曲文本评论的著作""代表着中国古代曲话的最大成就和最高水平"也并不为过。而相比于吴梅先生的其他著作，《霜崖曲话》的发现是最晚的，对其的研究也并不充分。《霜崖曲话》问世之后近70年罕见消息，直到1989年10月16日，吴新雷先生才第一次在南京大学图书馆找到了二十世纪三十年代金陵大学根据原稿移录的《霜崖曲话》副本，而其原本则在此后被发现藏于台北中央图书馆内。吴新雷、王卫民、李占鹏诸先生据此均言其只存稿本及抄本，之前并无出版，亦未见有刊物连载的记录。而相关研究方面除了吴新雷先生的《吴梅遗稿〈霜崖曲话〉的发现及探究》和李占鹏先生的《吴梅〈霜崖曲话〉的发现、整理及研究》，常见的还有王卫民先生在《吴梅评传》中的《〈霜崖曲话〉及其他曲话两种》一节。

实际上早在吴新雷先生发现南大本《霜崖曲话》抄本之前70年，1919年，《霜崖曲话》便以连载的形式，登载于通俗教育研究会印行的《通俗教育丛刊》中，前后连载了不少于20期，只是因为《通俗教育丛刊》存续时间较短（目前所见自1919年至1925年，前后六年时间，共发行22期)，辐射影响范围较小（《通俗教育丛刊》一般多以赠送各类图书馆及研究机构为主，市面上罕见流传)，故而知者甚少。

1915年9月6日，通俗教育研究会举行第一次大会，正式宣告成立。该会由时任教育部长汤化龙大力倡导，首任会长袁希涛曾任教育部次长一职，实际上是一个"以研究通俗教育事项，改良社会，普及教育为宗旨"的隶属于民国政府教育部社会教育司的半官方机构。通俗教育研究会的中央机构设在北京，下辖小说、戏曲、讲演等三个股（鲁迅先生亦曾在该会小说股短暂担任主任一职)。其中戏曲股负责的主要工作为：1.关于新旧戏曲之调查及排演之改良事项；2.关于市售词曲唱本之调查及搜集事项；3.关于戏曲及评书等之审核事项；4.关于研究戏曲书籍之撰译事项；5.关于活动影片、幻灯影片、留声机片之调查事项。在通俗教育研究会的众多日常事务之中，编译书籍与印刷出版刊物是其较为重要的一项工作。早在成立之初，通俗教育研究会就设立有石印室，设专人进行书籍资料的石印印刷，成果颇丰，仅目前所见的《通俗教育丛刊》而言就有不少于22期，最早的一期刊行于1919年3月以后，一直延续到至少1925年。而《霜崖曲话》一书的连载则最早开始于1919年8月以后刊行的第3期，但因为每期刊载不过数页，所以直到第22期也不过刊载到了全书十六卷中的第六卷。且仔细比较了目前所见《通俗教育丛刊》中连载的《霜崖曲话》前六卷，与《吴梅全集》中排印的吴梅先生原稿本《霜崖曲话》，内容基本相同。

通俗教育研究会为何会在自己印行的《通俗教育丛刊》中连载吴梅先生的新作《霜崖曲话》呢？究其原因，首先自然是吴梅先生精通戏曲声律，所作曲话见解精辟，资料详实，颇多真知灼见，为学界所公认。除此之外，吴梅先生当时正好在北京大学任教，且与通俗教育研究会中的很多人相识，这也是原因之一。1916年吴梅先生的第一部曲律研究专著《顾曲麈谈》问世，在当时的曲家群体中引起不小的轰动，此后《顾曲麈谈》一书一版再版，很受欢迎（陈舜年先生回忆说，时任北大校长蔡元培购得《顾曲麈谈》一书，阅览之后，颇为赞赏）。次年9月，应北京大学蔡元培、陈独秀诸先生之聘，吴梅先生离开上海民立中学，进北京大学文科担任古乐曲教授直至1922年。在目前所见的吴梅先生的相关资料中，虽未见吴梅先生任职于教育部的资料，但在这通俗教育研究会中却不乏吴梅先生的同事和师友，如有"南徐北溥"之称的溥侗先生、日后戏曲成就与吴梅先生并称双峰的齐如山先生等当时就在通俗教育研究会戏曲股中担任戏曲股名誉会员，而在《通俗教育丛刊》中常见撰稿的钱稻孙先生则是吴梅先生的北大同事。再者，1919年12月前后，民国教育部曾成立国歌研究会，并邀请吴梅先生等四人参与为民国国歌谱曲的工作，而在国歌研究会会员中就有时任通俗教育研究会经理干事高步瀛、交际干事陈任中等。且通俗教育研究会戏曲股原本就有"关于研究戏曲书籍之撰译"的工作，故而吴梅先生的新作《霜崖曲话》能够在要求较为苛刻的《通俗教育丛刊》中得以连载也就不足为奇了。

关于《霜崖曲话》的创作时间，吴新雷、王卫民、李占鹏诸先生大致有以下几种推断：1. 吴新雷先生认为《霜崖曲话》"不是一时一地写成的，而是吴梅在苏州、上海、北京、南京的教学生涯中长期积累的研究成果。它的属稿年代较早,约在1914年《顾曲麈谈》发表以前";2. 王卫民先生认为"作于清代末年至1927年之间";3. 李占鹏先生进而推断"《霜崖曲话》卷一至卷五约在1920年2月之前写成于苏州、上海,卷六至卷十二约在1920年2月至8月写成于北京,卷十三至卷十六则是他1921年9月受陈中凡先生之聘到南京后写成的"。结合此次发现的《通俗教育丛刊》中连载《霜崖曲话》,我们进而可以基本确认,早在1919年8月前后,《霜崖曲话》至少已完成前六卷撰写,而接下来的部分此时或许也已完成,只是随着《通俗教育丛刊》出版的中断而未能继续连载,最终险些湮没无闻。

## 三、《霜崖词录》的四种版本

吴梅先生一生著述甚多,其中以《霜崖诗录》《霜崖词录》《霜崖曲录》《霜崖读画录》及《霜崖三剧》(附《霜崖三剧歌谱》)等最为人所知。其中《霜崖词录》一书,旧时著录有贵阳文通书局本(卢前校本,后简称卢本)和陟冈楼丛刊本(潘景郑校本,后简称潘本),此二种印数无多,存世甚罕,研究者颇难得见。幸好在2002年的时候,王卫民先生校注的《吴梅全集》四卷本问世,其中亦收录有《霜崖词录》(后简称王本)。2018年年末,单位自沪上征集到红印本《霜崖词录》一种(后简称红印本),遍寻各处,未见有公私收藏机构著录。近日,取目前所见《霜崖词录》的四种版本略作对勘,发现诸本之中尚有不少出入,摘录于后以便查考。

吴梅先生手定词稿一事,最早可以追溯到1937年夏,据潘景郑先生所记"丁丑(1937年)夏,公(吴梅)休沐归里,方手订词稿,日写数页。弼(潘景郑名承弼)时谒公请任剞劂之事",然而不久之后,抗战全面爆发("丁丑之难"),吴梅先生"扶病远走鄂湘,转徙桂滇,舟车劳顿,竟至不起。时己卯正月也"(1939年3月)。在1938年秋吴梅先生到湘潭的时候,潘景郑先生曾再次写信给老师,要求为老师出版文集,数月后"公自桂林覆书云,诗词俱写成,拟录副寄沪",于是在吴梅先生客死云南大姚后数月,门人潘景郑得先生生前寄出的词稿副本("逾数月得公写定词稿副本"),然后就为之"缮录,受诸枣梨",他委托北京文楷斋据词稿进行刻板印刷,到1940年初(庚辰正月)刻板工作基本完成,但文楷斋本《霜崖词录》最终"以工劣未遑传布,议重付剞劂",于是才有了三年后,以文楷斋本为底本,潘景郑重写影印本《霜崖词录》。而此次发现的红印本《霜崖词录》,扉页题"《霜崖词录》,庚辰月正,邵章署",此与潘本扉页一致。扉页背面记"庚辰正月刊行,吴县潘氏藏板",此与潘本所记相合。书中次序依次为吴梅《自叙》、新建夏敬观《霜崖词录序》、潘景郑题记、目录及正文部分。红印本中未见出版机构的牌记,但考虑到它的内容体例与潘本《霜崖词录》大致相同,出版时间又恰好是庚辰年,故而我们大致可以推断《霜崖词录》这一红印本版本就是由潘景郑最初委托的北京文楷斋刻板印刷出来的。所谓红印本,就是过去印书时,在刻板完成之后正式批量印刷之前,用红色颜料刷印的少量试印本,一般供作者校对和分赠师友以求斧正之用,是中国出版印刷行业中特有的一种形式,一般一本书的红印本印数正常在几册或几十册之间,如吴梅先生的《霜崖三剧》红印本就只有二十六册,相对于几百上千的印数,红印本的存世自然稀少得多。而这一册《霜崖词录》红印本的罕见之处则在于,除了目前所见的这一册,似并未见有批量印行的墨印本存世。究其原因,潘景郑先生言曰"以工劣未遑传布",体现在这册红印本上,就是文楷斋书局在刻印此书的时候,工匠不负责任,刻错了许多处,以至于书中不仅出现了二三十处因刻错修改而产生的"墨钉",而且在这些已发现的错误之外,尚有一些未经修改的明显错误。在1940年的时候,吴梅先生逝世不久,作为门生的潘景郑先生想以刻印先生遗著的形式纪念先生,不想所托非人,刻印效果不佳,错误甚多,潘景郑先生只得放弃已经刻好的木版,待日后时机成熟再"议重付剞劂"。如果确实如此,红印本本身便是存世极少,更加之此书很可能并未有正式印刷墨印本存世,则这本不幸夭折了的《霜崖词录》初版本的红印本就显得更加弥足珍贵,或以孤本目之亦不为过。

潘景郑先生委托文楷斋刻印《霜崖词录》失败之后两年,吴梅先生的另一位高足卢前先生在贵州委托贵阳文通书局为自己的老师印刷了一种《霜崖词录》。这一版本虽然理论上印数应该不少,但时至今日还能见到的机会也不多。卢本《霜崖词录》封面题"《霜崖词录》,吴梅著,卢前编,文通书局发行",卷首有吴梅遗像一帧,背面是"吴梅遗墨"。这一版《霜崖词录》先列了新建夏敬观的《霜崖词录序》,然后放了吴梅的《自序》和目录,接下来是正文,而未收潘景郑的题记,书末版权页上记"民国三十一年七月初版,吴梅先生全集第一种,霜崖词录一册"等等。卢本《霜崖词录》的底本来源,卢前先生并未在书中做更多说明,甚至连一篇介绍本书出版情况的序跋也没有,故而我们无法知道底本的确切来源,可能是吴梅先生的遗稿,亦可能与红印本《霜崖词录》的底本一样是吴梅生前寄出的另一份手稿副本。或许正是因为潘景郑先生刻印《霜崖词录》的尝试失败,才促使卢前先生发愿为老师排印遗书。细校卢本与潘本,两者之间存在数十处不同,但是因为我们无法得知哪一位先生的底本更接近吴梅先生的本意,所以也就无法评判两个版本的优劣,仅从出版时间和传播影响看,卢本比晚卢本一年印成的潘氏陟冈楼丛刊本印数更多,自然传播也广,影响也更大。

在卢本《霜崖词录》印成一年后的 1943 年(癸未六月),潘景郑先生的手写影印陟冈楼丛刊本《霜崖词录》问世。陟冈楼是姑苏潘家的藏书楼,潘氏家族内的很多书籍均是以陟冈楼的名义印行的,而《霜崖词录》与《霜崖诗录》两种列入陟冈楼丛书的乙编,且为丛书乙编目前仅见的两种。这一版《霜崖词录》,扉页题签沿用红印本上邵章的题签,扉页背面则记"癸未秋,吴县潘氏据庚辰刊本重写影印。陟冈楼丛刊乙集之一"。书中顺序依次为夏序、自序、正文以及红印本上的潘氏题记以及癸未六月的续记。这一版《霜崖词录》基本脱胎于红印本,内容大致相同,修正了红印本上的个别错误,但略去了原先的目录。潘景郑先生在书末记叙了前一次委托文楷斋印书不成的旧事,又说"常恐一旦委沟壑,益无以副师门敬礼之托"(吴梅临终前曾对潘景郑有"敬礼身后之托"一语),由此可知,潘先生一直牵挂此书的出版事宜,最终于三年后"重写一本,授诸墨版",这才有了这一版的陟冈楼丛书本《霜崖词录》。

实际上,不管是堪称孤本的文楷斋红印本,还是潘卢二位印行的《霜崖词录》,存世都很稀少,研究者颇难得见。而真正让这本词集普惠广大学人的倒还要算是王卫民先生编校四卷八册本《吴梅全集》了。《吴梅全集·作品卷》

中收录的《霜崖词录》，据文末著录为"据贵阳文通书局民国三十一年(1942年)七月初版本"，应是按卢本为底本重排。然而以潘本与王卫民先生编校本对勘之后发现，两者之间有八十多处不同，而以卢本对勘王本，亦有数十处不同，如是观之，除非王先生另有所本，不然就是排版校对时的疏漏了。

此外，在过去的数年间，借助中国昆曲博物馆文物征集的机会，我还有幸寓目部分较为罕见的吴梅先生的史料，如《吴梅全集》失收的先生往来信札，又如《吴梅日记》有记载而几乎散佚的先生为上海昆曲保存社义演所作的序言，再如未见记录的先生手书定谱的《红楼梦·扫红》手折等，这些都是非常难得的，也从一个侧面说明，我们目前对于吴梅先生文化遗产的发掘、整理与利用工作任重而道远。

最后将《霜崖词录》的四种版本对勘（部分）附录于后，以备查考。（附录以卢本为底本，其他版本中的差异计入{ }中，只取各版之中文字有明显不同的地方，而繁简字之间的不同则暂未收录）

参考文献：

1. 吴梅：《霜崖三剧》，姜毓麟刻字铺，1933年自印本。

2. 吴梅：《霜崖词录》，文楷斋红印本，1940年。

3. 吴梅：《霜崖词录》，贵阳文通书局，1942年。

4. 吴梅：《霜崖词录》，潘景郑陟冈楼丛刊，1943年。

5.《通俗教育丛刊》，1919年第1期至1925年第22期。

6. 吴新雷：《吴梅遗稿〈霜崖曲话〉的发现及探究》，载《南京大学学报》1990年第4期。

7. 王卫民编，《吴梅全集》，河北教育出版社2002年版。

8. 王卫民：《〈霜崖曲话〉及其他曲话两种》，《曲学大成　后世师表——吴梅评传》，上海古籍出版社2002年版。

9. 李占鹏：《吴梅〈霜崖曲话〉的发现、整理及研究》，载《兴义民族师范学院学报》2011年5期。

## 附：霜崖词录

### 夏敬观序

岁己卯春，吴县吴君瞿安殁于云南之大姚县。殁前数月，寄湘潭柚园，写定其所作｛潘本无"作"字｝为《霜崖词录》，以书抵予，乞为序。值人事牵役，卒未报。又｛潘本"又"作"比"｝闻君丧，始为之，而君不及见也。方兵事起，君扶衰病走避鄂湘间，复转徙历桂林、昆明而至大姚，遂不起。读君书及君｛潘本无"书及君"三字｝自序，惴惴焉若亟为身后之托者，初不料其果死异域也。执笔怆念｛潘本无此四字｝。吁！可伤已！君记诵博洽，文辞尔雅，以金元乐曲之学，教授于南北大学者历二十年。海内推明音律，惟首举君，而亦以是掩君他长。世辄谓元曲兴而宋词亡，工于曲者于词为病，观君所为不尔。君审律至精，尝论："曲韵以入配三声之音为正，准之宋贤诸词，凡以入作平或上去者，无不符合。近人词守四声者，知入可代他声而已，未悟韵部之分配不可乱也。"又曰："阳上作去，实利歌喉。"此皆前人所未言，君自乐曲中获之，而尤有裨于词者也。宋词人谙音律者，每一篇出，莫不谐于歌者之口。君词亦犹是矣，不特情采｛王本"不特情采"误作"不待精彩"｝之美耳。颉颃前贤，其斗南继翁之比欤。柳耆卿乐章喜用俗语，开南北曲先例。君既工曲，而词必雅驯，不屑屑效彼，非才力有余，孰尽能事若此耶？吾乡蒋心馀以《九种曲》著，其词实超于并时诸贤，具有定论。然则君虽以曲名，终不相掩可知已。君他著述有文二卷，诗四卷，《曲录》二卷，《南北词简谱》十卷，《霜崖三剧》一卷。其行谊别具于君门人卢前所撰事略焉。新建夏敬观。

### 自 序

霜崖手定旧词，凡三易寒暑，缮录既竟，遂书其端曰：梅出词鄙倍，悉窃时誉，总三十年，得如干首。身丁乱离，未遑润色，诣力所在，可得而言。长调涩体，如耆卿、清真、白石、梦窗诸家创调，概依四声。至习见各牌，若【摸鱼子】【水龙吟】【水调歌头】【六州歌头】【玉蝴蝶｛潘本"玉蝴蝶"作"念奴娇"｝】【甘州】【台城路】等，宋贤作者，不可胜数，去取从违，安敢臆定｛潘本

"臆定"作"臆测"}？因止及乎侧，聊以自宽。中调小令，古人传作，尤多同异，亦无劳断断焉。又去上之分，当从{潘本"当从"作"当遵"}菉斐轩韵，阳上作去，实利歌喉。{潘本有"词虽不歌，略存规范"句}秦敦夫以此书为北曲而设，盖以入配三声，别无专韵耳。不知此分配之三声，即入韵之标准{潘本"标准"作"正鹄"}，持校宋词，莫不吻合。爰悉依据，非云矫异。其它酬应之作，删汰颇严。区区一编，已难藏拙，惠而好我，慎勿补遗。嗟乎！世变方殷，言归何日？敛滂沛于尺素，吐哀乐于寸心，粗记鸿泥，贤于博奕，览者幸哀其遇也。戊寅二月，长洲吴梅，{潘本无后一句}时年五十有五，避兵湘潭作。

## 正　文

摸鱼子·秦淮秋集，有歌旧作【折桂令】北词者，赋此寄慨

荡晴波日长风静，烟纱窗外低护。隔帘一角遥山笑，看尽大江东去。春换主，怕陌上花开，忘{潘本"忘"作"亡"}却归时路。惊霜倦羽，甚草暗西洲，人来南国，和泪听莺语。

才华误，谁料旗亭又赋，黄河远上残句。鬖丝禅榻垂垂老，回首少年羁旅。心更苦，待手拨箜篌，唱彻公无渡。清游记取，问雉鹊楼前，两三萤火，今夜{王本漏"夜"字}向何许？

秋霁·访朱古微丈（祖谋）{潘本"朱古微丈（祖谋）"作"朱丈古微（祖谋）"，王本作"朱古微（祖谋）丈"}于听枫园。庭菊盛开，玄言彻悟，次梅溪韵

江左悲秋，对废囿瑶华，万卉无色。断阕慵歌，古愁难按，暮年慢{潘本"慢"作"漫"}抛心力。灌园自息，露丛汲水霜天碧。望旧国，身是故邱坚卧义熙客。

庭院乍启，素月流空，岁寒深盟，长伴幽寂。背西风孤芳冷落，南山回眼笑头白，扶醉探花知未得。记海槎去，谁向{潘本"向"作"问"}岭表重阳？晚香应好，远怀驰驿。

眉妩·河东君妆镜，偕曹君直（元忠）作

叹秦淮秋老，杜曲门荒，金粉半尘土。定有惊鸿态，妆成后，熏香初试纤

步。翠鸾漫舞,剩黛痕磨尽今古。更凄感,一样临池里,当如是观否?

枯树、兰成心苦。早涧东人远,巾帽非故。零落沧桑影,铜仙泪,知他经饱{王本"经饱"误作"饱经"}风露。岁华细数,对半规重想眉妩。怕蕉萃菱花,还不许绛云驻。

眉妩·长安秋感

看斜阳烟柳,淡月霜花,弹指岁华晚。未了羁迟恨,春明路,匆匆芳意都变。旧衫漫典,认半襟蕉泪犹暖。万人海,独听荒城鼓,恨欢事天远。

回眼、蓬莱三浅,苦茂陵秋老,青鬓先换。西北高楼起,雕檐外,窥人多少莺燕。钿车麝展,正画堂重理丝管。及{潘本"及"作"又"}听到啼乌,谁惜取寸心怨?

寿楼春

吹琼箫商声,记丁帘絮语,曾赋红情。可念朱楼阑夜,坐花调笙。思俊侣,多飘零,料近年桑干潮平。纵画里题香,愁边款酒,无奈对新亭。

芳郊外,凉风生,想西陵杜曲,还有流莺。又怕红绡留字,紫云知名。先话{潘本"话"作"叙"}别,重寻盟,任客中明朝阴晴。便韦曲相逢,霜天雁鸣,秋满城。

瑞龙吟·过颐和园

城西去,依旧照眼晴岚,障空高树。东风还识天家,酿花酝柳,吹香弄絮。启朱户,休道建章宫里,物(读去声)华如故。行吟小立长廊,垂虹{潘本"垂虹"作"垂红"}万丈,凌霄噀雨。

应悟承平难再,几番昏晓,河山无主。留此旧灰昆明,闲勘{潘本"闲勘"作"闲话"}愁素。罗衣对雪,重问凭阑处。(老珰为余言,孝钦后对雪尝御罗衣。)知何事沧江沸鼎,铜盘倾露。泪洒蘼芜路,伎堂散尽,霓裳妙部。鸾影惊鸿睹,空认取瑶台,朱颜仙姥。(孝钦后留有御容。)绛云殿阁,不堪回顾。

### 水龙吟·昌平州谒明陵

玉京西去多山,山花红到云深处。疲驴紧跨,停鞭遥指,十三陵路。我亦亭林,麻鞋拜泣,黯然怀古。看祾{王本"祾"误作"棱"}恩门外,丰碑突兀,留宸翰、伤高句。(清高宗哀明陵诗,刻长陵碑阴。)

偏遇清明风雨,问春郊、棠梨谁主?薰天琯焰,沉渊诏狱,都归黄土。大似前朝,靖康北狩,永嘉南渡。喜寝园无恙,漫劳义士,种冬青树。

### 兰陵王·南归别京华故人,次清真韵

旅程直,新柳长亭乍碧。东郊外回望九重,日冷觚棱淡无色。吴阊问旧国,应识长洲病客。销凝处,缁化素衣,凄绝幽闺费刀尺。

哀吟认鸿迹,正草暗修{王本"修"误作"秋"}门,花谢瑶席,饥驱低首嗟来食。算百岁如梦,万人如海,摇鞭归去趁快驿,笑多事南北。

悲恻,乱愁积。叹白发(读上声)江关,天地孤寂。西楼把盏相思极,待薄醉欹枕,浩歌横笛。阴晴难料,又夜雨带泪滴。

### 解连环·独游怡园感赋

故家池阁,招东华倦客,试寻孤约。又岁晚三九光阴,看篱外几枝,破春红萼。万感幽单,雁程紧北风寒作。想词仙那日,闭户自吟,绕{王本"绕"误作"烧"}遍花药。

吴天鹧鸪正恶,念巾车去国,休问哀乐。对四壁沉陆河山,指杯酒中原,镇苦{王本"苦"误作"若"}漂泊。泻{潘本"泻"作"写"}入琴丝,待诉与西园梅鹤。凭雕阑半襟泪雨,画楼梦各。

### 多丽·秦淮秋集

水云乡,不知何事凄凉。看长川明灯子夜,依然旧日秋光。羽衣宽歌翻湘月,银屏护鬓惹天香。柔橹冲波,幽花媚客,几年湖海送清狂。问佳丽澹{王本"澹"误作"淡"}烟轻粉,蝶怨板桥霜。谁知得白头孤旅,犹近欢场。

笑楼台西风换尽,故园莺燕谁忙?汜人归早捐汉珮,词仙老还办吴航。尘

墨题襟,翠樽话雨,紫荚重对内家妆。荡客思古怀零乱,烟柳锁斜阳。愁无托,醉携沤{王本"沤"误作"鸥"}鹭,共听沧浪。

石州慢{潘本"石州慢"作"柳色黄"}·登燕子矶遍游十二洞

十里晴波,千丈翠微,人意高洁。闲携两屐登临,水国白蘋风热。阴崖古洞,但见紫筍排空,霓旌霜葆朝仙阙。回步出层霄,恰山花如血。

悲切,画阑帆影,萧寺钟声,霸图销歇。眼尽南朝,几许春江风月。碧云天暮,唤起海底潜龙,柯亭笛管吴冰裂。泻泪湿绫衣,又黄梅时节。

翠楼吟·金陵秋感,寄张仲清（茂烱）{王本"茂烱"误作"茂炯"}

月杵秋高,霜钟晓急,今宵梦回天际。湖山沦幻劫,正风鹤长淮兵气。停云惊起,怕万一阴寒,千花弹泪,情难寄。庾楼凭处,自伤憔悴。

忍记金粉江城,也建牙吹角,羽林千骑。玉京芳信渺,便南浦归帆慵理。人间何世,待冷击珊瑚,西台如意,雄心碎。板桥衰柳,莫愁愁未?

翠楼吟·得京华故人书,次前韵寄答

别馆延秋,孤灯款夕,空庭峭寒无际。黄粱炊未熟,变楼阁仙山云气。壶天眠起,对旧日鲛绡,重封新泪,人如寄。几丝霜鬓,镜中先悴。

可记琼岛看花,有暮春三月,三{潘本"三"作"五"}家车骑。白门惊岁晚,问烟雨纶竿谁理?枯杨身世,渐九陌风酸,垂垂生意。蛩声碎,小窗刀剪,客衣单未?

桂枝香·登扫叶楼,依王介甫韵

凭高岸帻,爱面郭小楼,红树林隙。妆点晴峦似画,二分秋色。高人去后阑干冷,笑斜阳往来如客。野花盈路,芳园半亩,恨无留迹。

但破屋西风四壁,问烟月（读去声）扬州,何异江国。湖海豪情,认取旧家绡墨。白头愿共云山老,甚{潘本无"甚"字}荒城笳鼓还急。暮寒天远,支筇归步,寺僧应识。

### 鹧鸪天·咏史三首

幕府山头鼓不鸣,西风黄叶古台城。中原宁有王侯种,上将虚征子弟兵。真铸错,孰寒盟,投鞭一夕大江平。仲谋生子犹豚犬,何况荆州刘景升!

立马吴山意态骄,荷花桂子想前朝。重携银汉三千甲,来射钱塘八月潮。刑白马,珥金貂,华灯车盖拥仙曹。西兴渡口军容墨,独跨疲驴过六桥。

大树飘零孰纪{王本"纪"误作"记"}功?横刀长揖谢群公。低头醉倒中山酒,伸脚吹回五岳风。空借箸,竟藏弓,成名竖子亦英雄。斜阳古柳依然在,一曲中郎负鼓翁。

### 木兰花慢·丙寅岁杪,吴中长吏,有迎春之举,已而未果。蒋香谷(兆兰)赋此见示,余亦{潘本"亦"作"因"}继声

看青幡遍户,报春意暗中生。对土鼓牛棚,句芒人面,苦念承平。西京内家赐采,有鱼龙百戏踏歌行。谁展三吴旧典?好听一路欢声。

心惊,令节到催耕,冠盖几逢迎。叹南陌车旗,东郊云物,难问阴晴。倾城万家士女,料簪花笑语度流莺。纵得韶华唤转,不知何日清明。

### 湘春夜月

伫楸阴,暮寒庭院悄悄。几日独对西窗,扶醉裹头吟。欲赋蕊宫仙梦,恨紫云消息,客里浮沉。记小楼引酌,晴帘索句,多少温寻。

朱门翠陌,黄鹂碧草,愁说登临。破笛回风,催{王本"催"误作"摧"}动了一天砧杵,敲碎秋心。银河浪起,问泪波流怨谁深?更自笑,甚庭花玉树,留莺绾燕,痴到如今。

### 凄凉犯·戊辰端午

白头怕结长生缕,惊心劫后佳节。海榴荐俎,塘蒲佩剑,老怀凄咽。壶天抱洁,甚羌管回波暗裂。奈今朝芳兰试浴,比似去年热。

双袖南州泪,楚水吴舣,等闲轻别。玳梁燕乳,可还知旧家风月?梦黍{王本"黍"误作"忝"}光阴,已听到汀洲怨鸠。笑劳生,足茧万里尚未歇。

绮寮怨·淮张旧基,新拓池囿,酣嬉士女,彻夜行歌。偶过瞻眺,余怀凄黯,爰倚此解,索仲清和。清真此词下叠,暗韵至多,如"江陵""何曾""歌声"三语,皆是协处,自来声家多未知也

老眼看花如雾,古怀零乱生。算小劫换了华鬘,听娇语乍啭{潘本"啭"作"转"}流莺。吴宫齐云旧迹,伤心处战血馀暗腥。又半天画角高寒,重来似化鹤,人姓丁。

遍地象箫凤笙,倾城翠袖,秋庭共拜双星。异国飘萍,有憔悴沈初明。依然太常歌吹,可梦影记东京。欢场怕经,旗亭待贳酒,招步兵。

六丑·虎阜秋眺,偕仲清作

又秋光照眼,遍七里飘花坊陌。万峰笑人,窥窗抛黛色,独步烟驿。暗念吴宫怨,鹧鸪声老,送锦帆如墨。前朝恨事沙沉戟,破楚门边,红心草碧。颓垣断桥休惜,待邀他客燕,闲话今昔。

江东裙屐,怕山灵未识。路转招提渺,天地窄,当年翠辇无迹。问南巡{王本"巡"误作"寻"}旧梦,牧童横笛,留宸藻忍看题壁。嗟十岁客里单衣瘦马,故乡轻掷。西风外一望京国,想暮鸦换了长洲树,空成泪忆。

瑞龙吟·邓尉归舟感赋,次清真韵

横塘路,无奈细草笼沙,乱云迷树。嬉春商略吴天,画船载酒,重来旧处。乍延伫,还记万梅花下,那人当户。柯亭短笛频吹,四桥暮雪(读上声),篝灯共语{潘本"语"作"话"}。

风度笙箫依旧,忍看临颍{王本"颍"误作"颖"},公孙娇舞。回眼叚魂山川,清艳非故。题香纵墨,还谱蘋渔句。空追念双崦荡桨,修廊联步。梦影随春去,芳辰胜地,都成恨绪。霜点青丝缕,禁数载江湖,听风听雨。夜寒对月,客衣谁絮?

### 隔浦｛潘本"浦"作"蒲"｝莲·过销夏湾

芳洲台榭废早，一径荷风绕。画舸蘅芜路，乌栖曲催清晓。幽处人过少，湖山好，梦影梧宫老。

锦帆渺，謇香胜地，应怜西字娇小。晴峦水树，四面白蘋红蓼，波底凉蟾弄夜照。闲吊，通天多事修表。

### 减字木兰花｛王本作"减字木兰花二首"｝

临邛车骑，荐士难逢杨得意。衣锦还家，娶妇居然阴丽华。东西驰道，广夏明灯花四照。一树冬青，谁复麻｛潘本"麻"作"芒"｝鞋拜孝陵？

白头吟望，故国平居多恻怆。弹指楼台，恐有胡僧认劫灰。纷纷厨顾，又见甘陵南北部。长啸苏门，多少风尘袖手人。

### 水调歌头·过沧浪亭

禾黍故侯第，水竹谪仙居。此时携杖闲步，但少醉翁俱。红树青山如画，明月清风无价，俯仰足酣娱。结伴更消｛潘本"消"作"销"｝夏，十万拥红蕖。

耽泉石，争名利，总轩渠。谁云子美高旷？一序恋区区。未必溺人仕宦，安有忘忧池馆？人境足华胥。我醉欲眠矣，却笑子非鱼。

### 瑞云浓·过旧尚衣使署，赋瑞云峰

云腴未老，铜仙辞汉肠断，僵卧吴台旧亭观。阴崖水瀄，记苦费鲛人红汗。（石曾没太湖中，竭万夫力得之。见《韵石斋笔谈》。）照眼冷繁华，笑朱门日短。

移置梧宫，留影事宸章藻焕，稳度层霄绛霞展。逗天秋溜，定圣娲不曾匀炼。一饷｛王本"饷"作"晌"｝无言，暮山几变。

### 垂杨·秋柳，倚陈西麓体

西风故院，认锦屏树色，一丝天远。跨马长堤，半城残照栖鸦满。柔条经过清霜浣，叹流水六朝风卷。纵年来啼雨颦烟，恨个侬｛潘本"侬"作"人"｝归缓。

应念江空岁晚，对金缕旧歌，不堪重展。路入阳关，有谁高处吹芦管？红楼几度催刀剪，抱客筼寒衣忍典。自销｛潘本"销"作"消"｝凝白下听秋，秋夜短。

念奴娇·追题郑叔问（文焯）《冷红簃填词图》。
时先生归道山逾十稔矣，即集先生集中语

旧家英妙【瑞龙吟】，记灯前俊语【惜秋华｛王本"华"误作"花"｝】，几番醒醉【湘春夜月】。着意伤春天不许【玉楼春】，万感都成蜡味【天香】。关塞音书【莺啼序】，江山文藻【庆春宫】，无数伤心事【卜算子】。吟边瘦月【甘州】，窥人还自憔悴【还京乐】。

因念旧节题香【龙山会】，乱山侧帽【芳草渡】，词客风流｛潘本"风流"作"风凉"｝地【蓦｛王本"蓦"误作"暮"｝山溪】。任是婆娑生意尽【杨柳枝】，换了疏狂身世【御街行】。丝竹凋年【齐天乐】，湖山送老【念奴娇】，孤鹤生凄唳【渔家傲】。南楼清啸【瑞龙吟】，凄凉今夜如此【玲珑四犯】。

雪梅香·蜡梅

碾苍玉，轻云薄日伴西堂。问檀心无语，知他乍别含章。燕市应馀海王雪，猩瓶时拂水仙妆。晚｛潘本"晚"作"晓"｝寒急，放下彤帏，消领浓芳。

年老｛潘本"老"作"光"｝，已残腊（读去声），节候惊心，旧圃都荒。久客探春，素儿粉额涂黄。可酿高崖半房蜜，独添沉水一炉香。闲庭院，梦绕南枝，谁费思量？

醉翁操｛王本"醉翁操"误作"醉翁子"｝·仲清、九珠叔过百嘉室夜话

开天，当年，凄然，总难言。尊前，招携素云来词仙。白头经惯无眠，拼放颠，醉对旧山川。觉九洲渺如点烟。

灞陵夜望，重认长安。大河浪沸，还忍津桥听鹃。君所悲兮江关，我所思兮兰荃。匆匆今岁迁，高邱无婵娟。鼓吹到愁边，未知何处张舞筵。

满江红·寒雅｛王本"寒雅"误作"寒鸦"｝

愁满颓阳，看一阵还指旧巢。亭皋外稻粱凄恋，南北劳劳。病翅襜褵风

色恶,荒村迢递雪痕销。正半天寒意近黄昏,笳吹高。

昭阳泪,休更抛;上林树,已先凋。只玉颜憔悴,不似前朝。莫恨江潭烟景改,白门衰柳有霜条。又几声啼过小青溪,长板桥。

### 绕佛阁·沈石田《竹堂寺探梅图》

破桥故里,南去数尺,时过萧寺。(余旧居多贵桥,距寺不数武{王本"武"误作"步"}。)钟梵馀几,更无俊侣寻春画中意。废兴梦里,空念胜国(读上声),千树芳蕊。(石田自题此图,有"竹堂梅花一千树"之句。)尘界弹指,再来苦想禅林太平世。

放笔问红萼,万古名花长久未?扶杖近游,风流思老辈。认半纸芳菲,还在天地。两行清泪,叹旧馆侯王,凭吊何事?(寺故为杨和王别墅。)写花魂洞箫吹起。

### 梦横塘·胥江村店独酌,倚苕溪体

半湖帆影,双桨苇香,采兰人去如织。水国阴多,已不是湔裙风色。谁伴凌波?市桥寻问,酒家消息。对芳时丽景,断送浮生,今天下沉酣日。

芒鞋步{潘本"步"作"多"}出山村,看青帘乍展,品位先识。试入壶中,招素鹤紫裘吹笛。记前度旗亭买醉,月底婵娟泛轻鹢。旧事沉思,老怀凄艳,早潘郎头白。

### 江南春·赵大年《江南春图》

如此江山,苍然粉墨(读去声),千秋图画高绝。青韶艳锦,放瑞云妆点佳节。芳树听啼鸠,秋千外柳绵弄雪。便纵有长安水曲,洛邑园亭,难夸两处风月。

南朝事如梦蝶,但古意茫茫,暮{潘本"暮"作"春"}潮呜咽。生绡丽影,试醉笔高崖青裂。天宝繁华歇,留霜翰内家品洁。孤馆剪灯,开纸招春,将心字兮香爇。

### 曲玉管·赋蝉｛红印本"蝉"作"婵"｝

倚枕人醒,凭阑日永,凌霄羽客流凄响。一片无情愁碧,高馆新篁,引清商。远浦新晴,长堤亭午,玉柯早试绡衣爽。乍佩｛潘本"佩"作"珮"｝金貂,满眼惊见秋光,故官荒。

抱影枯枝,可怜取西风身世。晚来细雨楼台,朝来浅雾池塘,几星霜。尽江关投老,改尽黄门双鬓。十年蓬转,九曲肠回,独对衰杨。

### 玲珑玉·赋藕,倚圣瑞体

纱幔冰盘,展瑶席玉骨玲珑。并刀薄削,累他几度纤葱。尽道甘芳沁齿,奈心煎膏火,欢｛王本"欢"误作"难"｝思都空。凉风,偏吹来金缕曲中。

竟夕高台避热,伴浮瓜沉李,新卸莲蓬。九寸柔丝,系深情吐出香茸。平生悲秋孤抱,愿消受菂乡日月,水部襟胸。等闲看,似佳人双臂断红。

### 月华清·客见前词,辴然曰:"凉枕与团扇并咏,则团扇亦当张之。"复作此调

荷苑招凉,槐庭延漏,满怀炎热都减。新制齐纨,写出内家妆茜。纵月殿先许团圆,怕水榭尚遮芳艳。秋渐,愿承恩似旧,君心不厌。

翠户今宵乍掩,甚未起西风,早疏冰簟。箧笥频年,往事东阳谁念?玉(读去声)阶怨谢女啼多,长信恨楚姬眉敛。回眄,正流萤三五,薄罗低｛王本"低"作"底",红印本"低"作"纸"｝闪。

### 八宝妆·甪里保圣寺罗汉像,旧传杨惠之作。庚午九秋,挐舟参谒,
### 又读太仓奚中石(士柱)长歌,欢喜赞叹,因成此解

苍岛耕烟,绛河飞锡,细数千年如羽。埏土流传凭妙手,海底鲸鳌轩举。青眸斜睨雁奴,持钵呼龙,灵山今夜停花雨。(中石诗云:"一僧咒钵起龙珠",又云:"更或青眸睨雁奴"。是十八尊形式,各自不同。今止存六｛王本"六"误作"大"｝像。)谁信露盘辞汉,铜仙还住。

因念旧迹(读上声)毗沙,玉峰破寺,劫尘休话风絮。(昆山慧聚寺,亦有杨塑毗沙门天王像,毁于宋淳熙中,见《中吴纪闻》。)纵留下梵天故事,问残影

庄严谁护?（日本大村西崖著《塑｛潘本"塑"后有"壁"字｝残影》一书,专记此寺故实。）算乡国无多绀宇,白莲秋老汀洲路。对蜕影精蓝,清池素月禅心古。

### 霜花腴·岁寒堂拜范文正公遗像

卧龙巷陌,对五松虬枝万口青青。人老穷边,鹤归何世?重来细雨吴城。画檐两层,羡故家乔木修龄。记胭脂赠别题红,绣帏添写美人名。（公喜一乐籍,尝以胭脂寄赠,并题一诗云:"江南有美人,别后常相忆。何以慰相思,赠汝好颜色。"见《西溪丛话》。）

还忆盛时佳话,赋银灯白发,共醉刘伶。（公与欧阳文忠,共赋《剔银灯》词云:"争｛潘本"争"作"为"｝如共刘伶一醉,问｛潘本"问"作"间"｝白发如何回避。"见《中吴纪闻》。）南郭鏖盐,西凉车骑,先忧后乐平生。乱烽未经,绕旧廊犹认棠铭。纵登临拜识（读上声）衣冠,履霜何处听?（公喜琴,辄弹《履霜操》。见《老学庵笔记》。）

### 太常引·戴文节公太常《仙蝶画卷》,次彊村韵

铢衣蜕去艳留痕,上苑早生尘。栩栩画中身,料多见容台旧人。

修门草满,青陵路远,何处觅｛潘本"觅"作"见"｝残春?故事话成均,记前度花朝令辰。（庚申花朝曾见仙蝶于国学。）

### 蕙兰芳·湖帆得马守真、薛素素画兰,合装成卷,嘱赋此解

春去板桥,忍重问谢家池阁。剩一缕骚魂,遥想钿盟镜约。梦回听雨,正恨锁玉楼弦索。染凤绡热泪,写出空山芳萼。

建业题襟,长安围猎,往事如昨。（马建业所居曰延秀阁,极文宴之欢。薛居京师日,辄单骑挟弹遍猎四郊。）对湘管｛王本"管"误作"馆"｝秋痕,谁省寸怀怨托?相思滋味,最难领略。知故人,今夜古欢寥落。

### 洞庭春色·咏橘

翠叶金丸,故山嘉果,艳说洞庭。恰朱橙新荐,黄柑罢贡;同登樽俎,纤手

香凝。试摘霜{潘本"霜"作"双"}枝三百颗,怕尝尽酸甜难解酲。还堪笑,笑吾家正少,千树江陵。

逾淮又愁化枳,自{潘本"自"前有"但"字}惜市隐吴城。况越州秋税,未除臣籍;(越多橘柚,岁征秋税,阚泽表情,除臣橘籍。见《述异记》。)东坡楚颂,孰建孤亭?雪后园林风色恶,甚玉几华筵寒旧盟。重相问,问白头对奕,此局谁赢?

### 东风第一枝·辛未季冬,探梅过香雪海,赋此

暖雪烘晴,浓香送晚,横斜十万{潘本"十万"作"玉映"}如海。试行光福山中,小立圣恩寺外。都无隙地,有一片红霞遥盖。但徙倚六角荒亭,细识绛仙丰采。

宸翰泐旧题尚在,骚客去瘦吟难再。甚时灯火河桥,又值素苞破蕾。南枝虽好,怕老至芳华先改。待醉谱白石新声,月夕玉(读去声)人{潘本"玉人"作"万花"}齐拜。

### 倚风娇·蒋孟蘋{潘本"孟蘋"后有"汝藻"二字}《密韵楼图》有序

孟蘋得宋椠《草窗韵语》,颜所居曰密韵楼,绘图征题。

是调始自草窗,而《词律拾遗》以第三句作上三下四,误。兹正之

芸叶留香,故家天水都杳,蠹笺犹有长恩保。新绿洒帘纤,雨脚晚凉添,湿压重檐,可道江湖人老。

三径延芳,来携{王本"携"作"撷"}蘋花寒沼,谁识词仙幽抱?避影繁华伴吟啸。归家好,弁峰翠色迎君笑。

### 水龙吟·古微丈挽词

暮年萧瑟江关,举头惟见河山异。抗声殿角,回楂岭表,乱云如戏。海峤莺花,吴门鲑菜,匆匆{王本"匆匆"误作"忽忽"}弹指。记听枫旧馆,隐囊挥麈,知珍重林泉意。

还是悲歌无地,结沤盟沧江鼎沸。东华待漏,中兴作颂,纷纷槐蚁。忍泪

看天,十年栖息,天还沉醉。算平生孤愤,秋词半箧,付人间世。

生查子(七首)·再登扫叶楼,读龚半千画

四面尽环山,下有神仙宅。只恐落花多,阻了探春屐。
中岁倦游归,犹抱登临癖。安得素心人,来此同晨夕。

突兀耸晴空,留此真山面。不是望匡庐,隐约云中辨。
一片出天机,平淡皆烹炼。造化入炉锤,腕底风花变。

一角小重山,几处荒寒树。高阁寂无人,但有云来去。
投老卧江潭,整理纶竿具。风雪钓空江,万一天随遇。

湿雾束山腰,荡漾成云海。古寺踞山巅,更在层云外。
岚翠扑人衣,松壑{王本"壑"作"豁"}鸣天籁。工笔米家山,恐与时宜背。

怪石压江波,江水平如掌。石破洞天开,幻作游仙想。
高树隔流霞,远瀑沉清响。地僻惬幽怀,谁打桃根桨?

峭{王本"峭"误作"悄"}壁巨灵开,一线留天罅。直视远峰平,仰测阴崖怕。
茧足遍荒山,拟作三椽舍。招得老麻姑,㧟手群仙下。

石虎啸西风,红叶盈山腹。绀宇隐霜林,结伴登灵谷。
悟彻画禅天,不食花猪肉。烟雨几南朝,都在先生目。

飞雪满群山·又第二图

京国狂踪,家山香屑,倦游凄绝骚魂。乱峰如睡,同{王本"同"误作"彤"}云做冷,料无妙计回春。老来欢意少,但低手茅檐病呻。乱鸦催晚,荒鸡报午,留认幻中身。

嗟素发黄门伤逝客,抱晓楼孤影,欹枕沾巾。五更钟鼓,千花世界,早知悟彻尘根。水天挥麈话,待重述《中吴纪闻》。故人无恙,高歌小海追梦痕。

### 甘州·读蔡师愚(宝善)《听潮音馆词》

遍长安乱叶动悲风,偏惊宦游心。记华灯呼伎,哀兰送客,拥鼻微吟。重吊吴宫遗恨,铜辇梦秋衾。低首藏人海,肝胆森森。

难得西园倾盖,向樽前携手,花下题襟。傍沧浪洗足,高馆筑来禽。剩蟠胸无多哀乐,借画中山水写清音。良宵静,听红鹃{潘本"鹃"作"绢"}语,同抚瑶琴。

### 洞仙歌·读林铁尊(鹍翔)《半樱词》

餐樱罢后,早群龙无首,万感沉冥付歌酒。记黄衫走马,红烛呼卢。长揖去,重访寄奴京口。

玉峰高处卧,商略琴樽,上客都为使君寿。倚枕睇中原,鼓角霜天,知衔泪看花能久。且共结江南岁寒盟,指落日山川,晓{潘本"晓"作"晚"}风杨柳。

### 齐天乐·蔡云笙(晋镛)《雁村填词图》

曼陀花发天如醉,相逢劫馀无恙。雪苑鸣琴,蓉湖倚棹,消领宦中清况。承平梦想,早一卧沧州,铜仙移掌。定记{潘本"记"作"计"}当时,莫愁单舸共双桨。

兰成辞赋最苦,暮年湖海遍,孤调谁赏?落叶添薪,牵萝补屋,往事不须惆怅。银蟾{潘本"蟾"作"檐"}乍上,待自琢新声,小红低唱。弹入芦川,更听花外响。

### 倾杯·南城歌酒,无异盛时,回首前尘,凄然欲绝。倚屯田散水调格

落叶江城,笑桃庭宇,高楼画烛红彻。绣枕四角,锦袜半握,愿两弯{红印本作"弯",潘本"弯"作"湾"}新月。蘼芜绿尽汀洲路,已十年轻别。长桥艳影,都付与一夕边笳吹裂。

共说,浓春物候,广场丝管,如听哀蝉咽。想巷陌依然,年芳凋谢。老清明时节,杜曲莺花,青门车盖,白发心犹热。寸怀结,还惜取子规啼血。

### 高阳台·石霸街访{潘本"访"作"坊"}媚香楼

乱石荒街,寒流古渡,美人庭院寻常。灯火笙箫,都归雪苑文章。丛兰{潘本"兰"作"阑"}画壁知难问,问莺花可识兴亡?镇无言,武定桥边,立尽斜阳。

南朝气节东京并,但当年厨顾,未遇红妆。桃叶离歌,《琵琶》肯恕中郎。王侯第宅皆荆棘,甚青楼寸土犹香。费沉吟,纨扇新词,点缀欢场。(香君论《琵琶》蔡中郎事,见《壮悔堂集》。)

### 三姝媚·乙亥上巳,乌龙潭修禊,分韵得满字,
### 次梦窗都成{潘本"成"作"城"}旧居韵

城西携杖惯,过清凉山前,古怀何限。胜节重临,对故丘云树,乱尘难浣。水毒龙蟠,愁剑底腥涎滋蔓。画里楼台,休展芳塘,种花招燕。

知道风鸢吹断,但线弱风高,那知长短?绣陌依然,纵手携金缕,漫临歌宴。暖律初调,春未改阴晴千变。剩有盈盈夕照,蘼芜恨满。

### 红林檎·汪旭初(东)首作此调,有梅桃相错,节令失常之感,
### 因亦继声,次清真韵

江左初回暖,故山迟吐香。二月作梅雨,客心渡{潘本"渡"作"度"}横塘。乍经飞霎万井,又早散发西窗。此日红紫添妆,仙子艳寒簧。

水国停画楫,寒食感他乡。归来昼永,重帘还燕都梁。甚单衣时节(读上声),颓阳院宇,乱云极目愁举觞。(旭初作"雅念冷香阁",故有"寒食"句。)

### 声声令·丙子清明,偕南雍诸子谒孝陵

东风步辇,寒食(读去声)斜街,内家嘶骑捧香回。灵衣素几,认前史劫馀灰,要细寻松下鹿(读去声)牌。

阴雨寒崖,知{潘本"知"作"如"}王气,歇长淮。建文遗事等《齐谐》。通

天草表,又吾侪,一登台,问此时白燕可来?

### 碧牡丹·秋暮读《小山词》,即效其体

弃置怀中扇,沦落堂前燕。月夜吟秋,可奈婵娟天远。败壁蛩声,还小庭行遍,一缄难递深院。

思无限,但恨相见晚,莺花片时都换。老客南州,带眼几惊{王本"惊"误作"经"}长短。陋室当风,嗟万间虚愿,江湖多少孤雁。

### 梦扬州·燕亡久矣,秋夜入梦,依依平生,次淮海韵记之

晓{潘本"晓"作"晚"}钟收,报锦堂弦管初休。梦里见他,一笛江城横秋。九华帐同携手,认鬓痕霜雪添稠。花长好,人长健,愿君珍重无愁。

经岁关河浪游,知燕子楼中,未展眉头。望眼故山,独{王本漏"独"字}有孤魂羁留。夜深忽现惊鸿影,念旧情沉海重钩。崔护老,天桃赋恨,犹滞皇州。

### 引驾行·读《乐章集》,戏效其体,并次韵

浓春霏雨,繁花酿蕊天将暮。问青楼探芳讯,开樽又成豪举。回睹,正旧识轻盈,新声宛转泛兰浦。紧携手,江乡乍暖,可容栽合欢树。

早许,吴昌{王本"昌"作"阊"}往事,建业今宵重遇。况岁岁相思,人人不老,忍教孤负。痴顾,愿红妆白发,蓬窗茅屋镇长住。作半世神仙配偶,上瑶台去。

### 拾翠羽·《仇十洲洛神图》,为刘公鲁(之泗)赋

黄月蘅皋,如见渚宫妆束。幻灵踪仙山楼阁,凌波步袜,短怀无托。今古恨,惟恨美人沦落!

万事云烟,难问故家伊洛,早风扫老瞒铜雀。吴笺双璧{王本"璧"误作"壁"}(读上声),十三行作。(卷后有文休承黄淳父书《洛神赋》。)今夜长,谁鼓素琴秋鹤?(用本传萧旷事。)

采桑子·闻歌有赠

舞衣初试惊鸿影,身是青娥,心是霜娥,每对清商唤奈何。

情场哀乐都尝{潘本"尝"作"经"}遍,艳梦无多,热泪偏多,如此江山合放歌。

菩萨蛮·五都咏{王本多"五首"二字}

奉春定策关中壮,终南瑞气开千丈。走马杜樊乡,雄图冷汉唐。
出门西笑懒,日近长安远。天下几英雄?灞桥衰柳风。(长安)

灵台宝鼎今安在?秋风伊洛繁华改。我读《两京》篇,又思班孟坚。
名园兴废几?更惜《伽蓝记》。金谷野花红,铜驼荆棘中。(洛阳)

玉津园里花如雪,金梁{潘本"梁"作"陵"}桥外霜欺月。遗事恨{潘本"恨"作"叹"}宣和,两宫宵渡河。
龙亭寻旧迹,难觅花纲石。风雨过夷门,此中应有人。(汴梁)

巍巍南北高峰踞,出门便是西泠路。十里锦钱塘,四时宫草香。
湖山留旧物,天意还吴越。痛哭小朝庭,杭州作汴京。(临安)

凤凰台畔王侯籍,秦淮渡口莺花墨。弹指六朝空{王本"空"误作"安"},只馀明故宫。
江南风月丽,齐筑长干第。此地惯偏安,黄旗北伐难。(建业)

# 吴梅致王立承论曲书札五通笺释[1]

冯先思

## 一、王立承生平与著述

王立承(1883.9—1936.2),字孝慈,别署顾误生、鸣晦庐主人、珠还室主人[2]。河北通县(今北京通州区)人。王孝慈生平资料存世较少,姜德明[3]、沈津[4]、郑伟章[5]等都曾著文钩沉遗事,家谱收藏大家励双杰以及王孝慈后人王开颖,也曾讨论王立承生平事迹。励、王所述最为全面、准确[6]。

---

[1] 本文系教育部人文社会科学研究青年项目"戏曲与俗文学文献校勘研究"(17YJC870005)阶段性成果。

[2] 见张篬子《歌舞春秋》"谭鑫培盖棺论定"条,广益书局1951年版,第3页。

[3] 余时(姜德明笔名):《"老实人"王孝慈》,载《鲁迅研究月刊》1990年第1期,第77—79页。

[4] 沈津:《从王孝慈手钞的两种戏曲书说起》,载《书丛老蠹鱼》,中华书局2011年版,第197—204页。

[5] 郑伟章:《北京文献家新考》,载《藏书家》2016年第20辑,第33—38页。

[6] 王开颖:《关于父亲——纪念父亲诞辰九十周年》,载王达津著《王达津文粹》,南开大学出版社2006年版,第521—536页。励双杰:《鸣晦庐主人王孝慈家世考》,载《图书馆研究与工作》2013年第1期,第66—69页。

今综合以上诸家说法,详其所略,略其所详,撮述王立承家世、生平及著述如下。

王立承父名芝祥,字铁珊。光绪二十三年举人,宣统三年任广西布政使。辛亥役起,率部起义,任广西副都督。民元初肇,任南京临时政府第三军军长、南京留守府军事顾问、南方军宣慰使,授上将衔。后加入统一共和党,任干事。不久该党与国民党合并,为国民党九大理事之一。1924年11月任京兆尹,12月任侨务局总裁。后弃官归田,致力慈善事业,任中华红十字总会会长。1930年7月21日病逝,享年七十三岁。

近来"孔夫子旧书网"出现王立承与瞿兑之兰谱一份,审其字迹,当为王氏手书。此谱订于1924年,著录其生年为"光绪癸未年八月二十二日申时生",较励双杰所藏家谱信息更为丰富。

王立承早年随父宦游南北,生计无忧。酷嗜京剧,尤好谭派。尝撰《闻歌述忆》,专记与谭鑫培交游事[1]。又撰《仙韶余渖》,其友人誉为论杂剧空前之作,惜今不传[2]。另编有《英秀集》《太原先德集》《程幼博墨苑考》等。

《英秀集》并非王立承所作,而是将谭鑫培戏单装裱成册,遍邀名流题咏之作。杨圻《题王孝慈英秀集册子》序述此书本末甚详[3],其文云:

> 清供奉谭叫天年七十余矣。逊国后,航海至沪鬻艺,法曲只应天上,广陵尚在人间。坐客闻歌,辄动天宝之感。王君孝慈,每夕听歌,必存其曲目,凡四十日得四十篇,辑为《英秀集》,属题歌诗。嗟乎,叫天老矣,白发哀吭,其能久乎? 声音之道,入人也深。后世君子,欲以见人情、觇世运,其将有感于斯编。

谭鑫培一名英秀,故名其集为《英秀集》。王立承之子王南冷撰《谈戏单》

---

[1] 此书初名《闻谭述忆》,发表于《梨花》杂志。1937年北平松筠阁铅印行世。又收入张次溪编校《清代燕都梨园史料续编》一书中,有1988年中国戏剧出版社整理本。
[2] 参姜德明:《王孝慈与〈闻歌述忆〉》,载《梨园书事》,北京出版社2015年版,第235—240页。
[3] 杨圻著,马卫中、潘虹校点:《江山万里楼诗词钞》,上海古籍出版社2003年版,第167页。

一文,亦曾述及,其文云:

> 先父孝慈少年极嗜"谭"剧,每英秀度曲,即往顾听,几无间夕。而每日积所得戏单,裱之成册,并遍请友朋题跋而存焉,晚年常抚观之以为乐,予因得见之。[1]

《英秀集》部分篇目曾发表于1919年《春柳》杂志,王南泠《谈戏单》一文亦有部分录文。题咏者有易顺鼎、袁寒云、杨圻、吴闿生、汪辟疆、侯毅、刘叔通、刘伯远、曾克端等人。王立承哲嗣王达津,乃天津南开大学教授。王达津之女王开颖在《关于父亲》一文中曾述其家世,谈及王立承著述时说:"孝慈还著有《仙韶余沨》《英秀集》(这两本亦为研究戏剧的难得资料,不过,可能已不存于世了)。"[2]可见其后人已经对此书内容不甚了了。事实上,《英秀集》并非"不存于世"。

《英秀集》曾为著名藏书家周叔弢收得。《弢翁藏书题跋年谱》1936年载周叔弢致王晋卿书信云:

> 王孝慈有手写《谭叫天戏目》附题跋一本,望托乔君再往王宅一询可否出售,索价若干。前有索价二百元之说,未免胡要,此次望问一实在价格为要。[3]

信中所云乔君即乔景熹,为景文阁书肆主人。周叔弢后又致景文阁书信云:

> 前谈王家《戏单》有题跋者,祈再代问可售否。如有他种,亦望代收,

---

[1] 王南泠:《谈戏单》,载《实报》1936年第16期,第77—79页。
[2] 王开颖:《关于父亲——纪念父亲诞辰九十周年》,载《王达津文粹》,第521—536页。
[3] 周叔弢:《弢翁致王晋卿书》,载李国庆编著《弢翁藏书题跋·年谱(增订本)》,紫禁城出版社2007年版,第145页。

每册不能过五元也。[1]

王立承1936年2月去世，这一年周叔弢拜托书贾去王家求购《英秀集》，很可能是王立承去世之后的事。但是从王南冷的《说戏单》一文来看[2]，当时王家并未将这一戏单出售。弢翁后来终得此册，已在二十多年之后。黄裳《关于"自庄严堪"》一文在谈及弢翁晚年的藏书兴趣时说：

先生收清活字本，迄一九六六年五月"文革"开始时停止，五年中共得四百余种，皆捐赠天津图书馆。每年所得近百种，可见收书兴致不异昔时。先生余兴所至，兼及敦煌卷子、古玺印、书画、旧墨，并注意及王孝慈所藏的谭叫天戏目附题跋，可见兴趣之广。[3]

由此可见《英秀集》最终还是归周叔弢所有。其书今藏中国国家图书馆，著录题名为《辛亥庚戌剧目》，据谷曙光目验[4]，该册收谭鑫培戏单三十二张，装为册页一本[5]。

吴晓铃在《西谛题跋》"瑞世良英五卷"条注释中言，"王立承藏书尽归北京图书馆"[6]，并不确切。哈佛燕京图书馆就收藏王立承旧藏戏曲两种[7]，吴晓铃、马彦祥、郑骞、慕湘也有王立承旧藏[8]，近年拍卖会也偶见王氏旧

---

[1] 周叔弢：《弢翁致景文阁书》，载《弢翁藏书题跋·年谱（增订本）》，第146页。

[2] 王南冷：《谈戏单》，载《实报》1936年第16期，第77—79页。

[3] 黄裳：《关于"自庄严堪"》，载《春回札记》，福建人民出版社2001年版，第99页。

[4] 谷曙光：《新善本〈辛亥庚戌剧目〉考论》，载《文艺研究》2009年第6期，第160—163页。

[5] 谷文最先发表在《文艺研究》，又收入杜长胜主编第三届京剧学国际学术研讨会论文集《京剧与现代中国》，以及谷曙光《梨园文献与优伶演剧：京剧昆曲文献史料考论》。三次发表文本不尽相同，逐步修订，但仍未将《辛亥庚戌剧目》与《英秀集》联系起来。

[6] 郑振铎撰，吴晓铃整理：《西谛书跋》，文物出版社1998年版，第35页。

[7] 沈津：《从王孝慈手钞的两种戏曲书说起》，载《书丛老蠹鱼》，第197—204页。

[8] 如吴晓铃藏影印本《金盒龙膏记》即王立承旧藏，见《首都图书馆藏绥中吴氏赠书目录》，国家图书馆出版社2015年版。郑骞有《止酒停云室曲录》，著录王立承旧藏多种。

藏[1]。北京中国书店员工王雨曾收藏王立承著作《程幼博墨苑考》一书[2],这样看来,王氏部分藏书或许曾售归中国书店。

《太原先德集》,《山西省图书馆普通线装书目录》著录为"王孝慈编辑,娄东二原庄祠,民国九年(1920)刻本,线装"[3]。《苏州民国艺文志》著录为"王寿慈编辑,娄东二原庄1918年补刊本,南京图书馆藏"[4]。案励双杰《鸣晦庐主人王孝慈家世考》,王孝慈家三代单传,其家未见有名王寿慈者,"寿慈"或为"孝慈"之误。又励双杰藏《太原王氏支谱》,述王立承家事甚悉,励氏怀疑《太原王氏支谱》与王立承有莫大的关系[5]。

王立承生前曾撰《鸣晦庐藏书目录》,有民国间石印本,《中国著名藏书家书目汇刊》(近代卷)第三十四册据以影印[6]。此目收录王氏一生所藏版画、戏曲文献之精品。中国国家图书馆还藏有王立承手抄《鸣晦庐书目》稿本(善本书号:02707)和《王孝慈藏曲目》稿本(《中国著名藏书家书目汇刊》(近代卷)第四十册收入此目,据国家图书馆藏民国间抄本影印)[7]。据《马隅卿小说戏曲论集》编辑前言介绍,马廉《隅卿杂钞》中有《鸣晦庐王氏王孝慈寄存书目》及《藏曲略目》[8]。此外中国艺术研究院图书馆也藏有《鸣晦庐书目》一种,可能就是马廉所说的《寄存书目》[9]。

---

[1] 如中国书店1999年拍卖过王立承旧藏《列女传》,2016年北京匡时拍卖公司图录有王立承旧藏《列女传》《情邮记》。

[2] 王雨:《王子霖古籍版本学文集》第三册,上海古籍出版社2006年版,第107页。

[3] 山西省图书馆编:《山西省图书馆普通线装书目录》,北岳文艺出版社1998年版,第562页。

[4] 张耕田、陈巍主编:《苏州民国艺文志》上册,广陵书社2005年版,第49页。

[5] 励双杰:《鸣晦庐主人王孝慈家世考》,载《图书馆研究与工作》2013年第1期,第66—69页。

[6] 《中国著名藏书家书目汇刊(近代卷)》,商务印书馆2005年版。

[7] 冯先思、梁健康:《〈鸣晦庐藏曲略目〉笺注》,载《戏曲与俗文学研究》2018年第1期,250—305页。

[8] 马廉著,刘倩编:《马隅卿小说戏曲论集》,中华书局2006年版,第2页。

[9] 参中国艺术研究院图书馆编:《中国艺术研究院图书馆抄稿本总目提要(第十册)》,国家图书馆出版社2014年版,第225页。

王立承的著述中还有一种《明代版画刻工姓氏录》[1]，此录见于郑振铎天一阁藏《录鬼簿》跋，实际为扬州陈大镫创稿[2]，后王立承增补，嗣后马廉、郑振铎各又增入部分内容，最后归马廉所有。今其书随马廉藏书归北京大学图书馆[3]。国图藏王立承《鸣晦庐书目》稿本（善本书号：02707）也有部分明人版画刻工的内容。

　　王立承酷嗜京剧，复好藏书，专收明清戏曲和版画文献。民国时期几种重要的明代版画如《十竹斋画谱》《金瓶梅》版画二百幅[4]、程氏《墨苑》[5]得以影印出版，端赖王立承慨允出借底本。他曾与郑振铎、马廉、吴梅等戏曲收藏研究者时有过从，而其晚年也因为与马廉有藏书纠葛[6]，诱发疾病，郁郁而终。

　　王立承还精于绘画，黄裳《凤城一月记》一文述其1950年初访问北京琉璃厂来熏阁访书见闻时，曾看到马廉旧藏《燕子笺》一书，为董康重刻本，书前有王立承摹图两幅[7]。黄裳购得之，后又散出，为山东蓬莱慕湘藏书楼所得[8]。前述哈佛燕京图书馆就收藏王立承旧藏戏曲两种，也有王摹版画，其图之精，可约略见之。

　　王立承著述不多，身后寥落，其生平资料亦有待钩沉。王氏晚年曾整理

---

[1] 此书一名《歙中绣刻图画名手录》，见郑振铎：《中国古代木刻画史略》，上海书店出版社2011年版，第111页注释[1]。

[2] 陈大镫，原名陈止（1866—1925），又名霞章，字孝起，号大镫，江苏仪征人。光绪甲午举人。南社成员。有《戊戌诗存》《戊丁诗存》等。王立承《情邮记跋》云"余知明刻图画之精，自仪征陈孝起霞章；知传奇附图之精，自长洲吴瞿安"，见本文后引。

[3] 详参郑振铎撰、吴晓铃整理：《西谛书跋》，第634—636页。

[4] 这一版画，《金瓶梅》研究者多认为已经佚失，不可踪迹。实际此图后归郑振铎，最终入藏中国国家图书馆，详参《西谛藏书善本图录》，中华书局2008年版，第222—223页。

[5] 陈垣曾借王立承《墨苑》一书影印行世，收入陈垣辑《明季之欧化美术及罗马字注音》，1927年辅仁大学影印。

[6] 伦明：《辛亥以来藏书纪事诗》"马廉"条，上海古籍出版社1990年版，第155页。

[7] 黄裳：《凤城一月记》，载《来燕榭文存》，三联书店2009年版，第8页。

[8] 杜泽逊：《蓬莱慕湘藏书楼观书记》，载《藏书家》第8辑，第70—71页。

藏书,写下不少题跋,可惜散在诸书,尚待搜辑[1]。中国国家图书馆藏《吴瞿安先生手札》稿本一册(善本书号 02708),存吴瞿安与王孝慈书札五通,迄未刊布。这些信札写于1922至1923年之间,是了解王立承、吴梅交游,不可或缺的珍贵史料[2]。

今据国图藏稿录文,对于吴王二氏商借曲本诸事本末略为疏释,以就教于方家。为方便讨论,下文先列出吴梅书札原文,次列笺释。

## 二、信札笺释

### (一)

孝慈先生足下:

奉惠书如与故人晤对。离索之戚,为之一洗。吾兄新得诸种,皆海内奇珍。弟旧藏"诚斋乐府"卅种,并无散曲、套数,是兄所得者为孤本矣。弟意欲将《画中人》《西园》两种缺页为兄钞补,即乞兄将《诚斋乐府》别钞一帙寄下,为投报之要挟,想吾兄必许我也。又细绎来示,知吾兄所得《粲花》二种,实皆两衡堂本,行款、鱼尾皆与敝箧相同。凡《粲花》无图者,皆坊本也。若如《情邮》佳椠,世间宁有几许乎。《红拂》残本当以奉赠,惟敝箧尘封已久,俟秋高气爽晒书期内检出,以呈左右也。南中剧本亦均昂贵,吾乡又无大书贾,苟得一二佳刻,必送至海上,而海上寓公未必尽买,则退归敝处,价亦稍杀矣。第此就书贾中穷乏者言之也,若如杨受祺、柳蓉村、罗子经等,又非急求售主者,其价往往倍蓰常人,人亦无如之何。弟回南后未买书,而日日在坊间行走,顾一无所得。独有一事足以告公者,则《太平乐府》已钞补完全矣。弟初得此书,坊人不知为元刻(缺

---

[1] 冯先思、梁健康:《〈鸣晦庐藏曲略目〉笺注》,载《戏曲与俗文学研究》2008年第1期,第250—305页。

[2] 王卫民《吴梅年谱》于此两年纪事颇为简略。王卫民先生编校的《吴梅全集·理论卷》下册列"书牍"一目,收吴梅信札十七家数十通,其中多为吴梅生前发表之作,而据手稿收录的仅有"致陈中凡荐王起书"一封。吴梅手札散在人间者,亦复不少,都有待搜集董理。

三卷),仅以洋蚨三十枚购之。此次回南,族弟某忽然从冷摊得此册,止七卷至九卷,恰为弟书所无,因即借钞成帙,而与《四部丛刊》所列又是一板,费二十馀日钞毕,此亦暑假中乐事也。南都一席亦如鸡肋,所冀不致拖欠而已。八校情形今日如何,千希兄告我一二。又阅报,知兄有秘书长之望,在他人方贺之不遑,而弟则不甚为然,国事如此,何从补救?若处本初弦上,居黄祖腹中,则汪容甫所云,笑齿啼颜,尽成罪状,欲求日处斗室中作冬烘先生者,且不可得矣,兄谓何如?日来此间大风,上海竟日有崩屋伤人者。弟作此书,门外风声如潮。时晚餐方罢,饮酒斗许,十指间拂之有醉意,公试嗅之,得无掩鼻乎。手复,顺请道安。

弟梅顿首。九月二日,灯下醉笔

按,此信作于1922年。这一年,吴梅从北京大学辞职,来到南京,担任东南大学教职,住南京大石桥二十二号。此信开头说"奉惠书如与故人晤对。离索之戚,为之一洗",可知此信或许是吴梅离开北京之后,较早与王立承的通信。

从来信可知,王立承介绍他新得曲本有《诚斋乐府》《画中人》《西园》。后两种属吴炳"粲花五种"(《绿牡丹》《疗妒羹》《画中人》《西园记》《情邮记》)中的作品。王立承《鸣晦庐藏曲略目》著录其中三种,分别为《画中人》《西园记》《疗妒羹》(注云"明两衡堂本"),皆列入甲类[1]。《画中人》又见《王孝慈藏曲目》著录,注云"有两部"[2]。

吴梅信中说:"又细绎来示,知吾兄所得《粲花》二种,实皆两衡堂本,行款、鱼尾皆与敝箧相同。凡《粲花》无图者,皆坊本也。"案,吴梅所说不确。带图者诚为原刻,然据行款、鱼尾,不足以区别原刻本和明两衡堂刻《粲花斋新乐府四种》本。据傅惜华《明代杂剧全目》可知,吴炳五剧原刻本,今存《画中人》(上海图书馆、傅惜华均藏之)、《西园记》(傅惜华藏)、《情邮记》(国图

---

[1] 冯先思、梁健康:《〈鸣晦庐藏曲略目〉笺注》,第205—305页。
[2] 冯先思、梁健康:《〈鸣晦庐藏曲略目〉笺注》,第205—305页。

藏）三种。中国国家图书馆另藏《画中人》单刻本（索书号：15131），《北京图书馆古籍善本书目》著录为"明末两衡堂刻粲花斋新乐府四种本"（此本国图网站有电子影像）。若按吴梅"带图者为原刻"的说法，国图此本当为粲花斋原刻，并非两衡堂本。

中国国家图书馆藏《粲花斋新乐府四种》两套（善本书号：04137，吴梅旧藏；另一部 A03484），收入吴炳剧作四种：《画中人》《西园记》《绿牡丹》《疗妒羹》。书前有两衡堂牌记"粲花斋新乐府四种"，并列四种剧名，左下题"金陵两衡堂梓行"，吴梅藏本并有钤印"两衡/堂"（白方）。今以《画中人》带图本与《粲花斋新乐府四种》本相比较，我们发现所谓原刻本和两衡堂本实为同一版的前后刷本，不仅仅行款、鱼尾一致，就是点画、句读之间的形状、位置的差异都非常小。两衡堂本后印，版面破损较多，且在刷印时删去原有的版画，又不收《情邮记》，所以容易认为是两个不同的刻本。

《情邮记》原刻本今可见到三种，一为吴梅藏本，今藏中国国家图书馆（善本书号：双红堂 - 戏曲 -123），《古本戏曲丛刊》三集据以影印；一为中国国家图书馆藏本（索书号：11522，李家瑞旧藏，参图 1）；一为王立承藏本（此刻本见北京匡时拍卖公司 2016 年 6 月拍卖图录）。王立承藏本有图，内封大字题"东岸驿情/邮传奇"，小字题"粲花/主人/编"[1]。中国国家图书馆另藏清青萝书屋刻本《情邮》一种（善本书号：A03464，系董康旧藏，参图 2）。书前有内封，大字题"情邮"，小字题"粲华主人原本/青萝书屋重镌"。书前除无图外，还缺无疾子《情邮小引》一文。正文则改原刻白口、白鱼尾为黑口、黑鱼尾，并将书眉批语移入行间。卷端且镌印两枚"阳春/白雪"（墨圆）、"秋水/山房"（白方）。

吴梅信中说"若如《情邮》佳椠，世间宁有几许乎"，一来因为当时此本传世甚罕，另外二人交往之初，王立承曾借吴梅所藏此剧摹写录副。王立承后来也收有一部原刻本，见《鸣晦庐藏书目录》著录，此本见诸北京匡时拍卖公司 2016 年 6 月拍卖图录[2]，书后有王立承跋，记述吴梅、王立承结识经过，特

---

[1] 吴梅藏本无此封面，详王立承刻本《情邮记跋》（见本文后引）。
[2] 又见 1999 年北京瀚海春拍古籍善本图录。

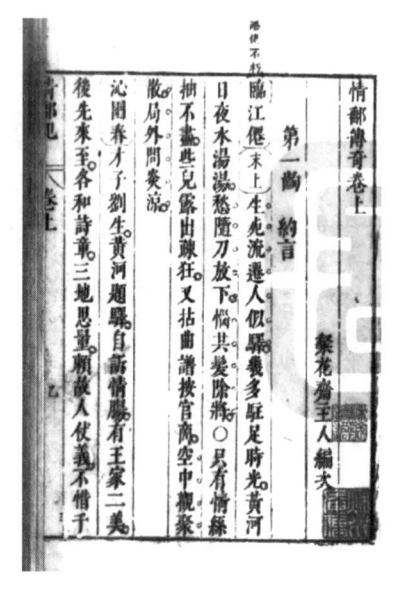

图1：原刻本（国图藏11522）　　图2：青萝书屋刻本（国图藏A03464）

别是吴梅对王立承收藏眼界扩大的重要性。两人因逛书店而相识，又因《情邮记》而订交，《情邮记》对二人来说，有着非同寻常的意义。王跋云：

> 余知明刻图画之精，自仪征陈孝起霞章；知传奇附图之精，自长洲吴瞿安。一日偶游宣内小市，邂逅瞿安，一见如故，即邀余过其东斜街寓庐。出《情邮记》图见示，展读之下，叹为精绝，即以假归摹图为请，吴慨允焉。持归细阅，爱不能释。月馀橅成，并迻录全书，以示瞿安。吴诩为鬼工，且题识于卷尾，由是时相过从。又闻其弟子程君穆倩亦藏一书，惜只存下卷，心颇羡之，以为虽然非全书，亦慰情胜无矣。嗣后广购明人诸曲，物归所好，颇有佳椠，迄未得此曲，殊引为憾。十九年春，由津来北平，闲游隆福寺书棚，晤宝书堂主人，云有《驿情记》。初闻之不辞所谓，比一涉想，已知当是此书，喜极，急令觅出。但存上卷，全图八幅，宛然在眼，乃以银五币购归。且较瞿安所藏多一封面题字，即卷首"东岸驿情邮传奇"也。惜印刷较后，不及吴藏为初拓耳。昨晤长乐郑西谛，语以得此始末，西谛欢然，谓余有奇福，且谓世间珍物，苟诚求之，会有自来之日也。

民国二十二年十一月十四日,潞河鸣晦庐主人王立承识。[1]

吴梅所云"《红拂》残本",盖明容与堂刻《李卓吾评点红拂记》,《瞿安藏书目》甲字号内有《李评红拂(残)》[2],当即此本。《瞿安藏书目》乃吴梅手定于1936年,时王立承业已去世,可见此书并未赠予王立承。

吴梅又向王立承介绍南方旧书店的情况,提及三人,分别为"杨受祺、柳蓉村、罗子经"。案杨受祺当即苏州来青阁主人杨寿祺。杨寿祺(1892—1962),字彭龄,苏州人,开设来青阁书庄。杨寿祺祖父即从事古旧书经营,故杨氏于版本目录之学颇为精通。脉望馆藏《古今杂剧》流落书估之初,杨氏即将此发现告与郑振铎[3]。郑氏与杨寿祺过从甚密,不少戏曲文献即购自来青阁。郑振铎《新镌全像蓝桥玉杵记》跋云:"余于来青阁收得明刊戏曲最多,战后半载间,寿祺凡有所得必归之余。戊寅秋日,寿祺电告余,收得明刊白绵纸本《蓝桥玉杵记》,末并附杂剧二种。余立即驱车至来青阁,细阅一过,爱不忍释……时正奇窘,然终以半月粮购得之。亟付装潢,面目焕然若新刊。诚是明刻传奇中之白眉,亦余曲藏中最可珍秘之一种矣。"[4]柳蓉村在上海开设博古斋。罗子经,即罗振常,在上海开设蟬隐庐书店。

吴梅信中说"《太平乐府》已钞补完全矣。弟初得此书,坊人不知为元刻(缺三卷),仅以洋蚨三十枚购之。"《太平乐府》即元杨朝英编《朝野新声太平乐府》,吴梅藏六卷残本,今归国家图书馆(善本书号:04887),书后今无所钞补之三卷。吴梅此书跋云"己未夏日得于述古堂"[5],己未年为1919年,时吴

---

[1] 此跋涉及郑振铎与王孝慈交游事,未见陈福康《郑振铎年谱(修订本)》(上海外语教育出版社2017年版)记载。彼时,郑振铎与鲁迅正拟刊行《北平笺谱》,与王立承时相往还。

[2] 《瞿安藏书目》,今藏国家图书馆,收入《吴梅全集·理论卷》第三册,河北教育出版社2002年版,第1632页。

[3] 潘建国:《也是园古今杂剧发现及购藏始末新考》,《文学遗产》2019年第1期,第149—160页。吴真:《〈脉望馆钞校本古今杂剧〉发现史之再发现》,《文献》2019年第5期,第12—30页。

[4] 郑振铎:《西谛书话》,三联书店2005年版,第218页。

[5] 见国图藏《朝野新声太平乐府》吴梅跋语,善本书号:04887。

梅寓居北京。述古堂乃北京琉璃厂书肆,于时店主为河北深县于魁祥,曾购得山东藏宋本八经、宋版《唐十家小集》等善本书籍,享誉一时。

吴信云"又阅报,闻兄有秘书长之望"。《申报》(上海版)1922年8月22日载"王氏(王宠惠)虽极力挽留,而因林去志坚决,当派王立承氏就任此席。闻王立承为王铁珊之子,原任院秘书"[1]。1922年北洋政府命颜惠庆出面组阁,王宠惠任北洋政府司法总长。[2]未几,颜惠庆辞职,王摄行国务总理之职。八月,唐绍仪组阁,王宠惠任教育总长,因唐未曾到任,再次代理国务总理。九月,内阁改组,王受命署理国务总理,时王立承任国务院秘书。[3]时任国务院秘书长林步随于八月下旬辞职,《申报》云以王立承任秘书长。据《北洋政府职官年表》,此年林步随自六月十二日署理国务院秘书长,九月十四日即由吴佩潢署理,并于十月二十一日辞职,[4]王立承秘书长之望,并未实现。

## (二)

孝慈先生道席:

> 奉到惠书,本拟即答,缘挂号书件未来,弟又回里扫墓,又至海上一行。直至昨晚回宁,知尊件《诚斋乐府》《扬州梦》已于日前送到,想公盼望复书,已非一日矣,歉歉。宪藩乐府,属弟加跋,谨当续貂。弟已郑重藏弆,手自钞录,并拟铅印数十本,藉为讽籀之地,兄或不以为妄否。承示新得各种,闻之欣美。《扬州梦》弟亦有之,尚是葭秋原刻,惜四种未全。《鹦鹉洲》久闻其名,而从未见过,今兄于无意得之,更为可宝。静庵《曲录》误处颇多,诚如尊论,而自古词家往往自隐其名,专以别号显者,无怪后人考订之难也。《訸痴符》即《鹦鹉洲》原名,如《称人心》《舞霓裳》之类。

---

[1] 《申报》(上海版),1922年8月22日。

[2] 王宠惠(1881—1958),字亮畴,广东东莞人。美国耶鲁大学法学博士。历任北洋政府诸部总长、南京国民政府司法院长等。

[3] 据励双杰藏王立承家谱《太原王氏支谱》,民国二年王立承即任大总统府秘书厅秘书,民国三年任政事堂机要局佥事。

[4] 钱实甫编著:《北洋政府职官年表》,华东师范大学出版社1991年版,第53页。

昔贤多有之，非伯良《曲律》误记也。伯良《曲律》为平生杰作，与郁蓝生之《曲品》同负盛名，且同盛行越中。弟昔与刘葱石言之，皆重刻在《汇刻传奇》中。是书鸠工已过十年，至今尚未印出，方知懒性不能成事也。董刻有冯序而少毛诗，刘刻有毛诗而缺冯序，实因敝藏本亦缺冯序之故。所云方诸馆即伯良斋名，据《南词定律》《太霞新奏》，尚有《方诸馆乐府》一书，皆伯良散曲，弟亦未曾寓目。兄有之否？倘能延津剑合，亦艺林佳话也。《想当然》，弟亦无有，渴欲一读，若页数不多，请公觅写官一钞，且不必工楷，拜托。著坛本《还魂》久在敝箧矣。《画中人》《西园》缺页，仍请公开一细目，以便钞奉。承属欲假《秦楼月》一读，弟遵即如命。惟此时尚不能即日寄上，缘宁寓并未携来，弟又须暑假旋里。且自去年由京返苏，书箱四具，航行时颇多水淹，此书亦在淹湿诸本内。当时即托坊友装池，讵料坊友迁延过年。弟前日返里，与之交涉，据云二星期后便可完工（尚有《宣和谱》《一笠庵》诸种在内）。今弟已回宁，须至五月方归。则此书寄上时总在五月下旬矣。想兄亦未必急急也。至尊藏两书，弟当宝诸箧笥，非遇知心而兼知音者，决不轻易出示。一则重吾兄之托，一则全弟之私德也，一笑。日来厂肆有佳椠否，弟处宁垣，闻见鄙僿，得兄时惠教言，尤所盼切。专后即请近安。

小弟梅顿启，四月九日下午

再启者，辱承垂询新得各曲，实伯刚之误。弟去岁回里后所得各书，实无佳本，兹一并告诸足下知之。

一，《双纱记》，坊本，记碧纱笼及欧阳文忠红纱眼镜事。

二，《和戎记》，坊本，记昭君出塞事。

三，《寻亲记》，即六十种本而刻刷略清楚些。

四，《元宝媒》，坊本。

五，《三元记》，坊本，记商辂事。

此外所得如李本《昌谷集》、沈本《古今词选》单行本、《孟东野集》等，皆与词曲无涉者。兄得无笑我奔陋乎。再请大安。

弟梅又启，即日

赐示寄南京大石桥廿二号。

按，此信作于1923年4月9日。吴梅向王立承索阅《诚斋乐府》《扬州梦》，两书已寄到南京，吴向王致意。王立承分享两种新得曲本《鹦鹉洲》《想当然》，并向吴梅索阅《秦楼月》一书。吴梅以此书需要装池，答应日后奉寄。

本札吴梅对王立承的疑问逐一解答。王立承获得《鹦鹉洲》之后，发现王骥德《曲律》曾引陈与郊《诊痴符》剧即《鹦鹉洲》文，故疑王骥德误将《鹦鹉洲》记作《诊痴符》。王骥德《曲律》卷二"论须识字第十二"云："仅陈玉阳《诊痴符记》【玉抱肚】曲'打球回纷纷衩衣服'独是。"[1]（此曲见《鹦鹉洲》第一出）吴梅认为《诊痴符》为《鹦鹉洲》别名，并以陈二白《称人心》一名《巧移花》、洪升《舞霓裳》一名《长生殿》等为例说明。

按《诊痴符》实为陈与郊传奇作品集总名，此集收入《樱桃梦》《鹦鹉洲》《麒麟罽》《灵宝刀》四种[2]。王立承仅有《鹦鹉洲》刻本一种，王氏《鸣晦庐藏曲略目》注云"师俭堂刻本"，列入甲类。傅惜华《明代传奇全目》著录《鹦鹉洲》明万历刻本一种[3]，卷端题"任诞轩编"，未言版刻堂号，书眉多音释，实乃陈与郊自刻本。师俭堂刻曲今不下十种[4]，上海图书馆藏有师俭堂刻本《鹦鹉洲》《麒麟罽》，与傅惜华著录之本非同一版刻[5]。王立承藏本今已不知所在。

吴梅谈及王骥德《曲律》在民国时期的两个刊本，一为1917年董康诵芬室刊本，一为刘世珩暖红室刊本。两本的区别为"董刻有冯序而少毛诗，刘刻有毛诗而缺冯序"。冯序即《曲律》书前冯梦龙序，毛诗即《曲律》书后毛以燧

---

[1]【明】王骥德：《曲律注释》陈多，叶长海注释，上海古籍出版社2012年版，第146页。

[2] 见陈与郊《樱桃梦》剧前总目云"勘破一生樱桃梦，姻缘两世鹦鹉洲。为国忘家麒麟罽，仗义全贞灵宝刀"。

[3] 傅惜华：《明代传奇全目》，人民文学出版社1959年版，第108页。

[4] 今存"六合同春"六种（《西厢记》《琵琶记》《红拂记》《幽闺记》《玉簪记》《绣襦记》），"二刻六合同春"五种（《明珠记》《异梦记》《留真记》《玉杵记》《昆仑奴》），外加陈与郊两种，已有十一种之多。

[5] 承学友王风丽博士寄示上海图书馆藏本书影，谨致谢忱。

《哭王伯良先生诗十三首》。案刘世珩(1874—1926)为晚清民国之际著名的收藏家，所刻丛书在一千卷以上，较为知名的有《聚学轩丛书》《贵池先哲遗书》《玉海堂影宋丛书》《宜春堂影宋巾箱本丛书》《暖红室汇刻传奇》等。刘世珩曾邀请吴梅参与校刊戏曲文献，吴梅也为此提供不少底本。吴梅所言刘刻王骥德《曲律》，今未见传本，盖已鸠工而未刻成者。《暖红室汇刻传奇》所刻作品总数各家书目著录不一，究竟收录多少种，迄未见有较为准确的说法。而吴梅所云刘刻《曲律》，透露了刘氏刻书未曾完成的计划，向未见人述及。

《想当然》，王立承《鸣晦庐藏曲略目》著录，列入甲类，注云："卢柟次楩撰。极难得。茧庐刻本。有图。"此本今藏中国国家图书馆（索书号：A01846）。《古本戏曲丛刊》初集据此本影印。剧名全称"谭友夏批点想当然传奇"。

著坛《还魂记》，《鸣晦庐藏曲略目》《王孝慈藏曲目》著录，注云"明著坛本"，列入甲类。著坛为明末张弘、张弢兄弟二人共用之室名[1]。吴梅云"著坛本《还魂》久在敝箧矣"，吴氏所藏著坛本《玉茗堂四梦》，今藏于国家图书馆（善本书号：04121）。郑志良认为此本并非真正的著坛刻本，著坛所刻卷端题"清晖阁批点玉茗堂还魂记"[2]。案郑说是也。吴梅藏所谓著坛本《玉茗堂四梦》，卷前有大字行书题"还魂"，次汤显祖"牡丹亭记题词"（宋体大字，每半叶六行，行十二字。计两叶），次王季重"批点玉茗堂牡丹亭词叙"（宋体小字，每半叶九行，行二十字。计三叶。文末有陈仲醇、米仲诏附记两则。眉端有批语，宋体小字），次陈继儒"王季重批点牡丹亭题词"（宋体小字，每半叶九行，行二十字。计一叶。文末有谑庵题记一则。眉端有批语，宋体小字），次汤显祖"题词"（宋体小字，每半叶九行，行二十字。计一叶。文末有王季重、刘越石题记两则。眉端有批语，宋体小字），次著坛主人张弘毅孺父"清晖阁批评玉茗堂还魂记凡例"七条（其"孺"字误为"獳"形），以上各页板心下方题"著坛藏板"。次目次（宋体，每半叶八行）。卷端首行上方大字题"汤义仍先生还

---

[1] 郑志良：《"著坛主人"考》，载《明清戏曲文学与文献探考》，中华书局2014年版，第247—252页。

[2] 郑志良：《"著坛主人"考》，载《明清戏曲文学与文献探考》，第247页。

魂记"，下方小字题"临川玉茗堂编"。板心上方题"还魂卷上/下"，白口，白鱼尾。正文每半叶十行，行大小二十一字。

国家图书馆藏《清晖阁批点玉茗堂还魂记》（善本书号：16240，参图3）乃郑振铎旧藏。卷前有郑振铎跋语，次王季重"批点玉茗堂牡丹亭词叙"（宋体小字，每半叶九行，行二十字。计三叶。文末有陈仲醇、米仲诏附记两则。眉端有批语，宋体小字），次目次。卷端首行题"清晖阁批点玉茗堂还魂记"，次行题"会稽著坛订正"。每半叶九行，行二十字。白口，无鱼尾。板心上方题"玉茗堂还魂记卷上/下"，下方题"著坛藏板"。板心中间右侧有页数。书眉有批语，宋体。

大略言之，真正的著坛藏本为半叶九行二十字，卷端题"清晖阁批点玉茗堂还魂记""会稽著坛订正"。而吴梅藏本则为十行二十一字，卷端题"汤义仍先生还魂记"。吴藏本正文、批语一同著坛本[1]，或系明末清初翻刻之本[2]。

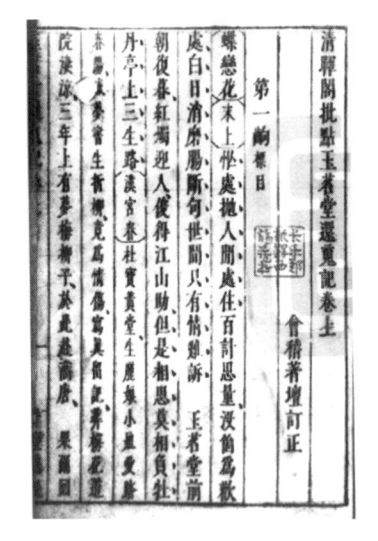

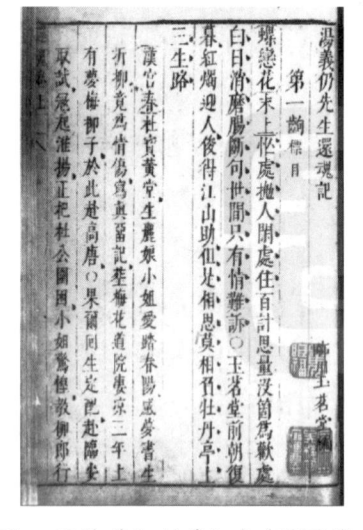

图3：郑振铎藏著坛本（国图藏16240）　图4：吴梅藏翻刻著坛本（国图藏04121）

---

[1] 国图藏郑振铎藏本书前序言、题记较少，书后补钞有张氏兄弟题记。据郑志良文，真正的著坛本当与翻刻本诸词一致，有凡例、题词等。吴梅藏翻刻本无书后张氏兄弟题跋。

[2] 其卷前题书封题"还魂"二字，样式与读书坊刻诸曲本近似。杭州读书坊曾汇集各书坊传奇旧版，汇编发行，往往统一书前题字，而于正文更改无多。

（参图4）王立承所收著坛本《还魂记》未标行款，未悉与吴梅是否同一版本[1]。

吴梅藏《宣和谱》见于《瞿安藏书目》甲字号，注云"孤本"[2]。案此剧二卷，又名《翻水浒》，全名为"存庐新编宣和谱传奇"，清古吴介石逸叟撰。吴梅云"孤本"不确，此剧今存数本，上海图书馆藏本系王培孙旧藏，收入《古本戏曲丛刊》第五集。国家图书馆亦有藏本（善本书号：00599，参图5），卷前阙叶系配补，卷端题"存庐新编宣和谱传奇卷上"。吴梅藏本今藏中国国家图书馆（善本书号：04375，参图6、7），书前内封大字题"传奇翻水浒记"，小字题"介石逸叟新编""宣和谱定本／金阊载道堂梓行"。书前较上图藏本多"宣和谱小引"一纸，内收【临江仙】曲一支，楔子目四题[3]。卷端题"传奇翻水浒记卷上"。国图所藏两本盖本为同一版，吴梅藏本后印，改卷端题名耳。

图5：国图藏本（00599） 图6：国图藏本（04375） 图7：国图藏本（04375）

吴梅《奢摩他室藏曲待价目》收录"一笠庵四种"，云"吴门坊刻本，四册"，分别为《一捧雪》《人兽关》《永团圆》《占花魁》，此四曲不知去向。又《占花魁》一部，亦一笠庵本，今藏国家图书馆（善本书号：04176）。又吴梅《瞿安藏

---

[1] 清乾隆年间冰丝馆刻玉茗堂四种曲亦据著坛本翻刻。
[2] 吴梅：《吴梅全集·理论卷下》，河北教育出版社2002年版，第1641页。
[3] 《古本戏曲丛刊》第五集已据吴梅藏本补入"小引"。

书目》字号有《眉山秀》二册,亦当为一笠庵原刻本,今藏国家图书馆(善本号:00571)。

信末吴梅介绍新得曲本五种,其中《双纱记》今存中国国家图书馆(善本书号:04107),为来集之倘湖小筑本,国图另藏有灯语斋刻本《双纱记》(善本书号:17020)。《和戎记》《商辂三元记》皆系富春堂本,吴梅《奢摩他室曲丛目》有此两种,然未见诸《瞿安藏书目》。又《寻亲记》,吴梅云"即六十种本,而刻刷略清楚些",《瞿安藏书目》第二十一号有"汲古阁六十种曲"九十二本,内有《寻亲记》。又《元宝媒》,见于《瞿安藏书目》字号著录,另有《珊瑚玦》四本、《双忠庙》四本。吴梅藏书带草堂刻周稺廉《容居堂三种曲》,今藏国家图书馆(善本书号:04148)。王立承亦藏有周氏"容居堂三种曲",见《鸣晦庐藏书目录》著录,云"八册。明刊本。"《隅卿日记选钞》云"宝华堂曾得是书,以三十元售与王孝慈。"(第二册,民国十五年三月一日)[1]《不登大雅文库书目》著录此书,眉批"孝慈三十元。"[2]此书现存北京大学图书馆(索书号:MSB/812.087/7720)。《不登大雅文库珍本戏曲丛刊》第16—19册即以此书为底本影印。

## (三)

孝慈先生撰席:

奉环示,如与故人晤对,为之神王。葭秋堂《扬州梦》系康熙刻本,每半页九行二十八字,并无图绘。"葭秋堂"三字在每卷首出下,不在板心。所云四种系《双报应》《扬州梦》《搜神案》《续离骚》也,弟亦不全,未知兄能为我留意否。《秦楼月》实因不在行箧,未能寄奉。苏州舍间只有庶祖母一人,年老又不识字,只有友人往来时,托其带至宁垣,再行寄上尊处耳。《诚斋乐府》披览四五遍,疑套数内仍有残缺,但此非可钞补者,奈何。《想当然》系谱何种故事?首折"鹊踏枝"即"蝶恋花"之别名。明词平仄多不讲究,不独次楗而已也。《易鞋记》弟所未见,《红拂》则弟已有

---

[1] 马廉:《马隅卿小说戏曲论集》,中华书局2006年版,第219页。

[2] 马廉:《马隅卿小说戏曲论集》,第369页。

数本，独无朱墨本耳。因记"逃海"折，伯起源本袭用北词"新水令"，所谓"一鞭残角斗横斜"是也。"虬髯""报雠""出海"决非《北红拂》曲，尤西堂有《北红拂跋》一篇，亦未提及谁氏手笔。此出恐已湮佚矣。《画中人》《西园》二记，缺页仍请吾兄见示，以便为兄钞补。《一种情》曲，据焦里堂说，为石渠少作，今得公详解，方知里堂亦未见此书。弟虽见闻不狭，而此曲亦未寓目，足为吾兄贺也。《双纱》是合《红纱》《碧纱》为一，无图，来集之作，体例与《四艳》同，皆一书而消纳数事者。《元宝媒》为"可笑人"之一种，可笑人姓名无从考求，兄知之否？乞见告。汲古本《六十种曲》初印本此间竟未一见，弟尝谓南京书铺只是书渣，每月京客必来一二次，出价颇巨，一辈书贾宁等京客，不愿与买客交涉，盖买客非真知书者，反不如同行之价值较高也。弟曾见一嘉靖白纸《孟东野集》，索价三十元，亦不为高。弟还以二十元，当时尚未回绝，明日再探，则已为京客三十元购去，思之可惜也。《雍熙乐府》及《大成九宫谱》，此间有友人托购，乞公留意焉。手复，即请著安。

弟梅顿首。四月廿二日。

按，此信作于1923年4月23日。吴梅为王立承介绍自藏葭秋堂四种曲相关情况，描述《扬州梦》行款，然后介绍《双纱》体例，并询问《元宝媒》作者"可笑人"的身份。

此前，王立承将两书寄达南京，其中有《扬州梦》一种。吴梅云"《扬州梦》弟亦有之，尚是葭秋原刻，惜四种未全"，盖王立承未悉四种为何，故此信吴梅答以"《双报应》《扬州梦》《搜神案》《续离骚》"。清嵇永仁撰《扬州梦》《双报应》葭秋堂刻本，见《瞿安藏书目》甲字号记载[1]，今皆藏中国国家图书馆（《扬州梦》A03467，《双报应》04155）。王立承亦藏有嵇曲三种，分别为《续离骚》《双报应》《扬州梦》，总题"抱犊山房三种曲"[2]。

---

[1] 吴梅：《吴梅全集·理论卷下》，第1632页。
[2] 参冯先思、梁健康：《〈鸣晦庐藏曲略目〉笺注》，第250—305页。

从吴信可知，王立承最近新得曲本三种，即《易鞋记》、朱墨本《红拂记》、钞本《一种情》。《易鞋记》见王立承《明刻图画书籍藏目》著录，注云"明金陵唐氏文林阁本。"朱墨本《红拂记》见《王孝慈藏曲目》著录，注云"明凌氏朱墨本。"此本今藏中国国家图书馆（善本书号：A01856），《古本戏曲丛刊》初集据此本影印。钞本《一种情》见于王立承《鸣晦庐藏曲略目》著录，云"沈宁庵原撰，伶人抄录本，芒父藏"，《王孝慈藏曲目》注云"明沈宁庵撰。康熙内府抄本，景抄。"按沈宁庵即沈璟，芒父即姚华。姚华所藏《一种情》为清康熙二十八年（1689）钞本，现藏中国国家图书馆（索书号：A03444），《古本戏曲丛刊初集》据姚本影印。

《容居堂三种曲》署"可笑人"填词，收传奇《珊瑚玦》《元宝媒》《双忠庙》等三种。吴梅此时尚不知道"可笑人"真实身份。马廉日记中已经考出可笑人为周稚廉，时间在 1926 年 3 月 1 日。他说："《容居堂三种曲》——《珊瑚玦》《元宝媒》《双忠庙》——清可笑人撰。据王国维《曲录》著录，可笑人有二种曲，曰《珊瑚玦》《元宝媒》，周稚廉亦有二种曲，曰《珊瑚玦》《双忠庙》。按可笑人者，疑即周之别号，《曲海目》误作二人。王国维未见原书，故《曲录》均仍其误也。宝华堂曾得是书，以三十元售与王孝慈，余仅略略翻阅而已。三月一日记。"[1] 该月二十日，马氏又据《松江府志》等书考出更多周氏生平，大略言之，周稚廉，字冰持，华亭人，茂源孙。赋性颖敏，读书日以寸计，为文信笔千言，才名籍甚。为人恃才傲物，尤藐视富贵人，不轻与接，以国子生入棘闱，屡不及格，遂愤懑以死（《华亭县志》作年二十九）。著有《容居堂集》，杂著若干卷[2]。此外许之衡《曲录》批注也有同类考证，其文云："可笑人一本：即周稚廉。《千古丽情集》云是周鹰垂作，误。鹰垂，稚廉之父。"（卷五第廿九叶 a）[3]

---

[1] 马廉：《马隅卿小说戏曲论集》，第 219 页。

[2] 马廉：《马隅卿小说戏曲论集》，第 220—221 页。

[3] 许之衡批注《曲录》，今藏首都图书馆，近年朝华出版社据其本影印出版，有些批语删去未印，不尽保存原貌，且未言批注者为谁氏。许氏批注原书为《晨风阁丛书》本，一函三册。今据原本迻录。

吴梅怀疑明刻本《诚斋乐府》"套数内仍有残缺",大概是指第二卷末尾倒数第二页和第三页位置的错乱,涉及套曲《南吕一枝花》(赠秀莲)、《仙吕点绛唇》(仲春席上)两曲。依据《雍熙乐府》所引两曲[1],可知此二页位置应当互换,这样两支曲词就都文意连属了。

## (四)

孝慈先生大鉴:

　　宁垣返里,卧疾旬余。读大札不能即答,歉歉。日来起居愉善,至以为慰。前假尊藏《诚斋乐府》,顷已属儿辈钞毕,惟尚须校一过,故不即寄还邺架。先取敝藏《秦楼月》及尊处《扬州梦》两种,由邮局挂号,奉上左右,吾兄可即钞录。弟拟将《诚斋乐府》付诸手民,并作一跋,俟脱稿后先行奉寄台阅,所以不敢书在册后者,恐有续貂之诮。待公斧藻后,再当缮诸书尾也。《想当然》《一种情》《灵宝刀》《鹦鹉洲》四种,公有钞残副本见示,甚善,第不急急也。日内续有所得否?京尘涴洞,铜驼会见荆棘,公对新亭能无挥涕。弟南中偃卧,无善可陈,日看钟山,以为消遣而已。宁垣无书可买,寻常康乾刊本已视为珍品,遑论其他。而皖、鄂书贾时来取货,价亦不廉,至读书人反不敢问津矣。手复,即请著安。

　　　　　　　　　　　　　　　　弟吴梅顿首启,七月十八日

按,此信作于1923年7月18日。此前几通书信往还,王立承介绍新得朱有燉《诚斋乐府》刻本,吴梅索阅,王即寄达南京。吴梅虽已缮录完毕,还想再多校阅几遍,并打算等题跋写好之后,寄示王立承首肯,再缮录于书尾。此信发出的同时,吴梅将《秦楼月》《扬州梦》两书寄还王立承。

朱有燉《诚斋乐府》刻本今残存两卷,明宣德刻本。每半叶十行,行二十字。四周双边,黑口。上下黑鱼尾。板心题"诚一"以及叶码。卷前有宣德九年《诚斋乐府引》一叶。卷端大字题"诚斋乐府"(占两行),题名下题小字,卷

---

[1] 《一枝花》见《雍熙乐府》卷八第五十二叶,《点绛唇》见《雍熙乐府》卷四第六叶。

一为"散曲",卷二为"套数"。曲牌阴文。卷一计五十九叶,卷二残存三十三叶又半叶。卷二第二十八叶右上有修版痕迹一处。今藏中国国家图书馆(善本书号:04899)。吴梅钞本《诚斋乐府》亦藏国图(善本书号:04377),套数末《咏绣帘》一曲残缺,吴梅据《雍熙乐府》引文补全。书末有吴梅、任讷跋语,书眉有任讷校记。书后有《诚斋乐府辑补》,录曲五套。吴梅据《词林摘艳》卷九补《四季行乐》《赏牡丹》,卷七补《将相》《上文臣》,据《雍熙乐府》卷一补《雪中田猎》。但是于《雪中田猎》标题下注"此套重复可删",郑振铎《词林摘艳里的戏剧作家及散曲作家考》一文指出,《赏牡丹》实为杂剧《天香圃牡丹品》一剧选曲。但是谢伯阳《全明散曲》认为《将相》一曲为汤式所作[1],则朱有燉佚曲实只有两套[2]。

朱有燉乃有明杂剧大家,今存杂剧三十一种。吴梅曾经收藏有二十二种[3]。吴梅曾将这二十二种,并张元济辗转假借的两种,编入《奢摩他室曲丛二集》,铅印行世。故吴梅见到朱有燉《诚斋乐府》,也拟刊行。第二信云"宪藩乐府,属弟加跋,谨当续貂。弟已郑重藏弆,手自钞录,并拟铅印数十本,藉为讽籀之地,兄或不以为妄否。"第四信云"弟拟将《诚斋乐府》付诸手民",第五信云:"此书本拟付印,以公同好。继以印价太贵,校费支绌而止。(弟本意属校中印刻。)"(见下文)虽然三次提到印行,最后因为印刷费用的问题,还是没有印行。只是为王立承的刻本和自己录副的钞本各写一跋,两跋内容也大同小异。

直到1936年卢前刻《饮虹簃所刻曲》问世时,《诚斋乐府》才得以出版,了却吴梅一桩心愿。这个刻本也附吴梅跋语一则。此跋与钞本《诚斋乐府》所附跋语内容近似,两相比较,卢刻本附跋只是删去钞本跋语一些词句,并无新增的内容。今录其所删语句如下:

---

[1] 谢伯阳编:《全明散曲·第一卷》,齐鲁书社1994年版,第381页。
[2] 本有五首,有一首重复。吴梅致王立承第五信中云三首(见下文),大概是指"《四季行乐》《将相》《上文臣》"三曲而言。
[3] 吴梅所藏二十二种今归中国国家图书馆,《中华再造善本续编》影印。

> 此本为友人通州王孝慈克承旧藏宣德九年刊本。
> 孝慈得此,诧为奇宝,邮寄南都,属为校核。余方主讲南雍,因属诸生录一副本。迨暑故乡,遂事雠校,上方朱笔,皆余手疏者也。

钞本《诚斋乐府》吴梅跋语末署"癸亥季夏之月辛丑,长洲吴梅书于蓬庵",知此跋实与刻本《诚斋乐府》跋语同时写成。

虽然吴梅在为明宣德刻本《诚斋乐府》所写跋中说"爰识其尾,归诸孝慈云",事实上此明刻孤本并未归还王立承,后来与吴梅其他藏书捐赠北京图书馆。从《吴梅日记》可以看到,一九三二年初,日本发动"一·二八"事变,进攻上海形势非常危急。吴梅此时正在南京东南大学任教,鉴于局势不靖,辞去教职,移家上海租界,在银行家王伯元所坐馆谋生。据《吴梅日记》记载,此年四月,他在南京的藏书次第运至上海,计一百五十箱。从四月十一日(农历三月初六)起,至四月二十八日(农历三月二十三),开列各箱书目,记载甚悉。其中十三日记有《诚斋乐府》钞本一册,十六日有《诚斋乐府》宣德本二册[1]。

宣德本《诚斋乐府》是世间孤本,吴梅所藏之本无疑得自王立承,但是吴梅究竟何时得到,王立承又因为什么原因出让呢?王立承《鸣晦庐藏曲略目》著录《秦楼月》影钞本一部,注云"朱素臣撰。一笠庵原刊本。瞿安藏书。影抄精本"。王立承另藏刻本一部,《鸣晦庐藏书目录》著录,注云"二册。清初刊本"。这部刊本即吴梅藏本。此刊本今藏中国国家图书馆(善本书号:A04177),《古本戏曲丛刊》三集以此书为底本影印。

《古本戏曲丛刊》第三集所收《秦楼月》有王立承跋,对此有详细说明,其文云:

> 此为瞿安所藏,予以函寄《诚斋乐府》散套小令两册(宣德锦窠老人自刻本),易此以归。久假均未返赵,互攮之契,二人实默契于心矣。戊

---

[1] 吴梅:《吴梅全集·日记卷》,第118—135页。

辰春,陶君兰泉景印罕见各曲,选及此种。予独靳《二分明月集》[1]未与,此曲遂流传于世。瞿安并未责予之冒昧,不先白之而亦未辨(其)是其所藏者否也。或以以宣德本易清初本为予实自损抑者,但予于书中绣画独有特嗜,方以为受瞿安之惠,只逾量焉。病起整理旧藏,兼收新籍,粗计所有已藏明清(独收康乾时刻,以后未收)曲本,多至四百余种,乐此不疲,云未有艾。喜志此本得藏始末于此,只以解友人之惑。(隅卿曾有疑猜,非所以对磊落如予者,可以休矣。)

二十二年九月卅日潞河孝慈王立承识。

1938年初,吴梅在明刻本《诚斋乐府》封面上写下一段题记,其文云:"此为孤本,往王君孝慈假吾《秦楼月》二卷去,以此为质。今孝慈墓木已拱,《秦楼月》又为陶兰泉印石行世,独此书尚存箧中。江潭避寇,展对凄然矣。丁丑祀灶日书。"[2]

## (五)

孝慈先生大鉴:

损书奉悉,《秦楼月》留在尊处,从容缮录,不敢促迫。至《诚斋乐府》,弟已加一跋在卷尾,难免续貂之诮。细案全书,疑多缺失,套数中"咏绣帘"一套,已从《雍熙乐府》补全,别纸夹附。其他尚有补钞三套。弟录本中已增入,兄若欲之,当写奉也。此书本拟付印,以公同好。继以印价太贵,校费支绌而止(弟本意属校中印刻),然总有机会可图耳。《双鱼》为兄所得,无任艳美。据来示所云,板式恐是富春堂本,缘弟有他曲,如《全德》《和戎》之类,亦复如是也。能草录见寄,尤盼。弟在南都无事可做,无书可买,状元境一带虽书铺林立,然求一康乾刊本,已难若登天,遑

---

[1]《秦楼月》为清初苏州剧作家朱素臣作品,以姜实节(剧中改名吕贯)与陈素素爱情故事为蓝本创作。陈素素,号竹西女子,别号二分明月,扬州人。《二分明月集》即陈氏诗集,附刻与《秦楼月》一剧之后,题《二分明月女子集》。

[2] 见国家图书馆藏《诚斋乐府》刻本书封。

论词曲,益神往琉璃厂、隆福寺间也。江南图书馆颇有曲本,虽所藏不多,然皆希见之品。弟所见者,如《豫让吞炭》《寒衣记》《梁状元不伏老》、徐文长《歌代啸》诸种,为生平所未寓目者,想兄亦未必尽见乎?弟极思一钞,而以价昂缩手(每千字须四元余),且写官字迹亦不见佳。每逢休沐,总至该处盘桓数时,书生结习,措大举动,殊可笑也。弟与兄嗜好相同,年又相若,惜南北迢隔,不能时常晤对,用是耿耿。都中各机关椊腹,从公大是苦事,兄所受影响,当亦不小乎。手复,即请大安。

            弟梅顿首,十一月廿六

老伯大人前请安。

  尊处羊肉胡同门牌,弟记不清楚,乞示。

  按,此信作于1923年11月26日。吴梅向王立承介绍《诚斋乐府》的辑补情况,以及江南图书馆(今称南京图书馆)见闻。该馆所藏《豫让吞炭》《寒衣记》为《古名家杂剧》本,徐文长《歌代啸》[1]为清道光间山阴沈氏鸣野山房精钞本(南京图书馆藏,索书号:GJ/EB/114235)[2],以上三种为孤本。《梁状元不伏老》为钞本(南京图书馆藏,索书号:GJ/101159),此剧今有嘉靖四十五年刊《海浮山堂词稿》附刻本、《盛明杂剧》二集本、《酹江集》本,此钞本以《海浮山堂词稿》附刻本为底本。

  《瞿安藏书目》字号有《豫让吞炭》《歌代啸》一本,《击筑余音》《不伏老》《僧尼共犯》一本[3]。其中《豫让吞炭》《不伏老》两剧大概就是吴梅从江南图书馆传钞之本。吴藏本《歌代啸》今藏国家图书馆(善本书号:04105),此本纸薄抄精,卷末有吴梅跋云"癸亥秋仲,自南京龙蟠里图书馆抄录。此剧刻本从

---

[1] 孙书磊:《南图藏旧精抄本〈歌代啸〉作者考辨》,载《戏曲艺术》2010年第3期,第45—49页。此文认为,作者当为冲和居士(方汝浩)。

[2] 书前有短跋云"道光丙戌清明,侨寓沈氏鸣野山房,霞西主人手抚精本见视,拟假录一过,以志夙缘。"(霞西主人即沈复粲,又号鸣野山房主人。)此钞本曾经影印,收入姜亚沙编:《中国古代杂剧文献辑录》,全国图书馆文献缩微复制中心,2006年。

[3] 吴梅:《吴梅全集·理论卷下》,第1643页。

未见过,馆中藏弆者亦为旧抄本也。同里沈氏亦有借钞本,合吾书计之,世间恐无第四本耳。是岁腊月,手挍一过,略易讹字,未遑按律也。长洲吴梅"。吴梅一九三一年十月初六日(农历)日记云"旧生王焕镳送赠《歌代啸》剧,《南雍志》二种"[1],可与吴跋参看。

国学图书馆[2]在1932年曾影印《歌代啸》钞本,两相比较,可知吴梅钞本未录插图四图,书末较影印本多出"题后"一纸(参图8)。此叶计十行,行十字不等,行草书。"题后"不全,揆其文义,似与此杂剧无涉,殊不可解。其文云"文语'玉吾'云尔,三金縢之举,遂有谓公知而为之者。孟不堕邲,或疑诛卯时露手脚太蚤。胥借吴报楚,因杀身报吴。萧借汉报韩,亦灭项报汉。未易以成败论英雄。平、勃如先雏俎,不知谁氏可为谋之?王龙陵亦自陨家声耳,万一"[3],文末吴梅题云"以下原阙"。

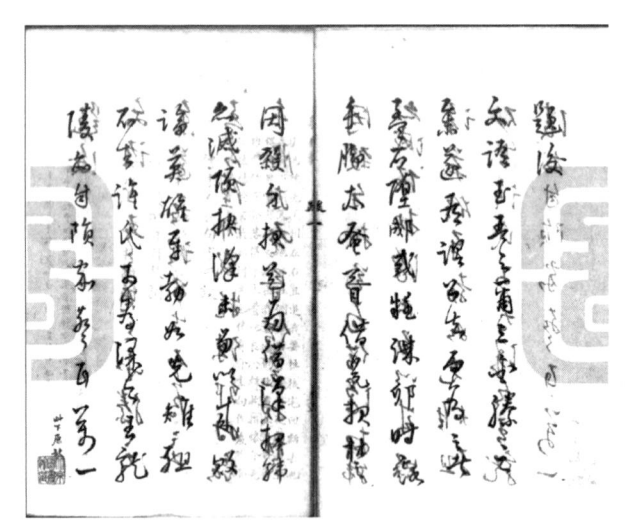

图8:国图吴梅钞本《歌代啸》书末题记

王立承新得《双鱼记》,《鸣晦庐藏曲略目》著录,注云"沈宁庵撰。继志斋

---

[1] 吴梅:《吴梅全集·日记卷上》,第40页。

[2] 即吴梅所谓江南图书馆,今南京图书馆前身。

[3] 释读草书承安徽大学刘刚老师帮助,特致谢忱。

重校刻。极罕见。有图。"此本卷端题"重校双鱼记",此本今藏中国国家图书馆（索书号：A01858）,《古本戏曲丛刊》初集据此本影印。原书卷首有王立承题跋一则,影印本置于卷末。有首都图书馆藏许之衡钞本《双鱼记》一本,书前有许氏题跋一则,其文与王跋几乎全同。唯最后一句王跋小字云"顷得诸厂肆喜而识之",许氏大字作"顷得诸友人藏本,爰假得而录存之。丙寅四月,许饮流记。"[1]马廉《隅卿日记选钞》著录此书行款,以及插图目录[2]。

吴梅以为王藏《双鱼记》为富春堂本,并举所藏《全德记》《和戎记》等为例。按吴梅所云不确,《双鱼记》为金陵继志斋本,《全德记》亦当为广庆堂本,《和戎记》虽为富春堂本,然其版式亦与富春堂版常见的样式亦略有差异。《奢摩他室曲丛目》著录富春堂本传奇有《三元记》（沈受先作）[3]、《和戎记》（注云"原缺"）、《寻亲记》（王錂作）、《青楼记》（注云"原缺"）、《目连救母》等五种,广庆堂本有《葵花记》[4]《全德记》《剑舟记》等三种。[5]《奢摩他室藏曲待价目》则云"《寻亲记》（今藏国图,善本书号：04141）富春堂本,有图。《全德记》（今藏国图,善本书号：04132）同上,有图。《白兔记》（今藏国图,善本书号：04140）富春堂本"。吴梅所藏《商辂三元记》《和戎记》《青楼记》（注云"原缺"）、《目连救母》《葵花记》《剑舟记》等六种,皆曾交付商务印书馆出版,不幸毁于日本轰炸[6]。

---

[1]《绥中吴氏抄本稿本戏曲丛刊》（第三册）（案该书总目录误作第四册,实则收在第三册）吴书荫主编,学苑出版社2004年影印版,第250—251页。许钞本题记之末有校语"顷得诸厂肆,喜而识之",当本自王跋。

[2] 马廉：《马隅卿小说戏曲论集》,第314页。

[3] 案此盖编纂书目者误记,《三元记》有两种,一为商辂事,一为冯京事,第二信吴梅言有商辂本（富春堂本）。

[4] 今国图亦藏有广庆堂本《葵花记》,惜仅存上卷。

[5] 吴梅：《吴梅全集·理论卷下》,第1549页。

[6] 吴梅：《吴梅全集·日记卷上》,第148页。

## 三、吴梅五札为自留底稿说

国图所藏《吴瞿安先生手札》本有信札六通,前五种上款皆为王立承,第六通无收信人,揆其文义,当作于1939年,这一年三月,吴梅在云南去世。全文如下:

> 自姚东归,须走安南达海防,乘外国船到申,每人川资约二百五十元。兄全家七大五小,作八大人算,亦须两千多元之谱。此款如何办法,大是问题。行箧存内廷钞本曲若干种,托君出售,不识部中尚需此否?此书苟得二千元,则吾事济矣。弟台希为我善谋之。目如下。霜崖再拜。
>
> 圣世寿征二册、草木衔恩二、百子呈祥一、丰乐秋登二、寿协三朋一、盛世新声一、永祝长清一、箕畴五福一、寿征辐辏一、太平有象一、多寿记一、斗金瓶十、玉狮记十(此二种妙绝)。共卅四册。[1]

信中云"自姚东归",经过安南到达海防(今越南海防市),然后乘船到上海。这条线路是抗战时期进出云南的重要通道,所谓"姚"当为云南省大姚县,抗战中吴梅避难流徙,在弟子李一平的邀请之下,从湖南湘潭来到云南,最终落脚大姚县李旗屯,寓居李氏宗祠[2],可见此时吴梅当在云南,时在1939年初。而王立承已在1936年初,即已去世。吴梅也不可能再给王去信。纵然由于战时信息交流不畅,不知王氏身故,从信件措词来看,收信人也不会是王立承。吴梅称呼收信人为"弟台",亦与王立承身份不合。这样来看,收信人当为吴梅弟子辈。既然如此,这批信札可能并非吴梅寄与王立承者,而当为吴梅自留底稿。吴梅身后,其藏书大多捐给国家图书馆,这些为数不多的自留信稿,可能也随着大批藏书入藏国图。

---

[1] 这批曲本,总题"演剧十三种",见于《奢摩他室藏曲待价目》,云"此为内廷之曲,在殿本七种之外,海内无第二本也"。今归国家图书馆(善本号:05612)。

[2] 苗怀明:《吴梅评传》,南京大学出版社2012年版,第333—336页。

## 四、结语

　　吴王信札讨论最多的话题,就是新收戏曲版本存佚优劣,而以王立承向吴梅介绍新收曲本为多。因南方书铺不如北京发达,吴梅向王立承介绍新得的曲本仅仅有《双纱记》《和戎记》《寻亲记》《元宝媒》《三元记》五种。而王立承新收则有十二种之多,且多精品,其中《画中人》《西园》《鹦鹉洲》、著坛本《还魂》《想当然》《易鞋记》、朱墨本《红拂》《双鱼记》八种列入王立承《鸣晦庐藏曲目》甲类,《一种情》《灵宝刀(摹本)》《秦楼月》列入乙类,《扬州梦》列入丁类[1]。《扬州梦》为清嵇永仁"葭秋堂"四种之一,吴梅仅有《扬州梦》《双报应》两种,王立承《鸣晦庐藏曲目》著录《扬州梦》《双报应》《续离骚》三种,另外一种《搜神案》今已不传。

　　王立承、吴梅因嗜书而相识,因嗜曲而交好,两人"以曲会友",这五封信展示了上世纪二十年代戏曲文献搜集之艰辛,戏曲研究草创期学人研究之甘苦。王立承生平资料传世无多,《吴梅全集》中所收信札也大多生前公开发表,而友朋往来信札,大多星散,存者寥寥,更见其可贵。这五通信札展示了王立承、吴梅交游之个案,我们可借此了解当时戏曲研究、戏曲收藏的情形。

　　(本文初稿承黄仕忠老师指正,特致谢忱。)

---

[1]《鹦鹉洲》《想当然》《易鞋记》、朱墨本《红拂》《一种情》《灵宝刀》《双鱼》等七种,吴梅信中称未见,亦可见王氏藏本之精。

# 新见吴国榛《续西厢》及其曲学观念简论

冯王玺

吴国榛，字声孙，江苏长洲（今苏州）人，生于清同治四年（1865），卒于光绪十二年（1886），去世时年仅二十二岁，是著名曲家吴梅之父。吴梅回忆幼时曾说："家素贫，先君卒后，丛残遗稿，不知流落何所。楹书无多，已易饼饵。"[1]尔后，吴梅将其父生前所留存的作品辑录成《甓勤斋残稿》三卷，并于民国十五年（1926）出版。《甓勤斋残稿》共三卷：卷一《甓勤斋诗残稿》，包含古今体诗二十四首；卷二包含骈文二首；卷三包含南北曲四折即《续西厢》（又名《续西厢四出》），被标录为杂剧一卷。其中，卷一《甓勤斋诗残稿》在南京图书馆与国家图书馆均有藏录，卷三《续西厢》现仅见于南京图书馆古籍部，题有"男梅恭录"[2]。由于学界多未睹其原貌，便对《续西厢》的作品内容产生各种猜测。笔者有幸翻阅此书，得以了解《续西厢》全貌。故不揣谫陋，对吴国榛《续西厢》作初步的介

---

[1] 吴梅：《瞿安笔记》，载王卫民编《吴梅全集·理论卷下》，河北教育出版社2002年版，第1530页。

[2] 【清】吴国榛：《续西厢》，载吴梅编《甓勤斋残稿（卷三）》，1926年影印本，现藏于南京图书馆古籍部，索书号：GJ/EB/26660。以下所引《续西厢》皆据此版本，不再一一出注。

绍、考证与论析,以期为相关研究提供新的线索与资料。

## 一、剧本详情与流传辩讹

吴国榛《续西厢》是以《西厢记》为蓝本,接续《西厢记》第四本之后的续作。因此,其人物设定与《西厢记》前四本基本保持一致。《续西厢》杂剧共四折,分别题为《旅思》《死别》《悼亡》《出家》。每折结尾处有作者自评,无脚色扮演提示。作品主要讲述了张生在经历功名不遂、佳人离世的双重打击之后最终顿悟出家以及莺莺求良缘不得,终致为情而死的故事。剧本的主旨并非宣扬崔张至死不渝的爱情,而是让男女主人公在经历了违背礼教的叛逆爱情之后自食苦果,实现续作者为崔张二人"补过"的初衷。

具体而言,《续西厢》第一折《旅思》由张生主唱,讲述了张生科考未中,派琴童送信给莺莺,而莺莺虽心感失望却安慰其"区区功名何足挂意"并嘱托张生"至于终,始之盟"(《续西厢》),信守约定,切勿负心。当张生从送信的琴童口中得知莺莺身体抱恙时,顾不得当初老夫人"不得官,休来见我"[1]的严令,马不停蹄前往普救寺探望莺莺。第二折《死别》由红娘主唱,讲述了老夫人在得知张生落榜后欲将莺莺许配给科考及第的郑恒,导致莺莺病情恶化,一病而亡的故事。其中借红娘之口表达了对老夫人强作合的不满:"你老夫人也要担惊恐,你太梦梦,做老娘要知得儿女情衷。"(《续西厢》)以及对莺莺缠绵病榻"怨气重重"、张生羁旅他乡"日暮途穷"(《续西厢》)的同情。结尾处莺莺上场,"棱棱瘦骨撑,窄窄愁心荡,垂死春蚕犹有丝千丈"(《续西厢》),借助三段唱词,唱出了行将就木的不甘与悲凉。第三折《悼亡》由张生主唱,讲述了当张生赶到普救寺,却得知莺莺已被下葬,于是到莺莺灵前哭祭的故事。续作者用大量曲辞抒情,回忆往昔甜蜜,而今佳人不在的悲凉,并以张生口吻,连续赋诗十首来宣泄其悲痛至极的情绪。结尾处"倒不如打包裹了荷

---

[1]【元】王实甫:《元本题评西厢记》,载《古本戏曲丛刊》初集,明刘龙田刊本,北京图书馆藏。

了破袈裟念南无,消尽闲金粉。"(《续西厢》)道出张生出家之意。第四折《出家》中,法本上场,依旧由张生主唱。讲述了悲悼结束之后的张生终觉一切成空,唤来法本师傅,同他一起参禅悟道,之后张生"将袈裟换了,把衣巾丢掉,只留一叠的伤心稿"(《续西厢》),选择出家。作品不同于以往续作中的"生旦团圆"的结局安排,而以莺莺病亡、张生出家为结局,使得张生与莺莺的爱情也以悲剧收场。

目前各类曲目汇编仅涉及吴国榛《续西厢》的出目及作者"自记",并未有详细的剧情介绍。由于学者多未见原本,因而学界对《续西厢》缺乏深入研究,对剧情的推测、传播也多有讹误。

首先,是由"自记"转录引发的传播讹误。

在目前有关吴国榛《续西厢》的记载中,任中敏率先在《曲海扬波》中提到的吴国榛《续西厢》的"自记"云:

> 余少好音律,读《会真记》,颇觉张崔不情,而有所憾;继读《续西厢》,益觉太俗。盖所注意者,止在团圆而已,犹不足为张生补过也。故填词四套,刻而传之。狗尾续貂,自觉惭恧。知我罪我,不遑计耳。光绪甲申秋九月,有山氏吴国榛自记。[1]

现藏于南京图书馆的《续西厢》中的"自记"为:

> 余少好音律,读《会真记》,颇觉张崔不情,而有所憾;继读《续西厢》,益觉太俗。盖其所注意者,只在团圆而已,犹不足为张崔补过也。故填词四套,刻而传之。狗尾续貂,自觉惭恧,知我罪我,不遑计耳。光绪甲申秋九月,有山氏吴国榛自记。(《续西厢》)

---

[1] 任中敏:《曲海扬波》,载王小盾、陈文和主编,许建中、陈文和点校《新曲苑(下册)》,凤凰出版社2014年版,第772页。

通过比较可知，上文任中敏所引用的"自记"提到"犹不足为张生补过"，在现藏于南京图书馆的《续西厢》"自记"中却为"犹不足为张崔补过"（《续西厢》）。"张生"与"张崔"，虽仅一字之差，但内容、含义却有天壤之别。结合"自序"前后，作者吴国榛认为"张崔不情"，那么"补过"之说也应是针对张生与崔莺莺两人而言的。所以，笔者倾向于以当下看到的版本为依据，认为任中敏摘录的"自记"有误。或为转录时之笔误，或为所摘抄版本的误笔，则不得而知。

其次，是由剧情猜测而引发的误传与误读。

自任中敏之后，不论是庄一拂《古典戏曲存目汇考》，还是蔡毅《古典戏曲序跋汇编》，抑或是研究吴国榛《续西厢》的学者，均以任中敏所摘录的内容作为剧情内容的参照，而这引发了对于《续西厢》剧情推测的讹误。与此同时，关于出处的讹误也时有发生，如庄一拂在《古典戏曲存目汇考》中，提到吴国榛《续西厢》时，将其出处误写为"《勤甓斋残稿》"，而事实上则为"《甓勤斋残稿》"。台湾学者林宗毅的《西厢二论》对这一讹误的转录，对《古典戏曲存目汇考》中《续西厢》"自记"的引用："未能表现张生补过之诚意。作者盖求合史实，不能将《西厢》人物视为虚拟人物，故不满张生之忍情，意欲使张生悔过、出家。……才使得张生遁入空门，以悲终。"[1]引发了传播者对作品的误解。作者一味着眼于张生，而忽略了吴国榛在莺莺身上埋伏的"补过"之意，导致了对剧本主题认识上的偏差。另有张人和《西厢记论证》同样引用了任中敏摘录的"自记"，并根据剧本出目推测剧情："以张生思念莺莺，莺莺想念张生而死，张生悼念莺莺，最后以张生出家的悲剧终结全篇。通篇突出的是生死不渝的爱情。"[2]显然，这也是对吴国榛《续西厢》的误解。另有李修生主编的《古典戏曲剧目提要》提到"光绪甲申（十年，1884），吴国榛因不满查氏之作，而另写《续西厢》杂剧。……似是依《会真记》而成悲剧。"[3]其中，将吴国

---

[1] 庄一拂：《古典戏曲存目汇考·中》，上海古籍出版社1982年版，第788—789页。

[2] 张人和：载王确编《西厢记论证（增订版）》，中华书局2015年版，第193页。

[3] 李修生主编：《古本戏曲剧目提要》，文化艺术出版社1997年版，第692—693页。

榛的创作动机直接归结于不满查继佐创作的《续西厢》,似无根据;将其悲剧结局归因于对《会真记》的借鉴,也欠妥当。

值得肯定的是,学者也对《续西厢》的研究提出了一些创造性的设想。张人和认为,吴国榛的《续西厢》与碧蕉轩主人《不了缘》"所写莺莺嫁给郑恒,张生亦出家,法师宣扬一套色空议论并预证来生再续前缘,不可同日而语"[1],指出了《续西厢》与《不了缘》可能存在的关联性。另有赵春宁、伏涤修以及林宗毅均认为,吴国榛《续西厢》似与无名氏《东厢记》中的《致祭感梦》一折相似,为我们提供了与《续西厢》可能有关的横向比较视角。

总之,作为吴国榛唯一留存的戏曲作品,《续西厢》成为诠释吴国榛其人及其戏曲成就的唯一依据。吴国榛的《续西厢》,其价值远不止前人辑录中所提到的那些,其在续作手法和思想层面上,也有诸多可取之处。作为《西厢记》后续传播中的杂剧改本案例,吴国榛的《续西厢》对清代戏曲史的研究有其补充意义。此外,这为吴国榛及其作品的研究、为吴梅研究提供了新的研究维度。

## 二、以诗入曲:被"高估"的悼亡诗

悼亡诗始于晋代潘安为悼念妻子所作的三首《悼亡诗》,此后文人多沿用"悼亡诗"这一诗题来表达对亡妻的悼念。在吴国榛《续西厢·悼亡》一折中,张生用十首悼亡诗来悼念莺莺,试图使其取代曲辞,成为悼亡的主体,即是诗歌与戏曲互为体用的案例。但不同于以往的简单穿插,此处的应用从体量和用意上都颇有作者的见解。现将悼亡诗抄录如下,以便分析:

其一,匹马关山晓梦醒,蒲东柳色又青青,杨花身长桃花命,风月空摇九子铃。

其二,飘零琴剑憩西厢,侍女新添百和香,月色溶溶花寂寂,东风容

---

[1] 张人和:《西厢记论证(增订版)》,第193页。

易误王昌。

其三，巨罗梵呗钵声高，道是相逢第二遭，忏尽情根空色相，泪痕洒遍郁金袍。

其四，羽林骑队太纷纷，千万横磨扫敌氛，他日画堂箫鼓里，褰帷先拜大将军。

其五，娥眉谣诼氿肇阴，扭断红丝千万寻，怎奈柔情总不得，夜寒时节又听琴。

其六，丝丝出柳已藏鸦，地自凄清掩碧斋，凉月窥人人不寐，无多清泪淹梨花。

其七，南浦离觞忏恨迟，车烦马殆又何之，文章薄命因缘恶，眉样三分不入时。

其八，杨枝骆马太衔冤，病榻依依泪未干，十丈长幡遮不住，断肠风雨酿春寒。

其九，玉琯金钗忏悔时，法门广大得真师。年华锦瑟抛都尽，花雨灵台说偈辞。

其十，门外棠花半瓮云，凄凉莫问美人坟，纸钱麦饭悲风起，寒食中元一哭君。（《续西厢》）

首先，作者借由张生之口交代了创作悼亡诗的因由："待我吟诗几首以写哀怨，只是悼亡的诗都不免拾人牙慧了"（《续西厢》）。此时，可见作者选用悼亡诗的目的是借其抒情性，来寄托生死两隔、佳人不再的哀怨。这延续了文人悼亡诗的这一传统，身份恰切，情感得宜。"拾人牙慧"之说，显然是吴国榛的自谦之词。

其次，吴国榛借张生之口连续赋诗十首。后文"自记"再一次指出此举之用意："悼亡诗将全部筋节总结一通，有始有卒，岂独曲也欤哉？"（《续西厢》）其用意既在于指出悼亡诗的功用，又在于提出质疑："唯独曲辞才能做到连缀情节吗？"这一反问，更鲜明地表露了作者借用悼亡诗的叙事"野心"。

那么，吴国榛又是如何用十首悼亡诗总结全部"筋节"的？具体而言，其一,写张生回忆曾经游历蒲东并与莺莺第一次相遇时的情境,而如今再看,一"空"字已足见内心寂然。其二,对应了原作第二折《僧房假寓》、第三折《墙角联吟》,讲述了张生追忆留寓西厢并与莺莺隔墙酬和的故事。其三,对应了原作第四出《斋坛闹会》,写张生对与莺莺第二次相见的追忆。其四,对应了原作第五出《白马解围》,孙飞虎兵围普救寺,白马将军前来营救,也是《西厢记》中推动剧情的重要关节。其五,对应了原作第六出《红娘请宴》、第七出《母氏停婚》、第八出《琴心写怀》,追忆张生在经历了老夫人变卦之后,隔墙弹奏《凤求凰》向莺莺表白的情景。其六,对应了原作第十三出《月下佳期》,回忆莺莺自荐枕席。其七,对应了原作《南浦嘱别》以及《续西厢·旅思》一出,后两句指出张生因为文章不中而与莺莺新郎这一身份失之交臂。其八,对应了《续西厢·死别》一出,莺莺思念成疾,在得知张生落第、母亲欲将其他嫁时,竟一气而亡。其九,对应了《续西厢》第四出《出家》。其十,对应了《续西厢·悼亡》一出。

吴国榛用十首悼亡诗,逐一描述了张生与莺莺相识相恋到最后阴阳两隔的整个过程。这十首悼亡诗是对《西厢记》原作以及《续西厢》故事的连缀,字里行间流露出往事不可追忆的悲痛。其方式基本延续了最初悼亡诗的创作模式[1],即将悼亡主体的情绪感知作为主要渲染内容,通过物是人非以及对于旧有情节的追忆,传达出对逝者的怀念。这是吴国榛的创新之处,即意在改变戏曲中曲辞连缀情节的惯例,且在赋予悼亡诗主体观照功能的同时,更赋予其极强的叙事功能。

吴国榛倍感自得的这一设置能否真正取代曲辞呢?这一问题需从诗歌与戏曲的关系着手来探讨。一直以来,作为两种不同的文类,戏曲与诗歌始

---

[1] 悼亡诗的演进大致经历了三个阶段:一、西晋潘岳的《悼亡诗》始确定悼亡诗的特定内涵,即专门用来追悼亡妻,且书写的重心明显落在悼亡主体而不是对象上。二、唐代韦应物的悼亡之作注入了更多个人化的生活内容,使诗歌表现的重心由悼亡主体向悼亡对象转移。三、元稹真正将悼亡诗提升到一个新境界,到他的《三遣悲怀》悼亡诗的艺术表现最终完成。参见蒋寅:《悼亡诗写作范式的演进》,载《安徽大学学报》2011年第3期第1—10页。

终保持着密切的关系。一方面,诗歌与戏曲之间一直存在大量互相借用"本事"的现象。比如,明清时期就有大量歌咏《西厢》故事的诗歌。最具代表性的有明代无名氏的《蒲东崔张珠玉诗集》[1],共收录141首诗;另明代王彦贞《摘翠百咏小春秋》[2]又名《小桃红·西厢百咏》共100首。这两个诗集均用诗歌形式完整地讲述了《西厢记》故事,充分发挥了诗歌的叙事功能。于戏曲而言,则多将诗歌"本事"进行戏剧化地吸收与演绎,并使曲辞承担剧情的抒情职能。如白居易《长恨歌》的诗歌"本事"经由戏曲《长生殿》中的曲辞得以完美演绎。另一方面,戏曲与诗歌保持着互为体用的关系。尤以戏曲对诗歌的应用为多,例如在王实甫《西厢记》中,张生与莺莺以诗传情,在《墙角联吟》一折,张生与崔莺莺二人月下联吟,一对青年男女"以诗为媒"来传达隐晦又真挚的情意。总体上,以诗入曲是中国古典戏曲发展过程中的常见现象,戏曲中诗歌元素的"嵌入",也成为文备众体的一个重要标记。诗歌,作为一种抒情文类,其本身也含有叙事的意味。[3]在戏曲中,诗歌往往起着刻画人物、写景状物、烘托气氛、结构衔接等多种效用。但吴国榛此用的不合理之处在于,过分夸大了诗歌的作用,并在戏曲创作中以诗人的身份自居,对自己续后的《西厢记》故事进行诗词化演绎,以此实现对《续西厢》故事情节的收束。述其"打通全剧筋节",即在保留诗歌等同于曲辞的抒情功能之外,还发挥悼亡诗"打通全剧筋节"串联全剧的叙事功能。这当然是作为诗人的吴国榛的美好幻想。董乃斌曾指出:"诗歌抒情,小说叙事,戏剧敷演,这既是文学表现的三种不同形式,也是三个不同层次,同时也是中国文学从古到今、从简单到复杂的发展轨迹,特别是叙事传统的发展轨迹。"[4]从文类的角度来看,吴国榛的

---

[1] 【元】王实甫:《奇妙全相注释西厢记》,载顾廷龙等主编《续修四库全书·集部戏剧类(第1765册)》,上海古籍出版社2002年版,第618—680页。

[2] 【明】郭勋辑:《雍熙乐府》(卷十九),国家图书馆出版社2013年版。

[3] 中国古代诗词不但应该放在中国文学史的抒情传统中来论述,而且也完全能够放在文学史总的叙事传统中。参见董乃斌:《古典诗词研究的叙事视角》,载《文学评论》2010年第1期。

[4] 董乃斌:《中国文学叙事传统论稿》,东方出版中心2017年版,第263页。

《续西厢》恰恰体现了诗歌、小说和戏曲文类的混融,但值得注意的是,第三折用连续十首悼亡诗取代戏曲曲辞显然会给观者带来不适感,而这恰恰也是由文类混融的失度造成的。因此可以看出,这种失度的跨文类作法,越出了戏曲文体的基本规范,不仅会使作品丧失了叙事的美感,更会导致戏曲特有意蕴的消失。

总之,悼亡诗的应用,于张生悼念情绪的深浅,并无助益。吴国榛这一作法反而愈加体现了文人作意好奇、逞才摘藻的习气。因此,即便吴国榛注重曲律和演唱,也无法扭转《续西厢》沦为"案头之曲"的结局。当然,这一创作风格也并非完全归咎于吴国榛本人。美国文论家韦勒克和沃伦曾指出,文体的变易"部分是由于内在原因,由文学既定规范的枯萎和对变化的渴望引起,但也部分是由于外在的原因,由社会的、理智的和其他的文化变化所引起。"[1]吴国榛以十首诗歌入曲的作法,与晚清戏曲整体创作凋敝和程式化的状态有关。其个人作品虽不具有代表性,但却能在一定程度上反映出晚清戏曲创作者在这种文体既定、规范僵化的情况下对戏曲创作的调整、革新和尝试。但诗歌和戏曲本质上是两种不同的文学样式,不论是诗歌还是戏曲曲辞,二者均不能在各自的文类中被取代。

## 三、脱"套"的悲剧观:被低估的"补过"

吴国榛《续西厢》的"补过"思想,主要体现在对"崔张补过"的坚持。基于此,在《续西厢》中,崔张二人不仅为之前的行为承担了"名声尽失""仕途不顺""婚事遥遥无期"的现世惩罚,还以生离死别的结局而告终,被强行打破了"有情人终成眷属"的团圆结局,可谓彻头彻尾的悲剧。

具体来说,在《续西厢》中,莺莺病亡、张生落榜并忏悔出家,二人的结局已为当初的"不情"之举付出巨大代价。但是仅此还不够,在四折戏中,吴国

---

[1]【美】勒内·韦勒克、奥斯汀·沃伦著,刘象愚等译:《文学原理》,三联书店1984年版,第309页。

榛又为崔张设置了自白的机会。如在第一折《旅思》中张生唱道："【雁过声】凄绝旧情忏些，再休提那回根节，隔墙花影黄昏月，恶情根恶冤孽惹重了远离颠倒，恁般魔劫江郎休恨别，这就是旧账账通盘结，猛回头便好收场了也。"（《续西厢》）虽是张生忏悔，但显然是吴国榛借由张生之口表明了对于二人当初私自定情、违背礼教行为的评判。而莺莺书信中的"自去秋以来，长忽忽如有所失，于喧哗之下或免为笑语，闲宵自处无不泪零"（《续西厢》），自是在相思之外也暗含悔恨。而在第二折《死别》中，借由红娘之口："小姐呵，你着甚来由兜得情钟懵懂，苦费你听琴待月割不下风流孽种，如今是酒阑人散埋怨煞春风。"（《续西厢》）虽是埋怨，但也是对莺莺如今处境的心疼。通过剧中出场人物张生、红娘、莺莺的唱词和对白，直接呈现了人物内心的悔过。吴国榛的"补过"思想也再一次得以佐证。

恰如童庆炳所言："李渔认为《西厢记》最主要的人物是张生，而金圣叹则认为是崔莺莺。二者观点的分歧的根源在于：前者认为，张生作为行动元的作用在剧中最重要——惊艳、借厢、酬韵、解围等情节发展的主要关头，张生都是推动情节发展的主导因素；后者认为，莺莺的角色地位最突出——她在故事中的作用主要不是行动，而是她魅力脱俗的形象、含蓄而又执著的性格对张生、红娘、老夫人等其他人物的影响乃至间接地对整个故事发生的作用。"[1]虽说讲的是叙事观念，但两人对于谁是主要人物的判断，也间接影响了后世关于续作创作的舆论导向。因此，似乎可以说为张生"补过"代表了一类人的观点，这类人以《西厢记》中的张生作为主要人物和主要行动元，在此意识之下，为张生"补过"也就变得更为合理了。而另一种，"为张崔补过"，则是普遍存在的另一套"补过"言论。因此，不论是祸及一人——"为张生补过"，还是祸及二人——"为张崔补过"，这些不同的"补过"设置，背后均蕴含着巨大的认知倾向。

从元杂剧到明传奇，"大团圆"套式逐渐成为戏曲创作的固定程式，被应用于戏曲创作。以《西厢记》的传播和接受为代表，在这一阶段，也形成了"西

---

[1] 童庆炳主编：《文学理论教程（修订2版）》，高等教育出版社2004年版，第247—248页。

厢式"的"大团圆"套式。尤其是明万历年以来,以"才子科举－佳人团圆"套式的作品喷薄而出,对"大团圆"的应用也达到了极致。所谓物极必反,自明中叶以后,以卓人月为代表的戏曲家,开始对"大团圆"套式提出反思:"今演剧者,必始于穷愁泣别,而终于团圆宴笑。似乎悲极得欢,而欢后更无悲也;死中得生,而生后更无死也,岂不谬也?"[1]此后逐渐形成了打破"大团圆"套式的思潮,产生了中国式的"悲剧"观念。就目前已知的明清时期三十三种[2]《西厢记》改作中的情节来看,其打破"大团圆"结局的体现主要以张生与崔莺莺的离散为标志。而在离散的结局之下,引发离散的条件又各不相同,由此形成了《西厢》故事离散结局的两个分支:一是顺应《会真记》中张生始乱终弃的人物设置而形成的悲剧。例如无名氏的《后西厢》中,由于张生始乱终弃,崔张分离。也有清代石庞《后西厢》中以"莺老为尼,张生受戒"[3]为结局,这种分离是张生崔莺莺各自成亲的爱情悲剧,虽为分离,但不涉及强行的"补过"与离散。二是人为的"补过"和脱"套"。在无名氏《东厢记》、明末卓人月的《新西厢记》、清代碧蕉轩主人的《不了缘》以及清代吴国榛的《续西厢》中,无论是张生还是莺莺,二人对于情感均忠贞如一,但即便如此,改作者依旧设置了张生与莺莺阴阳两隔或莺莺另嫁他人,致使崔张二人离散的脱"套"结局。总体上,两类作品都抛开了传统戏曲中的"大团圆"结局,而考虑到了现实因素以及创作中作品的教化功用。但值得注意的是,以吴国榛《续西厢》为代表的第二类作品,不仅使有情人不成眷属,而且以生死两隔的悲剧结局告终。从第二类作品的创作时间来看,它们往往集中在明代中期以后,正如前文所言,这一时期的戏曲创作思潮开始对"大团圆"套式有了反思和抵触,并落实到行动上。吴国榛恰恰是其中一员,且相较同类作品而言,在脱"套"和"补过"的程度上也更为彻底,更为难得的是他不是为悲剧而写悲剧,而是考

---

[1] 【明】卓人月:《新西厢记·序》,载《中国古典戏曲序跋汇编·补遗》蔡毅编著,齐鲁书店1989年版,第2723页。

[2] 参见张人和:《西厢记论证(增订版)》,第180页。

[3] 【清】石庞:《晦村初集》卷三,载《清代诗文集汇编》卷二二六,上海古籍出版社2010年版,第61页。

虑到了《西厢记》中"情"的内核。因此,续作的设置,并未打破原作的情感主线,而是保持了原作《西厢记》中张生的一贯深情,维护了才子佳人对于爱情的忠贞幻想,进而将离散的根源归结为替"崔张补过",在保留悲剧结局的同时也维持了爱情本身的纯粹性。

当然,吴国榛脱"套"的悲剧观,不仅与时代创作思潮相关联,也与吴国榛的文人身份有关。"同样一个文人,面对同样一个本事,在创作诗歌和评论戏曲上,往往具有不同的审美视角,诗歌作为纯文人化的文体,诗人更容易以文人的心态去感悟、叙写,戏曲作为大众消费的通俗文艺样式,文人在评论它时更容易以大众心态去接受它。正是由于此,以诗歌题咏西厢故事者很少会对张崔大团圆结局表示认同,他们在题咏西厢故事时更多的是具有文人悲事悯人的忧患情怀。"[1]由于诗人更容易以文人的心态去感悟和书写,而当吴国榛撰写《续西厢》之时,其对《西厢记》作为大众通俗文艺作品所表现出的普遍的大团圆结局是不能苟同的。因而才有了吴国榛笔下悲事悯人的情怀,并对结局的处理趋向悲剧化设置,将诗歌的文学品格融入了通俗戏曲中,借以抒发内心所思所感,将《西厢》故事作严肃化、文人化处理。

值得注意的是,吴国榛《续西厢》中的悲剧结尾,疑并非完全原创。其中借鉴了《不了缘》[2]中张生出家的情节。但《不了缘》是以莺莺嫁人,张生欲要出家,却经法本阻止并未出家,静待与莺莺三十年后的不了之缘为结局的。创作者看重的是张生主动悔过的行为,并未脱离"大团圆"的传统套数。可见,在张生结局的设置上,《不了缘》的悲剧性不够彻底,而吴国榛的改造就大胆也果决得多。

## 四、清末父子曲家的曲学分歧

吴梅先生对于曲律的推崇众所周知,他精通南曲和北曲,也善于制曲、谱

---

[1] 伏涤修:《〈西厢记〉接受史研究》,黄山书社2008年版,第460页。
[2] 此处所指为【清】碧蕉轩主人:《不了缘》,载《杂剧三集》,中国戏剧出版社1956年版。

曲、度曲、演曲,生前有《南北词简谱》,集各家曲谱之所长,为后世研究曲牌格律提供了重要的参照,对《西厢记》及其改作的曲律问题多有评定和校释。吴国榛"少好音律"(《续西厢》),其对《西厢记》改作的重心就体现在对声韵格律的把握上。在《续西厢》创作中吴国榛采用兼顾南北曲的创新方式,成为《续西厢》的一大亮点。因此,通过比对二人对《西厢记》及其改作中的关于曲律问题的观念,既有助于了解吴国榛的曲学思想,也为如何看待吴氏一族,乃至晚清剧作家的曲学思想提供了路径。

吴梅曾在对陆采《南西厢记》的评论中,就所有现存的已见或未见的《西厢记》改本进行了评价,"认为其间有未尽见者,要非妙文也"[1]。值得注意的是,吴梅在对《西厢记》改作的评判中并未提及其父吴国榛的《西厢记》续作。这一方面有可能源于当时或未见到父亲吴国榛《续西厢》以及为尊者(父亲)讳,吴梅并未将自己父亲吴国榛的《续西厢》列入评价体系中;另一方面,吴梅或认为其父的曲本未入流,无疑《续西厢》中确有"案头之作"的弊病,因此纳入"要非妙文"的评价中,也实属正常。

虽然并未直接评价吴国榛作品,但是对照吴梅的《南北词简谱》,将其应用于吴国榛《续西厢》曲律的核定上,可以发现二人在作曲上间有分歧。例如在第一折《旅思》中,【正宫·普天乐】套内,共5支曲子,均选用南曲。其匠心之处在于加入了【大石调·催拍】,这一调式通常被用于离别时的悲哀曲。《浣纱记·寄子》一出,也曾作此用。吴国榛此法,创造性地打破了南戏传统的组曲方式,凸显了续作排场之妙。第二折《死别》用北曲,特别之处在于一折用了两套曲【中吕】和【商调】,吴国榛还在中间用了【尾声】来区隔,用以区分红娘与莺莺在本折的唱词,也打破了杂剧一折一人主唱的程式。

此外,从吴梅对于特定曲牌的校正中,也可以看出吴梅相较其父,在曲学问题上的一些辨伪与矫正。如在第三折《悼亡》中,作者选用北曲【北双调】,共用7支曲子,其中前六支曲子均满足了双调套数的普通格式,唯有第七支曲子【离亭宴带歇拍煞】别有新意。此曲牌,源自《秋思》,多用来渲染离别之

---

[1] 吴梅:《曲选》,载《吴梅全集·理论篇中》,第824页。

意。在戏曲中尤以王实甫《西厢记》的应用最为典范。在王实甫《西厢记》第二本第三折《赖婚》中莺莺唱此曲,"从今后玉容寂寞梨花朵,胭脂浅淡樱桃颗,这相思何时是可。昏邓邓黑海来深,白茫茫陆地来厚,碧悠悠青天来阔。太行山般高仰望,东洋海般深思渴,毒害的怎么……俺娘把甜句儿落空了他,虚名儿误赚了我。"[1]第三本第三折《赖简》中由红娘唱此曲,均是以"离别"为主题的曲牌。而吴国榛此处的应用,则是以张生主唱,以张生与莺莺的生离死别为背景下的离别之曲。这呼应了《西厢记》原著,且巧妙借用此来丰富了续作的情感色彩,生出"不生不硬哀感顽艳"(《续西厢》)的审美体验。但吴梅对此曲牌也有校正,他指出"【离亭宴带歇拍煞】"应名为"【离亭宴带歇指煞】",认为"旧谱都作【歇拍煞】,实误,盖用歇指调之煞尾也。歇指调曲牌,今不复传,所留遗者,止此煞而已。"[2]对于清人惯用和误用的曲牌予以矫正,这也在一定程度上纠正了其父吴国榛的谱曲惯性。

再如第四折《出家》中,吴国榛亦选用了北曲。【北仙吕】的普通套式,共8支曲子。其中【混江龙】曲,体量庞大,将至千言。对此曲牌之用法,吴梅亦有自己看法:

> 再【混江龙】增句,元人及明初作者,不过六七联,已为至多,惟汤若士《牡丹亭·冥判》折,增至数十句,洋洋将及千言,于是清人如洪昉思、蒋心余、黄韵珊辈,皆有意铺叙,各显神通矣。实则殊可不必,那得有关西大汉,铁绰板,铜琵琶,歌此洒洒千言之大曲乎?[3]

吴梅显然并不认可这种长篇大论的曲调安排方式,而吴国榛的设置旨在通过张生所参透的"一切都是露水泡影"(《续西厢》),由此得出"空即色,色即空"(《续西厢》)的佛学感悟,为张生后续选择出家埋下伏笔。虽着墨甚

---

[1]【元】王实甫:《元本题评西厢记》,《古本戏曲丛刊》初集,明刘龙田刊本,北京图书馆藏。

[2] 吴梅:《吴梅全集·南北词简谱卷上》,第188页。

[3] 吴梅:《吴梅全集·南北词简谱卷上》,第64页。

多,却稍显刻意,用此篇幅,确如吴梅所言"殊可不必"。

总之,从曲学思想上,父子二人虽有分歧,但宗旨一致,即是在清末疏于关注戏曲曲论的风潮下,依然能够坚守对于曲学的捍卫。父子二人这种"振拾坠绪"的努力,虽然对过去曲学传统的继承多于发展,与清末的时代发展略有出入,甚至缺乏创新意识,但是于戏曲的核心曲学传统而言,父子二人可谓在延续曲学传统的路上功不可没。这一方面源于二人深厚的曲学涵养,另一方面也是二人对戏曲中曲论地位的看重使然。

## 结　语

不得不承认,无论是吴国榛还是其作品《续西厢》都不能算作极具代表性的研究对象。之所以大费周章去书写,一方面,是因为其作品为经典《西厢记》的续作,且处于清末这一特殊时代,因此在戏曲史上总有一席之地,澄清缺失实属必要;另一方面是因为作为曲家吴梅之父,其自身的曲学思想也具有了观照价值。笔者认为,谈论吴国榛及其《续西厢》,需要放在清末戏曲发展史中去考量,也只有这样,才能凸显出吴国榛及其作品的认识价值和戏曲史意义。

郑振铎认为,作为清代杂剧"衰落"之期,同治、光绪时期杂剧创作的普遍特点是"所作虽多合律,盖寡取材,亦现捉襟露肘之态,颇见迂腐,殊少情致"[1]。而无论是吴国榛还是吴梅,二人作为同光时期的剧作家,其对于戏曲的创作也不可避免地呈现出这种衰落之态。但不可否认的是,从这一时期的作品中依然可以看到创作者的继承与革新。在《续西厢》的创作中,吴国榛有一套自己的叙事思维。于改作而言,既是对于原有作品的继承,也体现了其革新精神;于创作手法而言,延续了文体融通的跨文类的叙事方式,并将诗歌在戏曲中的作用发挥到极致,对于"大团圆"套式的突破,都是彼时文人热衷于

---

[1] 郑振铎:《清人杂剧初集》,载《郑振铎全集(四)》,花山文艺出版社1998年版,第731页。

去改变和实践的；于吴氏父子而言，各自的创作反映了吴氏一族对曲律的推崇与传承，与此同时，父子二人曲学观在互为表里中的坚守与矛盾，也反映了一个曲学世家的戏曲理念的革新与变换。

尽管整部《续西厢》依然无法摆脱"狗尾续貂"之嫌，但正如自《北西厢》之后，后人对于《西厢记》改编本均各有批判来看，批评的声音永远无法停止。吴国榛作为《西厢记》及其改编本的接受者与二次改编者，他的作品也不可避免地会遭到批判。只是，伴随着批判的声音，吴国榛的《续西厢》带着时代与个人的创作印记，带着自身的传承与创新而流入《西厢记》传播与接受的长河。这无形中也成为吴梅的创作起点，推动着一代曲家的成长与成熟。

# 辽宁省图书馆藏孤本戏曲《玉虎坠传奇》考论[1]

姚大怀

许之衡(1877—1935),字守白,号饮流、饮流客、饮流斋主人,别署冷道人、曲隐道人。广东番禺(今广州市番禺区)人。早年求学于广雅书院,后毕业于日本明治大学。民国十一年(1922)秋,得吴梅举荐,任教北京大学,后历任北京大学国文系讲师、教授,兼任研究所国学门导师。许之衡在戏曲、音乐以及陶瓷研究领域均颇有造诣,撰有《曲律易知》《中国音乐小史》《饮流斋说瓷》《守白词》以及《霓裳艳》《玉虎坠》《锦瑟记》诸传奇。吴梅对许之衡的传奇颇为激赏,云:"其间南北诸词,声文并茂,固已树帜骚坛,追踪洪、蒋矣。"[2]《霓裳艳传奇》有刻本存世[3],故时而受到关注[4]。

---

[1] 本文为国家社会科学基金一般项目"中国近代报刊戏曲整理与研究"(项目编号:19BZW166)阶段性研究成果。

[2] 吴梅:《〈曲律易知〉序》,许之衡:《曲律易知(上)》,饮流斋1922年自刊本,卷首第1页。

[3] 许之衡:《霓裳艳传奇》,饮流斋1922年自刊本。

[4] 如周贻白:《曲海燃藜》,中华书局1958年版,第94—96页;韩红梅:《〈霓裳艳〉传奇的美学追求》,载《徐州工程学院学报》2008年第3期,第77—80页;史贝贝、刘于锋:《试析〈霓裳艳〉的艺术特点》,载《新乡学院学报》2018年第2期,第43—47页。

《玉虎坠传奇》通常被视为佚作,故关注者甚寡,更遑论得到深入研究。笔者近期在辽宁省图书馆获见本剧,故不揣浅薄,对其进行初步考论,以作引玉之砖。

## 一、版本形态、序跋评点与相关问题考论

《玉虎坠传奇》仅见辽宁省图书馆藏素纸抄本,一函一册。册长25.9厘米,宽14厘米。共94叶,半叶八行,未标页码。曲大字,行23—25字不等。白小字,低两字,行26—29字不等。封面题"玉虎坠"。题署者卅翁,姓名与生平不详。

目次与剧作正文前系作者《自序》,云:

> 一日,友人邀余观剧。剧名《玉虎坠》,乃秦腔也。问剧中人物,友指谓余曰:"此冯异也,此马武也,此冯异之妻王娟娟也。"视其情节,支离曼衍,不可究诘,一笑置之而已。越日,余偶有所触,因谓友曰:"昨演之《玉虎坠》,余将谱为昆剧,今可得一佳传奇材料矣。"盖余近稍曲曲律,思谱传奇,而苦无题目。今就兹剧翻改,遂成是编,专以务求合律为主,文词之工拙,不暇计也。归而布局选调,大致粗定,乃伸纸濡墨,振笔直书。觉忽而长枪大戟,忽而燕语莺声,忽而柳暗花明,忽而猿啼狖啸,忽而嬉笑怒骂,忽而儿女喁喁,忽而牛渚燃犀,忽而华亭唳鹤。古人所谓"沙石乱走云乱飞"者,文境似之。费时未匝月而余曲成矣,不知其视秦腔为何如耶?又不知人之读余曲者,当作如何之感想耶?辛酉暮春饮流客自题。

据此可知,辛酉年仲春(1921年4月至5月),受邀与友人同观秦腔《玉虎坠》的许之衡,对其情节颇为不满,且当时"稍谙曲律,思谱传奇",又"苦无题目",便翻改此剧,未逾一月,即辛酉暮春(1921年5月至6月)而成稿。据查,西安易俗社在武汉搬演《玉虎坠》的时间为民国十年四月二十七日(1921

年4月27日)[1],与许之衡的观剧时间完全吻合。然而,受材料所限,目前尚不能断定西安易俗社在武汉所演《玉虎坠》即许之衡所观之《玉虎坠》。此外,此友人名姓亦不得而知。鉴于《霓裳艳传奇》成于民国八年(1919),再根据《玉虎坠传奇》剧末结场诗中的"是谁曲子号先生,又谱哀弦第二声",可基本断定《霓裳艳传奇》的创作时间在前,《玉虎坠传奇》居中,而《锦瑟记传奇》最为晚出[2]。另值得注意的是,吴梅在《〈曲律易知〉序》中提及《玉虎坠》《锦瑟记》诸传奇,且落款时间为壬戌三月(1922年3月至4月)[3]。综上可知,《锦瑟记》必在《玉虎坠传奇》与《曲律易知》之间完成,即介于辛酉暮春与壬戌三月之间,距许之衡就任北大教职尚有一段时日。

《自序》后系本剧目次。凡三十二出,分上下两卷,各十六出。上卷:《述略》《言志》《聘娟》《征颂》《逼颂》《献肜》《掳娟》《驿遇》《党聚》《赎丽》《骂筵》《得坠》《篡位》《叹坠》《寄雁》《得信》;下卷:《献坠》《出宫》《遇丽》《投主》《钗聚》《微行》《聘丽》《寇氛》《陷危》《救主》《歼敌》《迎驾》《诛奸》《树封》《册婚》《坠圆》。

上卷卷首署"长洲吴梅校律,蒟乡饮流客填词",下钤有"霜崖手校"阴文印和"辽宁省图书馆善本"阳文印。下卷卷首署"蒟乡饮流客填词",卷末粘贴有吴梅所作跋语,并钤有阳文印"老瞿"。该跋语云:

> 通体得明人传奇之髓,而不落腐套,所以为佳。其中以《骂筵》《叹坠》《托雁》[4]《钗聚》《诛奸》诸折最胜。南北各能擅长,尤见才大,总由读得古曲多方有此境也。惟通本科白殊鲜佳制,盖作者于度曲一道未能

---

[1] 郭红军主编:《民国时期西安秦腔班社戏报汇编·易俗社卷(下)》,上海书店出版社2016年,第523页。

[2] 汪超宏据吴梅《〈曲律易知〉序》的排序推断《玉虎坠》《锦瑟记》创作时间在前,《霓裳艳》在后,应误。参见汪超宏:《许之衡的古代戏曲研究》,载《中文学术前沿》第11辑,浙江大学出版社2018年版,第95页。

[3] 吴梅:《〈曲律易知〉序》,载许之衡著《曲律易知(上)》,卷首第1页。

[4] 吴梅所云《托雁》即本剧第十五出《寄雁》。以下不再另注。

深究故耳。近人喜摹藏园、倚晴，反《长生》《桃花》者甚多。以此本示之，当舌桥不下矣。为细校律度，归之。辛酉四月老瞿。

剧末还钤有"繁霜词客"阳文印章。繁霜词客或系许之衡的同乡沈宗畸，待考。末页还题有"辛酉犹清和月一日，四十七濑渔人读一过"，下钤有阳文印"邵"。据此大致可知，濑渔人姓邵，生于光绪元年（1875），生平待考。

剧中页眉处粘贴有吴梅的二十七则评点，多数针对本剧曲牌与曲律。鉴于本剧常以一"引"字替代开场曲，吴梅一一予以指正，涉及评点共十七则，其中五则评语较详，兹略举一二。如第二则系针对第二出中马武所唱引子的评点："曲词中凡皆有牌名，不可混书'引'字。惟《缀白裘》俗本不知此理，概书一'引'字，至不足法。玩句法可作【仙吕·鹊桥仙】。凡引子前清曲，不拘宫调也。又引子止作首数句亦可。"第二十二则针对第二十八出中刘秀登场所唱【引】评点云："此引改【薄媚乐】（合【薄媚】与【三登乐】），首二句【薄媚】，第三句【三登乐】。"还有六则系指正其他曲牌的使用不当以及曲律失范等问题，且评点均较详细，兹仅抄录一二。如第二十则系针对第二十六出中阴丽华、王娟娟所唱【榴花泣】的评点，云："【榴花泣】第二句是六字。折腰句应改'他是粉兰陵女元戎'才合格。（又注：兰陵乃汉以后事，故再改避。）"又云："词家当注意，毫厘千里，须细心出之。"第二十三则系对第二十九出之【太平令】的评点，其中有云："此曲虽仿《四声猿》，然《玉禅师》第二折末曲是【沽酒令】（合【沽美酒】【太平令】），此是纯系【太平令】，与天池生不同。'苍桑覆亡'下应添四字一句，不必做短柱格。"

另有三则系对许之衡填词功力的赞许，同样较为详尽。如第八则针对第八出中阴丽华、王娟娟所唱【二郎神】【集贤宾】【莺啼序】【琥珀猫儿坠】诸曲评曰："此套细腻熨贴，文律交胜。试入歌场，未尝不侧耳倾心者。虽摹《明珠》无害也。"第十三则系对《叹坠》《寄雁》《骂筵》等出的点评，其中有云："《叹坠》《托雁》与《骂筵》，南北词皆佳，而南词尤胜。"

此外，第一则直指第二出中冯异的定场白"宜用四六句"。

许之衡仅对少数几则进行了回应，并相应地作出修改。如在第二十则评点后注:"拟改'他是呈玉貌女元戎'。"又根据第二十三则评点将"把国本苞桑覆亡"改作"把国本宗祧,立当覆亡"。就此来看,许之衡的回应似乎并不积极。其原因可能有二。其一是坦然接受吴梅的批评指正。吴梅的评点多有理有据,几乎不容置辩。如以"引"字替代曲牌,确实不合规范,应予以改正,只是吴梅已改出,无需另改或再作回应。其二是和吴梅对曲学的理解稍有出入。如许之衡深知定场白宜用四六句式,在此前完成的《霓裳艳传奇》中即遵照此要求,在曲学理论专著《曲律易知》中也有论述,但在许之衡看来,将四六句式改成白话可能更符合五四以后的时代潮流和受众的审美要求,故坚持己见,未作改正。

## 二、剧情梗概与创作动因述论

首出《述略》与明清传奇中的副末开场如出一辙。副末先以一阕【蝶恋花】自书胸臆,继以【满庭芳】概括剧情,最后再以四句总括全剧。上卷其他各出主要情节如下。颍川冯异多年寓居扶风郡,与精通武艺的南阳马武结为异姓兄弟,后因马武撮合,以玉虎坠为聘,与其表侄女王娟娟订下婚约。上大夫扬雄令众心腹在全国范围内大肆鼓动太学生歌颂摄皇帝王莽的功德,以促其早正帝位。众心腹登门劝说,被冯异打出家门。登基前,王莽与刘歆、扬雄、谷永等人商议,将广选才貌双全的女内史入宫。太学领袖甄丰此时上殿歌功颂德,深得王莽欢心,后被授予少司徒之职。扶风郡衙役受命强征王娟娟,期间抢走玉虎坠。王娟娟在驿馆中与同被征选的阴丽华互诉遭遇,结为异姓姐妹。刘歆、扬雄、谷永、甄丰在王莽登基前分别表达本党宗旨,并决定相互勾结,尽力搜刮民脂民膏。阴丽华之父阴何星夜入京,买通管理女官的李太监,从而将其救出。王娟娟因痛骂刘、扬等人而被谪下织室,饱受苦辛。马武在集市中打探消息时,从衙役手中买下玉虎坠。冯异从马武处取回玉坠,并与其商量对策。王莽代汉自立后,刘、扬等人各得分封,冯异则对钗自叹,决心诛奸。王娟娟某日见一大雁落于织室,遂将题好的血诗系于雁足,希望冯异能得此血诗。在郊外射猎的马武射下此雁,随后将血诗交与冯异,并与之携坠入京,设法营救王娟娟。

下卷情节大致如下。李太监收下马武送来的玉坠后,将王娟娟释放。王娟娟向冯异详述被征入京以及痛骂奸贼诸事,令冯异更生敬意。但冯异不愿即刻完婚,要求与马武同赴起兵反莽的萧王刘秀帐下,得到王娟娟与马武的支持。马武携冯、王返乡,途中偶遇避难的阴丽华一家,遂将其安顿至妻子邓鸾英统领的九龙山山寨。马武劝邓鸾英将山寨改编成乡团,随即与冯异投往萧王帐下。二人甫至军中,便献出良策,故深受萧王赏识。某日,邓鸾英与王、阴结为异姓金兰,并教二人武艺。军中闲暇之际,刘秀至九龙山中闲游,对纵马驰骋的阴丽华产生爱意。在冯异的撮合下,刘秀与阴家缔结婚约。贼酋赤眉、铜马合兵一处,趁夜火攻刘秀大营。刘秀被冲散,冒雨只身逃至滹沱河边。冯异找到刘秀,从附近村舍讨得豆粥供其食用。马武随后率部赶到,另派人到九龙山调遣生力军前来接应。冯异升任刘秀帐下元帅,率兵诛杀贼军元帅巨无霸以及赤眉、铜马,随后收复京师,擒下王莽,继而遣将迎刘秀入京。公审当日,冯异首先痛斥扬雄、刘歆诸逆,将其枭首示众,然后历数王莽罪行,将其凌迟处死。刘秀大封功臣时,冯异躺坐在一棵参天古树下,直至黄门官奉旨寻来,才随其上殿受封。冯异与王娟娟奉旨成婚,分别被封为阳夏侯与贞德夫人。次日,皇后阴丽华将此前某太监所献嵌有"冯"字的玉虎坠作为贺礼赐给二人。二人颇为感慨,将此坠牵涉的诸多波折尽数道来。帝后二人唏嘘不已,又赐予大量文锦钗钏。

将本剧与秦腔《玉虎坠》稍作比较后发现,二者除剧名、少数人物姓名和时代背景一致外,情节、主要人物以及主旨均无任何共性。若将本剧仅定性为"翻改"之作,实在有违常理。较之于秦腔《玉虎坠》,本剧实际上是彻头彻尾的新创。对许之衡而言,观看秦腔《玉虎坠》仅是一次普通的文化消费行为,秦腔《玉虎坠》的艺术硬伤在当时也不至于让他产生强烈的"翻改"冲动。即便本次观剧行为与后来的创作行为有关联,也仅限于启发作用。那么,到底是什么因素促成许之衡从起初的"一笑置之"到数日后的"偶有所触",并于一月之内完成全剧呢?

稍早完成的《霓裳艳传奇》,是许之衡在向吴梅学曲期间所作,其中阮心存向词曲大家蒲愿请教曲学的情节即是此段经历的真实写照。在吴梅影响下，许之衡曲学造诣日渐深厚，自然萌生和吴梅一样撰写戏曲作品以及戏曲理论著作的想法。作为"初学试作"，本剧以民初为背景，写阮心存与名伶刘喜娘结成姻缘的曲折经历，表达了作者对人生的独特理解和对民初时局的极度失望。本剧题材新颖，情节曲折，形象生动，且"不至有失律之虞"[1]，已充分展现许之衡较为深厚的曲学功底，亦堪称民国时期难得一见的佳作。但本剧最大的问题是文人化气息过重，更适合案头阅读，与舞台搬演的要求相去甚远。刻印出版后，许之衡曾将其赠予友人刘子庚，所题识语有云："一时游戏，未免魏收轻薄，后深悔之。……此本尚合曲律，遂姑存之，以见初习面目，不脱康、乾后曲家词藻习气也。"[2]从中不难看出，许之衡并不掩饰该剧存在的问题。

《玉虎坠传奇》的创作时间与之又相隔两年左右。在此期间，许之衡与吴梅、刘富梁"晨夕过从，共研此技，……所语无非曲律也"[3]，曲学造诣无疑较此前有进一步提升。许之衡既然已意识到《霓裳艳传奇》中存在的"词藻习气"，那么在此后的创作中必然会有意识地予以规避。事实证明，较之于《霓裳艳传奇》，《玉虎坠传奇》的曲白更本色自然（按：下文将稍作展开），文人化色彩大大降低，也更适合舞台搬演的需求。另外，《玉虎坠传奇》在题材选取方面也发生了明显转向。在许之衡撰成《霓裳艳传奇》之前，擅长写儿女风情与政治时事的报人作家在较长一段时间内占据主导地位。吴梅在撰写《镜因记》《钧天梦》时，或受此启发，试图将儿女风情与政治时事熔于一炉。然而，两剧均未能完成，也在一定程度上说明此种选材方式的弊端。在撰写《霓裳艳传奇》时，许之衡也受到这一风气的影响，即便最终完成此剧，也必然在创作以及与吴梅的交往过程中深知这一弊端。在观看秦腔《玉虎坠》后数日，许之衡"偶有所触"，决定从政治时事转向历史题材，淡化儿女风情的比重，撰写

---

[1] 周贻白：《曲海燃藜》，第95页。

[2] 转引自周贻白：《曲海燃藜》，第94页。

[3] 吴梅：《〈曲律易知〉序》，载许之衡著《曲律易知（上）》，卷首第2页。

一部与《霓裳艳传奇》风格迥异的昆腔传奇。许之衡在剧末表达了"亦新亦旧好排场"的观点，并认为本剧"合付红牙入管弦"，可见其对本剧题材更有信心，对将本剧搬上戏曲舞台更有信心。只可惜由于民国时期被搬上昆曲舞台的新创昆腔传奇实在是屈指可数[1]，许之衡的愿望终究未能实现。

另外值得注意的是，撰成《玉虎坠传奇》《锦瑟记传奇》后不久，其曲学理论专著《曲律易知》便宣告完成，而且《玉虎坠传奇》使用了《曲律易知》中列举的大量曲牌成式（按：下文将有所述及）。由此可见，撰写《玉虎坠传奇》《锦瑟记传奇》与撰写《曲律易知》存在某种内在的逻辑关系：戏曲创作在很大程度上为许之衡完成理论著作提供创作经验，而理论著作的完成也是许之衡对"戏曲创作实践的经验总结和理论提升"[2]。对民国时期急需振兴的传统曲学而言，吴梅和许之衡将戏曲创作与理论研究融为一体，无疑具有更为重要的示范价值和启示意义。

综上可知，随着曲学造诣的日渐深厚，许之衡再次提笔时，必然有意识地弥补此前创作的不足，希望利用传统戏曲中耳熟能详的传统题材创作一部在艺术上臻于完善、更能展现自己曲学主张且适合舞台搬演的昆腔传奇，进而为即将或正在撰写的曲学理论专著《曲律易知》提供实践检验，并为振兴传统曲学略尽绵薄之力。这才是许之衡"伸纸濡墨，振笔直书"的根本原因。

## 三、剧本体制与艺术得失论略

明中后期，传奇戏曲的剧本体制大致定型，虽然此后不断被突破与改造，但直至19世纪末，长篇体例、分卷标目、副末开场、生旦家门、曲牌联套等标志性要素仍基本得以保留。清末民初，在小说界革命、戏剧改良以及文学市场化等诸多因素影响下，走上报刊的传奇既要承担起政治宣传与思想启蒙的

---

[1] 姚大怀：《政治文化转型下民国传奇杂剧的处境及其反思》，载《内蒙古社会科学》2016年第3期，第124—131页。

[2] 饶莹：《从〈曲律易知〉看民国初年曲学理论的转型》，载《戏曲研究》第103辑，2017年第3期，第158页。

重任，又要与小说等通俗文体一样满足市民读者娱乐消遣的需求。当时引领传奇创作潮流的报人作家多对传统曲学一知半解，更遑论以振兴传统曲学为己任，因而不可能自觉接受传统曲学的约束，不可能严格遵守传奇的体制规范。当他们将传奇视作"传奇体小说"并以创作小说的方式创作传奇时，实际上已经将所谓的体制规范冲击得七零八落，也违背了戏曲的本质属性。

与此同时，以吴梅、许之衡为代表的少数以振兴传统曲学为己任的学者作家，较为严格地遵守明清传奇的体制规范。在传统曲学寝微之际，如此恪守明清传奇的体制规范，自然难以被曲学造诣薄弱的市民读者接受。在论及《镜因记》的"旧形式"时，王卫民先生曾评价："原封不动地照搬（旧形式）会给人极不协调的感觉。"[1]梁淑安先生在评价《风洞山传奇》时也曾指出："他（吴梅）对于戏剧艺术的那些可变性的特征，如体制、格律等，也坚持一例不变，这就使他不能跟上时代的脚步。"[2]许之衡以及其他学者作家亦如此。学者作家对体制规范为何如此执着？因为对深受传统曲学浸润的学者作家而言，体制规范是传奇之所以为戏曲的关键，是戏剧艺术不可更易的特质。平心而论，较之于报人作家的横冲直撞，吴梅、许之衡等人的坚守更多是出于维护戏曲文体的独立性，与故步自封不可混为一谈。

作为一部典型的学者剧作，本剧"通体得明人传奇之髓，而不落腐套"，具有民国时期学者剧作的某些艺术共性[3]。但或由于许之衡对舞台搬演未作深入研究，或由于未及对剧本进行精心打磨，本剧也难免存在不足。

就结构而言，本剧集中体现了许之衡"未下笔之先，布置全局，悲欢离合，宜将情节大略拟定"[4]的主张。本剧以玉虎坠为中心，以冯、王的悲欢离合为

---

[1] 王卫民：《吴梅评传》，社会科学文献出版社1995年版，第54页。

[2] 梁淑安：《吴梅〈风洞山传奇〉浅析》，载《苏州大学学报（哲学社会科学版）》1985年第1期，第72页。

[3] 姚大怀：《民国学者作家的传奇杂剧创作及其戏曲史意义》，载《文艺理论研究》2016年第4期，第146—149页。

[4] 许之衡：《作曲诸法》，载秦学人、侯作卿编著《中国古典编剧理论资料汇辑》，中国戏剧出版社1984年版，第436页。

主线,以冯异扶刘反莽为副线,两条线索围绕中心交替发展,相互影响,最终双线合一,以玉虎坠见证大团圆。上卷以王娟娟为主,重在展现新莽时期污浊不堪的政治环境与王娟娟、阴丽华等弱质女流的悲惨遭际,突出王娟娟勇敢刚强的性格特点。下卷则以冯异为主,重在展现其再造汉家天下的贡献,突出其在危难之际力挽狂澜的决心与勇气。明场与暗场结合,冷戏与热戏交替,足见许氏剪裁布局之用心。然而,部分关目略失考究。如王娟娟托雁传书未脱苏武托雁传书窠臼,且有失情理。又如冯异受封当日未上大殿,此前无任何伏笔,难免令人费解。

就曲律而言,本剧充分体现了许之衡"专以务求合律为主"的宗旨。本剧所用三十一套曲牌均系经典的套数体式,其中二十七套与《曲律易知》所列曲牌成式基本一致[1],其他四套亦有所本。再加上吴梅的"细校律度"以及许之衡的虚心改正,本剧自然也"不至有失律之虞"。

本剧南词或含蓄蕴藉,或婉转多情,深得明清传奇精髓,北词或泼辣豪迈,或酣畅淋漓,尽得元人壸奥,且雅俗兼收,颇合人物身份与个性,故而吴梅不吝"细腻熨贴,文律交胜""南北词皆佳""却是妙文"以及"声文并茂"等美誉。然而由于许之衡对传统曲学更多是作理论研究,"于度曲一道未能深究",也缺乏丰富的登台搬演经验,或者由于更多专注于曲律、曲词,而对动作与宾白等舞台性要素疏于打磨,本剧确实存在"科白殊鲜佳制"的问题。如全剧较少使用科诨,排场略显冷淡。再如王莽、扬雄等净丑角色宾白雅致有余,俚俗不足。

本剧在人物塑造方面亦可圈可点。冯异心忧天下,虽与王娟娟订下婚约,却未迷恋儿女情长。由于国事日渐糜烂,尤其是得知王娟娟被掳入朝后,他不再牢骚满腹,而是义无反顾地投身疆场,为再造汉家天下立下不朽功勋。受封之日闲游于树下,充分体现其淡看名利的一面。王娟娟虽然出身寒微,但不慕名利,对朝廷征选有着清醒认识。被强掳入宫后,她视死如归,敢于痛骂当朝权奸,令人肃然起敬。即便在幽冷的织室,也没有放弃对生命的渴望,

---

[1] 许之衡:《曲律易知(下)》,饮流斋 1922 年自刊本,第 1—18 页。

最终通过托雁传书为自己赢得重生机会。获救后,她颇识大局,大力支持冯异扶刘反莽的义举,丝毫未作儿女之态。马武、邓鸾英、王莽、扬雄、刘歆等人的形象也跃然纸上,甚至戏份极少的扶风郡衙役、李太监的形象也得到清晰呈现。然而,无需掩饰的是,与戏曲史上经典的艺术形象相比,冯异与王娟娟的形象均有一定差距:冯异形象上下卷差距较大,树下受封等行为由于此前未作铺叙而缺乏合理性;王娟娟的性格在下卷几乎没有得到进一步发展,更多是作为陪衬而存在,故而稍嫌单调。

较之于"初学试作"《霓裳艳传奇》,《玉虎坠传奇》创作于许之衡曲学造诣更为深厚之际,因而在结构、曲律、文词等方面都有较为明显的改观,也体现了许之衡创作观念的部分转变。如果说前者文人化色彩较为浓厚,难以摆脱明清案头剧作的某些通病,那么后者则表现出向戏曲舞台靠拢的努力,代表了本时期学者作家的艺术追求。虽然本剧在艺术上难免存在部分不尽如人意之处,但仍称得上是本时期颇具代表性的学者剧作,也不失为民国时期的优秀剧作。

## 四、余论

近代以来,传奇开始担负起开启民智、鼓吹革命的宣传功能。再加上引领清末民初传奇发展方向的报人作家曲学根基薄弱,根本无力重整传统曲学,也不屑遵守所谓的体制规范,使传奇进一步背离了戏曲的本质。吴梅和许之衡等曲学造诣较为深厚的学者作家,不仅致力于戏曲理论研究,还通过创作表达对传统曲学的坚守。或许此举当时难以被文学市场以及市民读者接纳,但结合当时的戏曲史和文化史语境来看,吴梅、许之衡等人的坚守无疑具有某种学术史意义和拨乱反正的价值:一方面培养了一批致力于传统曲学的年轻后学,并为其提供可资借鉴的理论与创作范本;另一方面也为传奇创作指明了正确的发展方向。新文化运动爆发后,随着报人作家的纷纷退出,曾经呈现中兴景象的传奇突然急转直下,面临无以为继的窘境。值得庆幸的是,一批学者作家担负起传奇创作的主力,并在守护曲学传统的基础上"有意识地对戏曲传统进行适度的调整与改变"[1],为中国戏曲史贡献多部案头与场上兼擅的传奇佳作,使得日薄西山的传奇再次迸发出夺目的光亮。仅从这一点来看,吴梅、许之衡以及其他学者作家的勉力坚守在当时就具有不可替代的戏曲史意义。

  吴梅、许之衡等学者作家的勉励坚守对当下更具不容忽视的启示意义。本世纪以来,入选世界首批人类口头与非物质遗产名录的昆曲,取得了较好的发展势头,很大程度上与吸纳了一批学者型编剧家有关。正因为学者型编剧家曲学根基深厚,且熟悉舞台搬演,再加上各项政策以及各大昆曲院团和老艺术家的大力支持,其新编剧作时常呈现在舞台之上,活跃于大众视野之中。而这不同样是吴梅、许之衡等人当年所期待的文化盛景吗?不恰恰得益于民国时期这批学者作家的坚守与启发吗?只是在当时的社会与文化语境下,吴梅、许之衡等人的期待和坚守不可能成为现实,甚至会面临知音难觅的尴尬。但试想一下,如果吴梅、许之衡等人自清末以来便在时代浪潮的裹挟下放弃了对传奇体制规范的坚守,那么新文化运动后的传奇必将面临加速离场的命运,直至彻底退出历史舞台,而不是负重前行,直至在当下新的政治文化环境中迎来新的生机。或许唯有充分肯定这份难得的坚守,才能合理评价包括《玉虎坠传奇》在内的学者剧作,才能真正彰显吴梅、许之衡等人的学术史地位与戏曲史意义,才能更好地推动当下昆曲以及其他剧种的健康发展。

---

[1] 左鹏军:《吴梅弟子的传奇杂剧创作及其戏曲史意义》,载《学术研究》2007年第7期,第140页。

# 吴梅曲学研究

# 论吴梅"家数"说的价值

李 简

吴梅先生被誉为近世曲学大师,但对其著述的评价往往多强调传统曲学的色彩。然而,吴梅先生的著述在传统曲学的色彩之下,以传统之学因应学术之变,以传统融汇新学的努力,尚未被充分关注,仍有进一步认识的必要。比如吴梅先生对"家数"概念的讨论与使用,即是一个突出的例证。

"家数"概念在中国文学批评史上,由诗文评论进入曲体批评,是一个颇具特色、值得重视的曲学批评概念。吴梅先生1917年开始在北京大学讲授曲学,1919年冬完成书面讲义——《词余讲义》,1935年由商务印书馆正式出版,名《曲学通论》,其中专列一章,曰"家数"。对"家数"的讨论是吴梅先生曲学研究的重要特色,也是吴梅先生在新的学术环境下审视中国古代曲体创作历史的重要视角。吴梅先生对"家数"概念的讨论与运用在近现代曲学史上具有重要的意义。

## 一、"家数"概念内涵的确认

吴梅先生在民国前期,在西学涌入的背景下,清理传统曲学论述,在继承的基础上,将"家数"概念的内涵确定在对曲体创作风格的讨论上,对传统曲学论说做出了理论上的澄清。

"家数"是古代文人笔下常常出现的词汇。自宋代开始,"家数"一词被引入文学批评,成为文学评论中的重要概念,在诗词评论中广泛使用,元代时被应用于对曲体的批评[1]。在曲学论述中,《辍耕录》卷二十五"院本名目"之"打略拴搐"是目前所见曲学论述中最早的"家数"划分。其"和尚"等诸家门的罗列基本是以人物类型为标准来加以区分的。至明代初年,朱权(1378—1448)《太和正音谱》列出"丹丘体""宗匠体"等"新定乐府体一十五家"。此"一十五家",正如任二北先生所指出的,或以内容分类,或着眼于风格[2]。如果我们进一步分析朱权的风格分类,可以看到朱权在讨论诸种风格时注意作品风格与代表作家、地域、时代的关联,比如"丹丘体"以朱权自己的别号"丹丘先生"来命名曲作风格。"盛元体"指体现元代鼎盛时期时代风貌的作品。"西江体"指以江西作家为代表的曲作风格。

在曲学"家数"概念的发展史上,王骥德是一位非常值得关注的人物。其《曲律》专设"论家数第十四"一章,以文字表达的特点为划分标准,分曲家为本色、文词两种"家数",并在论述中分别指出了"本色一家"和"文词一家"的代表作家和作品:

> 曲之始,止本色一家,观元剧及《琵琶》《拜月》二记可见。自《香囊记》以儒门手脚为之,遂滥觞而有文词家一体。近郑若庸《玉玦记》作,而益工修词,质几尽掩。[3]

---

[1] 参见拙文《论曲学中的"家数"概念》,载杜桂萍、李亦辉主编《辨疑与新说——古典戏曲回思录》,黑龙江大学出版社2013年版,第358页。

[2] 详见任二北《散曲研究续》,载《东方杂志》1927年第24卷第5号"八、内容"、第6号"九、派别";《散曲概论》卷二"内容第八""派别第九",载任二北辑《散曲丛刊》四,台湾中华书局1964年版。任先生认为与风格相关的七体为:丹丘体、宗匠体、盛元体、江东体、西江体、东吴体、淮南体。

[3] 【明】王骥德著,陈多、叶长海注释:《曲律注释》卷第二论家数第十四,上海古籍出版社2012年版,第154页。

王骥德的论说基本确定了曲学中"家数"概念的涵义。

吴梅先生选择传统文学批评中的"家数"概念,在王骥德论说的基础上,对"家数"概念做出了更鲜明的阐述:

> 《辍耕录》所载家门,有和尚、先生、秀才、列良、禾下、大夫、卒子、良头、邦老、都子、孤下、司吏、仵作、撠徕诸种,不过剧中角目分析之,无当于文字之高下。即《正音谱》所列,黄冠、江东、承安诸体,亦就剧情言之,而于作家无涉焉。[1]

吴梅先生从历史上的"家数"论述入手,在评价中给出了自己的区分标准。他说《辍耕录》的划分不关注文字表达的水平:"不过剧中角目分析之,无当于文字之高下"。他说《太和正音谱》的"黄冠"诸家谈论的是内容,与作家无关:"亦就剧情言之,而于作家无涉焉"。显然,"文字"和"作家"是吴梅先生"家数"概念的核心要素。文字表达的样貌、代表作家的判断,是吴梅先生"家数"理论的重点。在传统文学批评、曲学批评的基础上,吴梅先生使"家数"概念具有了更明确、清晰的涵义。

## 二、作为理论视角的"家数"及其与历时性考察的结合

在历史上,明人王骥德虽然对"家数"概念的内涵进行了清理,并以此评价了曲体创作的面貌,但所论甚为简略。在十九世纪末、二十世纪初的学术转型中,研究者日益重视概括与归纳,注意把研究对象作为一个整体,探索其间的发展规律,关注文学的历时性发展。在这样的学术背景下,吴梅先生在确定"家数"概念内涵的基础上,以"家数"为理论视角,讨论中国古代曲体创作的历史。把"家数"理论和曲体发展的历时性考察结合起来,对元明清三代

---

[1] 吴梅:《曲学通论》第十二章"家数",载王卫民编《吴梅全集·理论卷上》,河北教育出版社2002年版,第228页。

的曲体创作做出了初次的、较为全面的归纳、概括。吴梅先生的这一研究追求不但鲜明地表现在《曲学通论》的"家数"章中,而且呈现在吴梅先生的其他曲学论述中。完成于1925年,1926年大东书局出版的《中国戏曲概论》"溯流别,明正变,指瑕瑜,辨盛衰"[1],"溯流别"即是其阐述元明清三代曲作面貌的重要一翼。1930年出版的《曲选》称:"洎来南雍,与诸生讲习此艺,因删薙旧稿,录成此编。上自《琵琶》,下讫《倚晴》,得若干种,附缀题识,略陈流别,为学者告焉"[2],特别强调了自己"略陈流别"的言说角度。"家数"(流别)是吴梅先生曲学研究的重要切入点,也是吴梅先生为现代曲学研究提供的重要理论工具,虽使用传统的曲学概念,却呈现出新的色彩,对此后的曲体研究产生了深远的影响。

关于诸家曲体写作的语言风格,古人多有评说。比如元人贯云石的《阳春白雪序》谈到了六位曲家的风格:"徐子芳滑雅,杨西庵平熟","近代疏斋媚妩如仙女寻春,自然笑傲。冯海粟豪辣灏烂,不断古今,心事又与疏翁不可同舌共谈。关汉卿庾吉甫造语妖娇,摘如少美临杯,使人不忍对殢"[3]。明初朱权在"古今群英乐府格势"中,对元代一百八十七人的语言风格进行了概括与形容,评论马致远,称:

> 马东篱之词,如朝阳鸣凤。其词典雅清丽,可与《灵光》《景福》而相颉颃,有振鬣长鸣,万马皆瘖之意。又若神凤飞鸣于九霄,岂可与凡鸟共语哉?宜列群英之上。[4]

---

[1] 王文濡:《〈中国戏曲概论〉序》,载《吴梅全集·理论卷上》,第318页。

[2] 吴梅:《〈曲选〉序》,载《元剧研究 ABC·曲选》,中国戏剧出版社2015年版,第133页。

[3] 【元】贯云石:《阳春白雪序》,载【元】杨朝英选集《阳春白雪》,上海书店出版社1987年版,第1页。

[4] 【明】朱权著,姚品文点校笺评,洛地审订:《太和正音谱笺评》,中华书局2010年版,第22页。

评论王实甫，称"王实甫之词，如花间美人"[1]，评论郑光祖，称"郑德辉之词，如九天珠玉"[2]，等等。明人李开先论及元代曲家，曾说"东篱苍老，小山清劲"[3]。而在对诸家特点的描述之外，对曲体创作风貌的归纳论述，也有展开，比如元人杨维桢《周月湖今乐府序》以"奇巧""豪爽""蕴藉"概括"今乐府"的风格：

> 士大夫以今乐成鸣者，奇巧莫如关汉卿、庾吉甫、杨淡斋、卢苏斋，豪爽则有如冯海粟、滕玉霄；蕴藉则有如贯酸斋、马昂父。[4]

比如前述朱权"新定乐府体一十五家"中的风格划分，以及清代刘熙载在《太和正音谱》基础上的进一步提炼：

> 《太和正音谱》诸评，约之只清深、豪旷、婉丽三品。清深如吴仁卿之"山间明月"也，豪旷如贯酸斋之"天马脱羁"也，婉丽如汤舜民之"锦屏春风"也。[5]

此外，吕天成《曲品》认为《玉玦记》"开后人骈绮之派"[6]。凌濛初《谭曲

---

[1]【明】朱权：《太和正音谱笺评》，第23页。

[2]【明】朱权：《太和正音谱笺评》，第24页。

[3]【明】李开先：《词谑》"二词套"，载卜键笺校《李开先全集》（修订本），上海古籍出版社2014年版，第1561页。

[4]【元】杨维桢：《周月湖今乐府序》，载俞为民、孙蓉蓉主编《历代曲话汇编·唐宋元编》，黄山书社2006年版，第424页。

[5]【清】刘熙载：《艺概·词曲概》，载俞为民、孙蓉蓉主编《历代曲话汇编·清代编》（第4集），黄山书社2008年版，第458—459页。

[6]【明】吕天成：《曲品（卷下）》，载吴书荫校注《曲品校注》，中华书局1990年版，第237页。

杂札》指出:"自梁伯龙出,而始为工丽之滥觞,一时词名赫然。"[1]又有沈自晋标举"吴江派"[2],王思任提出"玉茗之派"[3]等。他们或论北曲,或论南戏(传奇),或拘于时,或限于体,吴梅先生则用"家数"理论完成了对元明清三代曲体创作的概括分析,相关论说可以以《曲学通论》的"家数"章作为代表(其1926年出版的《中国戏曲概论》对元明清剧曲的"家数"有基本相同的评论)。

关于元曲的家数,吴梅指出元人之曲,家数有三:一为以关汉卿为代表的豪放,一为以王实甫、白仁甫为代表的妍炼,一为以马致远为代表的轻俊:

> 尝谓元人之词,约分三端:喜豪放者学关卿,工妍炼者宗二甫,尚轻俊者效东篱。[4]

又将明代的曲家、曲作归纳为吴江、临川、昆山三家:

> 有明曲家,作者至多,论其家数,实不出吴江、临川、昆山三家。[5]

关于清代曲家的创作,也在历时性的描述中给出了自己的判断:

---

[1]【明】凌濛初:《谭曲杂札》,载俞为民、孙蓉蓉主编《历代曲话汇编·明代编》(第3集),黄山书社2009年版,第188页。

[2]"词隐登坛标赤帜,休将玉茗称尊。郁蓝继有槲园人。方诸能作律,龙子在多闻。香令风流成绝调,幔亭彩笔生春。大荒巧构更超群。鳅生何所似?颦笑得其神。"【明】沈自晋:《望湖亭》传奇第一出【临江仙】,载张树英点校《沈自晋集》,中华书局2004年版,第81页。

[3]"于是《四梦》熟而脍炙四天之下。四天之下,遂竞与传其薪而乞其火,递相梦梦,凌夷至今。""道人去廿余年,而皖有百子山樵出","山樵之铸错也,接道人之憨梦也"。【明】王思任:《春灯谜序》,载《阮大铖戏曲四种》徐凌云、胡金望点校,黄山书社1993年版,第169—170页。

[4]吴梅:《曲学通论》第十二章"家数",载《吴梅全集·理论卷上》,第229—230页。

[5]吴梅:《曲学通论》第十二章"家数",载《吴梅全集·理论卷上》,第232页

世祖入关，南方作者，盛称百子，梅村、展成，咸工此技。一时坛坫，宗仰吴门，而措词亦复美善。[1]

　　二家（指洪昇、孔尚任）既出，于是词人各以征实为尚，不复为凿空之谈。[2]

　　乾嘉以后，作者渐少，间有操翰，大抵宗法藏园，嗣徽湖上，而能洞悉正变者少矣。[3]

　　乾嘉之际，首推藏园，……一传为黄韵珊，尚不失矩矱，再传为杨恩寿，已昧厥本来。……咸同以还，作者绝响，惟《梨花雪》《芙蓉碣》二记，略传述士大夫之口，顾皆拾藏园之余唾，且耳不闻吴讴，又何从是正其句律。[4]

从清初的"盛称百子（按：即阮大铖）""宗仰吴门"，到康熙时洪升、孔尚任的影响，再到乾嘉以后对蒋士铨的宗法，顺序梳理了清代曲家追摹的对象。

吴梅先生对不同时代曲体作品的文学风格做出分类，指出各自的代表作家。其论述为后来的戏曲史、散曲史写作提供了重要的视角与判断，使有关"家数"的讨论成为曲体研究的重要论题。

在"家数"视角的发扬中，吴梅先生的弟子任二北先生起到了重要的作用。任二北先生1918年考入北大中文系，师从吴梅。其1927年发表在《东方杂志》第24卷第6号上的《散曲研究续》"派别"对元明清三代散曲创作的流派进行了概括分析。该作修订后收入1931年上海中华书局出版的《散曲

---

[1] 吴梅：《曲学通论》第十二章"家数"，载《吴梅全集·理论卷上》，第232页。
[2] 吴梅：《曲学通论》第十二章"家数"，载《吴梅全集·理论卷上》，第233页。
[3] 吴梅：《曲学通论》第十二章"家数"，载《吴梅全集·理论卷上》，第232页。
[4] 吴梅：《曲学通论》第十二章"家数"，载《吴梅全集·理论卷上》，第233—234页。

丛刊》，题为《散曲概论》。

"派别"一词古人多用，言水之分流、族之分支，也用以指文学、艺术作品的体制、风貌。比如，明人何良俊《四友斋丛说》卷二十七评论书法，说：

> 至宋世萧子云以及僧智永，大率宗尚右军。皆晋法也。至唐则各自成家，区分派别，而晋法稍变矣。[1]

比如《柳南续笔》卷三"何义门论文"：

> 况元人之文，清真雅正，不离本色，而宗伯则词华较胜，其派别故自不同。[2]

"派别"概念在文学艺术的相关讨论中对作品独特风格的关注，与吴梅先生所定义的"家数"内涵正相重合。任二北先生秉承老师的理论角度，使用"派别"概念从风格特点的视角归纳散曲的创作面貌。虽然吴梅先生更关注剧曲，任二北先生讨论散曲，论说对象有差别。虽然在派别的具体划分上任二北先生与吴梅先生有所出入，比如任先生分元代散曲为三派，认为元代散曲"仅列豪放、端谨、清丽三派，事实上已可以广包一切"[3]。三派之中，"豪放最多，清丽次之，端谨较少"[4]。所述仅"豪放"与吴梅的"家数"划分重合，而以马致远为代表，又与吴梅先生以关汉卿为豪放代表不同。比如关于明代的论述，虽然与吴梅先生一样突出了梁辰鱼和沈璟的代表性，并发挥了吴梅先生对施绍莘的推崇[5]，但派别的划分上以昆腔流行前后分论明人散曲。昆曲流

---

[1]【明】何良俊撰：《四友斋丛说》，中华书局1959年版，第246页。
[2]【清】王应奎著，王彬、严英俊点校：《柳南续笔》卷三，中华书局1983年版，第181页。
[3] 任二北：《散曲研究续》，载《东方杂志》1927年第24卷第6号，第48页。
[4] 任二北：《散曲研究续》，载《东方杂志》，第49页。
[5] 吴梅《中国戏曲概论》讨论明人散曲，指出明人散曲，"当以康海、王九思、陈铎、冯惟敏、梁辰鱼、施绍莘为最著"，"要以施绍莘为一代之殿"，"洵明人中独步"。

行之前,以清丽、豪放、端谨来划分[1],昆曲流行之后,则分为梁辰鱼、沈璟、施绍莘三派[2],且因关注点在散曲,几乎没有讨论汤显祖[3]。至于清代的散曲,则与吴梅先生的主要讨论剧曲不同,提出四派的划分:

> 至于清代散曲,约可分为四派。第一南曲派,承明末梁沈之余风,好为南曲,……第二骚雅派,倡乔张之清丽,而一味赏其骚雅,好为北曲,……第三道情派。此派乃徐大椿所创成,处于元明南北曲及小曲之外。……徐氏之道情,则黄冠体中之警醒顽俗也。……第四为赵庆熺派。清代散曲之有赵,犹明代之有施,虽局面较狭,而文字亦恰到曲之好处,非此不足以存曲体之真价矣。[4]

但是,在所有这些差异的背后,超越于具体划分的不同,更应该关注的,或言更重要的,是任先生关于"派别"的论述与吴梅先生的"家数"论说之间在理论上的联系,是理论视角的一致。

吴梅先生以"家数"理论做历时性观察的论说视角,在任二北先生关于散曲派别的论述中,被进一步发扬,产生很大的影响。卢前先生的《散曲史》(1930)是一个很好的例子。该书一方面承继老师吴梅先生的理论,运用"家数"概念:"三派以外,有以俳优体自成家数者,大都王鼎是也"[5];援引吴梅先

---

[1] "明初散曲,大致殆偏於端谨矣。自後则康海为一派,冯惟敏为一派,王磐为一派,沈仕为一派,皆各有面目,未见雷同;而康冯之为豪,王沈之为丽,则又其大概之一致者耳。"任二北:《散曲研究续》,载《东方杂志》1927年第24卷第6号,第53页。

[2] "论昆腔以后散曲之派别,不能不分举梁沈施三家。""梁辰鱼之曲派,为文雅蕴藉细腻妥帖。""沈璟之曲派,乃一面文字受梁氏之影响,而一面自己又专求律正与韵严。""施绍莘之曲派,乃融元人之豪放与清丽,而以绵整出之。"任二北:《散曲研究续》,载《东方杂志》1927年第24卷第6号,第54—56页。

[3] 惟言及"文章独不从梁,而韵律独不从沈者,剧曲则有汤显祖之《四梦》"。任二北:《散曲研究续》,载《东方杂志》1927年第24卷第6号,第54页。

[4] 任二北:《散曲研究续》,载《东方杂志》1927年第24卷第6号,第57—58页。

[5] 卢前:《散曲史》"第二,元一代散曲盛况",载《卢前曲学论著三种》,商务印书馆2014年版,第36页。

生的论说:"绍莘,……吾师推为明代一人"[1]。另一方面,又发挥任二北先生对曲家风格的概括,比如认为元曲的创作有豪放、端谨、清丽三派:

> 豪放原为元曲之特长,有元曲家,无不优为之。似不必别立一派,其所以举之者,端谨、清丽,鼎足而三。[2]

比如以昆腔为界分析明代散曲的创作风格。比如在明代曲体风格划分上与任二北先生的联系:"明代前期作手,除集于金陵诸家,不外康、冯、王、沈四派","至于此四派之分,取中敏言也"[3]。论明后期曲派,以江东白苎派为其一,以"文雅蕴藉,细腻妥帖"为其特点[4];以沈璟为一派,称其文字"一如伯龙,而又求律正韵严"[5]。以施绍莘为独树一帜者,称其曲"融豪放、清丽,出之以绵鳌"[6]。等等。

陆侃如、冯沅君先生的《中国诗史》(1931)在历时性的叙述中,也突出采用了"流派"划分的论述方法,比如讨论"正始诗人"时述及"阮派诗人";讨论"李白时代"时,分别论述了"反齐梁派""准齐梁派""王维及其派""岑参及其派";讨论"杜甫时代"时,分别论述了"韩愈及其派""白居易及其派"。在词体写作历史的讨论中,则述及"苏轼及其派""周邦彦及其派""辛弃疾派""姜夔派"。而在对散曲写作的论述中,更是完全采用了归纳派别("家数")的论说角度,发挥任先生的议论,把元代的曲家分为豪放与清丽二派,把流别的划分贯穿于整个散曲创作的历史。

在这许许多多的作者中,有两位可以表率群伦的作者,马致远与张

---

[1] 卢前:《散曲史》"第三,明曲前后两时期",第 88 页。
[2] 卢前:《散曲史》"第二,元一代散曲盛况",第 35 页。
[3] 卢前:《散曲史》"第三,明曲前后两时期",第 82 页。
[4] 卢前:《散曲史》"第三,明曲前后两时期",第 86 页。
[5] 卢前:《散曲史》"第三,明曲前后两时期",第 86 页。
[6] 卢前:《散曲史》"第三,明曲前后两时期",第 88 页。

可久。在这种种不同的作风中,有两派比较重要的作风,豪放与清丽。[1]

散曲到了明代仍然是诗坛的霸主。但在此时有个可注意的变化,便是昆腔的诞生。故在元代重要的曲派有二,在明代则歧而为三。这三派是:一,冯惟敏,王九思,康海等;二,王磐,金銮,施绍莘等;三,梁辰鱼,沈璟,王骥德等。冯惟敏与王九思等是承继马致远一派的,虽然他们的作风不尽与马同。王磐与金銮等是承继张可久一派的,虽然他们多是张(可久)乔(吉)的变种。至于梁沈一派则尚文雅工丽,重视音律(沈璟《太霞新奏序》,王骥德《曲律》及冯梦龙《墨憨斋曲评》可证),喜集曲与翻谱(《太霞新奏》所选者多可为例),同时元人的苍茫萧爽的优点到此也不复存在了。[2]

散曲到了清代已因盛极而渐就衰歇了。此时的作者约有三派:一,与元明的马(致远)冯(惟敏)接近的,如尤侗,刘熙载等;二,承继元明的张(可久)王(磐)与施(绍莘)的,如徐石麒,朱彝尊,赵庆熺等;三,因仍明梁(伯龙)沈(璟)的余风的,如沈谦,蒋士铨等。三派中,要以第二派为最盛。"[3]

《中国诗史》关于散曲时代的论述,在上述《导论》的概括后,章二为"马致远冯惟敏及其他",讨论元明清三代以"豪放"为主要特色的曲家,章三为"张可久王磐及其他",讨论元明清三代以清丽为特色的曲家,章四为"梁辰鱼沈璟及其他",讨论始于明代的梁沈一派。此后,梁乙真的《元明散曲小史》,亦秉持"家数"(派别)的视角,注意曲作文字风格的差异,以曲家流别构筑全书。

在古代戏曲研究史上有重要影响的青木正儿先生同样采用了"家数"的论说视角。他的《中国近世戏曲史》[4]第十章"昆曲极盛时代(后期)之戏曲",

---

[1] 陆侃如、冯沅君:《中国诗史》卷三《近代诗史》篇四《散曲时代》章一《导论》,大江书铺1931年版,第1212—1213页。

[2] 陆侃如、冯沅君:《中国诗史》卷三《近代诗史》,第1213页。

[3] 陆侃如、冯沅君:《中国诗史》卷三《近代诗史》,第1213—1214页。

[4] 1930年东京弘文堂书房出版。

第一节为"吴江派之余流",第二节为"玉茗堂派"。他的《元人杂剧序说》[1]"叙述元人杂剧的源流与派别"[2],第三章"曲本与作家"从曲词的作风出发,分元杂剧为本色、文采二派,"大约曲词素朴,多用口语者为本色派。曲词藻丽,比较的多用雅言者为文采派"[3]。复将本色派析为豪放激越、敦朴自然、温润明丽三派,文采派析为绮丽纤秾、清奇轻俊二派。该书的第四章讨论"初期之本色派",第五章讨论"初期之文采派"。显然,"派别"是其阐述的主要视角,而以关汉卿为本色派中"豪放激越"的代表,马致远为文采派中"清奇轻俊"的代表,王实甫为本色派中"绮丽纤秾"的代表,在家数特色的具体判断上也与吴梅先生的论述表现出很大的一致性。发表于1937年的陆树枬的《昆曲史略》在讨论"昆曲黄金时代的戏曲(下)"时指出:"从明末到清初,承继沈璟余流的,有冯梦龙、范文若、袁于令一辈人"[4]"汤显祖的一股清新奔放的词笔,在当时很少人跟随,但有大影响于后来的戏曲界,这是显著的事实。瓣香玉茗,师法他作风的,阮大铖,便是一个能手"[5]"清初曲坛,除汤沈两派外,无所属的作家也多"[6],所论也展现出"流别"的视角。

另外,1930年出版的贺昌群的《元曲概论》虽然没有采用"家数"的论说视角,但却在讨论元曲作家时,在开篇就引用了吴梅先生的"三家"之说:"元剧之盛,首推大都。实甫继解元之后,创为妍倩艳冶之词。而关汉卿以雄浑易其赤帜,所作类皆奔放滉漾,迤斯以自喜。东篱则清俊开宗,《汉宫秋》一种,臧晋叔以为《元曲选》之冠。论其风格,卓尔大家。三家鼎盛,矜式群英。白仁甫秋雨梧桐,实驾碧云黄花之上。后起者如王仲文,杨显之,高文秀,大

---

[1] 1937年东京弘文堂书房出版。该书以其三十年代发表的《中国戏曲史》中元代杂剧部分为主增补整理而成。

[2] 隋树森:《〈元人杂剧序说〉序》,载程华平、黄静枫主编《民国中国戏曲史著汇编》第4册,广陵书社2017年版,第124页。

[3] 【日】青木正儿:《元人杂剧序说》第三章《曲本与作家》,载《民国中国戏曲史著汇编》第4册,第191页。

[4] 陆树枬:《昆曲史略》,载《民国中国戏曲史著汇编》第6册,第561页。

[5] 陆树枬:《昆曲史略》,载《民国中国戏曲史著汇编》第6册,第566—567页。

[6] 陆树枬:《昆曲史略》,载《民国中国戏曲史著汇编》第6册,第581页。

名宫天挺,襄陵郑光祖,平江姚守中,山东王挺秀,或以豪迈、艳冶、恬淡胜,皆不越三家范围"[1]。这样的引用在标举中显示出吴梅先生"家数"说在研究领域的影响力。

可见,在吴梅先生的"家数"论说之后,虽然讨论的对象可能有剧曲、散曲的不同,关于具体的派别区分、代表作家,研究者的阐述可能有所差异,但他们的论述终以吴梅先生的"家数"说为理论根基。吴梅先生的"家数"论说成为曲体研究中的代表性思路,为现代曲学研究提供了重要的理论视角,具有方法论的意义。

## 三、吴梅"家数"说对关汉卿研究的贡献

关于关汉卿的杂剧成就,王国维先生在他的《宋元戏曲史》(成书于1912年,1913—1914刊载于《东方杂志》,1915年商务印书馆出版单行本)中已有充分的肯定。吴梅先生则从传统曲学理论出发,从曲体"家数"的角度,对关汉卿的曲作特点作出概括,指出其在曲坛的代表性,揭示出关汉卿曲词风貌的文学史意义。现代学术史上对关汉卿的认识植根于吴梅与王国维二位先行者的工作。

关汉卿的作品在古代就很受推崇,元代周德清在他的《中原音韵自序》中即将关汉卿和郑光祖、白朴、马致远并列提出,作为元曲的代表作家。元代钟嗣成著《录鬼簿》在"前辈已死名公才人,有所编传奇行于世者"中列出的第一人就是关汉卿。

在明清二代,关汉卿同样是被论者反复提起的元代曲家的代表人物,比如明人王世贞说:

> 诸君如贯酸斋、马东篱、王实甫、关汉卿、张可久、乔梦符、郑德辉、宫大用、白仁甫辈,咸富有才情,兼喜声律,以故遂擅一代之长,所谓宋词、

---

[1] 贺昌群:《元曲概论》,载《民国中国戏曲史著汇编》第7册,第136页。

元曲,殆不虚也。[1]

清人刘熙载说:

> 北曲名家,不可胜举,如白仁甫、贯酸斋、马东篱、王和卿、关汉卿、张小山、乔梦符、郑德辉、宫大用,其尤者也。[2]

清人凌廷堪说:

> 北曲填词以关汉卿诸人为至,犹词家之有姜、张。后之填词家,如文长、粲花、笠翁,皆非正宗。[3]

不过,这种肯定并不能等同于对关汉卿曲作的文学特点的阐发。

从曲词风格的角度来看,古人对关汉卿曲作的风格多有描述,判断也颇有不一致之处。元杨维祯《周月湖今乐府序》尝从文字风格讨论曲体创作的差异,云"士大夫以今乐成鸣者,奇巧莫如关汉卿、庾吉甫、杨淡斋、卢苏斋"[4],以"奇巧"概括关汉卿。明初的朱权形容"关汉卿之词,如琼筵醉客"[5]。明人何良俊说关汉卿的曲词"激厉而少蕴藉"[6]。胡应麟则拈出"本色"二字:

---

[1]【明】王世贞:《艺苑卮言》,载俞为民、孙蓉蓉主编《历代曲话汇编·明代编》(第1集),黄山书社2009年版,第511页。

[2]【清】刘熙载:《艺概·词曲概》。载俞为民、孙蓉蓉主编《历代曲话汇编·清代编》(第4集),黄山书社2008年版,第458页。

[3]【清】郭麐:《灵芬馆词话》卷一,载唐圭璋编《词话丛编》第二册,中华书局1986年版,第1508—1509页。

[4]【元】杨维祯:《周月湖今乐府序》,载俞为民、孙蓉蓉主编《历代曲话汇编·唐宋元编》,黄山书社2006年版,第424页。

[5]【明】朱权著,姚品文点校笺评,洛地审订:《太和正音谱笺评》,中华书局2010年版,第24页。

[6]【明】何良俊:《四友斋丛说》卷三十七"词曲",中华书局1959年版,第337页。

关汉卿自有《城南柳》《绯衣梦》《窦娥冤》诸杂剧,声调绝与郑恒问答语类,《邮亭梦》后或当是其所补,虽字字本色,藻丽神俊大不及王,然元世习尚颇殊,所推关下即郑,何元朗亟称第一。[1]

各家的评论针对的作品有所不同,所论也有所差异。但整体来看,"豪放"在论说中没有得到突出的强调。即使曲学家认为元代的曲风中有"豪放"一类,代表人物也另有其人,而非关汉卿。元人杨维桢说:"士大夫以今乐成鸣者,奇巧莫如关汉卿、庾吉甫、杨淡斋、卢苏斋,豪爽则有如冯海粟、滕玉霄;醞藉则有如贯酸斋、马昂父"[2],豪爽的代表作家是冯海粟、滕玉霄;清人刘熙载把元代曲风分为清深、豪旷、婉丽三类,其中豪旷一类的代表作家是贯云石。而吴梅先生则不但用"雄肆""豪放"概括关汉卿曲作风貌的特点,而且从"家数"角度,区分流别,强调关汉卿曲词风格的代表意义:

自实甫继解元之后,创为妍丽之言。而关汉卿以雄肆易其赤帜,所作《救风尘》《玉镜台》《谢天香》诸剧,类皆奔放滉漾,跅弛以自喜。东篱又以清俊开宗,《汉宫》《荐福》,允推大家。自是三家鼎立,矜式群英。[3]

尝谓元人之词,约分三端:喜豪放者学关卿,工妍炼者宗二甫,尚轻俊者效东篱。[4]

自实甫继解元之后,创为研炼艳冶之词。而关汉卿以雄肆易其赤帜,所作《救风尘》《玉镜台》《谢天香》诸剧,类皆雄奇排奡,无搔头弄姿之态。东篱则以清俊开宗,《汉宫孤雁》,臧晋叔以为元剧之冠。论其

---

[1] 【明】胡应麟:《少室山房笔丛》卷四十一《庄岳委谈下》,上海书店出版社2001年版,第429—430页。
[2] 【元】杨维桢:《周月湖今乐府序》,载《历代曲话汇编·唐宋元编》,第424页。
[3] 吴梅:《曲学通论》第十二章"家数",载《吴梅全集·理论卷上》,第228—229页。
[4] 吴梅:《曲学通论》第十二章"家数",载《吴梅全集·理论卷上》,第229—230页。

风格,卓尔大家。自是三家鼎盛,矜式群英。[1]

吴梅先生在"家数"的理论视角下,在对曲体的概括分析中,把关汉卿的曲词作为元曲豪放"家数"的代表作家,从"家数"的角度,评价关汉卿曲作,为认识关汉卿的曲风、关汉卿的文学史意义提供了重要意见。吴梅先生的这样一种理论追求,这样一种对曲作风格及代表性的讨论,深深地影响了后来者。1922年秋,吴梅离开北大后,许之衡接续吴梅在北京大学讲授"戏曲史"课程。1925年北京大学刊印的许之衡的课程讲义[2]称"汉卿诸作。大都雄豪爽朗。不屑为靡丽之语。放笔直干。惟意所之"[3]。任中敏的《散曲研究续》(1927)"九、派别"定义"清丽"的特点说:"清丽一派,若依贯氏前序,举卢、关为代表,则不如举乔、张之妥善。盖所谓'丽'者,其材料或俗或雅,都无不可;而乔多用俗,张多用雅,二人既自来并称,合之又适可表见此派之全义也。以俗为丽者,诗词中不常见,而实为曲中本色;人因其不常见也,每目之曰奇丽。以雅为丽者,沿诗词中之所已有,而新之变之,颖俊精致,人人所好,人人能赏,可即以'雅丽'二字别其派。无论奇与雅,其为丽也,机趣要不能板,而腠理要不能滞,此所以又统在清丽范围之内也"[4]。把"以俗为丽"称为"奇丽"。正是在此认识的基础上,任先生称关汉卿"亦常有奇丽之作","关氏《不伏老》

---

[1] 吴梅:《中国戏曲概论》卷上"四元人杂剧",载《吴梅全集·理论卷上》,第257页。
[2] 程华平、黄静枫主编:《民国中国戏曲史著汇编(第1册)》,广陵书社2017年版,第3页。汪超宏《许之衡的古代戏曲研究》认为此讲义"与吴梅《中国戏曲概论》(1925)的问世约略同时,或许还早"。李岩《许之衡生平事略及其音乐戏曲著述的研究》云:"《戏曲史》至迟于1930年8月已由北大出版组讲义课刊印出版了。而此前,窃以为还应有一个早期、与《一》(指《声律学》一版)同期的版本。"(李岩:《朔风起时弄乐潮》,上海音乐学院出版社2004年版,第106页)而许之衡的《戏曲史》由北京大学出版组线装刊印后,中法大学服尔德学院(1925-1931)和华北大学也曾先后刊印许氏《戏曲史》讲义作为内部教材。中法大学刊印时,更名为《戏曲源流》。汪超宏《许之衡的古代戏曲研究》指出:"一本题作《戏曲源流》,除多《戏曲之起源》一章外,余皆同。"
[3] 许之衡:《戏曲史》,第五十二叶。
[4] 任二北:《散曲研究续》,载《东方杂志》1927年第24卷第6号,第51页。

一套煞尾为尤著"[1]。在陆侃如、冯沅君先生的《中国诗史》中,关汉卿虽被归入"婉而丽"的张可久一派,但认为"'本利对相思若不还,则告与那能索债愁眉泪眼'(《沉醉东风》)。'我却是蒸不烂、煮不熟、槌不匾、炒不爆、响当当一粒铜豌豆。恁子弟,谁教钻入他锄不断、斫不下、解不开、顿不脱、慢腾腾千层锦套头'(《不伏老》的《黄钟煞》)。这种'奇丽'的例子也很多。他的'雅丽'处虽不及后来的张可久乔吉等那样风流蕴藉,而'奇丽'处却可说是乔吉的先驱"[2]。无论是任半塘先生,还是陆侃如、冯沅君先生,他们在曲作风格的判断上,都特别提出了关汉卿曲作的"奇丽"色彩。1932年出版的陆侃如、冯沅君的《中国文学史简编》与吴梅先生一样用"雄奇排奡"概括关汉卿的剧曲,并谈到其剧曲与散曲风格的差异:"他的散曲的作风与他的剧曲的作风颇殊。他的剧曲以'雄奇排奡'见长,散曲以婉丽者为多。"[3]"元剧本尚'本色',关剧尤甚。""元剧中的关汉卿颇似宋词中的辛弃疾,他们都不喜欢雕章琢句……他们的气魄又都很雄伟。"[4]此后,梁乙真的《元明散曲小史》再次强调了关汉卿剧曲与散曲在风格上的不同偏向,剧曲的"雄奇排奡",部分散曲作品的"豪辣灏烂":"他的散曲的作风,颇异于他剧曲的作风。他的剧曲以雄奇排奡见长,极汪洋恣肆感慨苍凉之致;但他的散曲却以婉丽见长,然有时亦非常的豪辣灏烂。"[5]"至他被称为'豪辣灏烂'的作品,则当以《不伏老·南吕一枝花》套数为最佳"[6]。王季思先生说"关汉卿的戏曲语言在本色、朴素之中又兼有泼辣的特色"[7]。在这些论述中,关汉卿曲作中"雄""奇""豪""辣"的色彩获得了

---

[1] 任二北:《散曲研究续》,载《东方杂志》1927年第24卷第6号,第52页。
[2] 陆侃如,冯沅君:《中国史诗》卷三《近代诗史》篇四《散曲时代》章三《张可久王磐及其他》,大江书铺1933年版,1278—1279页。
[3] 陆侃如、冯沅君:第十四讲《元明散曲》,载《陆侃如冯沅君合集(第3卷)》,安徽教育出版社2011年版,第99页。
[4] 陆侃如、冯沅君:第十五讲《元明杂剧》,载《陆侃如冯沅君合集(第3卷)》,安徽教育出版社2011年版,第106页。
[5] 梁乙真:《元明散曲小史》,商务印书馆1934年版,第71页。
[6] 梁乙真:《元明散曲小史》,第78页。
[7] 王季思:《元人杂剧的本色派和文采派》,载《学术研究》1964年第3期,第75页。

更多的关注。

同时，承续吴梅先生以关汉卿为雄肆豪放曲风代表的意见，研究者不但对关汉卿曲作"雄""奇""豪""辣"的风格特点做出了强调，而且从"家数"（流别）的角度使关汉卿曲作风貌的代表性、文学史地位被不断确认。青木正儿的《元人杂剧序说》称关汉卿是"本色派的第一流人物"[1]，以关汉卿为本色派中"豪放激越派"之代表作家："豪放激越派（关汉卿之流）"[2]。王季思先生《元人杂剧的本色派和文采派》一文指出关汉卿是"我国戏曲史上本色当行一派作家的代表人物"[3]。

可以说，吴梅先生对关汉卿曲作风貌的把握，对其作为"家数"代表人物的判断，与王国维先生对关汉卿剧作的评价一起，构成了关汉卿研究的不同侧面，深深影响了今天的关汉卿论说。

曲体是中国文学史上重要的文学体式，有着突出的特点。在研究中如何运用传统的批评理论，吸收西方的文学理论，建构自己的视角与话语，是今天研究中面对的重要问题。吴梅先生的"家数"说，在上个世纪初叶，为我们做出了成功示范。

---

[1]【日】青木正儿：《元人杂剧序说》第四章"初期之本色派"，载《民国中国戏曲史著汇编（4）》，广陵书社2017年版，第196页。

[2]【日】青木正儿：《元人杂剧序说》第三章"曲本及作家"，载《民国中国戏曲史著汇编（4）》，第192页。青木正儿发表于《支那学》第一卷6号（大正十年，1921）的《元代杂剧创始者关汉卿》一文，称关汉卿的曲辞"飘逸而有粗犷的韵味"，然未采取派别的角度。

[3] 王季思：《元人杂剧的本色派和文采派》，载《学术研究》1964年第3期，第74页。

# 从曲牌校注看吴梅的曲学思想与学术传承[1]

黄金龙

吴梅先生作为传统曲学的代表，在近代产生了巨大而深远的影响。二十世纪以来，传统曲学面临着极大的挑战。一方面是由于近代西方音乐和西方思想文化的大量传入，对中国传统思想产生了极大的冲击；另一方面，中国传统戏曲也日益受到西方戏剧和话剧的冲击，地位日益式微。吴梅先生在传统曲学的开掘上，殚精竭虑，产生了丰硕的成果，为传统曲学的保存和新变积累了丰富的经验和理论基础。本文即从吴梅的曲牌校注这一角度入手，具体探讨吴梅先生的曲学思想和学术传承。

## 一、宫调指义的转向和曲牌归类原则

宫调是中国古代乐律的主要内容，同时也是曲谱订正和曲牌归属的根本准则。音乐最易流变，宫调指称在历代也在不断发生变化和紊乱。宫调本义，即一为调高，二为调式。宋代以前，宫调本义基本未发生变化。宫调系统的

---

[1] 本文为国家社科基金艺术学重大项目《新中国成立70周年中国戏曲史（江苏卷）》（项目编号：19ZD05）阶段性成果。

紊乱起自宋时期，其含义逐渐由本义转化为标示变换曲韵的文体指义，最终到标示宫调声情说的声情指义。[1]标示宫调声情指义的转化，亦反映了清代以来曲家对于声情说的重新发现和重视：宫调在声情方面逐渐出现表达不准确的缺陷，于是笛调系统出现并很好地弥补了这一缺陷。这一新系统，更能准确地表达曲调声情的丰富性和多样性，显然是入清以来戏曲更为重视舞台表演与文本相结合的时代折射，因此更有《昆曲大全》《与众曲谱》《粟庐曲谱》等昆曲演唱谱不标宫调名只标笛调名。吴梅先生继承了这一转化，明确指出"宫调者，所以限定乐调管色之高低也"[2]，并且在曲牌校注之上多用笛色的差异来解释曲牌差异。

作为一种"简谱"，吴梅先生的思想总体遵循的是"化繁为简"的思路，王骥德曾言："凡物，以少整，以多乱"[3]。曲谱经历几百年发展，到清代《九宫大成南北词宫谱》编定之时，曲谱的编纂数量和曲牌的收录规模达到了顶峰，但也带来许多弊端。吴梅先生的"化繁为简"虽然说是"简谱"，但又继承了《钦定曲谱》以来南北曲谱合并收录的思想。《钦定曲谱》卷首附载"诸家论说"，注云："杂采《太和正音谱》《宗北归音》《啸余》旧谱、词隐旧谱、伯明新谱诸书而成字，分南北曲两类，以清眉目。"[4]吴梅先生则在其《南北词简谱》自序中言："书中征引，北主《太和正音》、玄玉《广正》，南主《九宫谱定》，亦参酌《定律》，以四书较为可据。"[5]例言又言："北词分宫，从《正音谱》。南词分宫，从《九宫谱定》。"[6]通检《南北词简谱》全谱，共收曲牌1191种，其中北曲332种，南曲869种，其曲牌数量已较前诸谱大大精简，而曲牌变体更是从简。

---

[1] 俞为民：《宫调考述》，载《曲体研究》，中华书局2005年版，第8—52页。

[2] 吴梅：《顾曲麈谈》，载王卫民编《吴梅全集·理论卷上》，河北教育出版社2002年版，第7页。

[3] 【明】王骥德，陈多、叶长海注释：《曲律注释·叙曲律》，上海古籍出版社2012年版，第1页。

[4] 【清】王奕清等编：《钦定曲谱》"卷首"，民国八年扫叶山房白纸石印殿本影印本。

[5] 吴梅：《吴梅全集·南北词简谱卷上》，自序。

[6] 吴梅：《吴梅全集·南北词简谱卷上》，例言。

检视《南北词简谱》前,历代众曲谱宫调变迁如下所示:

### 表1:北词宫调演变

| 《中原音韵》 | 黄钟 正宫 大石调 小石调 仙吕 中吕 南吕 双调 越调 商调 商角调 般涉调 |
|---|---|
| 《太和正音谱》 | 黄钟 正宫 大石调 小石调 仙吕 中吕 南吕 双调 越调 商调 商角调 般涉调 |
| 《北词广正谱》 | 黄钟 正宫 仙吕 南吕 中吕 大石调 小石调 般涉调 商角调 高平调 歇指调(缺) 宫调(缺) 商调 越调 双调 |
| 《九宫大成》 | 仙吕 中吕调 大石角 越角 高宫 小石角 高大石角 南吕调 商角 双角 黄钟调 平调 |
| 《南北词简谱》 | 黄钟 正宫 大石调 小石调 仙吕 中吕 南吕 双调 越调 商调 商角调 般涉调 |

### 表2:南词宫调演变

| 《九宫词谱》 | 仙吕 正宫 大石调 中吕宫 南吕宫 黄钟宫 越调 商调 双调 |
|---|---|
| 《十三调南曲音节谱》 | 仙吕 羽调 黄钟 商调 商黄调 正宫调 大石调 中吕调 般涉调 道宫调 南吕调 高平调 越调 小石调 双调 |
| 《旧编南九宫谱》 | 仙吕调 中吕调 南吕调 黄钟调 越调 商调 大石调 双调 仙吕入双调 |
| 《增定查补南九宫十三调曲谱》 | 仙吕 正宫 大石调 中吕 南吕 黄钟 越调 商调 小石调 双调 仙吕入双调 |
| 《南词新谱》 | 仙吕 羽调 正宫 大石调 中吕 般涉调 道宫调 南吕 黄钟 越调 商调 商黄调 小石调 双调 仙吕入双调 |
| 《九宫谱定》 | 黄钟 正宫 仙吕 中吕 南吕 越调 商调 双调 仙吕入双调 羽调 般涉调 大石调 小石调 |
| 《新编南词定律》 | 黄钟 正宫 道宫 仙吕 大石 中吕 小石 南吕 双调 商调 般涉 羽调 越调 |
| 《九宫大成》 | 仙吕 中吕调 大石调 越调 正宫 小石调 高大石调 南吕宫 商调 双调 黄钟宫 羽调 |
| 《南北词简谱》 | 仙吕 中吕 南吕 道宫 大石调 小石调 双调 商调 般涉调 羽调 越调 |

163

从中可见，吴梅先生对于南北曲宫调进行了精简合并，以及曲牌归属的精细校正，基本遵循的思路即是"笛色系统"，其在《顾曲麈谈》中将宫调分为"六宫十一调"，以笛色分配之：

（一）六宫 仙吕宫、南吕宫、黄钟宫、中吕宫、正宫、道宫是也。
（二）十一调 大石、小石、般涉、商角、高平、歇指、宫调、商调、角调、越调、双调是也。
今再将笛中管色分配之，则览者可知其运用者矣。
（三）小工调 仙吕宫、中吕宫、正宫、道宫、大石调、小石调、高平调、般涉调属之。（中有彼此互见者，即两调可通用也。）
（四）凡调 南吕宫、黄钟宫、商角调、仙吕宫属之。
（五）六调 南吕宫、黄钟宫、商角调、商调、越调（亦可小工）属之。
（六）正工调 双调属之。
（八）尺调 仙吕宫、中吕宫、正宫、道宫、大石调、小石调、高平调、般涉调属之。
（九）上调 南吕宫、商调、越调属之。[1]

因为笛色系统和原宫调系统的差异，吴梅先生在具体曲牌的校注上，注意到了因为笛色的不同而产生的曲牌格式的差异：如南双调【灞陵桥】"此调有二格，一用小工，一用正工"[2]，南商调【渔父第一】"一为小工，一为六字"[3]，可见在笛色系统之下，曲牌的变体划分又有了乐理上的依据，而非仅仅从文词、曲律上进行区分，避免了宫调舛误引起的曲牌变体过多的弊病。如

---

[1] 吴梅:《顾曲麈谈》，载《吴梅全集·理论卷上》，第8页。
[2] 吴梅:《吴梅全集·南北词简谱卷下》，第580页。
[3] 吴梅:《吴梅全集·南北词简谱卷下》，第675页。

对于"仙吕入双调"[1]这一学界之论争,是对"宫调"之说日渐不明的一重体现,吴梅先生对此也提出了自己的主张。"仙吕入双调"实应首见于吴文英《梦窗词集》中《凄凉犯》一调下注[2],《凄凉犯》为姜夔所作,原《白石道人歌曲》并未注宫调,据陆本《彊村丛书》"商调"系"双调"之误,又据姜夔释犯"凡曲言犯者,谓以宫犯商,商犯宫之类。如道宫'上'字住,双调亦'上'字住。所住字同,故道调曲中犯双调,或于双调曲中犯道调。其他准此。"[3]仙吕调与双调住字同为"∠",故"仙吕入双调"为宋词中存在。然"曲中之犯,与词中之犯大异"。[4]故用词法之犯调与曲中之犯调等同,颇为不妥。明代以来,宫调之法更非原意,如洪惟助云:"'仙吕入双调'不是宫调名称……但是由于仙吕调和双调主音相同,调式相近,可能在风格、韵味上亦相近,所以产生转调、集曲。……仙吕与双调'交流'的情况较其他宫调密切,而明清以后,乐理不明,宫调混乱,因此产生了'仙吕入双调'这个非乐理名称的名词。"[5]细考察诸谱"仙吕入双调"中曲牌,仅【桂花遍南枝】一曲为仙吕入双调,其余均非。清代以来,以张大复《寒山堂曲谱》为首,取消仙吕入双调,将原来的曲牌分隶于商角和高平二调,其他曲谱亦开始对"仙吕入双调"下的曲牌归属进行清理,如《南九宫谱大全》即认为张大复的划分还不尽善,应以仙吕归仙吕,双调归双调为妥。而吴梅先生则是从笛调系统进行解释:"仙吕用工调,双调用正宫调,旧谱中仙吕入双调一门,有用宫调者,有用正工者,颇合一律。"[6]吴梅先生此说,正是依据宫调之指义于近代又已专指笛色,宫调之变背后的声腔之变,

---

[1] 关于"仙吕入双调",有以下问题需要厘订:据钱南扬先生言:"仙吕入双调首见《宋史·乐志》"。此说有疑,《宋史·乐志》惟在卷十七有以下"仙吕、双越调"语。凌廷堪《燕乐考原》已证此为句读和脱漏之误,详见[清]凌廷堪:《燕乐考原》卷六《后论·燕乐二十八调说下第三》,载《凌廷堪全集》(第2册)纪健生点校,黄山书社2009年版,第124—125页。

[2] 原注为:仙吕调犯双调,按《白石道人歌曲》双调作商调,原抄是调,有姜夔《绿杨苍》,参见朱孝臧《彊村丛书》。

[3] 【宋】姜夔:《白石道人歌曲》,四川人民出版社1987年版,第1—2页。

[4] 吴梅:《曲学通论》,载《吴梅全集·理论卷上》,第221页。

[5] 洪惟助:《昆曲宫调与曲牌》,台北"国家"出版社2010年版,第64—65页。

[6] 洪惟助:《昆曲宫调与曲牌》,第64—65页。

乃是曲牌质变之诱因,因此其曲谱取消了"仙吕入双调"之分法。

## 二、南北曲差异的辨析

南北曲中,据笔者统计,约有一百二十八例曲牌,或曲名完全相同,或曲名略有差异而实际有相同源流。南北曲之差异,除却宫调归属不同,在文法和曲律上皆有差异,作为南北曲皆收的曲谱,吴梅先生显然注意挖掘南北曲之间同名或异名同源曲牌的差异,如其所言"余谓北词之法,首重四声"[1],盖欲揭示南北曲在曲律和音乐结构、排场上的特质与差异。

如双调【清江引】注:

此词又名【江儿水】,共五句,南北合套中往往用代作尾声。又辄去一凡两腔,作南词歌者,但不可施诸北套中也。亦有既用此曲,后用尾声,如《邯郸·合仙》折例,亦不可为法。盖此曲止用在铙戏中,大套内辄不联入。试观明曲,常有净丑登场,歌此曲一二支后,方唱大套者,实以代引子用耳。"[2]

北中吕宫【快活三】下注:

此曲首二句用快板,第三句用散板,第四句用慢板。盖紧接【朝天子】慢唱,正北词中抑扬缓急之妙,为南曲所无。南曲始慢终急,遂一发不可收拾。北词则始慢中急,急后复慢,而为之过渡者,在中吕则【快活三】也。(南词中之有赚,亦本此意。)惟末韵须用去声。[3]

---

[1] 吴梅:《吴梅全集·南北词简谱卷上》,第86页。

[2] 吴梅:《吴梅全集·南北词简谱卷上》,第141页。

[3] 吴梅:《吴梅全集·南北词简谱卷上》,第97页。

北双调【步步娇】下注：

此实与南曲无异，但南曲"空叹息"句作五字，"听得中门"句作八字，"转疑惑"句作五字耳。然细按板式，亦可作衬，是即从北词出也。[1]

南黄钟【点绛唇】下注：

此调为南引子，不可作北词唱。北第四句平仄平平，南第四句仄平平仄；北无换头，南有换头；北第一、第二句皆用韵，南直至第三句方用韵，《桃花扇·入道》折，即用此引也。今人歌《琵琶》此曲，皆以"六凡工"度之，大谬。[2]

此外还有北双调【川拨棹】"此与南词绝异，名偶同耳"[3]，北般涉调【麻婆子】"此调整齐可诵，南曲即由此变也"[4]，南双调【二犯江儿水】非北曲，实为南曲，南双调【松下乐】、南南吕【朝天子】等南北曲均有细微差异，分属不同曲牌。吴梅先生分析南北曲的差异是从曲式角度出发的，南曲之声，较北曲不易辨析，先生即从南北曲的板眼差异着眼，辨析南北曲差异的本质，"板拍所以为曲中之节奏，北曲无定式，视文中衬字之多少以为衡，所谓死腔活板是也。南曲则每宫每支除引子及【本宫赚】【不是路】外，无一不立有定式"[5]。除此以外，南北曲于换头、用韵和演唱节奏上也存在诸多差异，不可不引起注意。

换头、幺篇、前腔的问题也是曲牌订正的重点，如《南北词简谱》指出【采楼春】【降黄龙衮】【女冠子】【文如锦】【兴隆引】【月照庭】【还京乐】【荼蘼

---

[1] 吴梅：《吴梅全集·南北词简谱卷上》，第129页。

[2] 吴梅：《吴梅全集·南北词简谱卷下》，第254页。

[3] 吴梅：《吴梅全集·南北词简谱卷上》，第151页。

[4] 吴梅：《吴梅全集·南北词简谱卷上》，第241页。

[5] 吴梅：《顾曲麈谈》，载《吴梅全集·理论卷上》，第64页。

香】【玉翼蝉】【端正好】【神曲缠】【金殿喜重重】【得胜序】【锁南枝】【朝元令】【锦法经】等曲均存在着这些问题。戏文原本,迭用数曲,往往牵连而下,首曲与【前腔】【前腔换头】或是别曲之间多有难以辨别之处,故在曲牌分段时,【前腔】【前腔换头】、别曲之分是为首要注意的问题。按南曲前腔于换头之法,同一曲牌连用若干次,从第二支起,不再称牌名而称"前腔"。用"前腔"时,原曲头几句的句式、字数常有变动,称为"换头"。原曲与【前腔】【前腔换头】、别曲混用,极易导致曲牌格律不明,甚至有穿凿附会者妄加曲名,不可不引起重视。因此在换头、幺篇、前腔的问题上,也是曲牌容易产生混淆的地方,吴梅先生对这一问题多有指明,廓清了南北曲的不同以及曲牌属于本曲还是次曲的问题。

沿着南北曲之差异的思路,吴梅先生进一步从曲牌的路径继续探索曲牌的特质。"曲牌"积累了中国千年的音乐信息,中国大量的传统曲调是以"曲牌"的形式传承下来的,它不仅熔铸了中华民族所特有的音乐逻辑思维,也造就了中国音乐独特的框式结构曲体形式。正如乔建中研究员曾说:"如果有人问我,代表中华民族的音乐审美理想是什么?我会立即回答:首先是曲牌。这不仅是因为它在中华音乐中无处不在,而主要的其中所蕴含的'思维框架'体现了鲜明的民族特征。"[1]部分曲牌名称经历了从文题相关到逐渐脱离的过程,而曲牌产生以后,随着流传,也多有异名,或讹传讹抄之名,曲牌的名称正确与否必然要影响曲牌的归属,吴梅先生即对坊间和诸谱若干个曲牌名有误的进行了清理,以正其名:

表3:《南北词简谱》曲名勘误

| 南双调【玉抱肚】 | 抱肚是带之通称。玉抱肚即玉带也。[2] |
| --- | --- |
| 南商调【绕池游】 | 明诸刻传奇,有作【绕地游】者,字体形近之讹也。[3] |

---

[1] 乔建中:《曲牌论》,载《土地与歌》,山东文艺出版社1998年版,第228页。

[2] 吴梅:《吴梅全集·南北词简谱卷下》,第606页。

[3] 吴梅:《吴梅全集·南北词简谱卷下》,第661页。

续表

| 南商调【七条弦】 | 此支旧名【七贤过关】。余以与南吕集曲同称,易于淆乱,因易此名。[1] |
|---|---|
| 南羽调【四时花】 | 《九宫谱定》以此支疑即【四季花】,非也。[2] |
| 南羽调【卖花声】 | 不知此曲与【浪淘沙】两不相涉也。[3] |
| 南越调【五韵美】 | 旧坊本传奇,往往与前曲【五般宜】合为一曲,别名【醉归迟】,不知【五韵美】可名【醉归迟】(又名【恨薄情】),不可与【五般宜】相并。[4] |
| 南越调【山麻秸】 | 此与羽调【山麻客】无涉[5]。 |
| 南羽调【排歌】 | 旧谱将此调列入仙吕宫,而标题曰羽调【排歌】,此大愦愦也。今移归本调。[6] |

## 三、集曲与正曲的厘订

　　本着删繁就简的原则,吴梅先生对正曲和集曲的问题进行了大量清理,着力甚多。曲牌数量增长的根本问题在于曲牌变体的大量增长,集曲也属于曲牌的变体之一。"北曲有借宫之法,南曲有集曲之法。……借宫集曲,统名犯调。"[7]集曲所集之曲牌,必然要考虑诸多因素,首先在所犯曲牌声情上是否相同或相近,其次在所集之曲在过搭处的平仄、句式、节奏、腔格是否和谐。因此,集曲虽然在词乐关系上获得了极大解放,但是同时,也对犯调提出了更高的要求,如《曲谱大成》云:

---

[1] 吴梅:《吴梅全集·南北词简谱卷下》,第691页。

[2] 吴梅:《吴梅全集·南北词简谱卷下》,第722页。

[3] 吴梅:《吴梅全集·南北词简谱卷下》,第724页。

[4] 吴梅:《吴梅全集·南北词简谱卷下》,第745页。

[5] 吴梅:《吴梅全集·南北词简谱卷下》,第746页。

[6] 吴梅:《吴梅全集·南北词简谱卷下》,第729页。

[7] 吴梅:《顾曲麈谈》,载《吴梅全集·理论卷上》,第17—18页。

犯者,音之变也,亦调之厄也。作者勿论本宫他调,须先审其腔之粗细,调之高下,板之徐疾,务使首尾相顾,机轴自然,补接自然,抑扬合度,则音不觉自变,调不觉暗移。人巧极而天工错,始为无弊。[1]

因此,集曲盛行后,各曲谱对集曲校注的差异,根本原因应在于对所犯曲牌和格律上的不同理解。早期戏文和曲谱中,长套细曲几乎很难见到,但在文人参与戏曲创作之后,原有细曲的数量越来越不能适应叙事抒情的增长速度,创造新曲牌又很难,在原有曲牌上运用集曲的方式重新谱曲,既能改变乐式,又在不伤害文辞的基础上达到了词乐双美的效果,亦能扩大戏曲的叙事范围,充分满足文人挥洒笔墨,不拘词谱。集曲乃文人的二度创作,有曲家在词乐格律上的个性化认知。从各谱统计可见,至《九宫大成》,许多集曲进入正曲,甚至超过了《十三调谱》的总曲牌数,盖见明清以来集曲之盛,俞为民先生已做统计如下[2]:

表4:诸谱曲调数统计

| 谱别 | 总曲调数 | 变格数 | 集曲数 |
| --- | --- | --- | --- |
| 元《十三调谱》 | 492 | 0 | 2 |
| 元《九宫谱》 | 523 | 5 | 51 |
| 明蒋孝《旧编南九宫谱》 | 501 | 10 | 55 |
| 明沈璟《南九宫十三调曲谱》 | 666 | 555 | 163 |
| 《南曲九宫正始》 | 922 | 942 | 208 |
| 《九宫大成》 | 1513 | 1260 | 596 |

然物极必反,文人利用集曲来炫技的弊病也逐渐突显。如【甘州八犯】"按此曲未免夹杂,犯调中实不可法。一句一调,无曲不可免强凑集矣。"[3]以

---

[1] 转引自俞为民:《中国古代曲体文学格律研究》,中华书局2012年版,第383—384页。
[2] 【清】无名氏:《曲谱大成·总论》,载《曲谱大成》清抄本,首都图书馆藏。
[3] 吴梅:《吴梅全集·南北词简谱卷下》,第381页。

典型的【雁渔锦】集曲校注可见，集曲所集之曲越来越繁琐，几乎一句一集：

### 表5：诸谱所录【雁鱼锦】曲牌

| 《南曲九宫正始》 | 《新定南词定律》 | 《九宫大成》 | 《南北词简谱》 |
| --- | --- | --- | --- |
| 【雁渔锦】：【雁过声全】 | 【雁渔锦】：一段：【雁过声全】八句 | 【雁鱼锦】：一段：【雁过声】首至二【雁翀天】三至四【摊破地锦花】第四句【雁翀天】第六句【雁过沙】末二句 | 【雁渔锦】：一段：【雁过声】全支 |
| 【二犯渔家傲】：【雁过声换头】【渔家傲】【小桃红】【雁过声】 | 二段：【雁过声】首至二【渔家傲】四句【雁过声】合至八【锦缠道】五至七【雁过声】五句【山渔灯】七句【雁过声】七至末 | 二段：【雁过声】首二句【渔家傲】第四至七【渔家灯】第三句【山渔灯】第三句【一机锦】第五句【锦缠道】第四句【山渔灯】第七句【雁过声】末二句 | 二段：【雁过声】首二句【渔家傲】第四至七【锦缠道】第五句【山渔灯】第四至五【山渔灯】第七句【雁过声】七至末 |
| 【雁渔序】：【雁过声换头】【渔家傲】【倾杯序】【雁过声】 | 三段：【雁过声】首至二【山渔灯】五句【渔家傲】五句【雁过声】合【山渔灯】六句【雁过声】七至末 | 三段：【雁过声】首二句【渔家傲】四至五【山渔灯】第二句【雁翀天】第六句【锦海棠】第四至五【雁过沙】末二句 | 三段：【雁过声】首二句【渔家傲】第四句【倾杯序】三至六【雁过声】第六句【山渔灯】六句【雁过声】七至末 |
| 【渔家喜雁灯】（俗名【喜渔灯】，遗却"雁"字）：【雁过声换头三】【喜还京】【渔家傲】【剔银灯】【雁过声】 | 四段：【雁过声】首至二【山渔灯】二句【锦缠道】八至合【渔家傲】四至六【雁过声】七至末 | 四段：【喜渔灯】首一句【山渔灯】二至三【锦缠道】八至九【渔家傲】第三至四【雁过声】末二句 | 四段：【雁过声】首至二【山渔灯】第二句【玉芙蓉】第六句【渔家傲】四至六【雁过声】七至末 |

续表

| 《南曲九宫正始》 | 《新定南词定律》 | 《九宫大成》 | 《南北词简谱》 |
| --- | --- | --- | --- |
| 【锦缠雁】：【锦缠道】【雁过声】[1] | 五段：【锦缠道】首至七【雁过声】七至末[2] | 五段：【锦缠道】首至七【雁过沙】末二句[3] | 五段：【锦缠道】首至七【雁过声】七至末[4] |

吴梅先生对集曲的问题进行了理论明确和简化：其一是"取管色相同皆可犯也"[5]，即以一曲为主归类集曲如上【雁渔锦】所示，减少集曲所集数量；其二是区分集曲和正曲，明确二者区别：如南黄钟【狮子序】钮少雅作集曲，吴梅先生订作正曲；南中吕【喜渔灯】吴梅先生作正曲；南南吕【竹马儿】钮少雅作集曲，吴梅先生作正曲；南南吕【绣衣郎】吴梅作正曲；南羽调【四季花】吴梅作正曲；南小石调【渔灯儿】吴梅先生作正曲；【骂玉郎】为南词正曲；南双调【摊破金字令】吴梅作正曲；南双调【急三枪】吴梅先生作正曲。

但吴梅先生对集曲并非一味排斥，亦会遵循曲唱实践，将集曲纳入正曲，如南羽调【马鞍儿】吴梅先生作集曲，南越调【江头带蛮牌】旧题【斗蛤蟆】，"入正曲，今从《定律》，作集曲"[6]。【破齐阵】："此将【破阵子】全支，中夹【齐天乐】三句也。论引子本无集牌之理，但自笠翁创作后，多有更易新调者，亦不妨从俗。"[7]可见吴梅遵循沿袭了张大复"集曲正曲化"的思路，张大复于犯调处着力颇深，其认为，犯调实际上是韵文创作之"补救之法"，"正调已足采用，何须犯调？且犯之法虽易明，若求音律和美，两调接笋处如天衣无缝者，非精通音

---

[1]【清】云间徐于室辑，茂苑钮少雅订：《九宫正始》，载王秋桂编《善本戏曲丛刊》，台湾学生书局1984年版，第174—179页。

[2]【清】吕士雄等辑：《新编南词定律》，载《续修四库全书·集部》（第451册），上海古籍出版社2002年版，第391—394页。

[3]【清】周祥钰等编：《九宫大成南北词宫谱》，载王秋桂编《善本戏曲丛刊》，台湾学生书局1987年版，第2886—2891页。

[4] 吴梅：《吴梅全集·南北词简谱卷下》，第332—335页。

[5] 吴梅：《吴梅全集·南北词简谱卷下》，第323页。

[6] 吴梅：《吴梅全集·南北词简谱卷下》，第775页。

[7] 吴梅：《吴梅全集·南北词简谱卷下》，第291页。

声不易措手。"[1]曲牌的发展应顺应时代潮流,今时若有曲牌已成为习惯,再改定曲谱已不合时代要求,应看作是曲词格律应时发展的实质问题。

## 四、"曲牌声情说"的深入阐发

以笛色系统为纲,实际上勾连了曲牌声情论的发展,吴梅先生注意到了《九宫谱定》曲牌声情论的价值,并将其运用于《南北词简谱》的编纂之中,在《九宫谱定》的基础上进行了更为细致的"曲牌声情论"阐发。随着《九宫谱定》的重新发现[2],结合查继佐的生平所处时代和家乐实践来看,昆曲传奇的声情排场理论应在清初剧坛就已有所重视,而此时,南曲的编撰尚在完善之中,《九宫谱定》确为昆曲从文本到舞台实践提供了理论和经验积累,对后世曲牌理论产生了深远的影响。如《昆曲曲牌及套数范例集·南套》在第三章"曲牌个性"节中认为:"曲牌个性是指由曲牌曲词和乐谱所体现出来的剧中人的身份、性格以及当时剧中人的思想、情绪、语气、动态和周围环境等方面的特点。并不是每个曲牌的个性都是很鲜明的,但一个套式中总包括几个个性较鲜明的曲牌,尤其是首牌和次牌。有许多孤牌个性非常鲜明。对这些个性鲜明的曲牌的选用,应当非常慎重。曲牌个性也不是一成不变的,但改变曲牌个性,要有高度的谱曲技巧。"[3]可见,《九宫谱定》确实应为南曲谱中重要一环,其所体现的曲牌声情和排场理论对连接南戏和明清昆曲传奇有着重要的启示意义。《九宫谱定》在曲牌之下略注各曲牌之性质,如中吕【泣颜回】,南吕过曲【青衲袄】【红衲袄】作"悲感用",中吕【山花子】、南吕【梁州序】、双调【画锦堂】【锦堂月】作"欢燕通用",双调【朝元令】作"行路军旅通用"等。曲牌的使用在格律上也同样呈现出不同的声情,如【祝英台近】适用

---

[1] 【清】张彝宣等辑:《寒山堂新定九宫十三摄南曲谱》"凡例",载《续修四库全书·集部》第 450 册,第 636—637 页。

[2] 有关《九宫谱定》的详细情况,详见笔者拙文:《浙图藏〈九宫谱〉版本与查继佐曲学思想考》,载《文化艺术研究》2019 年第 3 期。

[3] 王守泰主编:《昆曲曲牌及套数范例集·南套上》,上海文艺出版社 1994 年版,第 49 页。

本身重头叠用成套而不宜与其他曲联套,【锁南枝】本身不宜叠用而多用于与其他曲牌搭配成套,【红衫儿】可与其他曲牌搭配成套而可叠用。《九宫谱定》举例有【光光乍】【铁骑儿】【碧牡丹】【大斋郎】【胜葫芦】【青歌儿】【胡女怨】【望梅花】【上马踢】作"小曲亦可冲场",仙吕入双调【哭岐婆】【双劝酒】【字字双】【三棒鼓】【柳絮飞】【普贤歌】【雁儿舞】【倒拖船】【窣地锦裆】作"小曲冲场用",【赚】作"接换用",仙吕过曲【月儿高】【感亭秋】【长拍】【皂罗袍】【醉扶归】【桂枝香】【解三酲】【掉角儿序】【天下乐】"亦可接调"等。从其分类和阐释来看,仍略显简单,相比《九宫谱定》,吴梅先生阐发更为细致,如南仙吕宫【望梅花】注:

> 右九曲十体,皆快板曲,不拘净丑外末,皆可用之,惟生旦究不相宜。中如【光光乍】【大斋郎】【大河蟹】【青歌儿】等,为代引子之小曲。盖净丑用冠带时,例可用引,若在寻常平民,大半以小曲代引也。中惟【胡女怨】【望梅花】,亦有协笛者,然亦快唱。且【光光乍】末句,必须用"光光乍"三字,故用之僧尼居多,与【雁儿舞】同。诸曲但论平仄,不论四声,如《玉玦》【五方鬼】,仍用词藻,大不合也。余尝谓编辑传奇,惟净丑最难,而摹写龌龊社会,尤为棘手。盖文人作词,止求妍雅,彼净丑辈身不读书,文人结习,一些用不着矣。明清传奇,汗牛充栋,净丑佳剧,殊不多见。剧场恶诨,日盛一日,皆未体贴下流人心意也。[1]

此外还有多例较为典型(见表6):

表6:曲牌声情举例

| 南正宫【划锹儿】 | 此亦快板曲,不可施诸生旦之口。[2] |
| --- | --- |
| 南仙吕宫【卜算子】 | 凡作引子,宜取短者用之,长则优人必删削也。[3] |

---

[1] 吴梅:《吴梅全集·南北词简谱卷下》,第365页。
[2] 吴梅:《吴梅全集·南北词简谱卷下》,第308页。
[3] 吴梅:《吴梅全集·南北词简谱卷下》,第343页

续表

| | |
|---|---|
| 南仙吕宫【凉草虫】 | 此曲宜施净丑口吻,不必生旦唱也。[1] |
| 南仙吕宫【腊梅花】 | 此亦宜净丑角用。[2] |
| 南仙吕宫【番鼓儿】 | 此调专用净丑口吻,系快板曲[3]。 |
| 南仙吕宫【上马踢】 | 生外末旦,皆可用之。[4] |
| 南中吕宫【菊花新】 | 此引宜用末、外等角色。[5] |
| 南中吕宫【扑灯蛾】 | 此曲宜施净丑口吻,而《幽闺》用作生旦合唱,实非格也。[6] |
| 南中吕宫【念佛子】 | 宜净丑。[7] |
| 南中吕宫【风蝉儿】 | 按腔格宜施净丑口吻。[8] |
| 南中吕宫【大和佛】 | 此为同场唢呐曲,总在合婚庆寿时可用。[9] |
| 南中吕宫【大影戏】 | 此亦快板曲,宜用净丑色。《西楼》此曲,在《折书》出内,于赵伯将破口大骂时用之,情景恰合。盖此等牌名,总在情节匆遽时用,方合神理,腔格可不论也。[10] |
| 南中吕宫【粉孩儿】 | 宜于情节紧迫时用之[11]。 |
| 南中吕宫【越恁好】 | 一则如此曲格,用在情节急遽时;一为叠字格,用在排场热闹时,句法亦大不相同。[12] |
| 南中吕宫【山花子】 | 此为唢呐同场大曲,亦可用赠板唱之[13]。 |

[1] 吴梅:《吴梅全集·南北词简谱卷下》,第346页。
[2] 吴梅:《吴梅全集·南北词简谱卷下》,第347页。
[3] 吴梅:《吴梅全集·南北词简谱卷下》,第358页。
[4] 吴梅:《吴梅全集·南北词简谱卷下》,第366页。
[5] 吴梅:《吴梅全集·南北词简谱卷下》,第396页。
[6] 吴梅:《吴梅全集·南北词简谱卷下》,第401页
[7] 吴梅:《吴梅全集·南北词简谱卷下》,第401页。
[8] 吴梅:《吴梅全集·南北词简谱卷下》,第422页。
[9] 吴梅:《吴梅全集·南北词简谱卷下》,第403页。
[10] 吴梅:《吴梅全集·南北词简谱卷下》,第404页。
[11] 吴梅:《吴梅全集·南北词简谱卷下》,第405页。
[12] 吴梅:《吴梅全集·南北词简谱卷下》,第408页。
[13] 吴梅:《吴梅全集·南北词简谱卷下》,第418页。

续表

| | |
|---|---|
| 南中吕宫【千秋岁】 | 此曲用一支者(指【泣颜回】一套)为文静戏,用二支者,必热闹戏也。[1] |
| 南大石调【插花三台】 | 此用在排场热闹时者,大抵在拨刀赶棒及神头鬼面等戏用之。[2] |
| 南双调【五马江儿水】 | 此大都为唢呐同场曲,用于行役军旅为宜。[3] |
| 南双调【锦衣香】 | 此用于热闹排场,或以唢呐协之。[4] |
| 南羽调【急急令】 | 此分两排作之。宜用在军旅行役仓皇匆遽之时。生旦净丑通可用。[5] |
| 南越调【忆多娇】 | 且其声驰骤纵宕,戏情仓皇迫促时,最为相宜云。[6] |
| 南越调【赵皮靴】 | 自【引军旗】至此,为越调快曲,大半用于净丑口角,若在生旦剧中,宜斟酌选用。戏情紧迫时,犹可用此等快唱,从容时万不可用。[7] |

以上举例可以看出,吴梅对于"曲牌声情论"的阐发,首先注意到剧场之中不同角色和曲牌的选择,其次在《九宫谱定》的基础上,更为细致划分和描述不同曲牌适用的声情和排场。显然,吴梅先生的阐发,更为注重戏曲的表演与演唱属性,使其更为符合舞台实践。

## 五、吴梅先生的曲学传承

吴梅曲牌校注的思想理念,实际上注意到了中国韵文学的本质。大约自

---

[1] 吴梅:《吴梅全集·南北词简谱卷下》,第420页。

[2] 吴梅:《吴梅全集·南北词简谱卷下》,第552页。

[3] 吴梅:《吴梅全集·南北词简谱卷下》,第577页。

[4] 吴梅:《吴梅全集·南北词简谱卷下》,第588页。

[5] 吴梅:《吴梅全集·南北词简谱卷下》,第729页。

[6] 吴梅:《吴梅全集·南北词简谱卷下》,第749页。

[7] 吴梅:《吴梅全集·南北词简谱卷下》,第762页。

罗宗信《中原音韵序》始,"一代有一代之文学"说法开始发轫,后经焦循、王国维发挥而渐成文学史共识。[1]但随着近代以来吴梅曲学研究的推进,学人们逐渐发现:这个结论其实只是从文本角度单维度审视中国文学的结果。尤其是对于音乐文学一脉而言,其缺失和疏忽是显而易见的。由于文本的显性和音乐的隐形特征,加之诸多文学研究者多长于文而昧于乐,缺乏"文、乐一体"的研究视角,从而使得这种单维度审视的结果影响巨大,流行日久,而古代音乐文学的实际面貌反隐而不显。实际情况却正如吴梅先生所言:"一代之文,每与一代之乐相表里"[2],这一思想实际上是对文学的单维度审视的有力反拨。叶德均于《吴梅的霜崖曲跋》言:"现代人自有现代式歌曲戏剧可供歌唱、制谱、表演乃至制作,不必再去迷恋昆曲的残骸""假使还想借着作曲、度曲来延长昆曲的命,和幻想一个'曲学昌明'时代,事实上终是不可能的。"[3]实际上,随着西方音乐的精细化和不断渗透,中国音乐的宫调本质已经被冲淡,而宫调和由此产生的中国韵文学传统,也正是构成中国音乐文学的本质。浦江清言:"或谓曲律者,为作曲而设,作曲之时代如过去,则曲律之书,殆将覆瓿,不知戏曲在文字美之外,尚有音律。吾人即仅有志于读曲,欲衡量古人之剧本,而知其得失,曲律研究终不可废也。"[4]因此曲学对于中国韵文学特质的揭示有重要意义。

郑振铎先生曾言:"我所教的东西乃是前人所不曾注意到的。他(吴梅)专心一至地教词、教曲,而于曲,尤为前无古人,后鲜来者。他的门生弟子满天下。现在在各大学教词曲的人,有许多都是受过他的薰陶。"[5]钱南扬先生在两个领域全面继承了其师吴梅先生的曲学理念:其一是吴梅先生的"一代

---

[1] 罗序谓:"世之共称,唐诗、宋词、大元乐府,诚哉!"载俞为民、孙蓉蓉主编《历代曲话汇编·唐宋元编》,黄山书社2006年版,第231—232页。
[2] 吴梅:《中国戏曲概论》卷中"明总论",载《吴梅全集·理论卷上》,第266页。
[3] 叶德均:《吴梅的霜崖曲跋》,载《戏曲小说丛考》,中华书局1979年版,第487页。
[4] 浦江清:《悼吴瞿安先生》,载《戏曲》(第3期),1942年3月17日。
[5] 郑振铎:《纪念抗战期间逝世的国文教授:记吴瞿安先生》,载《国文月刊》(第42期),1946年。

之文,每与一代之乐相表里"的思想理念。实际上,虽然传统曲学在近代有所式微,但吴梅先生的这种曲学理念在其后学中多有传承,钱先生把唐人所唱之五、六、七言律绝何以渐变成长短句的词也归结为音乐曲调上变化的原因。具体而言,唐燕乐十部,除清商、巴渝外,皆是外国之乐。宫廷如此,民间亦是。钱南扬先生更认为:"较文人而言,民众思想非固执而少变化,思想活动,因此当曲调发生变化时,若文学仍采用旧形式,于是民众首先感到不适应,遂破整齐的五、六、七言为长短句。"[1]

其二是曲谱研究。钱南扬先生爬梳文献,完成于抗战期间的《曲谱考评》一文,涉《乐府混成集》等曲谱凡三十二种,即使对于比较偏僻的《乐府混成集》《骷髅格》等曲谱,也必详加究查,仔细考述。已经亡佚不存的《墨憨斋词谱》,先生更是借助文献首先完成辑佚,在尽可能全面把握材料的基础上详加评判。靠着材料先行,其结论也多称允当。先生亦勾稽源流、考辨裔脉。这也是先生曲谱研究的最大功绩。《论明清南曲谱的流派》(1964年,《南京大学学报》第八卷第2期)就是汇通南曲曲谱、考镜南曲谱源流的力作。该文是继《南北谱研究》(1930,《岭南学报》第1卷第4期)、《曲谱考评》(1944,《文史杂志》第4卷第11、12期合刊)、《〈南词引正〉校注》(1961,《戏剧报》第7、8期合刊)、《冯梦龙墨憨斋词谱辑佚》(《中华文史论丛》第2辑,中华书局1962年版)之后的具有汇总和总论性质的宏观论述。文章厘清勾稽出了明清南曲曲谱之间的发展脉络,尤其针对不同曲谱的因借承袭关系予以了仔细考证,多数结论至今仍难以动易。如他把《九宫十三摄南曲谱》归于《九宫正始》一派,把《墨憨斋词谱》《南词新谱》《九宫谱》《九宫谱定》《钦定曲谱》等五种归于沈璟《南九宫谱》一派,将《南词定律》与《九宫大成》另立一派,都是在大量比对和考证基础上得出的结论。其考证结果形成的"曲谱沿革图"至今仍是我们考察明清曲谱沿革演变的重要依据。

继钱南扬先生之后,周维培先生《曲谱研究》,黑龙江大学魏洪洲博士的

---

[1] 钱南扬:《由诗至词由词至曲(中国文学史话)》,原载《战时中学生》(第2卷第3期),1940年3月20日第30页,今收录于朱恒夫、聂圣哲主编《中华艺术论丛》第15辑"钱南扬先生逸文专辑",复旦大学出版社2015年版。

学位论文《明清戏曲格律谱研究》(2015年,指导教师:杜桂萍)等均是对此问题的阐发和补充。亦有对此问题修正的,如对古谱《骷髅格》的继续探讨也不再继续局限于文本真伪的考证,而是从传统曲学的角度修正和整理。钱南扬先生的曲牌校注同样值得关注,但又在具体阐发上,显示出与其师吴梅先生诸多不同的理念,钱先生致力于南戏的整理和研究,故在南戏和传奇的曲牌订正上与吴梅先生表现出不同的观点,如【犯衮】和【急三枪】的争论,钱南扬先生支持钮少雅《南曲九宫正始》观点,拒绝【急三枪】曲牌之称:

> 犯衮(皆来韵。元谱旧题,俗名【急三枪】,大谬,十三板)蔡伯喈(元传奇)
>
> 【黄龙衮】他公婆的亲看见,双双死,无钱送。【风入松】剪头卖发,买棺材。【黄龙衮】他去空山里,把裙包土,血流指。【风入松】感得神明助与他筑坟台。
>
> 时谱曰:"细查旧曲,凡【风入松】或一曲,或二曲,其后必带此二段,今人谓之【急三枪】,未知是否?不敢遽定其名也,末后一曲则止用【风入松】,更不带此二段,不知何故?"若然,时谱亦在疑信之间也?但今歌者无不实谓为【急三枪】,余在未识元谱时亦然,后幸得勘元谱,始知此调名为【犯衮】,向为【急三枪】冒之。然此调全章必为二折,每折之前皆犯【黄龙衮】末三句,比即元传奇《王十朋》此调云"才日暮,问路程,寻宿店是也。"其第四句仍用【风入松】耳。况此类不止于【犯衮】,犹有【犯朝】【犯欢】【犯声】等调,皆必间用于【风入松】套内,比如一【犯衮】,一【犯朝】,即此《蔡伯喈》是也;或用一【犯衮】,一【犯欢】,元传奇《林招得》是也;或用一【犯衮】,一【犯声】,元传奇《苏小卿》是也;或又二曲皆用【犯衮】,元传奇《瓦窑记》是也。若等体类不多勘不知耳。[1]

---

[1] 【清】云间徐于室辑,茂苑钮少雅订:《九宫正始》,载王秋桂编《善本戏曲丛刊》,台湾学生书局1984年版,第1034—1038页。

而吴梅先生则从曲牌演进的角度,认为应该遵从张大复和谭儒卿的说法,保留【急三枪】的曲牌地位,不应视作犯调。这之中"尊古"和"从俗"的问题,不能以对错论之,只能代表各自观点的立场不同。[1]

由于曲学研究的特殊性,曲学研究往往面临着投入多、产出少的尴尬境地,随着环境变迁,曲学研究表面看来逐渐式微,但我们依然能够看到钱南扬先生的弟子,以周维培先生、俞为民先生为代表的第三代学者,并有愈来愈多的曲学研究者,仍然在遵循吴梅先生、钱南扬先生的曲学理念继续耕耘,并取得了丰硕的成果,相信随着学界对吴梅先生曲学思想的不断开发,其曲学理念必能为当代学者继续传承并发展,启迪对中国文学本真状态的重新思考。

---

[1] 此问题在拙文《【犯衮】与【急三枪】曲牌演变考》中有详细论述,参见《戏曲学报》(台湾),2020年第22期。

# 吴梅《南北词简谱》对曲牌使用规则的
# 拓展与补充[1]

刘 玮

  曲牌联套是中国古典戏曲中一种重要的音乐结构，同时也是一种独特的文本结构，它形成历史较长，直至金元时期的诸宫调才是比较成熟的多曲体联套体。受诸宫调的直接影响，南戏形成之初便采用曲牌联套体。元杂剧、明清传奇与杂剧等古典戏曲的主要样式，从创作到演出均围绕"曲牌联套"的音乐体制展开：首先是文人作家根据曲牌联套填词下字，接着由专门曲师以曲牌联套制谱订腔，最后再由戏曲艺人遵照体制表演歌唱。由于曲牌联套体严密整饬、规制驳杂，稍有差池，谬之千里，给剧作家、曲师与艺人的操作带来了不少麻烦，李渔曾不无苦恼地谈到：

  至于填词一道，则句之长短，字之多寡，声之平上去入，韵之清浊阴阳，皆有一定不移之格。长者短一线不能，少者增一字不得，又复忽长忽短，时少时多，令人把握不定。当平者平，用一仄字不得；当阴

---

[1] 本文为武汉音乐学院 2021 年国家级科研项目培育项目《吴梅与民国时期戏曲教育的现代化转型》（2021pykt02）的阶段性成果。

者阴,换一阳字不能。调得平仄成文,又虑阴阳反复;分得阴阳清楚,又与声韵乖张。令人搅断肺肠,烦苦欲绝。此等苛法,尽勾磨人。[1]

"曲牌联套"的音乐体制给传统曲学的研究重点、评论角度带来了巨大的影响,从元代周德清的《中原音韵》至清代李渔的《闲情偶寄》,古代曲学家往往以曲谱、曲选、曲律等专书为载体,偏爱对曲调谱式、字法韵律等技巧与理论的论述,总结制曲、度曲、律曲、唱曲等各方面的规律,为曲家立一定轨则。

在北曲方面,元代著名的曲学论著《中原音韵》是一部较早的北曲曲谱,该谱大规模地辑录北曲宫调的曲牌,并对北曲曲谱进行了精辟而准确的厘定,对后世北曲曲谱产生了一系列深渊的影响。其书后还附有"句字不拘可以增损者一十四章",分别为正宫【端正好】【货郎儿】【煞尾】,仙吕【混江龙】【后庭花】【青哥儿】,南吕【草池春】【鹌鹑儿】【黄钟尾】,中吕【道和】,双调【新水令】【折桂令】【梅花酒】【尾声】,这是最早对北曲中可增损字格曲牌的归纳。到了明代,徐于室在编撰《北词广正谱》时,同样注意到了这一现象。他在周德清的基础上,对十四种增损曲牌做了简单的注释,进一步分析了北曲曲牌中增损字格的特殊用法。清代最主要的北曲曲谱是李玉、钮少雅等人编排的《北词广正谱》,该谱是整个北曲曲谱史上最重要的制作,它对联套的研究不仅涉及北曲,更是开创性地将南北曲同时纳入联套之中,后世南北曲曲谱的联套研究均受其影响。

南曲方面,明清两代集曲众多,据清代乾隆年间编纂的《九宫大成》记录,集曲变格高达596支。这些集曲受到古代曲律家们的高度关注。沈璟的《南曲全谱》对曲牌的增减字格、联套要则、集曲作法等制曲理论进行详细的格律分析,使戏曲的创作方式由无序状态改变为有法可依的状态。张彝宣的《寒山堂曲谱》与吕士雄等人合编《南词定律》对所集曲调的来源、集曲的各律句法、集曲所拟名称优劣等进行了归纳分析,研究成果最为允当。清代钮少雅

---

[1]【清】李渔:《闲情偶寄·音律第三》,载《中国古典戏曲论著集成(七)》中国戏曲研究院编,中国戏剧出版社1959年版,第32页。

则十分重视集曲过搭之处的研究,他在《南曲九宫正始》中,明确将犯调前后过搭处的平仄、板式等格律相协作为衡量集曲合律的重要标准,规定过搭处在平仄、节奏、声调等格律上必须协调,衔接妥帖。

近代曲学大师吴梅有感于昆剧的式微,将其衰败归因为"歌者不知律,文人不知音,作家不知谱"[1]。为了挽狂澜于既倒,吴氏竭毕生精力,编撰《南北词简谱》十卷,对曲牌体音乐制曲、度曲进行了规范。吴梅主张"分定论断,概出管见,雅不依附古贤",因此,所撰曲谱能批判地吸收前人的研究成果,并在前贤的基础上对制曲理论进行补充、修整、拓展,解决了不少聚讼纷纷的疑难问题,对后世作曲者的示范意义尤为明显。有学者这样评价道"吴梅用现代的语言对这份理论遗产做出自己的总结,并且阐释了一些前人没有说清楚的概念,这是有其理论价值的。"[2]具体而言,吴梅做了以下几个方面的修订。

## 一是进一步拓展了曲牌增减字格的理论

北曲中很早就存在曲牌增损字格的用法,元代《中原音韵》"正语作词起例"中附录有"句字不拘可以增损者一十四章",不过周德清只摘录了曲牌,没有任何相关分析。明代徐于室的《北词广正谱》对增损曲牌做了简单的注释,但是"增加之法,又未言明"。后代曲谱为了给文人作家提供擅逞才情的创作空间,更是直接点明"字句不拘",如《正音谱》在【混江龙】(仙吕宫)、【道和】(中吕宫)等曲牌后便标注"此章句字不拘,可以增损"。

但是这样一来,却给这些曲牌的使用带来极大的混乱。【混江龙】一曲,就出现了"明代作者,往往横加对句,或三字对句,或四字对句,或七字对句,多少不一,平仄无定,而此调遂至无所适从"[3]的糟糕情况;【道和】一曲被吴梅称为"谱之最难订正者",其原因也是由于出现了过多的"增减处",导致"百

---

[1] 吴梅:《曲学通论》,载王卫民编《吴梅戏曲论文集》,中国戏剧出版社1983年版,第259页。

[2] 安葵:《吴梅戏曲理论的贡献和对我们的启示》,载《艺术百家》1994年第3期,第47页。

[3] 吴梅:载王卫民编《吴梅全集·南北词简谱上》,河北教育出版社2002年版,第63页。

无一同"[1],陡然增加了订谱的难度;还有【黄钟尾】(北南吕宫)一曲,"中间多有增句,各家多少不同,乃至纷纷无定论也"[2]。这些句式毫无规律可循,带有随意性,不仅干扰后人"按谱填写"曲牌,而且给编撰曲谱带来了困难与麻烦。面对这一现状,吴梅敏锐地裁定出曲牌中的增字格、减字格必须遵从一定的规则,"实则凡曲中句字不拘处,皆有定格,非乱次以济,毫无纪律也"[3]。为了规范北曲曲牌增损字格的方法,吴梅梳理比照了大量出现字句增损的例曲,最终在前人基础上,拓展了北曲曲牌增损字格的规律。

首先,在《北词简谱》里,吴梅将《中原音韵》所列的十四个"句字不拘,可以增损"曲牌一一梳理,发现了一个规律,即这些曲牌的首尾一般不能增损,而曲调中间则多有增损。如南吕宫【草池春】一曲,"此章句字不拘,可以增损,但止在六字句四字句上,多少弗论"[4];同一宫调下的【黄钟尾】以黄钟尾声末句七字作收,故名"黄钟尾",该曲也是"中间多增句字"[5];仙吕宫【混江龙】一曲"此调增句,须在第六句后"[6];还有双调的【新水令】【折桂令】【梅花酒】等曲的增损字句均集中在调中。收尾处虽然不能增损句字,但是末句的平仄也须尤为留意,以保持音律稳定。如【混江龙】曲后,吴梅强调"但有一事须记者,增句虽多,但收处仍须用平平去叶。平平仄仄不。仄仄平平叶旧格"[7];【新水令】一曲"末句用仄仄仄平仄,不可用平韵收"[8]等。

其次,以例曲为中心,以注文形式对某些曲调中间位置的增损格式进行了深入具体的分析。《北词简谱》详细地解释了【混江龙】(仙吕宫)、【道和】(中吕宫)、【黄钟尾】(南吕宫)、【新水令】(双调)、【折桂令】(双调)、【梅花

---

[1] 吴梅:《吴梅全集·南北词简谱上》,第101页。
[2] 吴梅:《吴梅全集·南北词简谱上》,第123页。
[3] 吴梅:《吴梅全集·南北词简谱上》,第63页。
[4] 吴梅:《吴梅全集·南北词简谱上》,第119页。
[5] 吴梅:《吴梅全集·南北词简谱上》,第123页。
[6] 吴梅:《吴梅全集·南北词简谱上》,第120页。
[7] 吴梅:《吴梅全集·南北词简谱上》,第64页。
[8] 吴梅:《吴梅全集·南北词简谱上》,第127页。

酒】(双调)等曲牌的增损格式。吴梅梳理如下：

1.【混江龙】(仙吕宫)

【混江龙】一曲中间位置可增句,须在六句后。增句句法吴梅分为"最妙""可从""不可从"三个等级,即：

"最妙"——以第三句"秋光宇宙"四语重叠作之,即多至一二千言亦可无妨;

"可从"——以四字句作六七联,然后再间七字句一联;

"不可从"——重叠三字句者,或又有增句上不用韵者。

2.【道和】(中吕宫)

此曲最难订正,吴梅遍览元明诸谱,拟定了该曲的三种格式。

第一种：只有增句没有减句者：以李子安散曲"愁恨匆匆。愁恨匆匆"为例,该曲多增六字二语,三字二语。

第二种：只有减句没有增句者：以孟汉卿《磨合罗》"却则端的。却则端的"为例,该曲减去例曲中"摆着酒肴"四字句四语,可见减句主要是省去后幅四字增句者。

第三种：有增有减格者。以白仁甫《御水流红叶》"今秋。今秋"为例,该曲增一六字句,又减去四字两句。

3.【黄钟尾】(南吕宫)

【黄钟尾】中间多有增句,且各家多少不同,纷纷无定论,吴梅总结出四种情况。

第一种：增三句不增四句者,以《酷寒亭》"润纸窗把两个都瞧破"为例。

第二种：三字句、四字句各有增加者,以沙正卿套曲"黄昏时春色生容貌"为例。

第三种：只增三字句者,以《范张鸡黍》第二折"俺弟兄比陈雷胶添情尤切"为例。

第四种：只增四字句者,尤展成《桃花源》剧如此,但是此曲温州颇多,《简谱》便没有备录。

4.【新水令】(双调)

【新水令】中第五句"恰对菱花"可叠,多少不拘。前代曲家作曲增句情况有：无名氏套曲"秦凤管冰弦"增四语；关汉卿《玉镜台》增二语；周仲彬《苏武还乡》增三语；李取进《栾巴噀酒》增九句。

5.【折桂令】（双调）

该曲牌句式较多，有十句、十一句、十二句、十三句，还有多至十七句，吴梅经过比照发现"句法皆大同小异"，即"首句必六字，以下四字句，或四句，或五句，再用六字二句，以下直至末句，俱四字语也"[1]。首句六字下后附两种情况：一是可四字语四句，以卢疏斋小令"缀冰痕点点胭脂"为例；一是用四字四句，末后四字三语上增一句作四句，以奥敦周卿小令"西湖烟水茫茫"为例说明。

6.【梅花酒】（双调）

吴梅对此曲的评价是"此曲之难订正，可谓无以加矣"[2]，精通曲律如吴梅也须再三再四探讨，方定格式，并在例曲中一一疏明。

首句——必三字句，但亦有不用者；

二、三、四句——均为四字句，可不拘多少，随意添加；

五、六句——均为五字句，可以增字；

末句——为六字句，可不拘多少，任意增加，或有作连环句亦可。

再次，强调曲牌字句增损与剧情、曲情的关系密切。作曲家在增损字句时，看似随性而为，实则必须有理可依。明清两代曲家便已意识到这一点，他们普遍认为，曲调的基本旋律、音乐风格须与原曲调保持一致。吴梅十分认同这一观点，他通过对大量北曲曲牌的梳爬整理，还研究出曲牌字句增损与剧情、曲情之间的关系密切。他以汤显祖《牡丹亭·冥判》折【混江龙】一曲为例，该曲中增句多达数十句，洋洋洒洒将及千言，吴梅认为汤显祖凭借傲人的才情，从剧情需要出发，突破了格律局限，极大地拓展了曲牌表现力，是为典范。后人纷纷仿效，大多只一味增加字数，没有考虑到是否符合剧情的需要，未得其精髓，因此吴梅讽刺这些人画虎不成反类犬，"那得有关西大汉，铁绰

---

[1] 吴梅:《吴梅全集·南北词简谱上》,第140页。

[2] 吴梅:《吴梅全集·南北词简谱上》,第152页。

板,铜琵琶,歌此洒洒千言之大曲乎"[1]。

## 二是有效补充了集曲曲调互犯的规则

明代中叶以来,集曲大量涌现,明清两代曲家对集曲的组成之法进行过深入的研究。曲学大师沈璟针对集曲与本调时常混淆的情况,通过对曲牌句式的考辨明晰本调与集曲的区别,而对于集曲所犯不同曲调,他则根据犯调的字声、句式加以归类。明代曲谱《九宫谱定论说》中谈到集曲曲调互犯的感性经验,即"一犯别宫,音调必稍有异"[2],告诫作曲者须深慎之。而注意到南曲曲调连缀成集曲是有一定规则的曲家有明代冯梦龙、清代张大复等人,冯梦龙在读到祝希哲《咏张敞画眉事》散套时,指出该散套皆为商调曲与黄钟曲相犯组合成的集曲,且具有每曲必前商而后黄的规律。清代张大复在"犯调总论"中总结集曲之所忌为"前紧后缓,粗细不称,大小不合"。总之,明清两代曲家都充分意识到并非所有的曲调均可以任意连接成集曲,并对某些不同曲调的互犯规律有所总结。吴梅在大规模分析比对具体集曲的基础上,对集曲曲调互犯的规律有了进一步的归纳与补充。

其一,深入探究曲调犯调多出现在同一宫调内的缘由。明清两代曲家在谱曲时常常截取不同曲调中的句子组合成一支新的曲调,曲家在选曲时并不能随心所欲,往往要遵循一定的规律。他们通过长期的创作实践发现,互犯的曲调一般在同一宫调内比较稳妥,如南正宫内,截取【玉芙蓉】【小普天乐】两曲,可组成集曲【芙蓉乐】,截取【玉芙蓉】【朱奴儿】两曲,可组合成【芙蓉奴】,这些都是曲家最常用的犯调形式。吴梅对"不若只犯本宫为便"的观点深以为然。在《南词简谱》中吴梅考虑到同一宫调的集曲操作起来简易方便,通常会推荐作曲者在相犯组合时,优先考虑取同一宫调内的曲调相犯,如南商调集曲【字字啼春色】,以【字字锦】【莺啼序】【绛都春序】三曲互犯,【字字

---

[1] 吴梅:《吴梅全集・南北词简谱上》,第64页。
[2]【清】王奕清等编:《钦定曲谱》,中国书店1990年版,第28页。

锦】犯曲只此一体,吴梅曲后注文特意强调:"学者如欲他犯,宜取本调中牌用之。"[1]反之,如果不是同一宫调内曲调相犯,容易招致非议。如商调曲牌的【黄莺儿】犯调至多,有【莺花皂】【四犯黄莺儿】【黄玉莺儿】【金衣芙蓉】等皆为该曲的犯调,吴梅评论其中最不合格的为【山外娇莺啼柳枝】,该犯调出自《牡丹亭》"烈性上青天"一曲,吴梅批评它:"曲中犯各牌,有【亭前柳】【下山虎】【忆多娇】皆越调曲牌,与商调不类。"[2]。

而对于犯调多发生在同一宫调内的缘由,吴梅也进行了阐释。他认为,同一宫调内的曲调,由于"管色相同",故对曲调的要求较为宽松,曲调互犯时更易操作,"不必细加研讨,但取各牌缓急相同耳"[3]。他进一步补充不同曲牌互犯的规则,"凡就曲牌之缓急,而为之联络"[4],即快曲与快曲互犯,慢板与慢板相集。吴梅以南黄钟宫曲调【滴溜子】为例加以解释,该曲为快曲,按照"所集各曲,仍当以快曲联络之,方有头绪"[5]的规则,与快曲【神仗儿】互犯,可组成集曲【滴滴神杖】,与快曲【出队子】互犯,可组成【滴溜出队】,与快曲【黄莺儿】互犯,可组成【滴莺儿】,与快曲【皂罗袍】【排歌】互犯,还可组成【滴罗歌】。

其二,明确不同宫调的曲调可以互犯,并举例分析其互犯规律。对于曲调不在同一宫调是否可以互犯,古代曲家是有不同见解的。明代著名书法家祝希哲爱好戏曲,他曾选取南吕、商调、仙吕三个不同宫调内的曲调,自创南吕宫集曲【七犯玲珑】一套,包括【南吕·香罗带】【商调·梧叶儿】【商调·水红花】【仙吕·皂罗袍】【仙吕·桂枝香】【仙吕·排歌】【商调·黄莺儿】等七支曲调相犯而成,可见祝希哲认为不在同一宫调的曲调是可以互犯的。明代沈璟对该集曲颇不认同,他在《南曲全谱》中点评道:"【梧叶儿】三句不似,又且商调与仙吕相出入,亦非体也。"沈璟明确地反对了祝氏将商调

---

[1] 吴梅:《吴梅全集·南北词简谱下》,第692页。

[2] 吴梅:《吴梅全集·南北词简谱下》,第704页。

[3] 吴梅:《吴梅全集·南北词简谱下》,第283页。

[4] 吴梅:《吴梅全集·南北词简谱下》,第281页。

[5] 吴梅:《吴梅全集·南北词简谱下》,第503页。

与仙吕两个宫调的曲调组合在一起,认为不同宫调的曲调不适合组成集曲。鉴于沈璟在当时曲坛的权威性,他的这一观点一度被曲家所恪守,直至明代末年,徐于室才提出异议,认为商调和仙吕虽为不同宫调,但其曲调声情相似,可以互犯组成集曲。

吴梅认同徐于室的观点,认为声情相同或相似的宫调,所统辖的曲调可互入。如南吕宫【单调风云会】集曲,以【一江风】为主,犯【驻云飞】。【一江风】虽在南吕宫,但由于声情与中吕宫的【驻云飞】相似,因而两曲互犯,吴梅点评"恰是相当"。他还在徐于室的基础上特意强调,如果曲调声情不同,即使属于同一宫调,也不能强行组成集曲。还是以该曲为例,吴梅接着点评该曲"倘欲别为犯曲,宜取仙吕、中吕、正宫等曲,勿谓因南吕宫,遂与【绣带儿】【宜春令】等合并也"[1]。在吴梅看来,【绣带儿】【宜春令】【一江风】三曲同为南吕宫曲调,但是由于前两曲声情缠绵悱恻,与【一江风】感叹伤悲的声情不符,因此不宜互犯。此外吴梅还注意到相犯曲调的位置问题,他认为在可以相犯的宫调中,相犯的曲调所处的位置是有前后之分,有的宫调曲调必须在前,有的则必须居后,如商调曲与黄钟宫曲相犯时,商调曲须居于黄钟宫曲之前,这些细节都是对不同宫调曲调互犯规则的进一步补充。

其三、强调板式、音调对集曲过搭之处的重要性,删改了旧谱中所存集曲过搭之处的讹误。所谓过搭之处,即相犯的前曲与后曲之间。过搭之处,在平仄、节奏、声调等格律上必须协调,衔接妥帖。我国古代曲学家对犯调的过搭之处十分重视,清代钮少雅在《南曲九宫正始》中,明确将犯调前后过搭处的平仄、板式等格律相协作为衡量集曲合律的重要标准。吴梅对这一衡量标准颇为认同,他在编撰《南词简谱》时,如果集曲各曲调过搭之处的板式顺畅,即使所犯宫调驳杂,也会酌情予以保留。如南双调集曲【五月红楼送玉人】,为王伯良散曲,吴梅称该曲为创格,因为它集小工各曲【五供养】【月上海棠】【红娘子】【雁过南楼】【江头送别】【玉娇枝】【人月圆】,且曲名成一诗句曰【五月红楼送玉人】。在这七支曲中分别包含双调、越调、大石调,宫调十分凌

---

[1] 吴梅:《吴梅全集·南北词简谱下》,第503页。

杂，但由于"板式无阻碍，可入唇吻耳"[1]，吴梅依然收录于双调集曲中。而有些集曲，即使音律和谐，得到了较好的评价，但是曲调过搭之处的音调不合，吴梅依然会给予批评。如南商调集曲【莺集园林二月花】以【莺啼序换头】【集贤宾】等六支曲子互犯，该集曲各调音律和谐，但吴梅依然敏锐地指出【园林好】【月上海棠】二曲的声调"稍嫌高亢不伦"[2]。南羽调集曲【四季盆花灯】，以【四季花】【瓦盆儿】【石榴花】【剔银灯】四曲互犯，这四曲皆为中吕宫曲，但是由于四曲声调"高低不伦"[3]，吴梅对其也评价不高。与之相反的是南黄钟宫集曲【灯月照画眉】，吴梅直言"集曲无定格，但取音调之和"，并称赞该曲"声调和谐，文亦妍丽"[4]。

除了从板式、音调等方面衡量集曲合律之外，吴梅对曲调过搭之处的平仄不合，也多会进行删改。如南吕宫【罗江娇】以【香罗带】为主、犯【一江风】【步步娇】两曲，此曲末句原为【怨别离】收尾，但吴梅删掉【怨别离】，将其改为【步步娇】，理由是"【怨别离】一体，仅见古曲'仰屋长吁'一支，共二十句，四十九板，而末句云'怨别离何时会'，与此支平仄复不合，故易作【步步娇】"[5]。改过之后，吴梅颇为得意，称新曲过搭之处的板式腔格丝丝入扣。又如以《南词定律》有南越调集曲【山桃竹柳四多娇】二曲，一录散套，一录《牡丹亭·遇母》折"抛儿浅土"一支。后一曲以【下山虎】、【番竹马】、【小桃红】、【四般宜】（即越调中【蛮牌令】）、【亭前柳】、【忆多娇】分配，吴梅认为以上诸曲过搭殊属牵强，且"句法平仄，多不合原格"[6]。于是赞同《大成谱》的作法，删去【山桃竹柳四多娇】，仅保留【下山虎】与【忆多娇】互犯，组成集曲【下山遇多娇】。

---

[1] 吴梅：《吴梅全集·南北词简谱下》，第650页。

[2] 吴梅：《吴梅全集·南北词简谱下》，第700页。

[3] 吴梅：《吴梅全集·南北词简谱下》，第733页。

[4] 吴梅：《吴梅全集·南北词简谱下》，第287页。

[5] 吴梅：《吴梅全集·南北词简谱下》，第520页。

[6] 吴梅：《吴梅全集·南北词简谱下》，第772页。

## 三是重新估量了【尾声】对南曲联套出新的重要作用

　　早期南曲套数没有规则可言,直至明代,随着昆剧的盛行,南曲套数的要求也一步步规范,尤其是对大出的全套曲牌,规定逐渐严格。明代大部分南曲曲家在沈璟等人的倡导下,有意沿袭元人北曲的联套体制,在传奇套曲的编排上,从引子、过曲到尾声基本照顾到同一宫调的整饬与完整。吴梅对南曲沿袭元代体制是赞同的,他强调南曲联套须讲求前后顺序,他认为"全套曲牌,各有定次,前后联串,不能倒置",[1]除了一些特殊曲子,如套曲中的集曲、或丑净过脉戏这样的小出戏之外,其余作曲必须顺其次序,不然便有冠履倒易之诮。

　　吴梅精通音律,又长于创作,他发现如果想套数得宜、牌名均匀,有一捷径可走,"宜取元明以来传奇散曲效法之"。[2]效法的对象为传奇散曲中的佳作,吴梅特意列举《琵琶》《幽闺》《浣纱》等佳作剧目,并具体阐释效法的步骤及过程。首先辨析曲中悲欢喜怒之情节,然后择定宫调套曲,最后参照《南词定律》谱曲填词。对于"按谱填词",完全取决于填词者自身的素养修为。如果学者"苟于宫调犯换之理,不甚明了"[3],则只需守成套;如果精于曲律,那么则可另立新套。

　　更为难得的是,吴梅对如何另立新套也做了细致地阐释。他认为立新套可自联套曲,套曲的前后位置颇宜斟酌,"不可不重视"的在于【尾声】,因此,他对套曲中的【尾声】尤为关注。昆剧中的【尾声】在北曲中规定严格,格式繁多,不过到了南曲则由繁入简,作曲时也可用可不用。一般若同牌曲四支,与【换头】并用时,则【尾声】大多不用;《琵琶》中就普遍存在不用【尾声】的联套,如《规奴》中【祝英台】四支,《梳妆》中【风云会】【四朝元】四支,《登程》中【甘州歌】四支,后均没有使用【尾声】;《紫钗》中《插钗》的【绵搭絮】四支也没有填写【尾声】。鉴于这种可用可不用的实际情况,大部分南曲曲家对【尾声】的

---

[1]　吴梅:《顾曲麈谈·谈南曲作法》,载《吴梅全集·理论卷上》,第66页。

[2]　吴梅:《顾曲麈谈·谈南曲作法》,载《吴梅全集·理论卷上》,第66页。

[3]　吴梅:《顾曲麈谈·谈南曲作法》,载《吴梅全集·理论卷上》,第66页。

创作是有所忽略的。对此，吴梅一针见血地分析了曲家不作【尾声】的根本原因，即收尾的难度较大，"词人填词时，直至【尾声】处，已是强弩之末，其能兴会淋漓，如前所云收束不来者，十中难见一二也"[1]。不过，也有曲家敏锐地发现【尾声】的重要性，如沈璟这样的大曲律家会强调"其于【尾声】，再三注意"[2]。

吴梅是肯定【尾声】必要性的，"盖南曲套数之收束，全在【尾声】之得宜"[3]，他提出【尾声】是立新套的关键，"【尾声】的平仄，尤须因时制宜，不可拘定旧式焉"[4]，吴梅为此详细举例，选取仙吕宫、正宫、大石调、中吕调、南吕调、黄钟宫等六个宫调的多支套曲来说明【尾声】对立新套的重要性。具体比较如下：

### 部分宫调套曲【尾声】可立新套列表[5]

| 宫调 | 曲牌 | 尾声平仄 |
| --- | --- | --- |
| 仙吕宫 | 【八声甘州】——【赚】二支——【解三酲】二支——【尾声】 | 仄𠃊平平丶、平𠃊平仄丶、平𠃊平仄╱仄仄╱平丶平，仄－仄╱平丶平平╱仄平丶。 |
| | 【河传序】二曲——【赚】一曲——【解三酲】二曲——【尾声】 | 仄𠃊平平丶、平𠃊平仄丶、平𠃊平仄╱仄仄╱平平，仄－仄平╱平仄╱仄平丶。 |
| | 【八声甘州】二曲、【解三酲】二曲或单用【八声甘州】四曲 | 可不用【尾声】 |
| | 【木丫叉】一曲、【美中美】一曲、【油核桃】一曲 | 可不用【尾声】 |
| | 【上马踢】【摊破月儿高】【蛮江令】【凉草虫】【腊梅花】各一曲 | 可不用【尾声】 |

---

[1] 吴梅：《顾曲麈谈·谈南曲作法》，载《吴梅全集·理论卷上》，第66页。
[2] 吴梅：《顾曲麈谈·谈南曲作法》，载《吴梅全集·理论卷上》，第67页。
[3] 吴梅：《顾曲麈谈·谈南曲作法》，载《吴梅全集·理论卷上》，第67页。
[4] 吴梅：《顾曲麈谈·谈南曲作法》，载《吴梅全集·理论卷上》，第66页。
[5] 此表根据吴梅《顾曲麈谈·论南曲作法》，载《吴梅全集·理论卷上》，第67—69页内容所归纳。【尾声】除了标明平仄外，吴梅还注示板眼，"丶"表示正板的头板，"𠃊"表示正板的腰板，"－"表示正板的底板。

续表

| 宫调 | 曲牌 | 尾声平仄 |
|---|---|---|
| 正宫 | 【倾杯序】二曲——【赚】一曲——【朱奴儿】二曲——【尾声】 | 平一平仄ゝ仄平一平仄`,仄一仄仄一平平ゝ平ゝ仄,仄-平仄ゝ平平ゝ去上。 |
| | 【白练序】二曲——【红芍药】二曲——【尾声】 | 同上 |
| | 【金殿喜重重】二曲——【赚】二曲——【丑奴儿】二曲——【尾声】 | 平一平仄ゝ仄平一平仄`,平一仄平ゝ平平ゝ平,仄-仄平`平仄ゝ仄平`。 |
| 大石调 | 【催拍】——【一撮棹】或【三字令】——【一撮棹】 | 俱不用【尾声】 |
| | 【催拍】二曲——【亭前柳】二曲——犯越调【下山虎】二曲 | 亦不用【尾声】 |
| | 【赛观音】二曲——【人月圆】二曲 | 亦不用【尾声】 |
| 中吕调 | 【尾犯序】四曲——【鲍老催】二曲——【尾声】 | 平一平仄`,平一仄平`,仄一仄平ゝ平仄ゝ仄`,仄-仄平`平平ゝ仄平`。 |
| | 【尾犯序】四曲——【赚】一曲——【玉芙蓉】二曲——【刷子序】二曲——【尾声】 | 【尾声】同前 |
| | 【山花子】二曲——【大和佛】一曲——【舞霓裳】一曲——【红绣鞋】一曲——【尾声】 | 【尾声】同前 |
| | 【驮环着】一曲——【合笙】一曲——【瓦盆儿】一曲——【越恁好】一曲——【尾声】 | 【尾声】同前 |
| | 【合笙】二曲——【包子令】二曲——【梅花酒】二曲 | 不用【尾声】 |
| 南吕调 | 【琐窗寒】二曲——【太师引】二曲 | 不用【尾声】 |
| | 【石竹花】二曲——【红杉儿】四曲 | 不用【尾声】 |
| 黄钟宫 | 【渔父第一】——【刮地风】 | 不用【尾声】 |
| | 【刮地风】——【滴溜子】——【尾声】 | 平一平仄ゝ仄平一平仄`,仄一平仄`,仄仄ゝ平平`,仄-仄平ゝ平平`仄平`。 |
| | 【灯月交辉】二曲——【赚】一曲——【鲍老催】二曲——【尾声】 | 平一平仄`仄平ゝ平`,仄一平平ゝ仄平ゝ平仄-,仄仄仄ゝ平-平仄`。 |

193

从吴梅的比较中我们可以看出,同一宫调,有的套曲不可用【尾声】,有的套曲则宜用【尾声】,【尾声】稍加改动,便可自立新套。从以上宫调的套曲中,吴梅归纳出【尾声】可从平仄各异、板眼不同、字节有变等多个方面进行改动,促使整个套曲增添新意。

## 结　语

曲牌联套是昆剧的重要特征和传统,值得我们珍视与继承。尽管音律并不是剧作的全部,我们也不能苛求剧作"无一字不合律",但是当代昆剧创作保留曲牌联套的文本程式却是十分有必要的,这直接关系到昆曲正音的传承。不过,曲牌联套体的规则是十分严密繁复的,必须讲求"调有定格、句有定式、式有定字、字有定声",当代剧作家在创作时,即使意识到它的重要性,但是要想完全遵从这套规则绝非易事。

这一现象不是当代才出现,近代曲家便已有感于"填词之道,世人皆以为难",曲学大师吴梅耗尽十余年心力投入到昆曲音律研究中,便是为了解决这一难题。时至今日,他的音律研究成果非但没有随时代的变迁而过时,相反,在昆剧逐渐恢复生机的今天,切合了当下新编昆剧创作的迫切需要。吴梅的音律研究不仅为剧作家提供了具体的借鉴与参考,还可解决新剧演出实践中存在的弊端,提升昆曲演出人员的表演素养,对当代昆曲的保护传承产生持久而巨大的促进作用。

# 论《顾曲麈谈》中的度曲之法

孙敏智

## 一、前　言

《顾曲麈谈》(下简称《麈谈》)原于1914年至1915年间刊载在《小说月报》上,商务印书馆在1916年出版单行本。[1]这是吴梅先生的首部度曲理论著作,本于他学曲、读曲、制曲的经验,再后出版的《曲学通论》则为他在北大的教学讲义,本于《麈谈》再作阐释。[2]度曲专著与曲话不同,故《麈谈》不同于刊载于《小说林》的《奢摩他室曲话》,以及近来重新发现,并被认为是吴先生早期撰作的《霜崖

---

[1]　吴梅:《顾曲麈谈》,载王卫民编《吴梅戏曲论文集》,中国戏剧出版社1983年版。下文大量转述此书观点,为减省篇幅,仅注出直接引用的页数。
[2]　吴新雷:《关于昆曲研究的世纪回顾》,载《昆曲研究新集》,秀威资讯科技股份有限公司出版社2014年版,第16—35页。

曲话》。[1]《麈谈》的最大特色是前三章的度曲之法,详细说明制曲与唱曲的方法,明显见吴先生之戏曲教育与文化传承目的。度曲之法是吴先生曲学的精华所在,也因此,应再次深入探索《麈谈》中提出的方法,一并指明隐藏于文字背后的文化意识,此亦呼应他推展曲学教育的基本态度。

度曲含制曲与唱曲双意。制曲又包含作曲与作剧,前者说音乐结构,后者说戏剧结构。音乐与戏剧本是两种艺术创作的形态。然而,中国戏曲合歌舞以演故事,度曲是结合音乐与戏剧的复杂讨论。既言制曲,音乐比剧本重要,所以古代文人称此类讨论为曲论。曲论突出音乐制约文字创作的戏曲艺术特征,曲牌中的文字必须考虑音乐的格式与调性。但是,曲论从不否认剧本的地位,而是在讨论音乐中突出剧本的重要性,内容包含文字的音韵、阴阳与平仄,以及句式、曲牌联缀,以及关目和人物的设计,都在说语言文字在音乐中的功能与效果,尤其重视乐与文相合下的情感表现。文人谈曲有基本共识,但各自的创作经验与哲理反思却走向众说纷纭,说得越多反而越难懂,乐与文的关系因此成为一门难窥堂奥的绝学。虽是绝学,若有心学,必见章法,且积学有得,在"文章天下之公器,非我之所能独私"下,更要"使人知有规矩准绳,而不为诵读所误"[2],此即吴先生提出度曲之法的初衷。

《顾曲麈谈》的前三章十分精彩,度曲原则、制曲诀窍与唱曲要领呼应明清文人"贵曲而不轻文"的传统观点,吴先生更总结自身的创作经验来处理复杂的曲论概念,提出一套深含文人底蕴的戏曲教育方法。

---

[1]《霜崖曲话》遗稿,16卷,转抄本,由吴新雷先生于1989年10月16日在南京大学图书馆发现,手稿底本现藏台北"国家"图书馆(原名中央图书馆)。《霜崖曲话》属于随笔札记,由作家研究、作品评论、元明戏曲继承关系、戏曲发展脉络及明传奇四种流变、曲律审定五个部分组成。《霜崖曲话》也谈及度曲,但重点在考证作者与文本。该书的部分内容见于较后出版的《顾曲麈谈》与《曲学通论》等书中。参见吴新雷:《吴梅遗稿〈霜崖曲话〉的发现及探究》,收入《昆曲研究新集》秀威资讯科技股份有限公司2014年版,第143—162页。李占鹏先生再谈《霜崖曲话》的重要性,多袭吴新雷之说,见《吴梅〈霜崖曲话〉的发现、整理及研究》,载《兴义民族师范学院学报》2011年第5期,第46—49页。

[2]《顾曲麈谈》,第4页。

## 二、度曲原则

制曲的首要工作是安排音乐结构，之后才填词说故事，而填词即配合音乐格式与调性的文字创作。无曲词就无故事，空有音乐也无用，所以吴先生言度曲之法有三个根本环节：以填词为首，次为宫调，最后是音韵。

### （一）填词

填词有三个原则。第一，乐与文的情感相合。音乐与文字都内含情感，文字的意义更明确指向某种情感，则填词必须注意乐曲本有的苦乐哀悦调性。每支乐曲都有名字，称为曲牌。曲牌分属不同宫调，分类来自曲牌的情感属性，因此安排音乐结构必须先认识宫调与曲牌，之后则要熟悉联缀套曲的规则，有了这个知识才能填词。换言之，填词的首要条件是情感，乐与文的情感必须两相呼应。

第二，文字吻合音乐形式。曲牌因乐声高低、节奏快慢而有字格规定，每个曲牌都有固定的字数、句数与音韵规范，填词就要讲究文字的四声、平仄、阴阳、清浊和声韵。由于音乐形式，曲韵不同于诗词韵，不可以随意通借，但又因乐曲要展现情感，所以在以歌曲讲故事的条件下允许重韵，用韵上反比诗词宽松。

第三，填词贵本色。本色，意指说故事的语言文字，既不可太工，也不可太俗，更忌讳堆垛典故而使人如堕五里雾中。故事必须说清楚，让人在特定情境中知晓某一事件的发生过程，因此文字必须呼应角色的身份、个性与情节，不可晦涩难解，更不能迁就音乐而支离破碎，但也不能违背音乐体制。文字既然要贴合情节，就会不断变化，因此不需如诗词古文一意到底。

以上三个原则说明填词并非简单的文字创作，吴先生总结说："调得平仄成文，又恐阴阳错乱，配得宫调合律，更虞字格难谐，及诸般妥帖，而出语苟有晦涩，又非出色当行之作。"[1]解读精辟，指明音声安排是戏曲创作的根本，文

---

[1]《顾曲麈谈》，第5页。

字美是受制于音乐的第二层次工作。

## (二)宫调

要谈音乐,需懂宫调。宫调是曲牌分类的音乐概念。曲牌各有音乐调性及情感属性,相近者被归为一类,再以某宫或某调作为一类之总称。同宫同调中的曲牌可联缀成套曲,此即北曲杂剧的联套原则。北曲严谨,不允许联缀不同宫调的曲牌成套,不过金元间的诸宫调已打破北曲规则。南曲的曲律则更加松散,早见移宫换调。吴先生谈宫调并未多作说明,仅言宫调"所以限定乐器管色之高低也",并称"今曲中所言宫调,即限定某曲当用某管色"。[1]这是反过来讲宫调的功能与演奏方法,即:某宫某调已指定音乐的高低,宫调直接决定指法。音乐的高低来自乐器的使用状态,古人称管色,而后来以笛为主的昆曲兴盛,所以吴先生谈宫调直接谈笛色,即笛音高低的规范。

笛色,指手指按笛子上不同孔而发出的不同音阶。一支笛有六个孔,可吹出工、尺、上、乙、四、合、凡七个音阶,这是基准调,称为小工调。若手指按孔的位置改变,便出现变调,共有凡字调、六字调、正工调、乙字调、尺字调、上字调六种变调。吴先生的笛色说明很详细,但并未点明基准调与变调都是演奏笛子的指法。[2]指法不同,乐音才有高低明暗之别,如小工调指法可演奏仙吕宫、中吕宫、正宫、道宫、大石调、小石调、高平调、般涉调的曲牌,这些宫调也都能用尺字调指法演奏,而凡字调、六字调和上字调指法则皆可演奏南吕宫的曲牌。

说完指法与宫调的关系后,吴先生详列六宫十一调与各自的南北曲曲牌名称,亦列出宫调无牌者,并在结束此节前说:

---

[1]《顾曲麈谈》,第7页。
[2] 参见许之衡:《曲律易知》,日本东京大学东洋文化研究所藏"双红堂文库"民国11年(1922年)《饮流斋著丛书》刊本,第12a—13a页;韩非木:《曲学入门》,中华书局1948年版,第75—80页。此二书皆大量转引《麈谈》做申论,吴先生更为许书作序,肯定其书专论排场的价值。韩书虽题名曲学,度曲只占极小部分,主要谈戏曲发展的历史与作品。两书大量转引并申论《麈谈》中的观点,可见吴先生提出的度曲之法早为近代戏曲研究者视为圭臬。

惟文人好作狡狯,老于音律者,往往别出心裁,争奇好胜,于是北曲有借宫之法,南曲有集曲之法。……此惟神于曲律者能之。……借宫集曲,统名犯调,若用别宫别调,总须用管色相同者。例如仙吕宫与中吕宫,同用小工调,则或于仙吕曲中犯中吕,或于中吕曲中犯仙吕,皆无妨也。[1]

借宫与集曲皆为打破规则后的新音乐结构,前者混用不同宫调的曲牌成套,后者是截取同一宫调不同曲牌的数句,按原属句式中的位置组成新的曲牌。这么做的目的在创造耳目一新的音乐效果,但做法上有条件,即被混用的曲牌必须管色相同,也就是被混用的曲牌必须使用相同的指法来演奏。

"宫调"一节主要列出宫调与曲牌,有三大重点:一是,需知有哪些曲牌分属哪些宫调;二是,需了解宫调与指法的关系,但吴先生之说较为模糊;三是,说明各个宫调的音调高低。音乐是抽象艺术,文字无法说清楚指法不同下的音调差别,再加上指法是演奏技术,所以这一节的内容偏于罗列资料。虽有缺憾,他的谈法仍见浓厚的实用目的,这是其论曲的独特处。

### (三)音韵

吴先生解释音韵,仍见相同的实用目的。音与韵是两回事。音是"喉舌唇齿间之清浊",韵是"十九部之阴阳",并且"音有清浊,韵有阴阳",必须辨明清浊阴阳,"斯无拗折嗓子之诮,否则纵有佳词,终不入歌者之口也"。[2]因戏曲中的语言文字受制于音乐结构,音韵同时也是个音乐问题。此处先看他谈创作者该把握的音韵内容。

字音脱离不了宫、商、角、徵、羽五音,五音分别从喉、颚、舌、齿、唇发出。宫音最浊,依次至羽音最清。清浊音的分别可从声带的震动与否来看:不震动的为清音,震动的为浊音;或借英语做例更易理解,前者即无声字音,后者为有声字音。字音讲的是发声位置,字韵则在辨明声音效果。字韵有阴阳二

---

[1]《顾曲麈谈》,第17页。

[2] 同上,第18页。

分,阴声字是字尾有元音或尾音开口无韵,阳声字是鼻音韵。四声阴阳不易辨别,见他说:"上声之阳,类乎去声。而去声之阴,类乎上声,此周挺斋《中原音韵》,但分平声阴阳,不及上去者,盖亦畏其难也。"[1]音韵很复杂,但历来有韵书,填词可"依谱以填句,守部以选韵"[2],所以为方便学者,他以清代王鵕在乾隆四十二年编的《音韵辑要》为准,并参考宋代宝元二年的《集韵》与元代的《中原音韵》提出的曲韵二十一部,详列韵部,方便学者探索文字的音韵之别,再见其曲学教育的实用性。

曲韵规定异于诗词韵,如诗词中萧、豪两韵不通用,曲中则萧豪互通成一韵部;再如词混用监咸、纤廉两韵,但曲中则分立不通融。曲韵规定来自唱曲有发声位置与声音效果的严格要求,吴先生解释:"以开口与闭口,出音各殊,鼻音与颚音,吐字宜细(曲中真文为抵颚音,庚亭为鼻音,侵寻为闭口音,此三音分立至严)",所以创作者要懂发声规则,文字不可"忽而闭口,忽而抵颚,忽而鼻音"而使歌者唱不出口。[3]正因他熟知发音位置与声音效果的关系,他才批评高则诚说不寻宫数调实贻误后学。

此外,创作者还需搞清楚字音与曲调的契合。他谈南曲,说字音与曲调大抵相反:"调之低者,宜用上声字,调之高者,宜用去声字。"[4]上声字音是最高的字音,但在曲调中往往放在低音处唱;去声字音读来像是最低音,但在曲调中反而要放在高音处才动听。这一说法来自明代沈宠绥的《四声批窾》:

> 昔词隐先生曰:"凡曲去声当高唱,上声当低唱,平入声又当酌其高低,不可令混。"其说良然。然去声高唱,此在翠字、再字、世字等类,其声属阴者,则可耳。若去声阳字,如被字、泪字、动字等类,初出不嫌稍平,转腔乃始高唱,则平出去收,字方圆稳。不然,出口便高揭,将被涉贝音,

---

[1]《顾曲麈谈》,第18页。

[2]《顾曲麈谈》,第20页。

[3]《顾曲麈谈》,第21页。

[4]《顾曲麈谈》,第24—25页。

动涉冻音,阳去几讹阴去也。上声固宜低出,第前文间遇揭字高腔,及紧板时曲情促急,势有拘碍,不能过低,则初出稍高,转腔低唱,而平出上收,亦肖上声字面。[1]

上声字由下而高,置于低音处唱,平出上收能唱出上声字的本音,还有悠扬的效果。去声字一出口就直泻而下,故徐大椿的《去声唱法》说:"唱冻字,则曰冻红翁,唱问字,则曰问恒恩,唱秀字,则曰秀喉沤,长腔则如此三腔,短腔则去第三腔,再短则念完本字即收,总不可先带平腔。"[2]若创作者不了解字音,则填入曲牌中的文字很可能不合音乐调子,使歌者完全唱不出正确的字音。

## 三、制曲诀窍

吴先生谈度曲,目的为实用,非抽象的美学思辨。此实用目的来自他少时学曲却无法可从的经验。[3]他发现古人的度曲之法多秘而不传,暗室无灯,"歌者不知律,文人不知音,作家不知谱"[4],故此道日衰。有鉴于此,他整合自身的学曲经验提出制曲诀窍,如武林秘籍一般,后学可经此迅速把握曲体规范与创作原则。他先在首章"原曲"的最末提出四条作南曲与三条作北曲的诀窍,为下一章"制曲"做铺垫,而"制曲"章则专论戏剧结构与创作方法。

### (一)制南曲

制南曲的第一诀窍是"词牌之体式宜别"。此言每个曲牌都有一定的音乐结构、情感属性及句法文理,创作不可违背体制。第二是"音律之卑亢宜

---

[1]【明】沈宠绥:《度曲须知》,载中国戏曲研究院编《中国古典戏曲论著集成(五)》,中国戏剧出版社1959年版,第200页。

[2]【清】徐大椿:《乐府传声》,载中国戏曲研究院编《中国古典戏曲论著集成(七)》,中国戏剧出版社1959年版,第166页。

[3]《顾曲麈谈》,第1页。

[4] 吴梅:《曲学通论·自序》,载《吴梅戏曲论文集》,第259页。

调"。这说字音连贯与曲牌联缀的声音效果。字音连贯,以去上连用最佳,上去次之,因前者的声音有明显的抑扬顿挫,收尾声音飘扬,较后者更优美。曲牌联缀则要理解曲牌的音乐调性。若将调子不同的曲牌强行连贯,则不仅乐工每奏一曲便要换指法而难以演出,音乐效果也将怪异。第三是"曲中之板式宜检"。此说音乐的节奏与衬字,必须察明曲牌的板式。吴先生进而提出使用衬字的简便法则:"板式紧密处,皆可加衬字,板式疏宕处,则万万不可。"此因紧密处加衬字,"歌者全不费力,且反有疏密清逸之致",而在疏宕处再加衬字,则上一板与下一板相隔太远,唱者赶板不及,必有落腔出调问题。[1]第四是"曲牌之套数宜酌",讲的是曲牌联套的规定。创作者应按旧谱联缀曲牌,尤其要注意【尾声】。曲牌联缀也有诀窍,首要是定好情节的悲欢喜怒,再依宫调的情感属性择定曲牌,最后依谱填词。如此为之,便不犯声律怪异的问题。

### (二)制北曲

北曲异于南曲的温柔典雅,特色是调促辞繁,衬字与板式皆无定式,且"不尚词藻,专重白描",更要化用胡人方言,还要能"以俚俗为文雅"、"纯任自然"。[2]这颇难创作,但仍可学,首要任务即"识曲谱",尤其是清初李玉征引充分的《北词广正谱》。吴先生一并指出,乾隆间《九宫大成南北词宫谱》中的北曲部分几乎全袭此谱。除了曲谱,还必须学习伶人身口相传而留下的熟套。制曲者必须熟悉流行的套数,且从伶人学才能学到腔格并看懂工尺谱。腔格,即文字的四声清浊阴阳和音乐的关系。懂得这些规则,自然懂得如何依字配声,知道何处可增减衬字。

学制曲的最困难处就是"明务头"。对"务头"一词,吴先生认为历来说法皆模糊不清,他则从自身经验作说明:

---

[1]《顾曲麈谈》,第27页。

[2]《顾曲麈谈》,第30—31页。

> 务头者,曲中平上去三音串联之处也。如七字句,则第三、第四、第五之三字,不可用同一之音。大抵阳去与阴上相连,阴上与阳平相连,或阴去与阳上相连,阳上与阴平相连亦可。每一曲中,必须有三音相连之一二语,或二音(或去上,或去平,或上平,看牌名以定之)相连之一二语,此即为务头处。[1]

其说十分精辟。具体做法是先定某句中某字为务头,下巧妙的俊语,而俊语文字的四声阴阳应吻合引文中提出声音组合规则。务头就是曲中的字音变化处,李渔说这是曲中动情发调而最动听处。[2]最后是"联套数",而学联套的方法无它,就是详究古人之作。吴先生明确指出,要以元杂剧为榜样,并详列北曲各宫调中常见的套数与特殊的联套范例。

总而言之,学制曲,古人佳作是唯一榜样,创作者必须要熟悉名作的格式与内容。学习先从模仿着手,再渐进于新创,这是他就曲学教育所提出的最根本建议。他的观点正是文人传统中的"学",要学的内容包含音乐、文字、音韵、文章体制和文学技巧众多层面。所以,学曲实际是在学文学传统中的创作规则与品评内容。再见吴先生这么说:"文人自填词曲,以陶写性情也"[3],肯定度曲可怡情养性,则学度曲当然如同学作诗文一般,那是人品学识的培养过程。

### (三)戏剧结构

谈了音乐结构,接着就要谈戏剧结构,这是"制曲"章的最主要内容,并吴先生提出了许多的作剧诀窍。这一章完全据李渔《闲情偶寄·词曲部》做发挥[4],再加入他自身的度曲心得。按其说,戏有"真""趣"两个核心要素,并以"风教"为戏之本质。"真"指创作"切实不浮,感人心脾",以"情理之真"来"规

---

[1]《顾曲麈谈》,第32页。

[2]【清】李渔:《闲情偶寄》,载中国戏曲研究院编《中国古典戏曲论著集成(七)》,中国戏剧出版社1959年版,第47页。

[3]《顾曲麈谈》,第48页。

[4]【清】李渔:《闲情偶寄》,载《中国古典戏曲论著集成(七)》,第7—70页。

正风俗";"趣"即风趣,要"谈言微中",不仅不用秽亵的市井谑语,还要有明确的劝惩主旨,能"有俾风教"才是好剧作。[1]他认为能真有趣就是美,更是"案头场上交相为美"[2],此言文本与搬演两相辉映。具体怎么做,他提出"结构宜严谨""词采宜超妙""宾白宜优美"三个诀窍。

1. 结构严谨

剧情纲领必须在确定音乐结构之前已先布置妥帖,关目设置、角色分配与排场冷热都清楚明了,诀窍即"总以脉络分明,事实离奇为要"。[3]前句说结构清晰,后句要求故事出奇。有奇事,还要懂得怎么在音乐结构中用适当的文字来说有益风化的故事。此处,他化用李渔谈戏剧结构的观点,提出"戒讽刺""立主脑""脱窠臼""密针线""减头绪""均劳逸""酌事实"七条规则。七条中有五条全与李渔所言相同,但同中又见吴先生之独见。

"立主脑"说:"文人好事,往往标新立异,离奇变幻,无所不至,然其线索清澈,脉络分明,虽机趣横生,而事实始终整洁。"[4]"脱窠臼"说:"凡且不经见之事物,不妨设幻景以现之,但取历史中事实,其有可惊可愕可感可泣者,谱成词曲,而复衬以布景,俾阅者如置身其间",并更应"以今时之砌抹,演旧日之声容"。[5]"酌事实"整合自李渔的"戒荒唐"和"审虚实",说:"用故事则不可一事蹈虚,用臆造则一事不可征实",且必须"合于情理之中,最妙以前人说部中可感可泣,有关风化事,揆情度理而饰之以文藻,则感动人心,改易社会,其功可券也"。[6]"均劳逸"则为新创,从实际搬演条件来谈排场安排,要先"视曲中文字与事迹之何若,而后定为某脚某脚也",如此安排之下,优伶才有时间更换衣装,也不会过劳。以上诸说,强调创作不可离开搬演,再见他感

---

[1]《顾曲麈谈》,第48—49页。

[2]《顾曲麈谈》,第49页。

[3]《顾曲麈谈》,第49页。

[4]《顾曲麈谈》,第52页。

[5]《顾曲麈谈》,第54页。

[6]《顾曲麈谈》,第56、58页。

叹:"文人填词,能歌者已少,能知此理者,非曾经串演不能,故尤少也。"[1]

2. 词采超妙

曲词必须雅俗相间。曲词须雅,所以书中的典故可以用,但不可堆垛。曲词更要超脱,所以情韵含蓄不是曲词的特征。曲词还须有趣,要人人都懂,但又不可一味俚俗而粗鄙。整体言之,"雅则宜浅显,俗则宜蕴藉"[2],这是填词的基本道理。

吴先生进一步提出三个填词诀窍:浅显、机趣与贴切。前两点即李渔论词采说的"贵浅显"与"重机趣",后一点则综合了"戒浮泛"和"忌填塞"。他基于李渔的观点再做推展,尤其是李渔谈宾白时提出的"语求肖似",认为创作"要使其人须眉如生,而又风趣悠然,方是出色当行之作",而"抑圣为狂,寓哭于笑"正是作传奇的基本原则。[3]词采不仅要求文字美,更要求文字直接传达出剧中人合情合理的神韵,见他说:"各人有各人之情景,就本人身上,发挥出来,悲欢有主,啼笑有根。"[4]这个说法极为重要,肯定曲词本有传神诉求。传神本为搬演论的核心内容,吴先生整合前人之说与自身经验,更突出了"曲词传神"的美学观点。

3. 宾白优美

吴先生谈宾白,反对曲词与宾白为主宾关系之说。他比较杂剧与传奇的体制和演出形态,肯定宾白在演出中既可"节唱者之劳",亦可"宣曲文之意",并且脍炙人口的佳曲,往往是因夹入巧妙的宾白而曲情更为饱满浓郁,也因此为人注意并喜好。[5]曲文有曲谱以见体例,宾白则无,但这不表示宾白无规律可循。他指出,作宾白的大规则即"亦须协律调声",并且作宾白正同作传奇第一折中的"定场白",平仄都要协调,且要遵守"生旦之白宜谐,净丑之白

---

[1]《顾曲麈谈》,第55—56页。

[2]《顾曲麈谈》,第59页。

[3]《顾曲麈谈》,第60页。

[4]《顾曲麈谈》,第60页。

[5]《顾曲麈谈》,第62页。

略宽"的根本原则。[1]宾白也需辨明南北之音,并且不可多用方言,而这两个说法正来自李渔论宾白提出的"字分南北"及"少用方言"。

他再推展李渔的"语求肖似"观点,认为作净丑的打诨宾白最难,因为创作者必须熟悉调笑的语言表现。创作者需要去观察并学习诗词、市井猥谈与一切口头语中的相关表现,更要搭配趣味横生的科诨,这才能达到不离"风教"的有效打诨。因此,他把科诨并入宾白中做讨论,并突出李渔谈科诨提出的"戒淫亵"观点,指出:"名教中自有乐地,谈言中尽可解纷,何必说出欲事,才可引人一粲乎。"[2]这个说法最直接体现他秉持的戏曲教化理想。引文的首句借用汤显祖的话,次句则化用司马迁的历史观于戏曲创作中。[3]如此论断科诨之功效,不仅见其文学功底,更把戏曲纳入文学传统中做讨论。如此一来,戏曲就不是简单的娱乐,而是度世良方。这套制曲诀窍不仅助人认识并学习戏曲创作,更导人进入文人传统之中,此乃吴先生戏曲教育理论的最独特处。

## 四、唱曲要领

明人好曲而度曲论曲,戏曲创作与理论蓬勃发展。清代后风潮减退,剧本创作与理论著作不及明代丰富,教唱也多赖曲师口传心授。曲师本是演员,有些更目不识丁,所以不知曲本是否有误,还会随意改动曲本,以致"好曲遂为俗工教坏矣"。[4]吴先生更发现民国初年的学校已不教文字的音韵与阴阳平仄,后人欲学曲,自是难上加难。[5]制曲的目的是唱曲,若唱者不知如何

---

[1]《顾曲麈谈》,第64页。

[2]《顾曲麈谈》,第66页。

[3]《宜黄县戏神清源师庙记》中说戏曲"以人情之大窦,为名教之至乐",见(明)汤显祖著,徐朔方笺校:《汤显祖诗文集》第34卷,上海古籍出版社1982年版,第1127页。《滑稽列传》开篇说"谈言微中,亦可以解纷",见【汉】司马迁:《史记》第126卷,中华书局1959年版,第3197页。

[4]《顾曲麈谈》,第67页。

[5]《顾曲麈谈》,第67页。

吐字发声,听者必不知所云,而创作者若不能辨明音韵,则笔下所造必不适合搬演。所以,谈完制曲后,他再开"度曲"一章,专门谈吐字发声的规则。

这一章的内容环绕着徐大椿的《乐府传声》作申论[1],并参照李渔在《闲情偶寄·演习部》提出的"授曲"方法[2],同时综合他学习各家曲谱后的心得,提出"五音""四呼""四声""出字""收声""归韵""曲情""制谱之法"八个唱曲诀窍。其中,"出字"引自李渔的"调熟字音","制谱之法"则在说明工尺谱中的符号,并结合魏良辅《曲律》(即《南词引正》)中的七条制曲重点,再次强调判别平仄阴阳的重要性。[3]其余六点都不脱徐大椿的观点。

## (一)判读字音

唱曲的第一要素是"五音",指喉、舌、齿、牙、唇五种字音。辨别字音又称审字之法。审字之法教人认识"字音在口中何处着力"[4],这才能念准字音。唱者必须念准字音,因为舞台上唱曲有音乐伴奏,若出口字音不准,在乐声的引导下便容易唱错字音。

发出字音后随即要将字音推送出口,此即呼,所以"五音"与"四呼"有接续关系,前者为"字之所从生",后者为"字之所从出",两者合为经纬。[5]"四呼"言开、齐、撮、合四种读字的方法。具体的吐字发声方法有诀窍:"开"用力在喉音,"齐"用力在齿音,"撮"用力在唇音,"合"则是满口音。吴先生解说四呼,以清初袁于令《西楼记·楼会》中的"慢整衣冠步平康"为例[6]:"慢"为唇

---

[1] 【清】徐大椿,《乐府传声》,第157—182页。

[2] 【清】李渔,《闲情偶寄》,第71—112页。

[3] 【明】魏良辅:《曲律》,载中国戏曲研究院编《中国古典戏曲论著集成(五)》,中国戏剧出版社1959年版,第5—7页。

[4] 《顾曲麈谈》,第68页。

[5] 《顾曲麈谈》,第69页。

[6] 《楼会》本为《西楼记》的第八出《病晤》,该出首曲为生唱的【懒画眉】,首句作"漫整衣冠步平康",见【清】袁于令《西楼记》,收入【明】毛晋编:《六十种曲》,中华书局1958年版,第25页。《集成曲谱》收入《西楼记·楼会》一折,首曲首句的"漫"改作"慢",吴先生所引相同,见王季烈等编,《集成曲谱·金集卷六》,商务印书馆1931年版,第5b页。

出齿收音的"开"读法,"整"与"衣"皆为齿音的"齐"读法,"冠"为喉音的"撮"读法,"步"为唇音的"合"读法,"平"为唇出齿收音的"齐"读法,"康"为舌音的"开"读法。他的解说简单易懂,再见其教人识曲、唱曲的实用目的。

## (二)辨别八声

念准字音后,还须要懂平上去入四声及阴阳之别,两者相乘即为八声,各有唱法规则。四声中,平声最长,入声最短,上去声则皆可唱长音。但是,上声由下挑起,去声又需要转送,两者都不是直唱,所以四声中以平声为正音,此因平声"自缓、自舒、自周、自正、自和、自静",也因此,"舒、缓、周、正、和、静"是唱平声的基本规定。[1]然而,字分阴阳,音质不同,一为阴平,又称清音,另一为阳平,亦称浊音。既有两音,便有两种唱法。唱阴平要"连续而清,歌时须一气呵成"。[2]唱阳平则开口发第一音后略中断,然后再唱出完整字音,即一个字音断成两个音,这也是为什么阳平音在工尺谱上都作两音。唱平声的方法是唱曲的根本,唱上声即从平声起,之后上挑,口气向上直至唱完,这是阴上唱法。唱阳上的唱法与唱阴上相近,但两者差异在前者出声须稍重。

去声字的唱法则很特殊,需要先微微上提音调,再转回本音唱出,此即转送。唱去声必有转送,口气必须沉着。唱入声字则要断。断,指开口的第一音与之后字音间要明显断开,类似阳平的唱法,但隔断则比阳平唱法更为明显。入声的阴阳分别在轻重,阴入轻而阳入重。入声字大抵无长腔,因为拖长声音后即类似平声字。由于唱入声与唱平声相近,吴先生再提出唱入声必须要"出字即止"的基本原则,并提醒学者必须懂"审字势",即唱曲前要搞清楚入声字的字音接近何声,又可读为何声。[3]

---

[1]《顾曲麈谈》,第69页。

[2]《顾曲麈谈》,第69页。

[3]《顾曲麈谈》,第70页。

## (三)吐字收音

接着讲"出字""收声"与"归韵",都是唱曲的技术。首先,吴先生指明唱曲必须理解一个字有头、腹、尾三个音。换言之,一个字的字音实由三个字的字音组成,徐大椿的《去声唱法》有很直白的说明:"冻"有"冻、红、翁"三个字音。三个字音都要唱出,但各字字音又不可唱得太明显,而要隐约,使人只听其音而无其字。尾音中的音韵则要明确唱出,之后才收束字音,并待字音完全收束,才可接着唱下一个字音。

吴先生谈"出字",几乎全据李渔之说,但他进一步就自身经验做精辟解说:"出字一错,则一曲之中,所歌皆别字矣。"[1]并且,他更强调口法,即吐字发声的三个重点:一是出字时的口型,二是出字时于口中何处用力,三是声气从口中哪个部位发出。即便是唱某字的过程中必须随着音乐转腔,仍要保持唱该字的口法。当一字唱至最尾音时,下一字的字头随即要唱出,此时必须改换口法,则收束原本字音即为重点,必须使力把字音交代清楚,绝对不可松懈。在字音转换的关键时刻,更要声气饱满以确保该字的字韵完全唱出。完整唱出字韵即为"归韵",并且他解释这个技术所能达到的音声效果:"能归韵则虽十转百转,而本音始终一线,听者即从出字之后,骤聆其音,亦确然知为某字也。"[2]

吐字发声是门高超的技术,本梨园中人口传心授的绝技,一般人难入其门。吴先生则倾其所能,行文解说这门绝技的原理与方法,让有兴趣于学唱曲者能就其秘籍自行练习体会,见其以实用为本的戏曲教育理念。

## (四)深解曲情

除了唱曲技术,演员、创作者,甚而是观众都必须要理解曲情,这是度曲的最大重点。吴先生说:

---

[1]《顾曲麈谈》,第71页。
[2]《顾曲麈谈》,第73页。

> 必唱者设身处地,摹仿其人之性情气象,宛若其人之自述其语,然后形容逼真,使听者心会神怡,若亲对其人,而忘其为度曲矣。……若世之止能寻腔依调者,虽极工亦不过乐工之末技,而不足语以感人动神之微义也。[1]

上引的曲情说,全据徐大椿的原话。细观之,曲情说有两大重点。一是针对演员而出,要演员完全进入角色之中,在舞台上如实呈现人物的个性与生命情态。二是肯定观众看戏即度曲,而此说颇为特殊。度曲与看戏本是两回事,前者为创作与搬演的过程,即上述复杂的制曲原则与唱曲技法,后者则是享受与取乐,可以是不了解戏曲体制规定下的单纯欣赏。此处,徐氏却用度曲来概括观众的接受状态,则其所言之观众乃一批懂曲,甚至是能制曲的特殊群体,亦即明清时期那批建立起曲论传统的文人群体。按此语境,观赏搬演绝非取乐,而是深度品鉴,因为那批观众不仅有与搬演相关的知识背景,更深谙知人论世之道而懂得于文艺作品中探察人情事理。也因此,徐氏最末出现贬抑乐工的价值判断,批评他们空有绝技而不能发感人动神之微义。按其论断,好作品只能出自有情、能文、还能深刻体会人生世事而代人发声的文人,也只有文人才能以我之情体会他之情而确定下所观作品之价值。

徐氏的曲情说体现文人群体的自我指涉,而李渔在"语求肖似"(词曲部·宾白第四)中也有相同的价值判断:

> 言者,心之声也,欲代此一人立言,先宜代此一人立心。若非梦往神游,何谓设身处地?无论立心端正者,我当设身处地,代生端正之想,即遇立心邪辟者,我亦当舍经从权,暂为邪辟之思。[2]

好作品当然是他们所属的文人群体的作品,而作品之所以好,即因他们

---

[1]《顾曲麈谈》,第73页。另见【清】徐大椿:《乐府传声》,第173—174页。
[2]【清】李渔:《闲情偶寄》,第54页。

深知设身处地的摹仿与想象是情感表现的基础,而情感正是文艺作品的价值源头。将剧本创作与演员搬演等同起来,这便把戏曲纳入了文学传统中作讨论,以文学鉴赏方法来解读戏曲本质、创作技法、搬演诉求与品鉴标准。如此谈曲情,则曲与诗文辞赋没有差别,制曲者与演员皆需如文人一般地学,更要学会设身处地以知人论世的道理。乐工与演员若能技艺高超并深谙曲情,那他们于舞台上展示的就是文人群体肯定的美感状态。此美感的实质内容即文人经文学而具体展示出的"端正之想",此亦中国文化传统的核心意识。

吴先生直接引述徐氏之言,当然是因徐氏已说清楚了理解曲情的道理,而不另作申论的直接引述,就是认同,认同对象就是文人传统。他之后谈制谱并解释工尺谱中的符号,也直接摘引魏良辅《曲律》中的七条内容,再见相同的文人认同。魏良辅本为乐工,但因昆曲大盛,早为晚明与清代人视为曲学榜样,早已被纳入了文人传统之中。他之所以引述魏氏之言,并不只是因魏氏有制曲、度曲、唱曲之绝技,更是因"此道衰息已久,文人新词,其被诸管弦者至少,有词而无声,实则不知谱也"。[1]直接摘引,突出戏曲传统与文人传统的互动共生关系,而在吴先生的语境中,戏曲传统正是文人传统延续发展的重要媒介,故见他说:"曲虽小艺,实陈国风,而可忽视之乎?"[2]

吴先生谈度曲并提出详细的技术解说,见出于实用目的的戏曲教育理念,而此更意在推动戏曲的持续发展。也因戏曲传统与文人传统有互动共生关系,戏曲教育不只是技术传承,即如他旁征博引地总结出度曲诀窍,所言实际重温了精致的文人传统。就此而言,他教人度曲,教的更是文人所建立起的文化传统。

---

[1]《顾曲麈谈》,第78页。
[2] 吴梅:《卢冀野〈饮虹五种〉叙》,载王卫民编《吴梅戏曲论文集》,中国戏剧出版社1983年版,第477页。

## 五、结　语

吴先生大量引用明清人论曲的说法，突出戏曲传统中的文人情趣与审美趋向，不过他同时也批评明清文人："非尽人所能，且此法无人授我，我岂肯独传于人，宁箝吾舌，使人莫名其妙，而吾略为指点之，则人将以关、马、郑、白尊我矣。"此即文人圈中的"自密"传统，度曲之道因此日衰。秘而不宣，因度曲有如武林绝学，只在知音同好中流传；而之所以是武林绝学，更因戏曲是音乐与文学相融的特殊艺术表现，须长期浸淫才能有所得，自然有所得后不随意示人。

度曲之道不仅是融汇制曲、作剧与唱曲的一套复杂方法，更是一种非人人皆能养成的独特的生命情调。吴先生肯定并认同这种生命情调，所以反对自密，严厉批评明清文人为"鄙吝"。他认为武林绝学与美的生命情调应该要推广而使人知晓，既要推展绝学，那就要"学"，所以他说："惟规矩准绳，必须耳提面命，才能有所步趋"，并"文章天下之公器，非我之所能独私"，而且还要"使人知有规矩准绳，而不为诵读所误"。[1]

上引吴先生之言，内容相当特殊。首先，度曲之法并不简单，那是文人传统发展出来的高超技艺。第二，度曲之法也是一套审美理论，体现了乐与文相融下的特殊的文人生命情调。第三，戏曲与文章一样，不是简单的娱乐，而是文学传统中的特殊的艺术表现。第四，文人都要文章流传后世，所以撰写作文法则以利后学，戏曲也为文学之一环，且戏曲搬演人间世事而有益社会风化，则度曲之法必须要公诸于世，以助后学把握分宫配调、位置角目与安顿排场。吴先生出于实用目的的戏曲教育理念，把戏曲与文学，以及文人传统和艺术教育串联起来。

吴先生再说："余所论者，曲中应用之理"，"止就曲中之理言明之"。[2]"应用之理""曲中之理"即戏曲创作的原则与方法，而他详加说明，正为实用

---

[1] 上两段中引文，见《顾曲麈谈》，第4页。

[2] 《顾曲麈谈》，第8页。

而出。即因他的解说整合自明清文人的曲论与自身的学曲经验,如提出"曲词传神"的主张,所言内容充满浓厚的文人底蕴,则推广度曲之法就不只是在教人制曲、作剧与唱曲的技术,而是在推展明代曲学大盛后的文人文化。此乃吴先生戏曲教育理念的特殊处。

吴新雷先生谈《霜崖曲话》时,肯定吴梅先生不仅提出宏观总论,也有微观的评析,其科学的、系统的论证超越了所引用的前人曲话。[1]所言十分精确。《麈谈》前三章的度曲之法正是结合微观与宏观、历史与现实的系统性阐释,基于明清文人的曲论并再跨进一步,总结出便利学者习曲的方便法门。吴梅先生提出的度曲之法乃《麈谈》之精华,本于实用的戏曲教育理念意在恢复传统曲学,此亦其心愿所在。

---

[1] 吴新雷:《吴梅遗稿〈霜崖曲话〉的发现及探究》,载《昆曲研究新集》,秀威资讯科技股份有限公司2014年版,第161—162页。

# 吴梅的昆曲订谱理论与实践

俞妙兰

吴梅先生是近代戏曲史上当之无愧的曲学大师,秉持艺术实践与理论研究紧密结合的治曲路线,摄曲之经纬于股掌、集曲之大成于一身、通曲之奥窔于心胸。艺术实践擅长倚声度曲之道,凡歌曲、撇笛、氍演、填词、作剧、订谱、拍曲等,讶其无所不能;理论研究顾视词山曲海之妙,凡律吕、声韵、格法、律谱、曲史、曲录、曲目、曲家等,慨其囊括万象。先生传曲四海、课徒天下而洪泽后代,奋笔著述、刊刻留彩而遗惠今学,其《顾曲麈谈》《曲学通论》《霜崖曲话》《中国戏曲概论》《南北词简谱》等名作,雕梓无数、生息不朽。笔者自习曲以来,工余常以先生私淑之,奉其曲著为门径;然先生煌煌巨言,多是分门别类、专题专论,惟就昆曲订谱的方法与理论,却未曾立题撰讲。本文爬梳吴梅先生著述,择取有关订谱的话语、言谈,观察其昆曲订谱的观点和理论,虽则只言简语,却是吉光片裘;并结合其可见的自订宫谱作品,付诸笛管、引声口喉,细辨工尺、剖解谱字,分析吴梅先生订定昆曲歌谱的技术与遵循的曲学律范。

## 一、吴梅的昆曲订谱理论

吴梅先生关于订谱的言论,散见于日记、序跋、书信、专著等,言之寥寥;即便如此,亦能窥探他的订谱观与实作技法。

### 1. 吴梅订谱观之总的态度

**其一,难 —— 订谱难,订谱法书面记录亦难**

吴梅三十岁(1913 年)写作《顾曲麈谈》的时候,在第三章《度曲》中说道:"惟尚有一事,为度曲家所不及知,及知之而未能尽通其症结者,则制谱之法矣。"[1]他将"制谱之法"视作"症结",度曲家们多数"不及知"或"不通",原因在于:"制谱之法,最不易说明,缘细微曲折之处,非口授不明。"[2]此时的他弃举从曲亦有十来年,认识到订谱之法非常人可胜任者。"制谱"即"订谱",专指为曲词配制用以指导歌唱的工尺字谱,除引文外,本文表述统一使用"订谱"。

经十年,吴梅先生 1923 年秋从北大南归任职于南京东南大学,该校在 10 月 13 日成立了"国学研究会",他是主要成员并受聘为研究会的指导员。20 日,他做了该会成立后的第二场讲演,题为《词与曲之区别》[3],讲演结束的时候他又讲了一段关于订谱不易的话:"第制谱之道,亦非易易,板式歧则句读多淆,宫调乱则管色不一,正犯误则集牌相错,阴阳混则四呼不清。"[4]这段话用四句排比语提出曲病的问题,表面看似指填写曲词、曲牌设置等,但实际上是为了说明"制谱"的难度,他用"亦非易易"四字来形容之。到这个时候为止,他本身的订谱实践还不是很多,但对此一技常耿耿在怀。

---

[1] 吴梅:《顾曲麈谈》,载王卫民编《吴梅全集·理论卷上》,河北教育出版社 2002 年版,第 114 页。

[2] 吴梅:《顾曲麈谈》,载《吴梅全集·理论卷上》,第 117 页。

[3] 罗福惠等:《长江流域学术文化的近代演进》,武汉出版社 2007 年,第 414—415 页。

[4] 东南大学、南京高师国学研究会编辑:《国学研究会演讲录》第一集,商务印书馆 1923 年,第 21 页。

吴梅1932年11月5日写成《霜崖三剧歌谱自序》,其中说订谱一事:"……此岂易于从事哉?……何其难也!……刻既成,为述订谱之难若此,益慨想承平于梦寐间也。"[1]这个时候他其实已经有了比较丰富的订谱经验和歌谱作品,但行文时却用反问的语气,强调订谱不是件容易从事的事情;之后这两个"难"字,既说的是他《三剧歌谱》订成过程的艰难,又指订谱技术本身的难度。时因日本发动侵华战争已有年余,深感离乱之苦,想要和平生活竟似梦寐之间,以此用喻昆曲订谱法之难,可见他对订谱之难的锥心之痛。

深昧曲学精髓的吴梅先生认为订谱如此之难,而他本人有订谱能力、订谱成果和订谱理论,但是他面对订谱法如何进行理论阐述,却也是难上加难、无从下手。从撰写《顾曲麈谈》以来的二十余年间,他没有在订谱理论这方面取得进展,年近五十仍在为此感叹。1935年出版的《曲学通论》(初稿为《词余讲义》)自序中,他专门解释自己全方位的曲学"通论"里,为什么没有论述订谱的专门章节,他的理由(或谓结论)是:"而循声造谱,仍未疏论,盖口耳之间,笔不能达也。"[2]文中他强化了"仍未"两字,说明他一直是有意愿想阐述订谱理论,但几十年来均未达成。为何?原因是订谱乃"口耳之间"的技术工作,需要"口授",其法"笔不能达",是所有理论当中"最不易说明"的,可见将订谱法书面整理成理论文章,总归难以实现。

其二,熟——订谱能力的基础条件

那么,怎么样才能具有订谱能力呢?吴梅先生认为熟练是很关键的,也就是说要有扎实的实际操作训练基本功。

吴梅常参加各地曲社的唱曲聚会。任职中国银行的居逸鸿氏主持上海啸社,常邀吴梅赴沪度曲。1936年1月19日的曲聚上,有社友向其讨教订谱之法:

> 早十时赴申,应逸鸿之召,……啸社同人,……社友有周仲眉者,

---

[1] 吴梅:《霜崖三剧》,载《吴梅全集·作品卷》,第372—374页。
[2] 吴梅:《曲学通论》,载《吴梅全集·理论卷上》,第161页。

亦中行人员,叩余订谱之法。余告以"熟能生巧"四字而已。[1]

既然是"笔不能达",撰写困难,当别人来请教的时候,先生也是未能详之以法也。当然,他在面对自己那些专业治曲的学生时,有时也会尽力传授订谱法。1937年5月22日的日记中,他记录了给唐圭璋传授订谱法:

早起常任侠、唐圭璋来,谈至午时去。唐欲习谱学,余告以同牌曲互相比堪,积久悟工尺之理,始可从事云。[2]

吴梅先生告唐先生的同牌曲互堪法,并且要积长久之力方可,这是最直接、最有效的学习订谱的入门之道,也就是吴梅对上海曲友周仲眉所讲"熟能生巧"的同一释义。吴梅门生擅度曲者甚多,然即便曲学超群,能订谱者却未曾有之。唐圭璋先生虽对制谱有兴趣,但他"由于词曲范围太广,自己力量不够,只得专致力于词,曲则由同学卢冀野致力"[3],终在词学上成就卓著;而卢前先生曲学成果丰硕,艺术实践能唱曲、作剧,但于订谱一事,亦未涉猎。

**其三,法 —— 订谱工作的基本原则**

订谱虽然很难,但再难也是能做的;基本功虽然很熟练,但再熟也要掌握订谱的原则和技术方法。其实对于订谱方法的基本原则,吴梅很早就有认知了。

光绪三十四年(1908年)吴梅在《六也曲谱序》中将之概括为:"订谱之法,又在谨守四声,平有阴阳,仄有清浊,四上工尺,符号而已。"[4]

这个原则他在写作《顾曲麈谈》时再次被强调,第一章《原曲》第四节《论北曲作法》中说:"凡填谱必依曲文之四声、清浊、阴阳,而后定工尺。"[5]第三

---

[1] 吴梅:《瞿安日记卷十二》,载《吴梅全集·日记卷下》,第669页。
[2] 吴梅:《瞿安日记卷十六》,载《吴梅全集·日记卷下》,第881—882页。
[3] 刘绍唐主编:《民国人物小传(第18册)》,上海三联书店2016年,第139页。
[4] 吴梅:《六也曲谱序》,《六也曲谱》张怡庵著。
[5] 吴梅:《顾曲麈谈》,载《吴梅全集·理论卷上》,第71页。

章《度曲》又说："故制谱者审其词曲中每字之阴阳，而后酌定工尺。"[1]

所以，曲词的声调是订谱的重要原则，订定歌谱工尺的主要依据是四声、阴阳、清浊，因为字声的调类和调值，直接决定了唱字的高低和旋律运行趋势。其实这也是中国所有歌唱类艺术的通行规律，如果不依据这样的法则，唱出来的旋律会产生倒字、失声的不良后果。

当然，声调决定的是工尺谱字的选择及其高低分布关系，还有重要的原则是板位分布法，其决定的是工尺谱字间的联结构成和时长分布关系。吴梅先生虽然不是专门针对订谱来论述板式，但也多次提到了板式与订谱的关系。1906年写作《奢摩他室曲话》开篇《论杂剧院本》时提到板式问题，其中说到："板眼既换，工尺字谱亦异。"[2]后在《顾曲麈谈》的《度曲》章中对之有明确阐述："南曲每曲之正板，各有定式，不可移易，虽衬字至多，而板式终不可乱也。……制谱者须审明戏情之缓急，何曲用赠板，何曲不用赠板，然后依曲词之字音，分别阴阳，酌定工尺，自无差缪矣。"[3]北曲板式则是："北曲无定式，视文中衬字之多少以为衡，所谓死腔活板是也。"[4]由是，他对订谱的基本原则观点清晰（北曲板式的表述严谨与否，尚可商榷）。实际操作中，订谱的基本原则远不止声调、板式这两条，还有宫调、笛色、牌性、牌序、剧情、同声相邻字变异法、气息位置、唱法腔格、衬字等许多个制约要素，但声调和板式则是昆曲订谱最基本的原则。

若是有不遵守这种原则、无视订谱规范的情况，吴梅先生也必苦心劝之。1931年11月26日的日记中，他就记载了这样一件事情：

……作书六通，……一复张钧孙（厚绳）论制谱之法。来书谓不论词句如何，可以任意用管色作谱，且示我《朱砂痣》带板【红衲袄】【滚

---

[1] 吴梅：《顾曲麈谈》，载《吴梅全集·理论卷上》，第115页。

[2] 吴梅：《曲话》，载《吴梅全集·理论卷下》，第1141页。

[3] 吴梅：《顾曲麈谈》，载《吴梅全集·理论卷上》，第117页。

[4] 吴梅：《顾曲麈谈》，载《吴梅全集·理论卷上》，第64页。

绣球】三谱,皆任性度声,无曲牌可按。因告以宫调即管色,各曲有主腔,不能率性任行也。[1]

任意、任性、任行的做法,吴梅势必不能认可,违背了基本原则,就脱离了昆曲的本体,自然也就丧失了昆曲的艺术特征、特性和特长了。今日看来也是如此情况,甚须警醒,究其源乃是因"难"而"善"者孤寡也。

以上三点,亦均是吾师瑞深老传授的昆曲订谱之不二法门,笔者经年度曲制谱后深有同感。订谱须有基本法则,需要熟练的唱奏、填词之功夫积累以及大量曲牌实践的基础,但牌牌不同、同套牌异、同牌异词、同宫异调、同牌异情、同位异声等等,实乃千变万化,无有固定不变之式可套,真真至难;也就是吴梅所言:"所以十曲十样,而卒无一同焉者也"[2]。即便如此之难、之繁、之不达,吴梅先生在著述中,还是或多或少地提到了一些制谱的技术问题与方法。

## 2. 吴梅订谱观之技术见解

**其一,订谱在昆曲艺术体系中的地位**

清代乾隆以前的度曲家们,并不将歌谱用工尺(工尺记法久已有之)记录下来,以至于我们现在总是不清楚在有宫谱(指带有工尺谱字的歌唱谱)之前昆曲的实际唱法,更不知道昆曲形成和兴盛时期是否存在过歌唱谱,那时常说的"制谱""谱曲""曲谱"是文辞格律谱(即声律谱),同时兼具指导规范歌唱的作用。王季烈在《螾庐曲谈》卷三《论谱曲》中说:"古时昆曲盛行,士大夫多明音律,而梨园中人亦能通晓文义,与文人相接近,其于制谱一事,士人正其音义,乐工协其宫商,二者交资,初不视为难事。是以新词甫就,只须点明板式,即可被之管弦,几不必有宫谱。"[3]故在乾隆前的戏曲理论著作中,昆

---

[1] 吴梅:《瞿安日记卷一》,载《吴梅全集·日记卷上》,第49页。
[2] 吴梅:《顾曲麈谈》,载《吴梅全集·理论卷上》,第115页。
[3] 王季烈:《螾庐曲谈》,商务印书馆1928年版。

曲歌唱方法的表述淹没、隐藏于诸多曲法论述中。从康熙年间整理编订并到乾隆年间才刻行的《太古传宗曲谱》和乾隆年间编刻《新定九宫大成南北词宫谱》起,始将工尺谱字用来记述昆曲唱腔,方有订谱的工作,才有了后续《吟香堂曲谱》《纳书楹曲谱》《六也曲谱》《集成曲谱》等各种宫谱的问世。

  昆曲体系中产生订谱这个工种,究其原因,王季烈、吴梅等清末民初的曲家们一致认为,昆曲进入清代以后,知音识律者越来越少,是无奈地采用了订定宫谱的方式来指导、规范和统一人们的歌唱。王季烈认为:"作传奇者不能自歌,遂多不合律之套数;而梨园子弟识字者日少,其于四声阴阳之别,更无从知。于是,非有宫谱不能歌唱矣。"[1]吴梅与这位长自己十一岁的同乡、同好、老友的观点极其一致,他在早期撰写的《霜崖曲话》卷一中说:"自文人不善讴歌,而词之合律者渐少;俗工不谙谱法,而曲之见摈者遂多;重以胡索淫哇,充盈里耳;伶人习技,各在趋时,而度曲之道尽废。"[2]此话又重复抄录于1923年发表于《国学丛刊》第一卷第三期的《南北戏曲概言》一文中,可见其观点的坚定。如此便对宫谱产生了依赖性,唱者可不必自己掌握声律歌腔之学,依谱行腔即可。

  基于这样的历史状况、歌坛局面,使得昆曲发展到清代乾隆年间以后,订谱成了一个重要的艺术环节,上述宫谱也正是在这样的气候中成为分量厚重的昆曲歌谱著作。于是吴梅坚定地认为,订谱成为昆曲艺术体系中三足鼎立的一个方面:

> 夫词家正轨,亦有三长,文人作词、名工制谱、伶家度声,苟失其一,即非雅奏。[3](《霜崖曲话》卷一,1923年《国学丛刊》第一卷第三期《南北戏曲概言》)

---

[1]　王季烈:《螾庐曲谈》,商务印书馆1928年版。

[2]　吴梅:《吴梅全集·理论卷下》,第1212页。

[3]　吴梅:《吴梅全集·理论卷下》,第1212、1077页。

> 余尝谓歌曲之道,有三要也:文人作词、国工制谱、伶家度声。[1]（1923年《新定九宫大成南北词宫谱序》）

> 夫戏曲之道,填词为首,订谱次之,歌演又次之。[2]（1931年《中国近世戏曲史序》）

这三个方面,实际就是昆曲艺术的三个体系:作家(曲家)的文词、谱家(乐工)的订谱和演员(唱家)的歌演,当然最理想的艺术形态是三体能融于一身者。吴梅如此不厌其烦地阐述这个观点,清醒地认识到了订谱家的重要性,订谱工作成为昆曲不能缺少的环节,但内行订谱家的稀少,又使得这个环节岌岌可危。

**其二,订谱的几个技术观点**

吴梅著述中与订谱关联的言论,有一部分是订谱方法的切实体现,即具体的操作技术。但也不免生憾:不够全面——有总结而只能窥一斑;缺乏系统——未述步骤、涉猎面窄、浅尝辄止,而未能细致、深入、完整;尚难务实——理论分散致使不易察觉、不易贯联。他是在不同著述中,言及则叙的方式谈到。尽管如此,在现当代昆曲曲学史上,他应该是早期较多阐述订谱理论的学者之一(他者为王季烈氏)。现就他的这些技术观,梳理如下。

（1）订谱的三大技术要素

吴梅阐发订谱理论最完整的一段文字,是《霜崖三剧歌谱自序》的前半篇:

> 制谱之学,有三要焉:一曰识板,北曲无定板,辄上下挪移以就声,南词则板有定式,不可更易;而音调之高下,又各就诸牌以为衡。二曰识字,一字数音,去、上分焉,声随去、上以定;而以小学通其涂,则棘喉

---

[1] 吴梅:《〈新定九宫大成南北河宫谱〉序》,载《吴梅全集·理论卷中》,第1001页。
[2] 吴梅:《〈中国近世戏曲史〉序》,载《吴梅全集·理论卷中》,第990页。

> 滞齿之弊鲜也。三曰识谱，古今诸谱，虽有定程，而同一歌牌，有用赠板者，有不用赠板者，则就剧情之冷热而异其缓急，故有二三曲后，始用缓歌者；他若集曲之糅杂、借宫之卑亢，又须厘定以就范。[1]

该序不到五百字，近半阐述了他总结的订谱三要素：识板、识字、识谱。这三大要素，与前文所述订谱的两个基本原则是一致的。识板即知板式，谱者会点板，如板位、板类、板式、眼位、易板法等；识字即知声调，谱者能断四声阴阳用以择定和分配谱字；所谓识谱，是识文字律谱，即为板式与声调的结合体，并扩展至牌性、套法等问题。这个总结非常正确，写于1932年他四十九岁时，与他自己年轻时期的论述有一个显著的变化——从散论到专论（但尚未形成本文开头所言的订谱专题研究），即将板式、声调等订谱的关键技术，首次进行了总结，这也是他所有著述中唯一的订谱理论总结。

这个总结里概要性地体现了订谱的一个重要顺序：识板式（点板）为第一步，识字正音（声调）为第二步，而他所言的第三要素识谱，其实是这两步工作之前、之中、之后一直贯穿始终的基础工作。识板、识字、识谱的三大技术要素，是昆曲订谱时的不变宗旨，值得曲界重视，如此订定的歌谱则不离曲律本宗也。

（2）订谱时须依字声而变工尺

点板是订谱的首要工作，约定了歌谱的节奏、各字的应属位置及所占歌时（此项决定了单字的工尺繁简与行腔长度），但这项工作还是比较容易完成，吴梅先生谓之"检旧谱即可知之"。订谱最难的是每一个唱字所配的谱字，以及每个谱字在板眼中所处的位置，并且要处理所有谱字之间的连续、转换、衔接、停顿等问题。吴梅先生论述如何下定谱字的理论，在《顾曲麈谈》第三章《度曲》里最多：

---

[1] 吴梅：《霜崖三剧》，载《吴梅全集·作品卷》，第372页。

阳平之腔,其工谱必有二音,其第一腔须略断,切不可连下第二腔。

以北曲论,则用凡字者,大半皆在去声。以南曲论,则凡★属去声字,总皆于收音处略高一字,俗谓之豁。凡豁之一法,必在去声上用之,故北曲于去声上有<u>六五六凡工</u>或<u>五伬仩乙五</u>,南曲则用<u>四尺上</u>或<u>上工尺上四</u>,皆是也。(★笔者注:此凡不是谱字之凡。为阅读清晰,歌唱谱字用下划线标识,下同。)

《楼会》中【懒画眉】第一支云"慢整衣冠步平康",第二支云"梦影梨云正茫茫",起首两句同是"仄仄平平仄平平"也,而二句工尺则不同,何也?盖制谱之道如是也。"慢整"与"梦影"四字,第一字皆阳去声,第二字皆阴上声,故"慢整"二字上之工尺,用<u>四上合工</u>,"梦影"二字之上,亦用<u>四上合工</u>。"衣冠"二字,皆属阴平声,"梨云"二字皆属阳平声,声既不同,工尺自异。故"衣冠"二字上,用<u>四×四．合△工．</u>,而"梨云"二字之上,则用<u>工×四合．四△合工．</u>。……不如是则字音不准也。"步平康"三字与"正茫茫"三字,一为阳去、阳平、阴平,一为阴去、阳平、阳平,又是不同;故"步平康"用<u>上．工尺．上 四。上．尺×上四。合．四、</u><u>└△上×尺上．四。│└</u>,而"正茫茫"用<u>工、尺．上 四。上．尺×上四。</u><u>合．合、四。</u>,……工尺终无不异也。

独曲中字音,编入工尺,须就其阴阳而定之。大抵阴声宜先高后低,阳声宜先低后高,无论南北诸曲,皆如是也。四声之中……故谱阴上声字为尤难。

就以上二支(《紫钗记》四十八出《醉侠闲评》双调【锁南枝】宫谱)细察之,则阴阳正赠,分明清晰,学者苟明其工尺异同之理,则制谱之道,得其窾奥矣。[1]

---

[1] 吴梅:《度曲》,载《吴梅全集·理论卷上》,第110—118页。

这些工尺谱字的案例分析和使用方法，即是前文所引吴梅自谓"循声造谱"之法。《度曲》章本论唱法，不免论及唱音问题，实则就与订谱法密切勾连，歌谱唱腔法多即为订谱之道，所以吴梅在这章里谈订谱方法最多。由此我们得出一个昆曲史上颠扑不破的真理：订得好谱者，必是精于度曲之道者。

另外，吴梅先生还认为订谱择定谱字时，一定要遵守宫调自身的"住字"（即宫调或曲牌的主音，在乐段结音处亦即文词的句段韵位上最明显），收录在1904年出版的《二十世纪大舞台》第二期吴梅《复金一书》中，他说："各宫调各有住字，如仙吕调为上字住，正宫调为六字住，或用混浊为合字住之类，各调皆有一定，故曲牌万不可混杂……如仙吕上字住，双调亦上字住，故可于仙吕曲中犯双调。"[1]此言虽是针对犯调集曲法所指，但在实际订谱的时候，各宫调、各曲牌的主音也必须在工尺谱字上谨以遵守。订谱时若是主音破字，那么牌子就很容易失去了它的音乐属性。

（3）新词不可全依旧谱而歌

由于新订歌谱的难度甚大，百多年来出现一种以旧谱套新词的现象，即同牌曲改换新内容后，就着原有某个同牌歌谱来唱。吴梅认为这是不科学的，更不符合昆曲歌腔创作的艺术规律。

吴梅在《顾曲麈谈》第三章结尾的时候提到，他在年少时曾见过俞樾先生，那时俞先生作了一套仿洪昇《弹词》的北曲，并由伶人依当时该曲歌谱唱之；现在写作《度曲》篇章想到此事，发出"天下宁有是理乎"的感叹，即认为当时这样的做法是不当的。但我们现在无法判断这件事情的真实情况，吴梅的表述其实有些含糊和自相矛盾的，则姑且不论。时隔数十年，他在1932年农历十月廿九日的日记中记载，他也仿照洪昇《霓裳舞》（《长生殿》传奇前身）中的黄钟集曲【霓裳六序】填制新曲，题为《寓斋闻鸡鸣寺钟声憬然有悟》（1936年卢前辑、次年刻成的《霜崖曲录》中此曲字词稍有改动，但声调未变），并对创作此曲附有说明：

---

[1] 吴梅：《复金一书》，载《吴梅全集·理论卷下》，第1104—1105页。

> 是曲依稗畦原词,四声阴阳,一字不动,故将洪谱按唱,声声妥协。然如此填词,若处桎梏,其苦有不可胜言者。余尝笑天虚我生陈蝶仙(栩)作曲,辄注依某套谱唱,而细按词句,四声且未协,遑及阴阳。必如余此曲,方可倚旧谱上口,然而难之至矣。[1]

此处他论述的是新词和旧谱的关系,他认为同牌曲制新词后不能同歌谱而没有变化,订谱时不可以完全依照旧谱,这与他在《顾曲麈谈》中多处言及的观念一致。假如像天虚我生一样,新词声调有了变化,但仍旧照着旧谱唱,令人讥笑罢了。吴梅同时认为,假如想照着旧的歌谱唱,也不是不行,但前提条件是填制新词时,每字每句的格式、声调都要与原词一模一样,唱出来才符合字声与歌腔保持一致的昆曲特性要求。但这样做是非常难的,"难之至矣",必须像他填这支【霓裳六序】一样,字格字声上与洪昇原著完全一致(仔细比对两者曲词,吴梅新词有六处以上与原词不符,且按下不论),才可以使用《九宫大成》中收录的洪昇所著【霓裳六序】的工尺歌谱歌唱(此歌谱为叶堂新订还是清初伶工传谱,未知)。

笔者提出吴梅这个观点,实因当下用旧谱歌新词的现象有些泛滥,声调紊乱而失律、声情怪异而滑稽,听来乏味可陈。试想,曲牌固然都有特征属性表达,但择牌虽同,而每制一新曲之词情所及、角色所需势必绝无一致,定有细微差异;有些曲牌属性允许范围大,新词所表更是变化多端。则若歌谱不变,犹如机械流水线上制衣而已。新词如何符合牌律,歌谱又能正中有变,则另题再议。

### 3. 吴梅订谱观之行业观察

既然订谱工作那么重要,居昆曲艺术三大体系之中,那么订谱的行业状况又是如何呢?对此,吴梅表示非常悲观。

---

[1] 吴梅:《瞿安日记卷四》,载《吴梅全集·日记卷上》,第239页。

### 其一，擅订谱的内行者少得可怜

吴梅多次言及，清代以来擅长昆曲订谱的人却少之又少。

> 居今之世，求有负此一长者，缈不可得。[1]（《霜崖曲话》）

> 盖以见制谱识曲之人，世不可得，……近世度曲之家，计吴门海上，不下百人，而能订谱者，实十不得一。[2]（1913年《顾曲麈谈》）

> 今歌演者有之，填词者已寥寥矣，至订谱则竟不一二遘焉，又何怪此艺文之衰熄也。[3]（1931年《中国近世戏曲史序》）

> 夫以吾国人才之众，度曲家之多，而据旧律以谐新声，瞻望南北，仅有数人，又何其难也！[4]（1932年《霜崖三剧》）

这是自有订谱这个工作以来一直存在的艰难状况，真正能够订好曲谱者，需要具备的条件太多、太苛刻，只得万里挑一矣。百年前如此，今则更哀。吴梅认为艺术"衰熄"还有一定的社会形势造成，1936年9月28日和10月3日的日记中他说道："止知西洋乐耳，乌足语此。虽然，此时正黄钟毁弃、瓦釜雷鸣时也。尚复何言？""欧化之广矣。"[5]所以习曲之人益少的内部因素与欧化影响的社会外部因素共同导致了订谱局面的严峻形势。所以他也鼓励后人积极研学，1934年8月25日在上海时，"寿生近学制谱，余极力赞同之。"[6]早在1931年12月27日在柳赞元家宴曲聚后，鉴于东北"九一八事变"后国

---

[1] 吴梅：《霜崖曲话》，载《吴梅全集·理论卷下》，第1212页。
[2] 吴梅：《顾曲麈谈》，载《吴梅全集·理论卷上》，第120页。
[3] 吴梅：《顾曲麈谈》，载《吴梅全集·理论卷中》，第990页。
[4] 吴梅：《霜崖三剧》，载《吴梅全集·作品卷》，第373页。
[5] 吴梅：《瞿安日记卷八》，载《吴梅全集·日记卷下》，第785—787页。
[6] 吴梅：《瞿安日记卷十四》，载《吴梅全集·日记卷上》，第457页。

情之危,吴梅在宴席上发言号召国人深入治曲:"日人以文化侵略中国,……中国人治中国学,……独此词曲一道,日人治之不精,……深望同人于度曲之余,再从事声律之学,勿令垂绝国粹,丧于吾手云云。"[1]虽则当下度曲之人日盛,吴梅之虑已不尽然,但订谱之学依旧"垂绝"矣。

**其二,对清代与民国时期订谱者的褒贬之议**

吴梅既然深谙订谱之道,其时也尚有一些订谱名家和宫谱作品,他自然对此有个人的喜好体现与褒贬评价。事实上,他的观点很明确,褒者如扬之于中天、贬者如弃之于尘埃,真真敢爱敢恨、旗帜鲜明也。比较有代表性的态度是:极力褒扬以叶怀庭(堂)为代表的前辈、比他年纪稍长的刘富樑(凤叔)、年纪稍幼的徐镜清(鉴)等曲家,贬责以殷溎深为代表的伶工曲师。

(1)褒扬

从吴梅的言谈中可以看出,他最推崇的订谱者是叶堂先生:

> 国朝《大成谱》,倚声之圭臬也。《纳书楹》旧谱,今乐之津梁也。[2](光绪三十四年/1908年《六也曲谱序》)

> 当乾隆时,长洲叶怀庭(堂)先生,曾取临川《四梦》及古今传奇散出,论文校律,订成《纳书楹谱》,一时交相推服。……怀庭之谱,分别音律,至精至微。……然则欲求度曲之妙,舍叶谱将何所从乎?[3](1913年《顾曲麈谈》)

> 往昔吾乡叶怀庭先生作《纳书楹曲谱》,四声清浊之异宜,分析至当,识者谓宋以后一人,实皆依据此书也。今谱中一词辄列五六体,阴阳刚

---

[1] 吴梅:《瞿安日记卷一》,载《吴梅全集·日记卷上》,第65页。
[2] 吴梅:《六也曲谱序》,载张怡庵著《六也曲谱》。
[3] 吴梅:《顾曲麈谈》,载《吴梅全集·理论卷上》,第108—109页。

柔之理，一一可辨，引而申之，触类而通之，则作词制谱之方，于是乎咸在，以之度声，易若反掌，而梁、魏遗法，或赖以不坠乎？[1]（1923年《新定九宫大成南北词宫谱序》）

吾乡叶怀庭先生，以故家裙屐，主艺苑坛坫。所著《纳书楹谱》，雕心刻肾，字字稳协，穆堂诸子，不尽出叶氏手也。[2]（1932年《霜崖三剧》）

叶谱行世，以此为最难得。……今置案头，低声按拍，可以三月不知肉味矣。[3]（1933年《西厢记谱题记》）

……晚阅《紫钗》谱，深服下字之严密。[4]（日记：1935年6月15日）

如此等等，可见吴梅对乡里前贤叶堂订谱水平的五体之服，将叶谱奉为圭臬。《纳书楹曲谱》在昆曲订谱历程中确实具有里程碑意义，突破了《九宫大成》宫谱与律谱结合的牌谱范畴，与《太古传宗》的重弦索亦不同，而是首次集中了昆曲的经典剧目来订定工尺，甚至对"临川四梦"等做了全谱（《牡丹亭》传唱不衰，此谱功不可没），虽然没有白口、不点小眼，但曲子极其完备，它对后世其他曲谱具有重要的引领意义。吴梅并不是盲目推崇，他仔细辨别音律，亲自按拍歌唱，称赞叶堂谱是"雕心刻肾、字字稳协"；从当今《纳书楹曲谱》具有的地位和昆曲唱法传承作用来看，吴梅的赞扬是正确的，所以他说"魏（良辅）梁（辰鱼）遗法，或赖以不坠"。他还在《吴骚行》长诗中对叶堂表以仰慕之情："近日文坛不知乐，即言度曲亦儿嬉。怀庭制谱遵古律，俗工不解群讥嗤。阳春雅奏咸同绝，吁嗟孰令吾生迟。"[5]（《霜崖诗录》）

---

[1] 吴梅：《新定九宫大成南北河宫谱序》，载《吴梅全集·理论卷中》，第1001页。
[2] 吴梅：《霜崖三剧》，载《吴梅全集·作品卷》，第373页。
[3] 吴梅：《西厢记借题记》，载《吴梅全集·理论卷中》，第1007页。
[4] 吴梅：《瞿安日记卷十一》，载《吴梅全集·日记卷下》，第573页。
[5] 吴梅：《霜崖诗录》，载《吴梅全集·作品卷》，第22页。

王季烈（君九）和刘富樑各长吴梅十一岁和九岁，三人交往甚密，1924年夏吴梅作《集成曲谱玉集序》中言道：

> 往余主讲北雍，与凤叔同舍居；君九处析津，岁必三四至，谈宴过从，辄扬榷斯艺，深惜古谱零落，卒无有理董之者，二君毅然引为己任。别未三年，……结志区外，于是托意声歌，穷极奥窔，清浊高下，无忝锱铢。今读此谱，固俨然叶怀庭、王禹卿之亚也。[1]

吴梅1917年9月任教北大后经贵池刘葱石介绍与刘富樑认识，王季烈虽在津任职亦常去北京会面，订定《集成曲谱》乃是三人"谈宴"时起的动议，刘富樑是实际订谱者，他在曲谱后记中说到与吴梅的交情："互倾积慕，咸恨相见之晚""三人研讨声律，孜孜罔倦"，以及订谱初衷："《集成谱》之作亦二君始谋而促成之者也，盖谓俗谱风行，淆讹满纸，矩镬云亡，标准无的。学者未窥蹊径，必至迷误歧途……"[2]吴梅做序时给予的评价真诚妥当，果然该谱最为谨严有律，自问世以来，一直居于宫谱集榜首之要而岿然不动，度曲者以为准绳。

另外，吴梅对小自己六岁的徐镜清也非常欣赏，1936年7月25日记录参加宴请俞平伯夫妇曲聚人员名单时说道："徐镜清，名鉴，吴中能制谱者，止有此君，自号城北徐公，是日未歌，谈订谱法极精。"[3]如此评价，可见吴梅对其厚爱，而末一句话也极富深意，吴梅认为订谱法需要口授而笔不能达，他俩口头探讨订谱法果然谈得很舒畅，但日记中也未将订谱法谈话内容记录矣。

（2）贬责

有褒必有贬，前文谈到吴梅等人动议订《集成谱》时认为俗谱错误太多，俗伶所订之谱有贻误他人之害。吴梅日常对此论更是毫不讳言，见诸他文字

---

[1] 吴梅：《集成曲谱玉集·序》，载王季烈、刘富樑编《集成曲谱·玉集卷一》。

[2] 刘富樑：《集成曲谱全集·后记》，载王季烈、刘富樑编《集成曲谱·振集卷八》。

[3] 吴梅：《瞿安日记卷十四》，载《吴梅全集·日记卷下》，第754页。

中最受批评者,是年长他们三人半个世纪的前辈、同光年间最著名的曲师殷溎深。

> ……戏购《六也曲谱》四套,欲统校一过,为后学正则。是书鄙陋,达于极度,然工尺锣段,皆现时伶工之准绳,出于老乐工殷四手者至多也,故拟为一校焉。[1](日记:1934年10月16日)

> 谈次言《红楼梦·扫红》一折,旁谱多误,洵然。(日记:1936年4月8日)

> ……取《红楼梦·扫红》折观之,差误至不可偻指,方知殷溎深原是俗工,不知谱法,妄配工尺而已。为正之如下。《红楼梦·扫红》旧传为胡孟路笔,胡为咸同间制艺家,并非知音者,故正衬不能清。殷四更不知曲律,故衬字乃至下板。余因重订之。原谱见《六也曲谱》,谬甚。此可省尾,但既有一支,雅不必删。惟末句平仄不合。[2](日记:1936年4月9日)

殷溎深是《六也曲谱》的稿主,怡庵主人在民国前四年第一次辑刊《六也曲谱》时,其序即为吴梅所撰(1922年增辑刻印时称吴序为"原序"),序中他对张氏刻谱之举甚是赞扬,对该谱评价也很高:"窃念是书,实开宗法……将以并辔伯龙、追踪良辅。"[3]从1908年做序到1917年聚议俗谱之恶,九年间吴梅的态度有所转变,估计与他度曲渐精有关系;而再过十五年,他自己也积累了一些订谱经验,对《六也曲谱》的观点遂有了大逆转,竟称"是书鄙陋,达于极度",欲将之更订而一生未果。最终他也就以《扫红》一剧做了试验,重订歌谱并教诸生习唱。由对歌谱的不满,吴梅矛头直指订谱者殷溎深,责其"不知曲律",谬误极甚。当然这只是他一家之言,日后再当将《六也》深研为断。

---

[1] 吴梅:《瞿安日记卷八》,载《吴梅全集·日记卷上》,第482页。
[2] 吴梅:《瞿安日记卷十三》,载《吴梅全集·日记卷下》,第704—706页。
[3] 吴梅:《六也曲谱序》,载张怡庵著《六也曲谱》。

类似批评有记录可查者,尚有 1935 年 11 月 24 日的日记对《老圆》歌谱的评判:"早阅剧集 …… 荫甫《老圆》,旁谱错误,至不可胜数,不知何人为之订律,实则文律曲律,全属外行也。"[1]此剧为俞樾所制,订谱者未知何人,吴梅对俞先生的曲作评价一直不高,《顾曲麈谈》中言道:"先生学术,为一代泰斗,词曲之道,本非所长。"[2]日记中更是说他的"文律"乃是"外行"。这一点,俞樾先生自己也不否认,他在剧本前做序说自己"余不通音律,而颇喜读曲",《老圆》一剧"所惜于律未谐,聱牙不免,红氍毹上未必便可排当"[3]。不管他是自谦还是真不懂,料是不会想到后生吴梅对他制曲批评得毫不客气。吴梅所贬究竟对错,亦尚需细研再论。笔者浏览《清人杂剧二集》中该剧歌谱影印件,单举一例以证订谱者确实谬误很大。剧中两支【桂枝香】分布于南北合套中,此牌按律首句第四字为仄声,俞樾倒是填对的,分别用了"头颅无恙"和"龙城飞将","恙、将"两字均为阳去声,订谱者竟都订作阳平声腔格,该字占位一正一赠两板共八拍,谱者却只用了三个工尺谱字上、.尺。工×⌐△⌐,声调与腔格截然背道而驰,不仅误声,而且索然寡味,难怪吴梅对外行订谱的愤懑溢于言表。

## 二、吴梅订定的昆曲歌谱

吴梅先生二十多岁就能订谱,至抗战南行止,断续有谱作成,但生时并未以订谱为己任,未花太多的精力去做,留下的订谱信息和作品都不多。这些信息有些是明确记载他订谱,其中部分歌谱可见,包括正式刊行的、日记中载录的、现今流于拍卖行或收藏界的;另外个别歌谱甚至就在大型的宫谱集中,如《乞梅》《访星》,通过吴梅自己的言语而判断之;有些是间接证明他订过的歌谱,遗憾这些谱多数未得见世。又如有些情况实未知晓真情,如吴梅 1913

---

[1] 吴梅:《瞿安日记卷十二》,载《吴梅全集·日记卷下》,第 648 页。
[2] 吴梅:《顾曲麈谈》,载《吴梅全集·理论卷上》,第 120 页。
[3] 船山全书编辑委员会:《船山全书》第 16 册,岳麓书社 1996 年版,第 627 页。

年冬季在《双泪碑》中自叙"一时好事者,争相传唱"[1],但不知歌谱何人所订。从他所存日记中可知,吴梅课四子吴南青(怀孟)最勤,承其词、歌、笛、谱的度曲之能事,日记载录了一些父子俩共同订谱的记录,其中一部分有曲谱可见。他们的这些昆曲歌谱包括自度散曲、剧曲,以及为他人词作所订歌谱。兹列表如下。

### 1. 吴梅自己填词、自订歌谱存录

| 时间 | 宫调 | 曲牌 | 曲数 | 题目 | 曲谱 | 备注 |
|---|---|---|---|---|---|---|
| 1911年 | 越调 | 【小桃红】 | 一支 | 《题徐寄尘(自华)〈西泠悲秋图〉》 | 未见 | 吴梅《蠡言》自述:"正为吴江徐寄尘题《西泠悲秋图》,成南曲一套,且擫笛歌之。"[2] 惟句中"南北曲一套"有疑。《顾曲麈谈》所述此事,曲牌同,但未提歌谱。 |
| | | 【下山虎】 | 一支 | | | |
| | | 【五韵美】 | 一支 | | | |
| | | 【忆多娇】 | 一支 | | | |
| | | 【尾声】 | 一支 | | | |
| 1912年 | 北双调 | 【折桂令】 | 一支 | 《壬子春过秦淮》 | 未见 | 卢前《吴梅先生年谱》:"先生作【折桂令】,即席订谱歌之。"[3] |
| 1917年 | 大石 | 【念奴娇序】 | 一支 | 游邓尉时作 | 未见 | 1932年9月23日的日记载重游邓尉见"余丁巳旧作……余作词后即订谱,季扬擫笛、粟庐高歌"[4]。李季扬(立)、俞粟庐(宗海) |

---

[1] 吴梅:《双泪碑》自序,载《吴梅全集·作品卷》,第305页。

[2] 吴梅:《蠡言》,载《吴梅全集·理论卷下》,第1458页。

[3] 卢前:《吴梅年谱》,载《吴梅全集·日记卷下》,第929页。

[4] 吴梅:《瞿安日记卷三》,载《吴梅全集·日记卷上》,第210页。

续表

| 时间 | 宫调 | 曲牌 | 曲数 | 题目 | 曲谱 | 备注 |
| --- | --- | --- | --- | --- | --- | --- |
| 1917年 | 正宫 | 【锦缠道】 | 一支 | 《示北雍诸生》 | 可见 | 应蔡元培邀而作。1918年出版《国立北京大学廿周年纪念册》登载简谱时题为《北京大学校歌》。 |
| 1919年 | 南吕 | 【绣驾别家园】集【绣带儿】【引驾行】【怨别离】【痴冤家】【满园春】五曲 | 一支 | 《拟西施辞越歌》 | 未见 | 集曲。吴梅题记:"京师女伶鲜灵芝请作新曲,拈此付之。"[1] 卢前语之:"一时听者,皆为神往。"[2] |
| 不晚于1922年 | 商调 | 【绕池游】 | 一支 | 《红楼梦·乞梅》 | 可见 | 吴梅《扫红》歌谱手稿跋:"《六也曲谱》所收《乞梅》,为余作,亦经余订谱。惟【黄莺儿】下,为俗工删去【簇御林】【猫儿坠】二支而已。"(载此跋语的《扫红》谱手稿见于拍卖行。较之日记载评语详甚。) |
|  |  | 【二郎神】 | 二支 |  |  |  |
|  |  | 【集贤宾】 | 一支 |  |  |  |
|  |  | 【黄莺儿】 | 一支 |  |  |  |
|  |  | 【尾声】 | 一支 |  |  |  |
| 1927年11月 | 南吕 | 【一江风】 | 一支 | 《湘真阁谱》 | 可见 | 1932年11月校订,1933年5月刊刻《霜崖三剧》时附录,题为霜崖三剧歌谱》。此谱在曲界同期传唱,并于1935年11月由仙霓社"传字辈"周传瑛、赵传珺、倪传钺、施传镇等演出于南京。 |
|  |  | 【小女冠子】 | 一支 |  |  |  |
|  |  | 【梁州新郎】 | 二支 |  |  |  |
|  |  | 【朝天懒】 | 二支 |  |  |  |
|  |  | 【秋叶月】 | 二支 |  |  |  |
|  |  | 【奈子花】 | 二支 |  |  |  |

[1] 吴梅:《南吕绣驾别家园》题记,载《吴梅全集·作品卷》,第159页。
[2] 卢前:《吴梅年谱》,载《吴梅全集·日记卷下》,第940页。

续表

| 时间 | 宫调 | 曲牌 | 曲数 | 题目 | 曲谱 | 备注 |
| --- | --- | --- | --- | --- | --- | --- |
| 1927年11月 | 南吕 | 【大圣乐】 | 一支 | 《湘真阁谱》 | 可见 | 笔者注:引子【小女冠子】一共四句两段,本剧只用首二句。另:【秋叶月】第二支无谱字、只点唱的板位,定不是干板念;剧稿注"干唱",无谱则不符,恐歌者自由歌定耶? |
|  |  | 【三换头】 | 一支 |  |  |  |
|  |  | 【宜春令】 | 二支 |  |  |  |
|  |  | 【三学士】 | 一支 |  |  |  |
|  |  | 【尾声】 | 一支 |  |  |  |
| 1928年夏 | 仙吕 | 【风入松】 | 二支 | 《西湖博览会歌》 | 可见 |  |
| 1931年12月8日 | 仙吕 | 【太师令】 | 一支 | 《惆怅爨谱·钗凤词》 | 可见 | 日记载是"补订,为前凤叔漏去未订者"。出处同《湘真阁谱》。 |
| 1933年七夕日 | 南吕 | 【懒画眉】 | 二支 | 答谢同人祝寿 | 未见 | 吴梅五十岁时上海啸社为其祝寿曲聚,晚宴时"即席歌之,以答盛谊"。 |
| 1934年1月13日 | 仙吕 | 【桂枝香】 | 一支 | 为刘凤叔寿 | 未见 | 日记载"为凤叔寿,即席制谱,俟明日唱焉。" |
| 1934年11月 | 商调 | 【二郎神】 | 一支 | 与吴南青联句 | 可见 | 次日日记言:"又为四儿订昨谱。" |
| 1936年12月31日 | 仙吕 | 【桂枝香】 | 一支 | 题月色夫人自写小影 | 可见 | 吴梅自订谱可能性大,该日日记言:"明日至淮海路,可嘱四儿歌之。"次日又言:"即命四儿歌昨曲。" |

注:题目中有书名号者为吴梅原题,非则笔者据吴梅语辞拟题。

## 2. 他人作词、吴梅订谱存录

| 时间 | 宫调 | 曲牌 | 曲数 | 剧/词作 | 曲谱 | 备注 |
| --- | --- | --- | --- | --- | --- | --- |
| 1918 年 | 仙吕入双调 | 【步步娇】 | 一支 | 清舒位《瓶笙馆修箫谱》之《博望访星》 | 可见 | 吴梅 1933 年 10 月 5 日自叙:"阅《集成谱》中《访星》一折,为凤叔订吾新谱者。"[1] 此话可以理解为:吴梅订谱、刘富樑校订。因谱中文词与原著同,故"新谱"两字排除订正曲词之义,只能为订歌谱之义。另,1934 年 8 月 25 日在上海曲聚:"十时许开锣度曲,先唱《访星》《湖州守》,皆吾谱、吾词也。"[2] |
| | | 【忒忒令】 | 一支 | | | |
| | | 【沉醉东风】 | 一支 | | | |
| | | 【尹令】 | 二支 | | | |
| | 北中吕 | 【道和】 | 一支 | | | |
| | 仙吕入双调 | 【品令】 | 一支 | | | |
| | | 【豆叶黄】 | 一支 | | | |
| | | 【玉交枝】 | 一支 | | | |
| | | 【五供养】 | 一支 | | | |
| | | 【江儿水】 | 一支 | | | |
| | | 【三月海棠】 | 一支 | | | |
| | | 【川拨棹】 | 三支 | | | |
| | | 【尾声】 | 一支 | | | |
| | | 【二郎神】 | 二支 | | | |
| | | 【集贤宾】 | 一支 | | | |
| | | 【黄莺儿】 | 一支 | | | |
| | | 【尾声】 | 一支 | | | |
| 1933 年 11 月 1 日 | 仙吕 | 【桂枝香】 | 一支 | 卢冀野填词 | 可见 | 吴梅改正词律并订谱。 |

---

[1] 吴梅:《瞿安日记卷六》,载《吴梅全集·日记卷上》,第 349 页。
[2] 吴梅:《瞿安日记卷八》,载《吴梅全集·日记卷上》,第 457 页。

续表

| 时间 | 宫调 | 曲牌 | 曲数 | 剧/词作 | 曲谱 | 备注 |
|---|---|---|---|---|---|---|
| 1933年11月16日 | 北商调 | 【集贤宾】 | 一支 | 元王实甫散曲《退隐》 | 未见 | 日记载吴梅自叙重订理由："订王实甫《退隐》一套,为【集贤宾】北词,以《大成》原谱,未可依从故也。"[1] |
| | | 【逍遥乐】 | 一支 | | | |
| | | 【金菊香】 | 一支 | | | |
| | | 【醋葫芦】 | 三支 | | | |
| | | 【梧叶儿】 | 一支 | | | |
| | | 【后庭花】 | 一支 | | | |
| | | 【青哥儿】 | 一支 | | | |
| | | 【尾声】 | 一支 | | | |
| 1934年5月2日 | 北中吕 | 【粉蝶儿】 | 一支 | 冒鹤亭填词 | 未见 | 散板。应程木安求。 |
| 1934年5月14日 | 中吕 | | | 欧阳竟无词《电雷学校校歌》 | 未见 | 日记载:"用中吕宫音度"。 |
| 1935年4月19日 | 羽调 | 【声声慢】 | 一支 | 清孔尚任《桃花扇·哭主》 | 可见 | 为诸生课【胜如花】曲而订。引子曲未知订谱日。 |
| | | 【胜如花】 | 二支 | | | |
| 1936年4月9日 | 南吕 | 【步蟾宫】 | 一支 | 《红楼梦·扫红》（俗创） | 可见 | 吴梅认为《六也曲谱》中原谱谬误甚多而为正之重订尔。 |
| | | 【宜春令】 | 四支 | | | |
| | | 【尾声】 | 一支 | | | |

---

[1] 吴梅:《瞿安日记卷六》,载《吴梅全集·日记卷上》,第366页。

续表

| 时间 | 宫调 | 曲牌 | 曲数 | 剧/词作 | 曲谱 | 备注 |
|---|---|---|---|---|---|---|
| 1937年4月29日 6月8日 | 双调南北合套 | 【新水令】 | 一支 | 清孔尚任《桃花扇·投辕》 | 可见 | 应陈仲骞而订谱,并赠谱于白云生《哭主》《抚兵》《投辕》(本出主唱柳敬亭)皆以左良玉为核心,吴梅专订之,恐有深意。吴梅自述尚有《听稗》一出乃其订谱,待详查;韩世昌曾说吴梅南归时:"给我写了《访翠》《眠香》《却奁》《守庐》《寄扇》等曲本",[1]其中《眠香》《却奁》《守庐》三出不知谱源,若是吴梅所订,本日日记中却只言"余所订者《听稗》《抚兵》《投辕》亦有三折"。[2]亦待考。按吴梅语意,孔词未尽人意,清代演出的歌谱未必如他订谱时候这样斟酌。 |
|  |  | 【步步娇】 | 一支 |  |  |  |
|  |  | 【折桂令】 | 一支 |  |  |  |
|  |  | 【江儿水】 | 一支 |  |  |  |
|  |  | 【雁胜令】 | 一支 |  |  |  |
|  |  | 【侥侥令】 | 一支 |  |  |  |
|  |  | 【收江南】 | 一支 |  |  |  |
|  |  | 【园林好】 | 一支 |  |  |  |
|  |  | 【沽酒令】 | 一支 |  |  |  |
|  |  | 【清江引】 | 一支 |  |  |  |
| 1937年6月11日 | 仙吕 | 【点绛唇】 | 一支 | 清孔尚任《桃花扇·抚兵》 | 可见 |  |
|  | 北中吕 | 【粉蝶儿】 | 一支 |  |  |  |
|  |  | 【石榴花】 | 一支 |  |  |  |
|  |  | 【斗鹌鹑】 | 一支 |  |  |  |
|  |  | 【上小楼】 | 一支 |  |  |  |
|  |  | 【尾声】 | 一支 |  |  |  |

## 3. 吴南青订谱、吴梅参订或指导的曲谱存录

| 时间 | 宫调 | 曲牌 | 曲数 | 词作 | 曲谱 | 订谱者 | 备注 |
|---|---|---|---|---|---|---|---|
| 1933年 | 双调 | 【新水令】南北合套(常规套) | 十支一套 | 明万历年间进士、松江府人陈所闻制散曲,原题《填归去来辞赠薛明府霞峰》[3] | 未见 | 吴南青 | 吴梅日记中将题目简称《归去来辞》。自叙"逐支检点"。 |

---

[1] 韩世昌:《我的昆曲艺术生活》,载中国人民政治协商会议北京市委员会文史资料研究委员会编《文史资料选编》第14辑,北京出版社1982年版,第129—130页。
[2] 吴梅:《瞿安日记卷十六》,载《吴梅全集·日记卷下》,第895页。
[3] 谢伯阳:《全明散曲》增补版第五册,齐鲁书社2016年版,第3900—3901页。

续表

| 时间 | 宫调 | 曲牌 | 曲数 | 词作 | 曲谱 | 订谱者 | 备注 |
|---|---|---|---|---|---|---|---|
| 1933年11月3日 | 仙吕 | 【桂枝香】 | 两支 | 程木安填词 | 可见 | 吴南青 | |
| 1934年9月18日 | 商调 | 【锦莺啼】【双贤醉二郎】 | | 陆麟仲《白练裙》中南曲两支 | 可见 | 吴南青 | 日记言:"四儿起稿,余为润色,木安手书之。" |
| 1934年10月23日 | 双调 | 【朝元歌】 | 一支 | 吴梅、吴南青联句《石桥寓舍》 | 未见 | 存疑 | 日记言"明日嘱其订谱""明日被诸弦管",未见结果。 |
| 1934年11月18日 | 南吕 | 【懒画眉】 | 一支 | 吴梅、吴伯匋、沈祖棻联句《余园听歌》 | 未见 | 吴南青 | 日记载:"即嘱四儿订谱,余撧笛度之,吴、沈二子以为得未曾有也。" |
| 1935年8月2日 | 中吕 | 【颜子乐】 | 一支 | 吴梅填词《为上海啸社居逸鸿作》 | 可见 | 吴南青 | 该日日记言"午时脱稿,即命四儿订谱。" |
| | | 【锦缠道】 | 一支 | | | | |
| | | 【千秋岁】 | 一支 | | | | |
| | | 【余音】 | 一支 | | | | |
| 1935年12月29日 | 仙吕 | 【桂枝香】 | 一支 | 吴梅、伯匋联句 | 可见 | 吴南青 | 该日日记言"即嘱怀儿谱之。" |
| 1936年9月1日 | 仙吕 | 【解三酲】 | 一支 | 吴梅、君谟、若梁联句 | 可见 | 未知 | "曲谱既成"吴南青即席歌 |
| 1936年9月29日 | | | | 国歌 | 可见 | 吴梅吴南青 | "与四儿做国歌谱,仅成大纲",次二日"改国歌谱成。" |
| | 北南吕 | 【梁州第七】 | 一支 | 洪昇《长生殿·弹词》 | 可见 | 吴南青 | 吴梅订正。(原谱手稿见拍卖行藏品) |
| | 北正宫 | 【货郎儿第八】 | 一支 | | | | |

注:以上表中部分言语未注出处,皆为当日日记中所言。

吴梅先生一生订谱作品疑似不止这些,尚待考察补充之。

## 三、吴梅昆曲歌谱分析

吴梅先生虽然没有明确自我表扬,在《投辕》谱订完后还戏称自己订的歌谱是"尘羹土饭,不足餍饫",但从各处文著的字里行间,可以感觉到他对订谱之道的自信力,如这八字自谦后即言道:"而按句寻声,雅费堪校,观者可悟字谱之配合矣。"[1]他对订谱的工作是认真而细致的,比如1937年6月17日的日记里记载:"早重订《抚兵》折【石榴花】谱,为'百忙中'一句,改易至三次,可云勤慎之至,一笑。"[2]他这种反复"斟校"的案例,尚有多处,其实也只有真正的行家才会完工后还反复琢磨自己的作品。

从上节详列的可见歌谱作品中,除《国歌》类似昆歌外(词体本非牌子体),其余均是正宗的昆曲歌谱。此论实非废语,尤较之今日歌坛,纭杂宫谱纷越雷池、牌子体下谱字名存实亡、曲腔似是而非的可悲状态,吴梅父子所订歌谱,乃是中规中矩、抓住了昆曲的本体,也获得了业界的认可。尽管如此,我们还是需要对其所订宫谱加以分析,学其长处,磋其可商之处,而不是一味地盲目歌颂和崇拜。

### 1. 吴梅的订谱能力

首先总体观察吴梅先生的订谱能力,是值得钦佩的,有如下三点。

一是熟练快速。

吴梅先生唱曲学俞粟庐最多,遗憾吴先生没有传世录音可听,但从自述、旁论皆可想象他唱曲的熟练和规范,这是订谱能力的重要根基。他的订谱速度很快,日记中载他订谱有时是半天,有时是一个晚上就完成一支或几支目标作品,许多歌谱甚至是"即席制谱""即席订谱",然后多是即席歌唱之。这

---

[1] 吴梅:《瞿安日记卷十六》,载《吴梅全集·日记卷下》,第888页。

[2] 吴梅:《瞿安日记卷十六》,载《吴梅全集·日记卷下》,第899页。

说明他对宫谱所需的板眼位置、板式、宫调笛色、曲牌腔格和声调谱字的搭配,都是谙熟于心,一般人很难做到这点。其高足唐圭璋先生回忆说:"有时作的是曲,先生即席订谱,撷笛歌唱,极一时之乐。"[1]韩世昌先生的回忆中,提到在他拜吴先生为师的宴席上,"那天吴先生兴会很浓,当场度曲,把当时席上人的名字全嵌进去,立即打谱子(谱工尺)歌唱"[2]。这样的嵌名填曲难度系数超乎寻常,亦不知是何曲,遗憾此曲未见传。

二是"竹、肉"可度。

吴梅上述的宫谱,无论可见、不可见,几乎都记载了被之管弦、席上歌唱的当时情况,有些不是唱一两遍而是曲会传唱,不少曲子还登上氍毹公演,即言之他的宫谱有可歌性。曲腔付诸歌坛,那么最起码的是他的宫谱在六孔竹管上运行自如,手指翻转、换宫变调、音程变化都从容有度。而再用人声歌唱,字声准确、行腔流畅、气息稳定、情绪等都能实现得较好,拗折人处定是鲜有也。

三是业界认可。

吴梅歌谱受到了普遍的认可,像俞粟庐这样的昆曲耆宿都愿意唱他的谱子,职业昆班演出他的歌谱,鲜灵芝、韩世昌、白云生、周传瑛等职业艺人都唱习过他的曲子,各种曲会雅集也都歌唱,歌谱还被收入一些大型宫谱集,等等。这些情况足以说明他的歌谱付与弦管歌喉,人们还是很接受的,得到很多的赞扬。

业界认可他的订谱能力,则许多人会拿着作品来央求订谱,表中所列有一些即是。吴梅在《笔记》中还记载了叶楚伧请他订谱事:"得吴江叶蕙绸所编《鸳鸯梦》,嘱余制谱。余拟暑假时订正之,而迄未果行也。"[3]

## 2.改订歌谱的合理性问题

汤显祖《牡丹亭》被多人改动,成为戏曲史上改作的热门话题,而吴梅也爱

---

[1] 唐圭璋:《回忆吴瞿安先生》,载中央大学南京校友会、中央大学校友文选编纂委员会编《南雍骊珠:中央大学名师传略》,南京大学出版社2004年版,第28页。
[2] 韩世昌:《我的昆曲艺术生活》,载中国人民政治协商会议北京市委员会文史资料研究委员会编《文史资料选编》第14辑,北京出版社1982年版,第92页。
[3] 吴梅:《瞿安笔记》,载《吴梅全集·理论卷下》,第1533页。

改别人的剧作、词作和宫谱，自然是因为他懂行精深，不忍视拗律、失律者；用他自己写在《读曲记》之《兰桂仙》中的话来说，就是"辄不满意，非好与古人为难，实喉中作鲠，不得不出而哇之也"[1]，非仅古人，时人之作亦然，他是不吐不快、不改不爽。比如他在1935年3月24日的日记中说："《雷峰塔·断桥》一折，为方仰松改定。而【金落索】二首，肤浅庸俗，不称佳调。"[2]于是他就把第一支【金络索】的曲词改动了一部分，歌谱工尺依然照原谱，改后交与家人、学生歌唱，自认是"俊爽如哀家梨也"。但笔者认为改过的几句或几字曲词，未必能胜原词。当然其他改作或许有他高明之处，尚未考证。本文论题是吴梅订谱情况，且不论文词之争，着重观察他改订歌谱的情况。那么他改订的歌谱，是否是绝对正确呢？即以《扫红》为例，将吴梅谱与《六也》殷溎深谱相较。

（1）引子【步蟾宫】

吴梅日记载该谱中未录此曲，流于藏界手稿则录之。

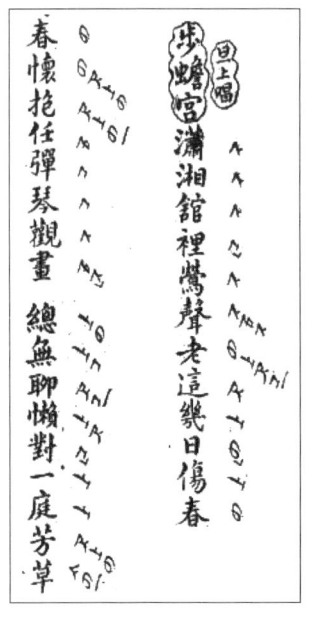

| 殷谱 | 吴谱 |
|---|---|

---

[1] 吴梅：《读曲记·兰栓仙》，载《吴梅全集·理论卷中》，第951页。

[2] 吴梅：《瞿安日记卷十》，载《吴梅全集·日记卷上》，第542页。

A. 首两字均为阴平声"潇六湘六",所配谱字都对。"馆"字南曲音归入阴去声,殷谱同前一音配"六"字,失声;吴谱因前音略高,此字平于或高于"六"字皆不可,便下行配"尺上",合声(按今人耳音则配尺工最佳);"里"字阳上声,以与前字谱音关系论,两谱皆对,合论则吴谱为佳。

B. "伤春"两字均为阴平声,殷谱"伤上春四","春"字失声;吴谱更易"春"之谱字配同音"上",则佳。

C. 吴谱将"任"字订为衬字,误,此为正字且制上声为佳。出字"五"音,两谱皆对,吴谱比殷谱增一下行谱字"六"音,甚佳,因下字"弹"出"工"音,吴谱增字后下行更易歌唱。

D. 吴谱将"观画"改为"读画",不佳。"读"字入声,配与"弹琴"相同之"工"字,极难唱;殷谱"观六画五六",合声,与"弹工琴工"衔接不拗。

E. 吴谱将"懒对"改成"闷对",不佳。"懒对"在此牌此字位上,声调本皆不佳,但"懒对"以"阳上+阴去"两声合,尚有韵致,吴改后成"阳去+阴去"更为拗律。各自对应词语字声所订工尺谱字皆对,合论则殷谱为佳。

F. "一庭"两字,殷谱作"一上庭上",吴谱改为"一上庭四",稍胜,但两谱均不佳。末句以殷谱为底稿,末四字工尺宜为"一上庭尺芳工尺上四草合四"。

其余未比对之处,两谱均相同。引子散板单音字较多,工尺单字谱时与声调配合更不易。上板曲腔多,则协调字声与谱字关系相对办法较多,谱法变通多。

(2)【宜春令】第一支

此牌笛色可用六字调和凡字调。本套为小生与闺门旦唱腔,殷谱注明"唱六调";两版吴谱均未注笛色,单从歌谱工尺看,六字与凡字均可用,从两谱对比看多会是六调。此牌词式共四段:3,3㈤,7㈤。4,7㈤。7,7㈤。2,4,4㈤。

两版吴谱只两处不同。一是"稀"字末两拍,日记版为"合。⌐工"垫腔法,藏界版为"合。··工"三叠腔法。二是"来"字正板与头眼两拍,日记版是平腔,"四"字从赠板中眼、末眼连续行进,至正板中眼止,俗称"宕三眼";而藏界版将"四"字从赠板行进到正板与头眼时,改做了"四、··合"三叠腔。概而简言之,是两个三叠腔变化而已,不影响吴谱与殷谱的整体对比。

A. 关于板。殷谱板式亦用三眼板加赠，在订谱时却未用赠板符号，均以正板符号为之（包括过板位的正、赠），则有淆乱之弊。姑且依之，但第三段末字"调"缺一正过板，随之后段首句（2字句）的末正字"传"的正板位前移一字位，后4字句首字"别"的正板位前移二字位，竟至上句中。正板缺一移二，使末段的板眼、腔格很紊乱。吴谱的板式及正、赠板位全部精准无误。

B. 首段：穿幽径，度曲桥，指芳丛行来渐远（加黑字为谱字有异，下同）。此牌六字笛色，首字开口宜用"四"字，殷谱首字首音"穿四"对，但仿照《蝴蝶梦》《红梨记》等旧谱后，未辨此乃两阴平相连，第二字亦为阴平声，与参照谱同字位的字声不同，使用"幽合四合"则大误矣。吴谱将此二字订为"穿上幽上"，虽别出心裁，也符合声调，却与牌子乐律有违。"径"字两谱各异，乃各随前字音而来，不可评。故首句的工尺谱字，两谱均不甚美。"度"字吴谱比殷谱增开口"四"音，后"尺上"谱字同，这两种唱法均可，但与前字有因果牵连，不评。"曲桥"两谱同，乃是到了此牌子主腔部位，各均遵之。"指"字殷谱订作"工。丨 尺上。尺."，吴谱改订作"四。丨 上。尺."，修改了该字的出口音，末二拍一致，则吴谱甚佳，符合上声字腔格。以下"芳丛行来渐远"六字，两谱完全相同，无甚谬处。

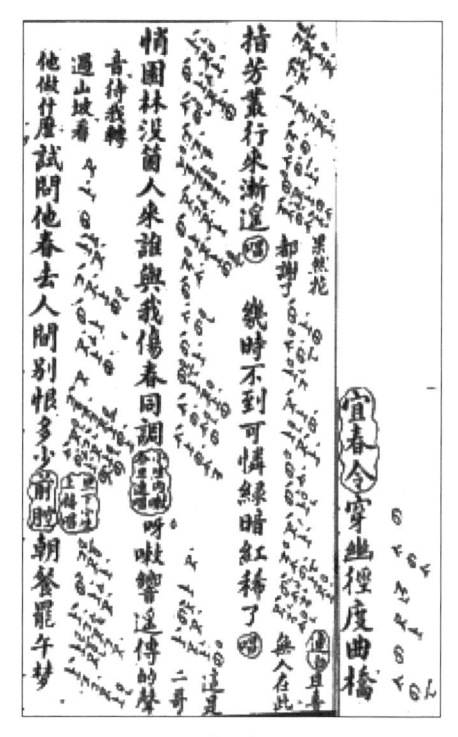

C. 二段：几时不到，可怜绿暗红稀了。"几"字殷谱订作"四、上. 四"，失声，吴谱改订作"工、合. 四"，则合律。"可"字殷谱订作"上。尺×上."（凡殷谱赠板用正板符号者，本文改用赠板符号×，下同。），吴谱改订作"四。上. 尺×上"，增添一字、布字略调而已，但字声则正矣。"绿暗"两字，殷谱订作"四、上。尺ノ×上."，吴谱改订作"四、上。尺. 工×尺上. 四合"，两谱都符合字

殷谱

243

声要求,但吴谱在唱字时长不变(即板眼位置不变)的前提下,通过增加谱字、扩大音程跨度的办法,使得旋律更动听、更有力度、腔色更明亮,调节六字调笛色的低沉韵味。唱者虽为多愁善感去扫落花的林黛玉,但不可一味低抑沉郁,并为下句转向高音区做好谷峰式铺垫。余七字,两谱完全相同,均符合此牌主腔,无甚缪处。

D. 三段:悄园林没个人来,谁与我伤春同调。"悄"字殷谱订作"上×凵尺。上.",吴谱改订作"四×凵上。尺.上",主要是将此字开口音从"上"变为"四"音,后半程的谱字相同,只是压缩了"上尺上"这三个谱字的时长;单从字面声调判断,两谱均无谬,但上句末三字"红稀了"整个腔程都是在低音区,尤其是"稀四×凵合。凵工了尺、工合。凵",经历了八拍的低沉音区,下一个字能提高则提,故阴平声"悄"的开口,"上"音比"四"音好,吴谱改订后依然在低音区徘徊了两拍,不太美好。"来"字的工尺,吴谱基本上与殷谱一样,只在末半拍收字时往下垫了一个"合"音,方便下一个低"工"谱字的开口,稍有胜处。"谁与"两个阳平声连唱,殷谱订作"谁工。合.与四×",吴谱改订作"谁工。尺与工×四",前者低"工"接上行,后者下垫低"尺"半拍再过同音后上行四度至"四"音,同样都接下字的"合"音,而吴谱改得更加婉转、波动,更好地体现林黛玉心中想谁能与我一样情思的状态。"调"字及其夹白、下句衬字的工尺谱字,两谱均一样,但如上文所述,这里殷谱丢了一个正板,谱字虽同,唱出来的腔则变了。余九字,两谱完全相同,无甚缪处。

E. 四段:呀,嗷响遥传,试问他春去人间,别恨多少?从最末三字,殷谱的板式回到正确位置,加黑字的板位差异,很难将谱字进行比对分析。这部分总体来讲,吴谱则要远胜殷谱一等。

(3)【宜春令】后三支

此牌往往四支连用,自成一套,后三曲除了在首二句添出三个正板位以外,其余的词式、板位均相同。由于吴梅日记版曲谱和网见藏界手稿照片,这三支曲都非常模糊,未能细辨,逐字逐句对比殷、吴两谱之举,亦待后论。

如果问题只有第一支上述对比的情况,那么吴梅似乎用不着动气,且多年耿耿于怀。然就《六也》的殷谱,细按而下,第二支问题最多,从第二句段开始,板位非常混乱,自然也就很难配好工尺了。追究根源,乃是殷谱中未能正确分辨衬字,衬字占板位、衬字作繁腔的现象频出。当然也不能全怪殷先生,第二支曲词中的正衬,本身就浑浑然也。在工尺方面,殷谱不到之处甚多,只拿衬字"正盼个"来看,殷谱订作"正<u>尺</u>盼<u>上</u>个<u>尺</u>",吴谱改做"正<u>上</u>盼<u>尺</u>个<u>上</u>",正好相反,则分明是吴谱在声律中。

第三支殷谱作一眼板,这在南曲的四支自套中是允许的,吴谱将其改做三眼板无赠,这也是允许的。当然就如吴梅自己的判断,林黛玉和贾宝玉在这时候还不宜唱很快的节奏,三眼板无赠属于南曲的中速曲子,正合适。这个改动应该值得赞赏。此曲末段词式应为"香塚深沉、、似这、等掩埋,比那、些丨还好、",四个正板、一个过板,殷谱未能辨识正衬,除了"好"字,其余均未在正确位置上,且多点了一个正板。如此则引起工尺和腔格混乱不堪,由于此处用一眼板,歌唱出来的音乐感完全不同矣,谱腔更难比对评判。

第四支曲两谱皆作一眼板,乃因套末之缘故。前三个句段,两谱板眼位置完全相同,也许是因为没有衬字。在工尺上,吴谱与殷谱也基本相同,偶加个别垫音;也有加以改订的个别字,如殷谱的"飞<u>上</u>度<u>上</u>",吴谱改做"飞<u>上</u>度<u>尺</u><u>上</u>",则明显是后者更合声。而第四词段由于又有衬字"试说与",殷谱仍在衬位点板,往后就不按定位了,与上曲所述情况相同。

(4)【尾声】

本出的【尾声】词式应为:"记三月三修禊曾来到,倏忽又三春尽了。算一段春光容易催人老。"这里的衬字就很难分辨,殷谱前段已经不分正衬,乃是随按而下,亦未按乐律将"了"字作散。吴谱则将此一一修正。末句两谱板位相同,前六个字的谱字也相同,殷谱订作"算<u>尺</u>一<u>上</u>。<u>尺</u>段<u>工</u>.春<u>尺</u>、<u>工尺</u>.光<u>上</u>。容<u>上</u>.易四催六、人六.<u>工尺</u>。<u>上</u>.四老合、四",吴谱改订作"算<u>尺</u>一<u>上</u>。<u>尺</u>段<u>工</u>.春<u>尺</u>、<u>工尺</u>.光<u>上</u>。容四.易<u>上</u>催<u>尺</u>、人<u>上</u>.<u>尺工尺</u>.<u>上</u>.四老合、四","容、易、催"三个字和"人"第一拍的工尺谱字做了修改,殷谱将"催"字放高后,阳平声"人"字必将跟着高出,要想回到规定的末字结腔音,势必倒字;吴谱的修正是有道理的,则将"催人"低出,但吴谱"容易"两字失声,若将工尺互换成"容<u>上</u>.易四",接"催"字"尺"音,则完美。而殷谱的另一种简单修正法,则能达到不倒字又能将"催"字高出而抒发情感的目的，乃结合两谱各自的优点，把"催人"订做"催六、工尺人上．尺工尺。上．四"即可。

(5) 结评

按度殷谱可知，其订错处并非殷氏故意破格，实乃仿制旧谱时遇到文词复杂的地方，束手无策矣。吴梅在此谱手稿后面有一段跋语，对【宜春令】曲牌和改订的理由做了简单阐述，多为在理之言。其实他真正改动殷谱的地方占比未到一半，所以不能说是"重订"，说"修订"比较合理。从修订情况看，吴梅的确占了上风，着实体现了他订谱的规范性和对声律的掌控能力，殷谱中的多数病患之处得以医治，但也有吴梅未能改好，或者改后反而不好的现象。又，从比对结果来看，吴梅批评殷溎深的言语未免太过偏激、太过严重，吴谱照袭殷谱者逾半，殷氏并非完全不知曲律，犯病虽多，然不可一言以蔽地棒杀之。

### 3. 吴梅自己制曲、自己订谱的歌谱研究 —— 以《湘真阁谱》为例

吴梅先生年轻时候的曲作、剧作，对于他进行理论著述有很大的帮助，艺术实践促进了理论的思考和总结；而理论的建树反过来又指导着他自己后期的曲作。他主张填词必须讲究格律，他能体验到填词就是在制作音乐的感觉，故而谈曲律的论著中，多将文词格律看做即是音乐格律，他厘定《南北词简谱》做的就是这样的工作。本文以《湘真阁谱》为例，此剧作于1906年吴梅二十三岁时，初名《暖香楼》，填词、用牌、格局等略显稚嫩，曲词尚留模仿痕迹，亦有拗折之处；隔十余年后他亲自订谱，及之后的传唱、搬演，直到他五十岁时刊刻《三剧》和歌谱，都未再大改动。此剧是吴梅唯一搬演的创作剧目，从文本到氍毹他都亲为、亲听、亲见，故而我们可以将之作为他的代表剧目，分析曲词和宫谱。

《湘真阁》设计的排场、采用的曲牌套数及歌谱的基本乐式如下：

| 剧情段落 | 排场 | 唱者 | 唱式 | 分式 | 牌类 | 牌名 | 数量 | 板式 |
|---|---|---|---|---|---|---|---|---|
| 第一部分 | 生自报家门 | 生 | 独唱 | 无 | 过曲 | 一江风 | 一支 | 散起,三眼板加赠 |
| 第二部分 | 旦上场,生旦叙恩爱之情,丑间插戏生、旦下场 | 旦 | 独唱 | 无 | 引子 | 小女冠子 | 半支 | 散板 |
| | | 生、合头 | 独/旦合 | 一分 | 集曲 | 梁州新郎 | 第一支 | 散起,三眼板加赠 |
| | | 旦、合头 | 独/生合 | | | | 第二支换头 | 中眼起,三眼板无赠 |
| 第三部分 | 末、老生上场设调笑计;下场 | 末、老生 | 接唱 | | | 朝天懒 | 第一支 | 散起,三眼板加赠 |
| | | 老生、末 | | | | | 第二支 | 带板起,三眼板无赠 |
| 第四部分 | 生旦做寝状 | 生、旦 | 合唱 | 无 | 过曲 | 秋夜月 | 第一支 | 带板起,三眼板无赠 |
| | 末、老生上场装劫 | 末、老生 | | 无 | | | 第二支 | 干唱 |
| | 生哀求状 | 生 | 独唱 | 一断 | | 奈子花 | 第一支 | 散起,一眼板无赠。 |
| | | | | 无 | | | 第二支 | 带板起,一眼板无赠 |
| | 末、老生说明真相;生下场换衣。 | 末、老生 | 合唱 | 一断 | | 大圣乐 | 一支 | 带板起,一眼板无赠 |
| | | | | 无 | | 三换头 | | 带板起,三眼板无赠 |
| 第五部分 | 生、旦上场招待末、老生酒宴,四人叙谈 | 旦、生 | 接唱 | 二断 | 过曲 | 宜春令 | 第一支 | 散起,三眼板加赠 |
| | | 旦 | 独唱 | 无 | | | 第二支 | 带板起,三眼板无赠 |
| | | 末、老生 | 合唱 | 一断 | | 三学士 | 一支 | 带板起,三眼板无赠 |
| | | 全场合 | | 无 | 尾曲 | 尾声 | | 照常 |

本剧是个短剧,以南吕宫南曲建构复套音乐,除【一江风】笛色为小工调,余牌皆可为凡字调笛色,过曲部分亦可改用六字调。

(1)总析曲乐架构的优点与商榷点

优点：首先，可以看出吴梅先生有意识地按照剧情结构来安排曲牌的做法，根据情节的舒缓节奏变化、连贯性、歌唱者的行当和性情，来指导曲牌的选择，在音乐上关注到了速度、人物、情节的对应关系，冷热、主次的区分比较明显。其次，订谱时的板式、乐式都依照相应曲牌的自身特性。（以下一点可能并不是吴先生自己的想法）再次，曲牌套数根据排场进行了设计。引子曲【小女冠子】到【尾声】构成一个大整体，第一部分【一江风】单曲与这个整体形成相对并列关系。大整体中的曲牌联串，又分出两支【梁州新郎】和两支【朝天懒】两个小的分体结构，采用集曲办法。到这里为止，场上的人物都是在穿插和交替。大整体的后半部分，除旦色稍晚再上场外，剧中的人物多数或同时都在场上，采用七个南吕宫正曲牌子，构成一个小群体。事实上形成了一个三重关系的套数结构。

商榷点：此用法超越了曲律规范。吴梅先生在《南北词简谱》中罗列了九种南吕宫南曲的套式，全部没有【宜春令】参与，更没有本剧的列法；从本剧来看，使用的七个正曲牌子，先生似乎都以孤牌性质来处理了。他在《简谱》中关于南吕宫套数说"格式甚多，任人搭配[1]"，笔者不认同这个观点。【宜春令】等南吕宫正曲牌子，在组成套数结构时，关系比较松垮，但不等于不存在；这些牌子如果任意使用，则更偏重向孤牌，这些牌子独立地多支自套很常见，但在同一出戏里使用的前提条件是换宫调！假如不是如此——同牌孤用三支以上且前后更易宫调，那么事实上就形成同宫套数，然后就体现出套性，尽管松散，但不是完全自由。吴梅先生此剧用法，形成了事实的南吕套数，但套性则无踪影（南吕套数不是本文重点，另题为论）。由于松散、无规则使用，使得音乐结构很松散、前后关系混乱，由表中可窥一斑。吴梅先生完全是为了应对剧情特征：两位老友的捉弄解除后，在酒宴时，生、旦需要唱比较抒发情绪、节奏不要太快的曲子，末和老生也对应一曲，作者旨在表达剧作的核心思想了，需要类似【宜春令】这样的音乐样式，就把这个牌放到末二位置，【三学

---

[1] 吴梅：《吴梅全集·南北词简谱下》，第535页。

士】(此牌套性更强)放到末一位置,这样不太合理。按照剧情结构不变,可使用换宫调法应对每个剧情段落;若不换宫调,全部使用南吕,则【朝天懒】和【宜春令】位置互换,【三学士】不用、该位置将【大圣乐】下移至此使用,原【大圣乐】位置直接将原位【三换头】使用两支即可;更易位置后的【朝天懒】和【大圣乐】不入本套,亦是各自独立构成二级复套。如此调整则在套性上、音乐上都能避免产生很多曲律问题,剧作原位置上只涉及曲词句数的少许出入,填词时不影响全局。

(2)曲牌宫谱分析

全部完整曲词略,若需对照,可查看原著。

A. 总评:

a. 板眼位置几乎全部精准无误;板式合各牌规矩,个别板式灵活处理。

b. 整体上看,能写出曲牌各自的个性和特征腔格,倒字失声腔少。

c. 行腔大部分都比较妥帖,拗折点少;但未有旧谱可依处,争议较多。

d. 高低音区分布存在一些不合理处,多牌存在整体沉闷之感。

e. 换字叠音法较多,难于运字,会导致走腔。

f. 在昆曲歌谱作品中,此剧属于上乘之歌。

B.【一江风】一支

前有副末开场,本剧用此牌由正角上场即唱,极佳,生(姜如须)胸中的"闲恨闲愁"暂被"温柔味"所洗刷,此牌情绪属性自由,中性色彩正符合他的情况。此曲笛色与下面所有曲牌不同,容易区别,形成剧作的头部区块。

本曲上板方法应该是首句三字散唱,鼓签点"哆啰"后在第二句首字上赠板。但吴梅先生在此破格,增加了一个正板位,即在首句末字"儿"直接上正板,采用过板方式,二句首字就变成了首正板的中眼位,并继续使用首赠板前二拍,后二拍给第二个字,第三字回到正板位的正常轨道。这个板位方法是【一江风】连用二支时(此牌不宜连用三支以上),首三字带板唱且是一眼板式的板位法,但独用一支或是连用二支的首支,不可这样增正板,如此就将第二句首字上赠板位的字长特征(这是本曲第一次击板,特征非常明显,即该字只占一拍,必须使用二或三个工尺谱字)破坏了。这是牌子的音乐特性,属于紧字上板的曲子，不可松懈。先生如此加正，意图很明显是生上场时唱"风儿，吹得"，而且是将花儿吹得更艳丽，所以需要舒展式唱腔来配"吹"的腔，有个风吹的延宕感。但权衡之下，如用原板律亦不会影响原词意境，故而先生此加正板法，无甚意义，反倒破律。

从首句段末词段"红楼闭"到二句段的前两句，本谱使用腔格基本仿照《西楼记·拆书》（《简谱》以此为本牌范式）《永团圆·逼离》《紫钗记·边愁》的腔，只有个别谱字做了调整，六正六赠，共计十二板四十八拍，一直在高音区徘徊，最高至"仜"音，声色高亢、气息紧凑逼仄、谱字繁琐，但却要唱得舒展，对唱者是个极大的挑战和考验，需要有正确的发声法和足够的唱功；这不是该曲段的主流腔法，只有小生行才使用。【一江风】旧谱很多，吴梅先生以此三种旧谱为范本，可见对这部分腔格的喜爱。紧接着这段高音腔格，腔格转向下行，即二句段第二句的末字（第 5 句末字，不叶），先生用"醒"字，失声，须用平声（更宜阴平）。此字位雷打不动使用特性结句腔格"尺×工.尺上。⌐⌐"，这必须是用平声字才能相谐，旧谱无破声之例，本歌谱仍将此阳上声字配此格式腔，不妥。

第六句"还上。尺记六.工尺前上×尺工宵尺。△"，三眼板加赠曲中字少腔多的情况下，来此一句字短腔密的风味，并与下一句首二字"枕六⌐上五"（后字"余"落正板）形成很别致的腔格，唱来爽脆灵动。旧谱只有《学堂》和《拆书》有第六句，吴梅先生认为"此四字句万不可省[1]"，并不是古今体之别，极赞。

末句前加三个衬字，句中加一个衬字，均不妨碍腔谱订定。惟第一词段正字"没工×六奈六.仩五。"为入声加去声，"没"的尾音是"六"，"奈"的出口音也是"六"，前字只有一拍且两个谱字由低到高，唱时入声出口"工"音后须略停顿（趁势加吸气），"六"音时气息需要向上提拔，与下一唱字不可停顿、不宜交换气，须同一口气息唱出下字"六"音，则同气同音出另一去声字，就非常难控制。若要唱得舒服，则将"奈"字开口"六"音改成"五"音，比较合适；虽

---

[1] 吴梅：《吴梅全集·南北词简谱卷下》，第 467 页。

然收字的工尺用"六、五"皆可,都不会倒"奈"字声调,因有换字气口停顿,从"六"或"五"音再往上跃至"仩"音,也都不困难,但因"这"字后的"温"字中"五"音多,故可调整为"没工×六奈五.仩六。ˇ 这仩"最佳。

本牌中其余的歌谱均符合声律、乐律,亦甚美听。

C.【小女冠子】半支

生上场以具有开场功能的【一江风】开口,此处旦上场用引子开声,选用【小女冠子】则无误,虽使用前半支,亦可。《简谱》未收此牌,本剧所填曲词,声律稍有出入,无妨。散板唱,谱字均好,但略显低沉。

D.【梁州新郎】二支

吴梅先生在《简谱》中说:"此曲例用四支,首、二曲用正格,三、四两曲用换头,不可零乱。[1]"但实际使用中省略用法也很普遍,本剧中只用二支,前支为正格,照律点三眼板加赠;后支为换头格,点三眼板无赠。惟换头格例用一眼板无赠,此处为了照顾剧情需要,两支都用正格则乏味,故先生此处做了变通:省略法使用,第二支用换头格但点板用三眼式(此曲很少用三眼板无赠)。

此为集曲,末段四句(3、3、7、6)为【贺新郎】末段,乃作"合头"使用,本剧此两曲合头照常。全曲填词声律极佳,只前曲"抹、论"和后曲"艳、矣、论"共五个字声未循调。

第一支首句散唱"花工修工妆尺上四谱合四",工尺谱字极佳,腔声优美,胜过所有旧谱中正格首句散唱的同位谱。整曲因用赠板,且板位较密,故而长腔延宕、单音频繁,订得不好则让人听觉总是在拖长音,就显得缺少婉转动听之美。本谱主要以《琵琶记·赏荷》和《长生殿·闻乐》为主要参考谱,吴梅先生很巧妙地将这两种旧谱中的优点结合使用,他不是完全照抄旧谱,既能遵循此牌特性和旧谱惯例,将主腔与乐段尾腔等都订得很到位,声律也照顾得相当周到;又有自己的良好发挥,尤其是遇到字声差异之处,有很高明的处理方法。如第三句声调为⊗⊠+⊕⊗⊕⊠,此句没有固定特征腔格的约束,订谱比较自由,除板眼位置不能乱动外,只限乐句结束在"尺"或"上"

---

[1] 吴梅:《吴梅全集·南北词简谱卷下》,第 495—496 页。

音；因各家填词的声律五花八门，谱腔时没有一个标准的定式参考，本谱订作"绾尺。上工×六.五个伬。仩.盘工、五.龙六。五.丨×.六工。尺.高六、五髻仩。五.六工×尺.上。"，唱来行云流水、生动抒情，很好地体现了通过描写旦的发髻来表达二人的恩爱。余不一一释例。

此二曲因有合头，如果板式相同的情况下，一般来说歌谱是一模一样的，简单重复即可；但此处因为前后板式不一致，换头格抽去了赠板，节奏加快一倍，相同的合头文辞的歌谱订法，就存在较高的难度，既要保证两曲同词在旋律上的相似性，又要保证节奏加快后歌唱时的顺畅与美听。吴梅先生在这个问题上处理得非常完美，他采取了两种办法，值得学习。第一种是直接提速，即工尺的谱字不变但压缩节奏，如前曲中的"秀伬×仩."和后曲中的"秀伬。仩"；以及前曲的"怀工×六。五."和后曲的"怀工。六.五"等，前后板眼位置对应关系也非常准确（三眼板正式节奏的中眼，加赠后即为赠板的板位）。第二种是取前曲单字中的腔头，作为后曲该字的歌腔，如合头首句第一个"春"字，前曲为"春工×六。工"，后曲为"春工×"；以及前曲的"人尺×工.六生工。"和后曲的"人尺。生工."等。

当然在这两支歌谱中，也有个别可以商榷的地方。如第一支第二句的后两字"镜工尺上尺翳工尺上四"，不点板眼的情况下，明显可见用了几乎相同的谱字，惟是结字走向不同而已。这两个都是阴去声，如此订谱便会死板、难听，也不大好唱；即使加上板眼以后，本谱订作"镜工、尺上。尺.翳工×尺上四。丨"，各自的前半程依然高度相似；在昆曲唱腔中使用两个阴去声字相连的情况极少，因为歌谱很难订好，容易重复；处理办法可将"翳"字微调，或是出字后上挑二度为"翳工×六尺.上四。丨"，或是出字音三、四度跃高为"翳六×五工.尺上四。丨"，后者方案为佳，既打破了先生原谱的死局，又在最大程度上保留原貌。

此二曲所订歌谱实为上上乘之作。

E.【朝天懒】二支

此二曲安排给末和老生歌唱，订谱时主要使用中低音区，总体的音色以低沉为主，且没有复杂的腔格，既便于阔口的大嗓歌唱，又体现二人此时比较郁闷的心境。第二支无赠，全曲的字腔匹配非常合适。第一支三眼加赠板，曲中有些地方的声律不是太合适。比如散板歌唱的首句，"恰上才四的上"三个衬字中，"才"字须高于前后两字才不倒字，故可订作"恰上才尺的上"；紧接着第一句的首两个正字"放尺棹尺上"，都是去声字，同音出口较难，由于"放"字阴去声，"棹"字阳去声，前字可以比后字高一些出口，另后字"秦淮"下至低"工"和"合四"，故而可订作"放工尺棹上"，前后工尺通顺、腔声有起伏且字声合理。又如第三句的歌谱为"猛上。四抬合.头四风上×月四.上尺.上四.冷四、上.尺.凄工×∟六工。尺.凄工、△六.工×∟"，"风月"字偏低，且"月"字结音与"冷"字出音同，"冷"字无论是否作上声罕腔，都不好唱，故可订作"风工×月尺.工.尺上.冷四"，歌唱起来就很舒服，旋律变化亦有波动；而"凄凄"两字的歌谱问题，与上牌中的"镜翳"腔同理，属于反复、平淡的订法。余则皆佳。

F.【秋夜月】二支

吴梅先生对此曲不甚欢喜，《简谱》中说："此调实不美听，宜用生旦长套曲之后"[1]，此剧使用两支，前支由生旦合唱，描写二人阶前玩月的情致（好似李、杨《定情》中【古轮台】的镜头），因前有二支【梁州新郎】大曲子，虽隔末与老生的穿场戏，但也算符合他自己后来定义的用法。后支他却突发奇想，改由末和老生干唱，此举不能令人信服，其实最符合此处需求的曲子就在【秋夜月】旁，即同组曲牌中的【东瓯令】，装盗行劫、干唱、鄙俗，极其合适。

第一支的曲词填得极美（稍有失律），此牌共六句三段，前四句的声律出入不大；惟末段两个五字句的词段划分法，吴梅此剧作 1+4 式，《简谱》范式取自《桃花扇》，格式同；《九宫大成》范式共四体，取自元、明剧，末段格式差异较大，一作三字句、一作四字句，两支作 2+3 五字句；昆曲中实际使用多数是二三分段法，故而先生对此可能有不同意见，但未见有理有据的说明和释律。

首支生、旦合唱，例用低音区作腔，此牌本不可高亢，以低婉之调、沉浊之声，或叙哀怨、或更缠绵，吴梅先生此谱所订并无甚谬。而若为了调整一下唱腔声色，可将第五句的高行之处，再催高一音并多盘旋两拍，即很舒适；原谱

---

[1] 吴梅：《吴梅全集·南北词简谱卷下》，第 480 页。

订作"将上清上。光上尺遮工、六.羄工。尺.丨∟",前四字都是阴平声,实乃先生填词失律(如无特殊定格,同声四连是填词大忌),此曲应在"清、光、遮"三字中的任意一或二字,使用仄声,而韵位宜平;现不易曲词的情况下,可将后三个阴平声阶梯式上行,至末字去声则下行,可定作"将尺清工。光工\_六遮五、六.羄工。尺.丨∟",之后又低腔至收尾,如此,全曲中部有两处(前句有一处)高亮声色,更为添彩。

G.【奈子花】二支

此牌是正宗的快曲,例用二支以上,但这是杂色歌牌,应归丑、付、净、外、末、杂等行当所用,定非是生(小生)所唱之曲,吴梅先生此处选择此曲给姜须连唱二支,不可思议;虽说姜须惊慌中向强人哀求,必是快曲,且甚哀愤,但南吕此组曲牌中更适合用在这里的是【刘泼帽】二支。另外,此剧所用【奈子花】格式为《九宫大成》的正格体,声调未有太过失律处,可吴梅先生订《简谱》时将《九宫》中的变格体作为正格体,释说含糊,未作明解。

此调曲腔又是整个儿在低音区回旋,因这些行当多用本嗓,音区不宜太高,旧谱中偶有上至"工"音,"六"音全曲不过一次,这是该牌应有之腔律,故而究其根源,全因牌子所归行当、唱腔的口语性、表达内容的通俗性、情绪的平稳状态、唱式的快节奏等特性,这些因素都是牌子属性,得当使用则合情合理、表达到位。也由于这些特性,唱腔音区很难有丰富的起伏波动。但本剧以主角小生如此唱法,很是滑稽,尤其是姜须的情绪状态是惊、恐、怒、急、恨,完全与此调风格不符。所订歌谱仍按本牌腔法,但并无吴梅所说的"娓娓动听"之感,反觉角色难以抒发面对这个突发境况的声情。

H.【大圣乐】一支

此曲多用于生、旦,常点三眼板;末和老生唱也是合理、也常用三眼板,并未规定老生唱时必须是一眼板(《告雁》苏武分段式唱一眼板),本谱点一眼板,实无必要。苏武唱一眼板符合当时情境,他要写信请大雁带回国,但没有纸、笔、墨,只得裂衣、锯草、咬指,然后写血信,容不得慢腾腾的,他是急迫、焦急的,写信的舞台动作又是很快完成的;所以一眼板合适,而前后各牌都是三眼板的。本剧中则不然,乃是姜须的这两个朋友向他解释,为什么要做这个装盗的计谋,其实是刚解除了前面小生被惊吓时的快节奏,恢复到了轻松说明、充满玩笑意味的情境;又因为所有板眼位置均严格遵守,一眼板的速度实在是慌张无趣的了。

I. 【三换头】一支

这是为了给小生下场换衣,末和老生加唱一支过渡,所言不过是对刚才吓朋友时的效果总结和对两人行为的自我评价,这个排场略显累赘。实则小生台上穿衣(只是加件褶子,并不真是裸体)即可,末和老生几句念白即能交代清楚。

本曲文辞格律失声较多,在词段与文意的匹配上也出现生涩之处,容易误断;四个不韵的句末字都用韵字,反而模糊了声律,使主次难分。本曲点三眼板,前三段乐句结音多有出格,末二段的乐句结音则正确。

J. 【宜春令】二支

此牌在上文对比《扫红》谱时已有论及,本剧两支曲,文辞生香、声律精妙,规范至极。惟在订谱时,声腔依旧过于低迷,虽然此调本色如此,但在可自由发挥的几个地方(旧谱多有调高之例),还是有增色空间。略释两例。

第一支第三句"魂 エ、合．销 四。丨 上．四","魂"的前字末二拍为"人"字的"尺。上．",订谱将"魂"字突至低"工",估计先生是想表达"失魂"之态,但未必只有低行才能达意;"销"后"魄飞"两字共计十拍(本剧衬字占用最后一拍半)全部回旋在"合、四"两音,乃是主腔所需,故不可易;而"魂销"两字可易,将原谱升高八度、比前字跳跃三度,调整为"魂エ、六．销エ。尺 × 上．四",然后下行照常。第四句和第五句"妙才华公子千金体",全部歌腔只用过一拍"工"音,"金体"两字占八拍,本谱都订在最低音区且破底至低"尺";如此,从曲首至第五句结束(旦唱),除了第三句"得"字上过一拍"六"音,再无高区之音,中音也少,非常沉闷,且角此时的情绪不该如此低沉;而且原谱"华"字结音"上"、"公"字开口也是"上"音,就比较拗口;故而连带起过渡作用的"千"字也一起调整,可将"公上、尺。上．四合子エ × 合．千四。丨 上尺。上．"三字的歌谱调整为"公尺、エ．六五．六．子上 × 四上．尺千エ。丨 尺上．尺．上",其中上声字"子"使用特色很强的㘗腔。调整以后仍不失声律,增添律动亮彩,唱起来也不再压抑,角色情绪也能充分表达。第二支全由旦唱,不再加赠,板眼节奏回到三眼板常速,但歌谱也存在上述相同弊处,因节奏的加快,虽然使得沉重感持续时间较短,但气息运作变字频率缩短,行腔很累,仍作调整为佳,不复明释。

K.【三学士】一支

此调较少用,本不美听,吴梅先生填词中有两处不佳,第二句"瘦词华唐突吴姬"中,除"突"为入声字,平声则偏多,最宜将"唐突"字位作去声;末句"毕竟是耽误你"中前三个去声字,"竟是"两字最宜作平声,而"耽"字宜作仄声,这样声律方得妥帖(撇下现词约束,初填时能做到)。这两处的歌谱倒是按字而定,未有不谐。全曲歌谱总体上多仿《琵琶记·逼试》中的同牌曲,比如第一句的"尽上.工尺.上四.合"后接上声字"矣四、上尺。丨",《琵琶》同字位即用此腔,但后面没再使用;吴梅继续将此腔活用于第五句"妙"字,但后字不是上声字而是去声字"谛",所以改变声势走向,将下行结字音"合"改成上行的"上",订作"妙上.工尺.上四.上谛尺、上四.",很是巧妙。但本曲仍有过于低沉之缺,部分位置可以略作抬升。

L.【尾声】

全曲合唱,收场颇有韵味,文辞、板眼和歌谱,均佳。

## 4. 他人制曲、吴梅订谱的歌谱作品分析

自度曲自然是把文词也掌控在自己手中,歌谱好坏不赖文词声律是否优劣;改订曲又受到既有歌谱的干扰,那么新订他人曲作的歌谱,吴梅先生又体现出什么样的订谱水准呢?他这类歌谱作品,最具代表性的是早期的《访星》和晚年所订的《桃花扇》数折,尤其是对《桃花扇》传奇的订谱工作,具有重要意义。但所订歌谱多是左良玉线索上的折子,非是侯、李本事,故而冷落歌坛也。仅粗观《抚兵》北套和《投辕》双调合套,曲情、曲理、曲声、曲韵、曲律,颇是在理,因这二谱笔者未睹清晰版本,依稀强辨、笼统一过耳。另有《哭主》一折,主曲是两支【胜如花】,藏界版笔迹潦草、改动多,疑为初稿,日记载录版似为誊抄,两谱比照而得全貌,按度无碍,故以此曲作为本类作品的分析案例。

【胜如花】是常用曲，旧谱颇多，吴梅先生所订此曲，充分体现了他深厚的订谱功力，各家旧谱所长之处，他能合理、灵活、恰当地运用在本谱中，未袭之处又有很多高明的处理方法。整曲很能够体现出左良玉等忠臣们突闻噩耗、面北痛哭的极度悲哀情绪，歌声极尽穿云裂帛又撼动金钟之能事。

两曲的乐段结音非常规律，完全循规。两曲板式正确，板位除一处变动外均是准确无误。吴梅先生的这处增板，实在耐人寻味（先生本意是否如此则不得而知）。变板是在第二句末字（韵位）的正板后，再增加一个过板（也是正板），第一支相应的又扩出一个赠板，即第一支增加八拍、第二支增加四拍。此字位两支配用谱字都是最低的"上尺工"，旋律相同。此两种手法均是旧谱所未曾使用过，其实并不是为了配合舞台表演动作设计（事实上似乎未曾舞台搬演过），而是大大强化了一种顿然间痛失君主的悲哀与呜咽之声，只存泣声（气声），很破例地在浅喉（喉舌衔接处）部共鸣，伏地长捶之状赫然眼前矣，这需要唱功深厚者方得理解，若不能体现此意境，则唱起来是异常难受的反效果。再将第一支中吴梅先生的几处佳音简述之。首句须散唱，订作"高四皇合四帝尺上在四合久工合四京合四l"之腔，与所有旧谱都不完全一致，风味却是一致，但本谱唱来更加流畅，声律更胜一筹。第二句"不管亡家破鼎"中，在上述增板的"鼎"字前还有一个跌宕之腔，效果不仅与增板腔一致，更为之做好铺垫，即在"管四．上．"之后，按本牌常规一般订作"亡合、四．"，但本谱在前字"上"音收住后，直接下跌六度音，订作"亡工、合．"（《寄子》第二支此字用低"工"出音，但前字是"合"音，是自然下行），左良玉心中精神支柱瞬间倒塌的破灭之感油然而生也。余佳胜处，不详释例。

另有两点可商榷处。第一支点三眼板加赠，在第五、九、十句的三个去声韵位上，必须使用固定的去声字腔格法"六×五尺．上四。」l"或"上×工尺．上四。」l"（故而填词时这些位置不能破声，必用去声字），吴梅先生选择了第二种腔格，前字衔接音都用与之匹配的"尺"音；但若从曲情着眼，实以前种腔格更为悲怆，然后前字衔接音改用"工"音；此牌这三个位置的这两种腔格可以混用，故也可以两者分用之。而后曲使用三眼板无赠，此三位本谱按例使用"尺。上四．」l"便是正法。第二点，本牌共五段十一句，本剧中在两支后面都将末句重复一遍，增出第十二句，这不是本牌的特征，乃是孔尚任自行增叠的；先生在歌谱末注明"叠句同"，即与本句同腔，也就是简单地再重复一遍，这是叠句歌腔法之一，但用在这里不甚高明；其实为了渲染、突出、加重左良玉等一帮忠臣的悲痛心情，在歌腔旋律相似的前提下，叠句更宜翻高唱（根据字声订腔需要，最大幅度不超过五度范围内变化），甚至在全曲终结时的结音也可以翻高八度收（即收在"五"音），这很符合人们生活中的境况。

虽然吴梅先生对《桃花扇》曲词格律颇有微词，但他订谱后的歌唱效果却是非常动人，这与叶堂他们订谱《牡丹亭》有异曲同工之妙。所以在订定他人曲作时，吴梅先生很是用功，而且在晚年的时候，订谱水准更加高超，前述《扫红》谱虽也是晚年所订，但实属例外。

## 结　语

纵观吴梅先生的昆曲订谱理论，虽不成章，但多有可取之处；虽只片言，却都是碎玉嶙峋；虽不明目，然可索思考路径；虽亦有偏颇之处，终可去除成见、为正视而可更析于声歌。以订谱一工，先生未必专事，无论其言论还是所作歌谱作品，都给我们树立了曲学先行的订谱原则。订谱者需要较高的唱曲能力、丰富的度曲经验，唱、吹、填牌是重要的订谱基础；吴梅先生深厚的曲学功底，填词制曲的规范性追求，对格律的精通和深度研究，未必人皆可得；但吴梅先生的经历告诉我们，昆曲订谱最终还是要返回歌唱的检验，回到曲律准绳之矩矱。

# 吴梅与戏曲教育

# 论吴梅词曲课程建设及其育人理念

邹 青

词曲在通行的各种中国文学史上都拥有一席之地,在很多高等学府中列为正式课程。而如果我们把目光回溯到20世纪初,京师大学堂监督刘廷琛还把藏书楼里的杂剧传奇"看做淫词艳曲,有伤风化,点一把火烧了"[1]。曲从"有伤风化"的"剩技"[2],到今天作为高等文科教育的组成部分,我们自然会想起一个关键性事件——吴梅受北京大学校长蔡元培之邀,走上高等学府的讲堂。词曲之学,尤其是曲学正是在吴梅持续后半生的执教生涯之下从一门难以与"诗文"同日而语的小道,发展成为高等教育体系之下的专门之学。可以说,吴梅在词曲学走进中文学科的过程中,具有无可替代的关键性意义。

正如当前大多数词曲研究者一样,吴梅是有"学者"和"教师"双重身份的。从学者的角度而论,吴梅当然堪当承前启后的一代词曲学研究大家;从教师的角度而言,吴梅所确立的教学内容与方法是传统词曲学在现代高等

---

[1] 顾颉刚:《蔡元培与北大》,载《顾颉刚自述》,河南人民出版社2005年版,第58页。

[2] 【明】沈德符著,杨万里校点:《万历野获编(中册)》,上海古籍出版社2012年版,第526页。

教育体系中生根发芽的关键环节。由此,我们在"学术史"的视角下关注吴梅词曲学研究历程的同时,还应在"教育史"的脉络中对其词曲学教学与课程建设的成就和理念加以回顾;我们在研究吴梅词曲学论著的同时,还应该对大多数论著的"讲义"性质加以关注。讲义与著述、课程与学科之间具有紧密的联系,这亦是中国现代高等教育体系初创阶段最为普遍的学科发育规律。

关于吴梅的生平、著述与学术成就,学界已有丰富而成熟的研究成果。如王卫民《吴梅评传》[1]、邓乔彬《吴梅研究》[2]、苗怀明《吴梅评传》[3]等都涉及了吴梅的任教经历。陈平原《不该被遗忘的"文学史":关于法兰西学院汉学研究所藏吴梅〈中国文学史〉》[4]、吴新雷《吴梅〈词余选〉探考》[5]则是对吴梅北大任教时期讲义的重大发现。然而,关注吴梅整个执教生涯中课程建设与讲义编纂情况的论著尚未出现。因此,本文将在"教育史"和"学术史"的双重维度之下,全面考述吴梅所授课程及其讲义,并在此基础上论述吴梅的育人观念。

## 一、吴梅词曲课程与讲义

### (一)尝试期:北京大学任教时期(1917—1922)

吴梅早年致力于举业,废科举后曾在东吴大学担任黄人的助教,帮助其编写《中国文学史》[6],但尚未独立承担词曲学课程。1917年,吴梅应校长蔡

---

[1] 王卫民:《吴梅评传》,社会科学文献出版社1995年版。王卫民:《吴梅评传》,河北教育出版社2002年版。王卫民:《曲学大成,后世师表——吴梅评传》,上海古籍出版社2010年版。

[2] 邓乔彬:《吴梅研究》,华东师范大学出版社1990年版。

[3] 苗怀明:《吴梅评传》,南京大学出版社2012年版。

[4] 陈平原:《不该被遗忘的"文学史":关于法兰西学院汉学研究所藏吴梅〈中国文学史〉》,载《北京大学学报(哲学社会科学版)》2005年第一期,第70—76页。

[5] 吴新雷:《吴梅〈词余选〉探考》,载《东南大学学报(哲学社会科学版)》2010年第6期,第93—97页。

[6] 苗怀明:《吴梅评传》,第18页。

元培之聘登上北京大学讲台，词曲由兴趣变为了职业。吴梅除了在文科研究所国文门担任"文学史"和"曲"两门的指导教授[1]，以及在"北京大学音乐研究会"中担任导师[2]之外，主要教学任务就是在国文系讲授词曲和文学史。其中，"中国文学史"每周两节课，其油印本讲义《中国文学史（自唐迄清）》经陈平原教授发现并出版[3]。"词曲"是吴梅担任的主要课程，每周有十节课之多[4]，可以通过北大出版部印刷的讲义一窥其教学内容：

  1.《词余讲义》：1919年[5]北京大学出版部印，1935年商务印书馆以《曲学通论》为题出版

  2.《词余选》：1919年—1920年左右印发，北京大学出版部印[6]

  3.《词源》：1918年北京大学出版部印，到1925年3月为止已刊印三次[7]

  4.《古今名剧选》（未完成）：1921—1922年北京大学出版部印

  5.《南词雅》："选传奇百种""实未成书"，经修改后以"曲选"为名于1930年于商务印书馆出版[8]

  6.《曲品·附传奇品》：1918年北京大学出版部印，上卷为吴梅校[9]

吴梅初登北大讲堂，课程设置是比较随意的，从名称来看："词曲"的范围

---

[1] 陈平原：《不该被遗忘的"文学史"：关于法兰西学院汉学研究所藏吴梅〈中国文学史〉》，第70—76页。

[2] 详见拙文《民国时期校园昆曲传习活动的开展》，载《文艺研究》2016年1期。

[3] 陈平原辑：《早期北大文学史讲义三种》，北京大学出版社2005年版。

[4] 陈平原：《不该被遗忘的"文学史"：关于法兰西学院汉学研究所藏吴梅〈中国文学史〉》，第70—76页。

[5] 金鑫：《民国大学中文学科讲义研究》，北京大学出版社2016年，第252页。

[6] 吴新雷：《吴梅〈词余选〉探考》，载《东南大学学报（哲学社会科学版）》2010年6期。

[7] 苗怀明：《吴梅评传》，第127页。

[8] 吴梅：《曲选》序，商务印书馆1930年，序第1页。

[9] 苗怀明：《吴梅评传》，第127页。

宽广，无论是词或曲之体制、作品、历史都可容纳其中，显示了吴梅初登讲台讲授词曲的"尝试感"。从授课时间来看，"词曲"每周有十节课之多，这也"逼迫"着吴梅准备丰富的教学内容。故在讲义方面，既有《词余讲义》等概论性质的讲义，也有《词余选》等作品选读，还有《词源》和《曲品》等经过校勘的词曲学名著。可见，吴梅已经初步建立起"通论+作品选"的教学模式。

吴梅北京大学任教时期最为成熟的讲义首推《词余讲义》。考虑其原因：一是有《顾曲麈谈》为写作基础，另一方面"伯乐"蔡元培看中的正是吴梅曲学方面的成就，甚至有因《顾曲麈谈》而欣赏吴梅才学之说[1]。至于吴梅为何刊印《词源》为教材？除了认可其研究价值之外，还有添补未及编写讲义之不足的意思。曲已有《词余讲义》为纲领和引导，故《曲学通论》虽以王骥德《曲律》为本，但不必印成讲义，而选择吕天成《曲品》作为参考书目。《词学通论》此时未及完成，故选择与吴梅的教学旨趣非常契合的张炎《词源》作为讲义，这将在吴梅东南大学任教初期的记录中得到印证。

### （二）拓展期：东南大学、中山大学任教时期（1922–1927）

1922年，吴梅南下东南大学任教，被聘为"词曲国文教授"[2]。《国立东南大学一览·文理科学程详表》(1923)记载了他的开课情况：

> 1. 词选：每周讲授或讨论时数三、教学年限一、学分数三，讲授唐宋名家词
> 2. 曲选：每周讲授或讨论时数三、教学年限一、学分数三，讲授元明以来南北曲
> 3. 词学通论：每周讲授或讨论时数三、教学年限一、学分数三，讲授词学律吕、音调、拍眼、制曲、句法、意趣、用事、咏物、节序、赋情、合曲（为

---

[1] 陈舜年曾说："当时北京大学校长蔡元培，在旧书肆中，购得《顾曲麈谈》一书，阅览之后，颇为赞赏，时值陈独秀主持北大文科，特出面礼聘至北大。"王卫民：《曲学大成 后世师表——吴梅评传》，第184页

[2]《国立东南大学一览·教职员一览》，内部资料，1923年，第5页。

"令曲"之误）

  4. 词史：每周讲授或讨论时数二、教学年限一、学分数二，讲授隋唐北宋以来诸名家词之流变

  5. 曲剧史：每周讲授或讨论时数二、教学年限一、学分数二，讲授宋元以来南北乐曲杂剧之流变

  6. 唐五代词、北宋人词、南宋人词、宋元以来名曲：研究科目，学分临时酌定

  由此可见，吴梅在北京大学时期"通论+作品选"的教学模式已经发展为"通论（词学通论）+史（词史、曲剧史）+作品选（词选、曲选）"。其中，"词史""曲剧史"两门课非常令人瞩目，虽然学分不及作品选和通论，但已经意味着"流变"成为了吴梅词曲教学的一个新的关注点。此前吴梅虽然做过黄人《中国文学史》课程的助教，也在北大开设过《中国文学史》，但那更近似于宏观上的"教学任务"，不在吴梅深耕的词曲领域之内，彼时词曲的讲授方式更像是传统词话、曲话、词论、曲论在课堂内的移植。

  伴随着任教时间的增长，吴梅自然深受中文学科整体发展方向的影响。陈平原曾总结：自20世纪初始"中国人便开始以'文学史'的编撰与讲授作为文学教育的中心"[1]。吴梅就是在这样的风潮之下，在自己最为熟悉的词曲领域，正式融入了"文学史"的大潮，也是吴梅作为一名传统意义的"曲家"融入现代意义大学教育的表现。

  至于词史、曲剧史两门课的讲义，1926年吴梅在大东出版社出版《中国戏曲概论》，因其体例类似讲义，故常被误认为吴梅在东南大学开设过"戏曲概论"一类的课程[2]，它实际上是"曲剧史"一课的讲义。首先，东南大学并没有开设"戏曲概论"，但"曲剧史"一课纲要"宋元以来南北乐曲杂剧之流变"与《中国戏曲概论》的内容非常符合。其次，"概论"体一般以文体本身要素为

---

[1]　陈平原：《〈作为学科的文学史〉增订版序》，载《文艺争鸣》2016年第4期，第30—32页。
[2]　金鑫：《民国大学中文学科讲义研究》，第268页。

编排方式,虽也涉及历代作家作品,但整体编排上一般不会全以"史"为线索,《中国戏曲概论》则全以"史"为框架,先列朝代,再分文体。其三,《中国戏曲概论》名为"戏曲",却对元明清散曲论述甚详,与"曲剧史"既包括"曲"也包括"剧"的情况符合。[1]而"词史"目前没有发现单行本讲义,倒是后来印行的《词学通论》六至九章论及唐五代、两宋、金元、明清词之流变,疑以"词史"授课内容为底本。

东南大学"词学通论"课纲要(1923)就是把张炎《词源》卷上"五音相生、阳律阴吕合声图"等合并为"词学律吕",并完全借用《词源》卷下"音谱、拍眼、制曲、句法、字面、虚字、清空、意趣、用事、咏物、节序、赋情、离情、令曲……"之框架,只稍作同类项合并。再次印证了吴梅在北京大学任教时期是以张炎《词源》为临时教材的,这种做法在东南大学任教初期得以延续。另外,笔者收藏了一部未见于他著的油印版《词学通论》,未标明印刷时间。将油印讲义、1927年中山大学排印本、1932年商务印书馆本《词学通论》三者比对:油印讲义本绪论章末有"真文、庚亭、侵寻三韵不可不严,宋人词中尽有混合不分者,此是宋人之弊,万不可从"一句论及词韵,与前文内容没有关联。这一句在中山大学讲义本和商务印书馆本中都删去了,可见油印讲义本是1927年之前,也就是吴梅任教东南大学时期的初稿。因此,吴梅应当是在东南大学任教初期使用《词源》,并陆续编纂《词学通论》,编成后即使用自编讲义。

关于"词选"和"曲选"两门课程的讲义,《词选》有明确标属"东南大学"的讲义本;而曲选课讲义即《百嘉室曲选》[2],1930年改名"曲选"由商务印书馆出版,吴梅在序中说:"洎来南雍,与诸生讲习此艺,因删薙旧稿,录成此编"[3],可见是非常明确为授课而编纂的。是选只收南戏传奇,从吴梅编纂曲

---

[1] 王文濡序中说"继而询君近作,出示《曲学概论》一编","曲学概论"很可能是王文濡或吴梅自己对这本与"曲"有关的概论性质讲义的代称。王文濡:《〈中国戏曲概论〉序》,载吴梅编著《中国戏曲概论》,岳麓书社2009年版,第1—2页。

[2] 吴新雷:《吴梅遗稿〈霜崖曲话〉的发现与探究》,载中国戏剧家协会江苏分会编《新时期江苏戏剧论文集》,内部印刷1990年版,第202页。

[3] 吴梅:《〈曲选〉序》,载吴梅编《曲选》,商务印书馆1930年版,序第1页。

吴梅与戏曲教育

选的整个历程来看：北大时期的《词余选》专收散曲，《古今名剧选》专收杂剧；吴梅南下后继未完成的《南词雅》编纂一部专收戏文传奇的曲选是顺理成章的。在《国立东南大学一览》中，"曲选"课纲要为"讲授元明以来南北曲"，既没有强调仅有南曲，也没有强调只有戏曲，所以《百嘉室曲选》很有可能不是曲选课的全部内容。

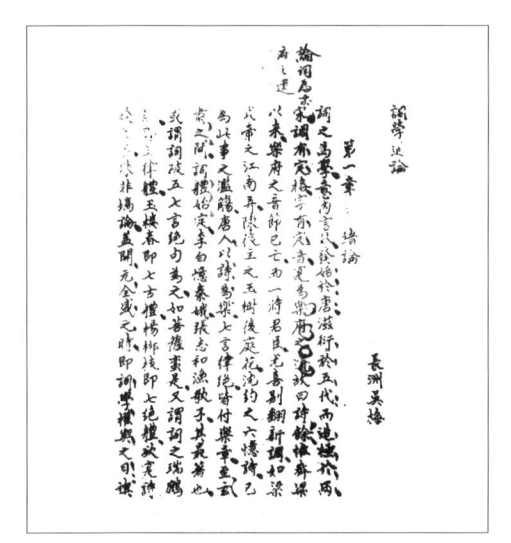

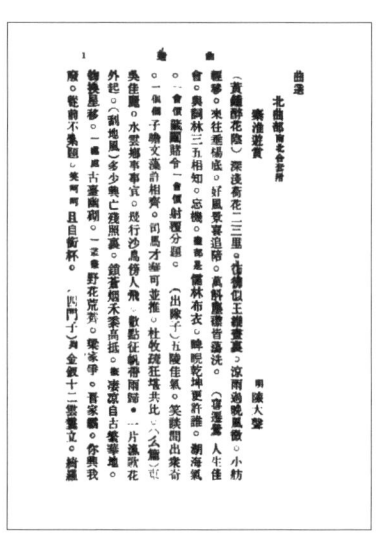

左图：笔者藏东南大学讲义本《词学通论》　　右图：中山大学出版部印《曲选》

吴梅在中山大学任教时间不长，但讲义却颇值得注意。吴梅在中山大学出版部印行讲义《词学通论》和《曲选》，其中《词学通论》[1]由中山大学出版部和广州各大书坊联合发售，使这部讲义首次兼具了著作性质面向社会出版；《曲选》[2]则分北曲和南曲收录散曲，不仅不同于北大时期的《古今名剧选》和东南大学时期的《百嘉室曲选》，与同为散曲选的北大《词余选》亦有很大差异，排版也极为精细，断句、正衬标识清晰。可以看到，吴梅是在不断调整和丰富教学内容的。

---

[1]　吴梅：《词学通论》，国立第一中山大学出版部1927年版。
[2]　吴梅：《曲选》，国立第一中山大学出版部1927年版。

267

## (三)成熟期:中央大学、金陵大学任教时期(1928–1937)

吴梅在中央大学任教时间最久、课程体系最完整、教学理念也更为明晰,可以视为吴梅在"教学"方面的全面成熟期。

表1:吴梅中央大学开课及讲义情况一览表

| 吴梅日记[1] | 《中央大学一览》(1930)[2] ||  文学院中国文学系选课指导书(1935)[3] | 讲义 |
| --- | --- | --- | --- | --- |
| | 课名 | 课程说明 | | |
| 专家词班 | 清真词、稼轩词 | 取全集逐篇讲授词中定律不可移易处,随时指出,庶几得所准则。(清真词) | 专家词研究 | |
| | 唐宋词选 | 专录唐宋名篇,择要讲授并详示其作法。 | | |
| 词学通论 | 词学通论 | 通论词学源流、音律、作法与其他关于词学之重要问题 | 词学通论 | 《词学通论》,商务印书馆1932年出版 |
| 南曲班、曲律班 | 曲律 | 专论曲律为审音制曲之标准 | 曲律 | 《南北词简谱》,中央大学讲义铅印本,卢前石印本 |
| 曲名著、曲选班、元明剧选 | 曲选 | 选录元明后名著,详为讲授并指示其审音制曲诸法 | 曲选 | 《曲选》,商务印书馆1930年出版 |
| 曲学通论 | 曲论 | 通论戏曲起源、派别及元明间名著并其他关于曲学之重要知识 | 曲学通论 | 《曲学通论》,商务印书馆1935年出版 |
| 练习作文 | 高级作文 | 注重作法以资实习 | | |

---

[1] 吴梅:《吴梅全集·日记卷》,第253—254页、344—345页、第609页、第779页。

[2] 中央大学文学院编辑,秘书处编纂组纂校:《国立中央大学一览·文学院概况》"课程及课程说明",中央大学教务处出版组1930年,第3—20页。

[3] 《国立中央大学文学院选课指导书》,国立中央大学出版组印,1935年。

吴梅在东南大学增设的词史和曲史课，在中央大学时期已不再继续开设，但这并不是意味着吴梅否认了"史"的重要性。查《国立中央大学文学院中国文学系课程一览》（1932）[1]，中国文学系有"词曲史"一门课，由王易担任。王易代表作《词曲史》[2]初为心远大学讲义[3]，1931年出版时王易已到中央大学任教[4]。正因王易承担了词曲史课程，故吴梅不再讲授。

值得特别注意的是，吴梅特意增设以"曲学通论"为先修课程的"曲律"课，在"词学通论""曲学通论"都为两学分的情况下，"曲律"课居然有四学分之多[5]。《中央大学文学院中国文学系课程一览》（1932）有"南北词简谱（南词）"，与"曲律"为同一门课，《南北词简谱》就是这门课的讲义，这也在中央大学排印本讲义《南北词简谱》署"曲律"中得以印证。[6]此外，《中央大学文学院中国文学系课程一览》（1932）中"专家词（梦窗）"，与《中央大学一览》（1930）"清真词"，以及《文学院中国文学系选课指导书》（1935）"专家词"也是同一门课。无论是"曲律"课的新设，还是"专家词"词家的选择，都可以看出吴梅日益明晰的教学旨趣，后文将有详细论述。

吴梅在金陵大学一直为兼课教师，一说始于1928年[7]，一说"1933年

---

[1]《国立中央大学文学院中国文学系课程一览》（1932年度上学期），载《国立中央大学日刊》1932年10月7日，第19页。

[2] 王易：《中国词曲史》，1931年初版，1932年神州国光社再版，1948年中国文化服务社再版。

[3] "南昌王子简庵，十年来倚声挚友也。去年教授心远大学，撰词曲史一编，用作教程。"周岸登：《〈中国词曲史〉序》，载王易著《中国词曲史》，中国文化服务社1948年版，第4页。

[4] "1926年秋，王易进入东南大学（1928年更名中央大学），任教七年"，《赣文化通典·诗词卷》郑克强总主编，江西人民出版社2013年版，第482页。《国立东南大学一览》为1923年所编，此时王易尚未到东南大学，故东南大学词史、曲史课程，仍应为吴梅教授。

[5] 中央大学文学院编辑，秘书处编纂组纂校：《国立中央大学一览·文学院概况》"课程及课程说明"，中央大学教务处出版组1930年版，第7页。

[6] 据中国昆曲博物馆浦海涅老师指点，此本题署"曲律""长洲吴梅述"，注明"国立中央大学""东南印刷公司代印"。

[7] 张宪文：《金陵大学史》，南京大学出版社2002年版，第132页。

才得以落实"[1]。两说并不矛盾,其过程确实比较波折,但至少可追溯至1928年。查1928年《金陵大学文理科概况》,可以看到吴梅上世纪三十年代在金陵大学开设的课程都已在列[2]。在《吴梅日记》中提及的词选(1936)、金元散曲(1933)、曲学概论(1933)[3]几门课程,也都可以从《金陵大学文理科概况》《私立金陵大学一览》中得到印证。

表2:吴梅金陵大学开课情况一览表

| 《金陵大学文理科概况》(1928)[3] || 《私立金陵大学一览》"学程纲要"(1933)[4] ||
| 课名 | 纲要 | 课名 | 纲要 |
| --- | --- | --- | --- |
| 历代词选 | 讲授唐五代两宋以来诸家词 | 词选 | 选授五代、两宋名家作品并讲述其风格、派别、结构、修辞、作法等 |
| 金元戏曲 | 讲授金元以来南北曲剧 | 金元戏曲选 | 选授金元以来杂剧、散曲诸名作并指示其审音、制曲诸法 |
| 词曲概论 | 讲授诗歌体制及声律诸原则及历代词曲之源流与派别 | 曲学概论及曲史 | 通论戏曲之律吕、拍眼、制曲诸原则及南北曲之源流派别 |
| | | 词学通论及词史 | 通论词学之体制、音律、诸家原则及历代诗之流变 |
| | | 专家词 | 任取唐五代及两宋名家之一,详加研究 |

---

[1] 苗怀明:《吴梅评传》,第175—176页。

[2] 其中《吴梅日记》有"金元散曲"(1933),《金陵大学文理科概况》(1928)列有"金元戏曲",课程纲要为"讲授金元以来南北曲剧";《私立金陵大学一览》(1933)则列为"金元戏曲选",内容为"选授金元以来杂剧散曲诸名作,并指示其审音制曲诸法",可见这一门课既包括曲、也包括剧;加之吴梅在日记中常有以部分授课内容代替课程名称的做法,故"金元散曲"应该是"金元戏曲"课中的散曲部分。因此吴梅二十世纪三十年代金陵大学所授课程,1928年已然在列。

[3] 吴梅:《吴梅全集·日记卷》,第344页、第779页。

[4] 笔者收藏,封面署"十七年",钤有"金陵大学文学院"章。

[5] 金陵大学秘书处编:《私立金陵大学一览》,美丰祥印书馆承印,1933年。

尤其珍贵者,是《私立金陵大学文学院概况》中对吴梅1934-1935年度国学研究班授课情况的记载。是时,国学研究班授课导师有胡小石、刘国钧、刘继宣、胡俊、吴梅。吴梅所授课为乐章词释、清真词释、二窗词释、南词校律、北词校律、散曲研究、度曲述要、订谱述要,均为三学分,每周上课三小时[1]。可以看到,研究生课程是"高阶作品选 + 高阶曲律 + 唱曲理论 + 订谱理论",能看到吴梅针对词曲学研究生的培养需要,排除了"通论"与史,增加了"唱曲"与"订谱"理论的专门研习,又提升了作品选读的难度与层次,是吴梅"教学成熟期"在研究生培养方面的自觉设计。

通观吴梅的教学生涯,词曲通论类和作品选类课程最先开设,其后伴随"史"的意识逐渐明晰,开设了词史和曲史课程,后又开设了曲律课,以彰显其治学理念。大学阶段的"论、选、律、史"和研究生阶段的"选、律、唱论、谱论"共同构成了吴梅词曲学授受的基本框架。

## 二、课程与讲义反映出的育人观念

考察百年前吴梅词曲课程及其讲义情况,不仅为了还原一位词曲研究宗师的人生轨迹,更重要的还是透过繁杂的课程与讲义名目,提炼吴梅一以贯之的教学和育人观念,去体贴一位词曲教育家所建构的词曲学传承理路。

### (一)词曲同质、戏曲散曲一体的基础观念

在学科、方向划分愈来愈细致的学术背景下,我们已经习惯了词与曲的研究分属不同门类,或是"剧曲"归为戏剧,而"散曲"类于诗歌。然而从文体本身考察,诗、词、曲同属中国古典韵文,都是建立在汉字声韵基础上进而形成规范的一类文体,延续着"一代之文,每与一代之乐相表里"[2]的文学传统。

---

[1] 私立金陵大学文学院院长室编:《金陵大学文学院概况·学程纲要》1936—1937年第四号,载李森主编《民国时期高等教育史料三编》第18册,国家图书馆出版社2017年版,第330—331页。

[2] 吴梅:《中国戏曲概论》,上海古籍出版社2000年版,第151页。

其中,词与曲的关系更为紧密,界限也更为模糊;至于散曲与戏曲(剧曲),二者关系更似绝句与律诗,体制虽有异,本质却同一,更是无法分而论之,故《南音三籁》《吴歈萃雅》等曲选兼收散曲和剧曲,《南曲九宫正始》也在散曲与剧曲中信手拈来作为样本。同时作为词学和曲学教授的吴梅,正是以此为知识背景来处理词与曲、戏曲与散曲之关系的。

吴梅北大任教时期"词曲"同属一门课程,他在《仲秋入都别海上同人》诗注中自谓北大"征余授古乐曲"[1],其所指正是"词曲"课,可见他是以类似"乐府"的概念将它们视为一体的,其本质是视两者同为可以配合歌唱的韵文。吴梅南下之后,在高等教育学科分类日趋精细的浪潮下,词曲课程渐渐分而设之,但依然可以看到"词"与"曲"教学内容的相似性:在"乐"的层面讲授律吕、拍眼;在"文"的层面讲授句法、用韵。直至吴梅金陵大学兼课时期,还专门开设"词曲概论"一课,"讲授诗歌体制及声律诸原则及历代词曲之源流与派别"[2],其中的"诗歌体制及声律诸原则"当然就是"韵文""乐府"观念下词与曲的共通原则。可见,在吴梅教学观念里,词学与曲学是不可、也无需设置壁垒的。龙榆生也曾说过:"吴先生总劝我学唱昆曲,他说词曲原来是相通的,研究词学的人,最好学会了几支曲子,自然别有受用。"[3]

至于戏曲与散曲的关系,吴梅更是认为二者没有区分的必要。在"曲论"类课程中,讲义《曲学通论》主要论述戏曲散曲的共同原则;在"曲史"类课程中,东南大学"曲剧史"课程就是把散曲与剧曲融为一炉来讲授;在"曲律"类课程下,《南北词简谱》与明清格律曲谱一样兼采散曲、戏曲,所谓"曲律"当然既是散曲之律,也是剧曲之律。只有到金陵大学国学研究班中才专门开设"散曲研究"一门课,但这也并不妨碍"南词校律"和"北词校律"通讲剧曲、

---

[1] 吴梅《仲秋入都别海上同人》,诗注"时洪宪已罢,废国学,征余授古乐曲。"吴梅:《吴梅全集·作品卷》,第 27 页。

[2] 《金陵大学文理科概况》,内部资料,1928 年。

[3] 龙沐勋:《记吴瞿安先生》,载王卫民主编《吴梅和他的世界》,河北教育出版社 2002 年版,78 页。

散曲[1]。

尤其值得关注的是"曲选"类课程,从各种作为讲义的《曲选》来看,吴梅确实有意识地将散曲与剧曲分而选之:如北大《古今名剧选》为杂剧选,《词余选》为散曲选;东南大学《百嘉室曲选》专收南戏传奇;中山大学《曲选》收录散曲。但是,这种分类有如讲诗要别古体、近体,讲近体诗要分绝句、律诗一样,是同一类事物的不同体式。因此,从吴梅所有"曲选"课的纲要来看,北大时期既有散曲选讲义,也有剧曲选讲义;东南大学"曲选"课纲要为讲授"元明以来南北曲"[2];最值得注意的是金陵大学"金元戏曲选"课,名曰"戏曲",却在课纲中明确标注"选授金元以来杂剧、散曲诸名作"[3],可见这"戏曲"是"戏和曲"之意。由以上可见,吴梅确实认为区分剧曲、散曲,乃至区分杂剧、传奇更方便教学,能够更好地理解"曲"这样一种文体,但这绝不意味着可以改变它们本质的同一性。

学生表现是教学成果的直观体现。在治学旨趣和学术成就上,吴梅的一众弟子通常在词或曲中的某一领域表现夺目。但即使如此,词曲一体、戏曲散曲一体的基本观念却得到了传承:任半塘既是散曲学术史上的重量级学者,又在"唐戏弄"研究上独树一帜;钱南扬在武汉大学兼授词曲之学,其讲义既有《词学概论》,也有《曲学通论》;卢前虽然极力倡导散曲应成专门之学,但其理论基础是"十二科和十五体,同根枝叶各西东"[4],其自身也是兼治戏曲与散曲之杰出代表;王季思不仅有《西厢五剧注》《元杂剧选》,还有《元散曲选》;唐圭璋是词学家,但同时著有《元人小令格律》;汪经昌《曲学例释》兼论散曲与戏曲……可见,虽然从学术史的角度而言,学科与研究方向愈来愈细的趋势在所难免,但是吴梅词曲同质、戏曲散曲一体的治学观念已经伴随着其教学实践深入门人血液。

---

[1]《金陵大学文学院概况·学程纲要》1936-1937年第四号,58—59页。
[2]《国立东南大学一览·文理科学程详表》,内部资料,1923年,第4页。
[3] 金陵大学秘书处编:《私立金陵大学一览》,美丰祥印书馆承印1933年,第168页。
[4] 卢前:《论曲绝句》,载《卢前曲学四种》,中华书局2006年版,第242页。

## (二)以"作法"(非"写作")为核心的教学内容

中国古典文论历来重视"作法",刘勰《文心雕龙》、严羽《沧浪诗话》、张炎《词源》、王骥德《曲律》等经典诗论、文论、词论、曲论,莫不有大段章节专述作法。吴梅作为一名由传统文人转型而成的大学教授,在《曲学通论》《词学通论》课程中特重音律、句法、用韵、结构,是顺理成章的。

但是,如有当前在高校讲授或听讲词曲的经验,就可以非常轻易地发现一些有趣的现象:作为作品选读类课程,"清真词"顾名思义为对周邦彦词之文学成就的梳理,但吴梅中央大学"清真词"课的纲要却是"逐篇讲授词中定律不可移易处,随时指出,庶几得所准则",可见吴梅是"借用"周邦彦词来讲"词律";目前可考的吴梅"专家词"课正式开设过"清真词"(周邦彦)和"梦窗词"(吴文英);研究班开设过"乐章词"(柳永)和"草窗词"(周密),从教学内容的选择来看,他尤重已充分律化的文人词、在字句安排上更见功力的慢词,旨归依然在于"词律"与"作法"。同样,"唐宋词选"课"专录唐宋名篇,择要讲授并详示其作法","曲选"课纲要为"选录元明后名著,详为讲授并指示其审音制曲诸法"[1]。可见无论是词选还是曲选,了解作家作品本身不是教学的最终目标,通过选定作品,深入理解"作法"才是根本目的。可以说,吴梅是把词选、曲选课当成词律、曲律课来上的。

从近二十年吴梅词曲学讲义的出版情况来看,《词学通论》《中国戏曲概论》所出单行本数量最丰,而《南北词简谱》却只见于《吴梅全集》和近些年出版的《中国戏曲艺术大系》。吴梅临终前曾致信弟子卢前,"《顾曲麈谈》《中国戏曲史》《辽金元文学史》,则皆坊间出版,听其自生自灭可也,唯《南北词简谱》十卷(已成清本),为治曲者必需之书,此则必待付刻。"[2]可见吴梅最为珍视的成果正是这部《南北词简谱》——也就是吴梅"曲律"课的讲义。吴梅在

---

[1] 中央大学文学院编辑,秘书处编纂组纂校:《国立中央大学一览》,中央大学教务处出版组 1930 年版,"课程及课程说明"第 17 页。

[2] 卢前:《奢摩他室逸话》,载《吴梅和他的世界》,第 10 页。

中央大学专门开设"曲律"课,不是一时兴起,而是其在十年教学经验基础上,非常自觉地将"曲律"提炼成一门单独的课程。这门课的纲要为"专论曲律为审音制曲之标准",可见吴梅对待曲律的态度:澄清曲律并不是为了理解曲学发展的历史,而是直论"作法"之根本——"标准"。这样一门课在中央大学所设课程中显得非常特殊:中央大学中国文学系课程目的为"1. 以文学(疑为"文字"之误)声韵训诂为研究一切国学之根柢。2. 欣赏高等文学之能力。3. 阅读古书之能力"[1],可见培养学生在小学基础上"阅读"与"欣赏"的能力是国文系的主要任务。如《南北词简谱》般逐个曲牌辨析平仄、正衬,虽不能说与国文学系课程目的背道而驰,但如此深入一个文体内部,在《国立中央大学一览》所列文学院开设课程中也是绝无仅有的。

特别需要辨析的是,"作法"与"写作"本身之间的关系。吴梅非常重视写作实践,他在醉后常说:"一个人文学的理论无论谈得如何天花乱坠,我不会相信,他如能当场写一篇出来,我便佩服[2]。"吴梅不仅自身有着丰富的诗、词、曲创作经验,也倡导学生填词作曲,他曾说过:"余及门中,唐生圭章之词,卢生冀野之曲,王氏驾吾之文,皆可传世行后,得此亦足以自豪矣。"[3]王季思曾在《忆潜社》中非常生动地记载了吴梅带领学生填词作曲的场景:

> 我才是东南大学一年级生、选读了吴瞿安先生的词选课。先生以同学们多数不会填词,为增加我们的练习机会和写作兴趣起见,在某一个星期日的下午,找我们到他的寓所去……随出一个题目,叫大家试作……有的同学更主张组织个词社。先生答应了,定名为潜社……那时先生担任的课程……凡是选读的同学,都可入社,要填词,要作曲都可以。[4]

---

[1] 中央大学文学院编辑,私立书处编纂组编纂:《国立中央大学一览·文学院概况》"课程及课程说明",1930年,第1页。

[2] 万云骏:《悼瞿安师》,载《吴梅和他的世界》,第50页。

[3] 吴梅:《吴梅全集·日记卷》,667页。

[4] 王季思:《忆潜社》,载《吴梅和他的世界》,第72—73页。

在这一段记述中可以看到：其一，吴梅是把"写作"这一环节特意放到课后进行的；其二，从"同学们多数不会填词"来看，吴梅课上虽讲授"作法"，却不以"学会填词作曲"为必备技能，但仍在课余时间不遗余力地促进学生的写作实践。由此可见，吴梅所重视的"作法"并不等于"写作"，他的目标并不是在课堂上培养词曲之创作者，而是对"作法"了然于胸的研究者。在吴梅弟子中，唐圭璋、卢前、王季思诸先生都以词曲研究为主，但又在诗词曲创作上各有天地，这也不能不说是吴梅给门人的馈赠。

### （三）以唱曲促进理论学习的教学方法

吴梅填词、打谱、唱曲、理论兼善，作为一名国文系教授，善谱能唱，常为学界所乐道。在吴梅正式成为大学教师之前，就秉持着"欲明曲理，须先唱曲"[1]的治学理念。那么在教学层面，他又如何践行其理念呢？

在"乐"的层面，有"造谱""唱曲"两个重要环节，吴梅是分而待之的。首先，在"造谱"方面：吴梅在初登大学讲台之时，是对"作法"与"造谱"都非常重视的。他在讲义《曲学通论》中说：

> 自逊清咸同以来，歌者不知律，文人不知音，作家不知谱……亟欲荟萃众说，别写一书……付诸手民，大抵作词规范，粗具本末，而循声造谱，仍未疏论，盖口耳之间，笔不能达也。[2]

可知"作词规范"与"循声造谱"之法都是授课的主要内容，只不过"讲义"可以比较清晰地概括"作法"，但是"造谱之法"只能口传心授。可见吴梅登上北京大学讲台后，就把"作法"（不等于"写作"）与"造谱之法"（也不等于"歌唱"）定为词曲学授受的核心内容。伴随着吴梅教学经验的积累和对国文学科整体要求的适应，吴梅在"造谱之法"上有所让步，只在金陵大学国学研究

---

[1] 吴梅：《〈顾曲麈谈〉序》，载《吴梅全集·理论卷上》，第3页。
[2] 吴梅：《〈曲学通论〉序》，载《吴梅全集·理论卷上》，第161页。

班中还开设"订谱述要",阐释其"规律"[1],而在大学课程中日益把更符合中文学科教学旨趣的"作法"突出出来,上文已专门论述。

其次,在"唱曲"方面,吴梅在金陵大学国学研究班开设了"度曲述要",其纲要为"当世度曲,率多逞肌,拟就通行诸套,分析阴阳口法,追叶怀庭、冯云章之遗,为声家之正的"[2]。可见吴梅认为"度曲"是走向曲学研究的重要环节,也可以看到"逞肌"式的"唱"并不是吴梅授曲的目的,背后的"阴阳口法"、字声与旋律的配合原理才是教学目的,依然可以看到"唱曲"是为"治曲"服务的。

除了为研究生专门开设度曲课,作为"欲明曲理,须先唱曲"[3]这一治学理念的延伸,吴梅一直以课堂示范唱曲为各种相关课程的教学方法,在吴梅的课堂上,笛声、曲声从未绝响。

> 先生运用直观教具进行教学,公然携笛到课堂上说明曲律,说明今传的十七宫调分隶于笛色的七调之中。[4]

> 谓先生之上教室也……间出马致远、关汉卿杂剧,曼声讴唱之,听者为神往。[5]

在课堂之外,吴梅亦为学生勉力授曲。其形式主要有二:其一,在学校曲社中授曲,如上文提及的"北京大学音乐研究会",以及吴梅在光华大学兼课期间与童斐共同担任指导老师的"光华大学国乐会昆曲部"[6];其二,在家中授曲,为了弥补课堂不便授曲之不足,吴梅把中央大学、金陵大学有志于学曲的学

---

[1] 《金陵大学文学院概况·学程纲要》1936—1937年第四号,第59页。

[2] 《金陵大学文学院概况·学程纲要》1936—1937年第四号,第59页。

[3] 吴梅:《顾曲麈谈》序,载《吴梅全集·理论卷上》,第3页。

[4] 唐圭璋:《回忆吴瞿安先生》,载《吴梅和他的世界》,第85页。

[5] 郑逸梅:《霜崖先生别传》,载《吴梅和他的世界》,第12页。

[6] 万景陶、华渭:《国乐会昆曲部》,载《光华年刊》1928年总第3期。

生带到家中,聘请笛师包棣华为助教,悉心教授,以油印手抄曲谱作为讲义[1]。在《吴梅日记》中就多次提及了家中为学生拍曲的情景。[2]值得特别注意的是,即使是课后教学,吴梅授曲之目的也不单纯是"能吹会唱",如他认为《桃花扇》"有佳词而无佳调,深惜云亭不谙度声"[3],便亲自为《桃花扇》打谱,教授学生[4],可见吴梅时非常期待可以期培养出有"唱"的实践经验、进而能够深刻理解"曲"的学者。对此,唐圭璋有深刻体会:

> 课余暇时,并从师学唱昆曲……我们都学会了吹笛唱曲,结合书本上的知识,明瞭了曲学的理论,对词曲源流及其关系都有了深切的了解和体会。[5]

在吴梅的极力提倡下,弟子卢前、钱南扬、汪经昌等均善唱曲,南京大学昆曲清唱课程依然是古典戏曲学方向研究生实际上的"必修课"。事实上,吴梅绝没有强求弟子以之为必备技能,也不是每位弟子都长于唱曲,但"欲明曲理,须先唱曲"的观念已经经由吴梅的教学实践牢牢嵌入门人脑海之中。

综上所述,吴梅在其二十年的教学生涯中,建立起了词曲之学"论、选、律、史"的课程框架,并在教学实践中逐渐明晰其育人观念:其一,"古乐曲"统领下词曲一体、戏曲散曲一体的基础观念;其二,以"作法"(非"写作")为核心的教学内容;其三,以唱曲促进理论学习的教学方法。

"在戏曲本身之研究,还当推瞿安先生独步"[6],立足于当代,我们当然可

---

[1] "油印《扫红》谱分贻诸生",载《吴梅全集·日记卷》,第711页。

[2] "与诸女生按歌授《玉簪记·问病》【山坡羊】一支,尚不能上口也。""余前课诸生【胜如花】一支,诸生皆脱稿,而不能按歌,因嘱棣华将《浣纱·寄子》授之,并取旧作二曲,分赠诸生。"吴梅:载《吴梅全集·日记卷》,第45页、第552页。

[3] 吴梅:《中国戏曲概论》,第187页。

[4] 吴梅:"夜间又将《桃花扇·哭主》中二支,订成歌谱,拟一并教诸生也"。载《吴梅全集·日记卷》,第552页。

[5] 唐圭璋:《自传及著作简述》,载《梦桐词》,江苏古籍出版社1987年版,第132—133页。

[6] 浦江清:《悼吴瞿安先生》,载《吴梅和他的世界》,第61页。

以总结出吴梅的治学旨趣;但立足于传统,我们可以说吴梅治学之"特色"恰在于"没有特色"。吴梅所处的时代,正是传统士大夫阶层渐次转化为近代知识阶层的时代,吴梅虽然从性格、审美、学术旨趣等各方面来看,依然葆有传统文人的内核,但他与教学有关的一切行为(包括课程建构、讲义编纂等),都在新式高等教育的语境之下发生。因此再审视以上育人观念,我们可以清晰地看出:一方面,吴梅是站在词曲"内部"的立场上开展教学,而非以西方或现代文学观念从"外部"加以认识和定位;另一方面。吴梅又非常努力地调整自己的课程结构(如增设词曲史、词曲分授)、教学内容(如淡化"造谱",突出"作法")和教学方式(如课余时间带领学生进行填词和唱曲实践),以期能够适应大学国文学科的教学要求。其教学之旨归并不在于建立具有吴梅特色或时代特色的词曲理论与研究范式,他是竭尽全力、苦心孤诣地期待词曲之学能够在大学国文学科之下得以安放。

郑振铎曾说过:"没有多少人像他那样的专心一志于教育事业的。他教了二十五年的书,把一生的精力全都用在教书上面。"[1]正因如此,吴梅在"育人"方面的成就不亚于其曲学研究:在词学研究方面,唐圭璋、沈祖棻足称一代巨擘;在曲学研究方面,王玉章、任讷、钱南扬、卢前、王季思、吴白匋、万云骏等弟子及再传弟子几乎可以构成半部20世纪戏曲学研究史。常芸庭说"曲学之兴起,风行海内,蔚然成观者,皆梅苦心提倡之功也"[2];苗怀明评价吴梅的教育成就时说他"学生的成才率很高"[3],都是非常恰当的。那么,这意味着吴梅的词曲育人模式可以直接搬到今天的课堂上吗?在当前的教育语境下,吴梅词曲教育的经历、观念与经验,又给我们留下了怎样的文化遗产?

当前,学科与研究方向细化的趋势不可避免,中文学科培养方式也日益定型,"作法""造谱之法""欲明曲理,须先唱曲"的操作难度也越来越高,这都是学科发育与学术演进的趋势,包括笔者在内的吴梅后辈弟子们也同样

---

[1] 郑振铎:《记吴瞿安先生》,载《吴梅和他的世界》,第67页
[2] 常芸庭:《吴梅小传》,载《吴梅和他的世界》,第3页。
[3] 苗怀明:《吴梅评传》,第199页。

置身于这样的潮流之中。但是，我们通过对吴梅"高成才率"教育实践的回望，可以在滚滚洪流中稍作驻足，去观照当前词曲教学与治学的问题，并加以调试：

比如讲授文学史，散曲、戏曲可以分述，但不可不强调两者之间的血肉联系；讲授词曲作品，知人论世、以意逆志之功夫固然重要，但也要兼顾作者的立场，考虑其作法；我辈青年学子深耕戏曲之时，不可不要求自己拥有词曲乃至中国古典韵文的知识背景；无论研究中国古典文学的何种文体，都不妨尝试创作以体味作者甘苦等等。笔者在本校"昆曲经典文献细读"专业选修课上，引导三十名从未涉足韵文写作的学生在细读《南北词简谱》后试作散曲，帮助他们在写作实践中理解散曲与戏曲的同源关系，理解曲与诗词的血脉联系，理解律谱的体例与使用方法，成为学生印象至为深刻的片段，这些都不是笔者的创造，而是吴梅先生教学经验的直接转化。学术既须深入研究，亦须不断传承，在前辈学者的育人观念和经验中汲取营养，正是我们学术传承工作的重要组成部分。

# 吴梅、陈中凡与民国时期大学的戏曲教育

陈亮亮

## 引 言

吴梅（1884—1939）进北大是中国现代学术史上值得大书特书的事件，也委实得到不少"书写"。当时舆论哗然，适足以证明此事对传统观念的冲击。大学是向西方学习的现代产物，承载了极高的社会期许。身为最高学府的国立北京大学，接纳向来被目为"小道"的戏曲，对中国戏曲传承意义重大。吴梅得到教席后，难掩激动，有诗句云："不第卢生成绝艺，登场鲍老忽空群。"诗中自注"时洪宪已罢，废国学，征余授古乐曲"[1]，此处并举"国学"与"古乐曲"，可见吴梅以戏曲赓续文化的使命感。

现代大学机构给戏曲这门古老艺术提供了安身发展的平台。作为一门融文学、音乐、表演等要素于一体的综合技艺，戏曲教育在倾向于专业化的现代学术机构中，面临实际的专业分工问题。但是，作为"小道"的中国戏曲，之所以能够进入现代大学、并扎根生果，恰正源于它本身

---

[1] 吴梅：《仲秋入都别海上同人（二首）》，载王卫民编《吴梅全集·作品卷》，河北教育出版社2002年版，第27页。

所具有的多面向、多重意义。本文聚焦于吴梅与陈中凡(1888—1982)两位先行者的戏曲教育实践,循其步履,勾勒 1917—1949 年间北京大学、东南大学(后改名中央大学)、广东大学(后改名中山大学)、暨南大学等大学的戏曲教育形态。本文重点探讨吴梅与陈中凡如何跳出专业学科限制,通过课堂与课外社团双途径,提供文学赏析、剧本创作、曲律研习、曲唱、表演等全方位的戏曲教育。两位先生各有所司:吴梅以天纵之资及毕生深情,从事一线戏曲教育;陈中凡则以学科主持人身份,拓展戏曲在大学教育中的位置与作用。本文借鉴前贤的丰硕成果,重探民国时期大学的戏曲教育实践,思考传统艺文与现代知识体系如何接轨。[1]

## 一、北大文科改革与作为"文类"的戏曲

吴梅进北大的缘由,此前影响甚广的说法是,蔡元培偶然间看到《顾曲麈谈》,契合其"美育"理念,故甫上任即聘吴梅担任北大学生社团的音乐导师,于是因为吴梅的到来,北大国文系开设戏曲课。照此叙述,北大之所以有戏曲课程,乃是为吴梅到来而"因人设课"。这种叙述与史实有出入,且忽略了课外社团活动与制度性课程之间的重大差别。吴梅入聘北大的正式身份是"文本科教授及国文研究所教员",兼任音乐社团导师纯属义务性质。近来苗怀明、陈均两教授皆对前述说法提出补正、纠错。通过细致梳理"北京大学音乐研究会"的相关史料,陈均指出,在吴梅、曲家赵子敬及校医陈万里等导师的共同教导下,昆曲发展甚好。在此音乐社团中,可与昆曲并驾齐驱的尚有

---

[1] 回忆文章收录于王卫民《吴梅和他的世界》,河北教育出版社 2002 年版。与本文直接相关的重要研究参见吴新雷编:《学林清晖 —— 文学史家陈中凡》,南京大学出版社 2003 年版;吴新雷:《关于吴梅的昆曲论著及其演唱实践 —— 为纪念曲学大师吴梅先生诞辰 120 周年而作》,《东南大学学报(哲学社会科学版)》,2004 年第 6 期,第 94—100 页;王卫民:《曲学大师 后世师表:吴梅评传(修订版)》,上海古籍出版社 2010 年版;陈平原:《作为学科的文学史》,北京大学出版社 2011 年版;苗怀明:《吴梅评传》,南京大学出版社 2012 年版;陈均:《北京大学早期昆曲教育考述 —— 以北京大学音乐研究会昆曲组为中心》,《戏曲艺术》2019 年第 3 期,第 26—32 页。

古琴,时任导师、古琴名家王露亦是蔡元培所特邀。可惜的是,蔡元培虽逐渐扩展音乐社团的规模,并慢慢将"以学生为主的自娱性社团,改变为专业性质的音乐传习所",但在此转型过程中,原本在学生社团中声势甚大的昆曲、中乐,却逐渐让位于西方音乐。[1]中国音乐未能在早期音乐教育体系中占得一席之地。相比之下,因为有"中国文学门"这个体制内机构,从一开始,吴梅被聘的身份即不同于社团专聘导师王露的身份。

戏剧成为中文系的知识范围,与1917年陈独秀主持北大文科课程改革直接相关,背后牵涉到的正是新文化运动。众所周知,陈独秀、胡适发起的文学运动,核心纲领之一是提倡白话文,以此来推动新思想。在此脉络下,元明清的戏曲、小说被奉为"文学正宗"与白话文典范。1917年2月,陈独秀在《新青年》发表《文学革命论》,开篇即以欧洲观念为准的,将文学从政治、宗教、伦理道德等领域分离出来,并明确标举"元、明剧本,明、清小说,乃近代文学之粲然可观者。"陈独秀如此推举戏曲、小说,是因为他认为这两种文类乃"通俗的社会文学","写实"而"平易"。胡适《文学改良刍议》则将元杂剧之使用白话文,媲美于但丁用意大利文写诗、马丁·路德用德语翻译圣经等"伟业"。很明显,陈、胡二人谈论"文学革命"时,已非传统经、史、子、集之"文"的概念。由两人的探讨对象及例子可见,其观念正是以散文(prose)、诗歌(poetry)、戏剧(drama)、小说(fiction)为主要文类的西方文学观。陈独秀反复强调的"写实"精神,更是近代西方文学的重要精神之一。他在《新青年》答读者来信中明言:"西洋近代文学,喜以剧本、小说实写当时之社会,古典实无所用之。实写社会,即近代文学家之大理想、大本领。"[2]

大学文科课程的制度改革,正是推进文学观念与实践的重要途径之一,时人深谙此道理。比如1917年《新青年》第2卷第2期《通信》栏目读者程演

---

[1] 陈均:《北京大学早期昆曲教育考述——以北京大学音乐研究会昆曲组为中心》。苗怀明特别注意到陈独秀在聘任吴梅过程中的作用,见《吴梅评传》,第102—104页。关于王露任聘北大社团导师之过程,见林晨:《触摸琴史:近现代琴史叙事》第三章《寂寥云天万古心:王露与北京大学音乐研究会》,文化艺术出版社2011年版,第74—80页。

[2] "通信",《新青年》第2卷第6期(1917)。

生的来信:

> 独秀先生左右,读报得知,足下近长北京大学文科,不胜欣祝,将于文科教授,必大有改革。西方写实之潮流,可输灌以入矣。其沉溺于陈旧腐浅古典文学及桐城派者,其亦闻而兴起乎!万望鼓勇而前,勿为俗见所阻。

陈独秀对此作肯定回复:

> 手教谨悉,仆对于吾国国学及国文之主张,曰"百家平等,不尚一尊";曰"提倡通俗文学",誓将此二义,遍播国中,不独主张于大学文科也。

陈独秀等新派人士摩拳擦掌,希望通过文科课程改革实现新文化、新文学的理想。实际上,陈平原师研究指出,在中文系课程实践中,古文依然是主流,现代白话文学要进入北大中文系课程,尚有待时日。[1]追其原因,除传统观念的持续影响力外,也与教材资源、师资力量之匮乏有关。1917年的中国,作为"国语"的白话文尚未定型,现代白话文学作品与名家尚未出现,更遑论进入大学成为一门课程。胡适《建设的文学革命论》就清楚意识到这个问题,故他提出,如果希望产生"将来中国的标准国语",创作"中国将来白话文学",第一个预备工作就是"(甲)多读模范的白话文学。例如《水浒传》《西游记》《儒林外史》《红楼梦》;宋儒语录,白话信札;元人戏曲、明清传奇的说白。唐宋的白话诗词,也该选读"[2]。

以上实为学术史常识,本文不厌其烦概述相关要点,是希望强调一个重要面向:在当时情况下,要推动通俗文学进入大学课程,实有赖于传统戏曲、小说导乎前路。吴梅进北大前,陈独秀等人构思中的文科改革,必已为戏曲课程留

---

[1] 陈平原:《作为学科的文学史》,第29—42页。

[2] 胡适:《建设的文学革命论》,载《新青年》1918年第4期。

下一个重要位置。以吴梅之戏曲及古典文学造诣,正是最佳导师人选。诚如苗怀明所推测,"对于聘请吴梅这件事,作为文科学长的陈独秀应当是知情的,而且是同意的,否则也不能成事,也不会有他后来为戏曲课程的辩护"。[1]课程改革亦纳入古典小说,只是没有合适人选,直至1920年方邀得鲁迅兼课。

我们可通过当年的课程改革会议纪要及实际课程表,窥探此制度如何逐步建立,以及戏曲如何在大学体系中确立位置。改革之前的北大中国文学门课程,基本遵照民初教育部颁布之大学章程[2],除欧洲文学史、哲学概论等课外,专业课程其实只有三种:"中国文学""中国文学史"及"文字学",方案略显笼统单薄。文学史分第一年级"中国古代文学史(上古迄建安)"、第二年级"中国古代文学史"及第三年级"近代文学史(唐宋迄今)"三个阶段。"文字学"亦分为"声韵之部""形体之部""训诂之部"。"中国文学"则不再细分,每个年级皆有此门课程。[3]梳理史料、任课教员名录及所留下讲义、学生回忆文章等资料可知,早期课程中的"中国文学"基本上等同于"词章学"。"文"被认为有传道翼经之用,"关于世运之升降",故独占文学之名,其他文类基本不见于正式课程。晚清所拟《京师大学堂章程》即明言:"博学而知文章源流者,必能工诗赋,听学者自为之,学堂勿庸课习。"[4]授课教师纵然多能博学,亦多照课程行事,集中于古文教学。以1914—1919年任教于北大国文门的黄侃为例。1914年黄侃应聘北大,主授文字学、词章学及中国文学史。"词章学"讲义《文心雕龙》成为一代学术名著。[5]黄侃诗词造诣甚深,也只在"在正课以外忽然高兴",为他首肯的学生传授词学。如1916年俞平伯在课余随黄侃学

---

[1] 苗怀明:《吴梅评传》,第102—104页。

[2] 1913年《教育部公布大学规程》"国文学类"中的文学类课程包括"文学研究法、词章学、中国文学史、中国史、希腊罗马文学史、近世欧洲文学史",见舒新城编:《中国近代教育史资料》中册人民教育出版社1961年版,第645—646页。

[3] 《文科本科现行课程——中国文学门》,载《北京大学日报》1917年11月29日。

[4] 《大学堂章程》,载《北京大学史料》第一卷,北京大学出版社1993年版,第108页。

[5] 范文澜:《文心雕龙讲疏·序》,新懋印书局1925年版,第3页。文科课程改革后,黄侃亦曾以此作为"文学概论"的课程讲义,载陈平原:《作为学科的文学史》,第51页。

《清真词》"词辨选"。[1]

陈独秀主持文科改革，要点之一是配合蔡元培提倡的选修制度，在必修课之外，提供多元丰富的选修课程。另一要点则是扩展"中国文学学科"的内涵，并且通过中、西方文类的"互相格义"，建立以"文、诗、词曲(小说)"为基本文类格局的文学培养方案。1917年12月2日《北京大学日报》刊有《改订文科课程会议纪事·第二次第三次会议议决案》，"丙部(中国文学门)"课程方案如下(括号内为课时单位)：

必修科(总计21课时)：文学概论(2)、文字学一字音(3)、文字学二字形(1)、文字学三字义(2)、文史学要略(3)、上古至秦之文学(2)、汉魏六朝文学(3)、唐宋文学(2)、元明清文学(3)

选修科：诗经(1)、楚词(1)、汉魏乐府(1)、建安七子诗(5)、阮嗣宗诗(0.5)、陶渊明诗(0.5)、谢康乐诗(2.5)、李太白诗(1)、杜子美诗(3，笔者按：附杜甫前后多位诗人)、唐五代词(1)、北宋人词(2)、南宋人词(1)、名曲(2)、宋以后小说(1)、文选派文学(1)、八家派文学(1)、江诗派文学(1)、古代文学史(3)、中古文学史(3)、近代文学史(3)、钟鼎龟甲古文(1)、说文解字(2)、古音学(2)、今音学(1)、训诂学(1)、文典编纂法之研究、字典编纂法之研究、国语之研究

其后又分别于12月9日、12月11日刊出两则《文科改订课程会议议决案修正》，必修科及相应学分变动不大，主要选修科部分增加了一批课程，包括：

左传文(1)、史记文(1)、汉书文(1)、三国志文(1)、墨子文(0.5)、庄子文(1)、韩非子文(0.5)、王充文(0.5)、陆机文(0.5)、韩愈文(0.5)、柳宗元文(0.5)

与旧制比对可知，构成"中国文学"的学术认知已发生大转移。这份选修

---

[1] 司马朝军、王文晖：《黄侃年谱》，湖北人民出版社2005年版，第111—112页。

课单系统、清晰地将中国文学分为几个大文类,然后将具体内容(作家、作品、流派)归入相应文类。在这种视角中,"桐城"或"文选"之争不再是关系着"何为文章正宗"的真理问题,而只是不同风格的"文"。事实上,时任教师刘师培、黄侃皆认为,"韵文"方可称为"文",但这并无碍于"左传文""墨子文"等被正式地归入课程。也正是因为以"文类"为学科知识架构原则,词、曲、小说终于得以登上大雅之堂。文、诗、词、曲固然是传统文体概念,但是,它们得以进入体制、构成一种"学科知识",实有赖于西方文学概念之加持。陈独秀就以"欧美日本各大学,莫不有戏曲科目"之说,回应吴梅获聘所激起的舆论批评。[1]

前文提及,陈、胡二人谈论"文学革命"时,所持正是以 prose、poetry、drama、fiction 为主要文类的西方文学观。这份课程规划,可视为这种新文学观念的具体实践。将中、英文学门课程并观,可更清楚看到西方文学观念如何影响中国文学教育。在《改订文科课程会议纪事》中,英文学门的必修课"英文学梗概"已经分为"散文、诗、戏剧"三门课程,并注明"他国文学略准此门"。[2]相比之下,中国文学门"选修科"虽以文类规划,"必修科"中的"文学"类却照文学史分期作法,设"上古至秦之文学、汉魏六朝文学、唐宋文学、元明清文学"。但是,在实际操作中,国文学门亦"略准"英文门之课程架构,以1918年的课程表为例:

**文本科本学年各门课程表(《北京大学日报》民国七年九月二十六日)**

| 国文门 | 英文学门 |
| --- | --- |
| 第一学年新生课程(共二十一时) | 第一学年新生课程 |
| 文(一) 黄季刚 三时<br>诗(一) 黄季刚 二时<br>词曲(一) 吴瞿安 二时<br>古代文学史 朱温先 二时<br>欧洲文学史 周启明 三时<br>哲学概论 陈百年 三时<br>外国语(二种) 六时 | 必修(共十四时)<br><br>英文学散文(一) Wilson 四时<br>诗(一) 辜汤生 一时<br>戏曲(二) 陶孟和 三时<br>修辞学及作文 Wilson 二时<br>谈话 Wilson 二时<br>第二种外国语 三时 |

---

[1] 陈独秀:《随感录(三)》,《新青年》第4卷第4期(1918)。
[2] 《改订文科课程会议纪事——第二次第三次会议决案》,《北京大学日报》1917年12月2日。

续表

| 国文门 | 英文学门 |
|---|---|
| 第一学年新生课程（共二十一时） | 第一学年新生课程 |
| | 选修（任选两种）<br>中国文学史大纲　朱遏先　三时<br>欧洲文学史　周启明　三时<br>哲学概论　陈百年　三时<br>英国史　Werner　三时 |
| 第二学年（共二十一时） | 第二学年 |
| 文（二）　黄季刚　三时<br>诗（二）　黄季刚　二时<br>词曲（二）　吴瞿安　二时<br>中古文学史　刘申叔　二时<br>文字学（一）续　钱玄同　三时<br>十九世纪文学史　周启明　三时<br>外国语二种　六时 | 必修（共十三时）<br>英文学散文（二）　Bush　四时<br>诗（二）　辜汤生　一时<br>戏曲（二）　Bush　三时<br>演说　杨子余　三时<br>第二种外国语　三时 |
| | 选修课<br>（任选两种以上）<br>英文学史大纲　Bush　三时<br>十九世纪文学史　宋春舫　二时<br>言语学　沈步洲　二时<br>欧洲文学史　周启明　三时<br>哲学概论　陈百年　三时 |
| 第三学年（共十九时，文、诗、词曲三种选一） | 第三学年 |
| 文（三）　刘申叔　六时<br>诗（三）　黄晦闻　六时<br>词曲（三）　吴瞿安　六时<br>近代文学史　吴瞿安　二时<br>文字学（二）续　钱玄同　一时<br>文字学（三）续　钱玄同　二时<br>言语学　沈步洲　二时<br>外国语（二种）　六时 | 必修（共十三时）<br>英文学散文（三）　Bush　四时<br>诗（三）　辜汤生　二时<br>戏曲（三）　胡适之／陶孟和　二时<br>高等修辞学　张福莲　二时<br>第二种外国语　三时 |
| | 选修课<br>（任选两种以上）<br>英文学史大纲　Bush　三时<br>十九世纪文学史　宋春舫　二时<br>言语学　沈步洲　二时<br>演说　杨子余　二时<br>欧洲文学史　周启明　三时<br>（注意：欧洲文学名著一科本学期暂不开讲 |

国文门"文、诗、词曲"整齐并排的课程表,恰好与英文学门"散文、诗、戏剧"一一对应,此中颇有值得推敲之处。这种课程安排,当然与师资力量及其治学专长有关。尤其是在国文学门,因为吴梅的影响力,"词曲"课程比重几可与诗、文颉颃。尽管如此,选择以文类、而非时代分期作为课程单位,有其内在的学理考量。比如诗、文皆由黄侃任教,但依然分成两门课程,可见文类考量先于授课教师之治学专长。可以说,中、英文课程中严丝合缝的文体或文类对应,正是中西文学"互相格义"的结果。一方面,陈独秀等人借用西方文类观念,把词、曲、小说等传统文体引入大学课程,更新"中国文学"的内涵。另一方面,中国传统的文体概念也作为理解西方文类的参照。尽管西方drama仅有对白而无唱曲,但也许是王国维《中国戏曲史》的强大影响力,北大英文课程的drama经常被对译为"戏曲",与"戏剧"自由互换。至于Prose,在西方文学特指无韵之文(恰与刘师培对"文"的理解相反),故被精心翻译为"散文",借鉴了中国传统骈、散文的概念。课程大纲注明的"他国文学略准此门",既是实用性考量,同时也反映出一种普世性的"文学"观念。

随着课程实践的逐步完善,以文类为中心的"新文学"观念日渐稳固,并发展出"广义文学"与"狭义文学"之分。1920年《中国文学系课程说明书》的课程架构及说明是一份非常重要的材料,于此阐发甚明。当时课程如下:

> 中国文字学、中国文学史大纲、中国古代文学史、中国中古文学史、中国近世文学史、诗史、戏曲史、小说史、杂文之流变、诗、赋、词、曲、史传解诂诸子之文、古籍校读法

根据课程说明,"文学史"类课程涵盖"广义文学","凡旧称经、史、子、集之文,皆明其派别,详其系统,述其利弊"。"杂文""诸子之文"皆传统主流文学被归为"广义文学"。诗、赋、词、曲、小说才是"狭义文学",即"纯文学",每种文类皆有文学史与作品选读课。一向由吴梅兼教的"词"与"曲",也终于各自独立成课。"诗史、小说史、戏曲史"的课程说明如下:

此系新制,亦分三年讲完。讲中国文学史大纲后,即接讲此三种。小说在周代已为九法之一,戏曲则为乐府之苗裔,皆与诗同其性质。此于文学,盖从狭义,所谓纯文学也。[1]

1920年的《课程说明书》出台时,陈独秀实际上已于年初辞任北大文科学长职位。这也反过来说明,现代意义上的"中国文学"概念与知识系统已基本取得共识,戏曲在制度层面上被确立为中国古典文学的核心文体。这种通过制度性调整而达成的知识与观念更新,相对来说,比较不会受个体意见或人事因素影响。比如说,陈独秀、胡适等人对戏曲、小说之看重,显然不同于吴梅的曲学观。但是,纵然不同立场的人士观点不一,取径殊异,只要戏曲作为一种"文类"被纳入制度性的课程体系,虽然实际比重会因时、地而有所增减变化,却已在学科体系中获得相对稳定的位置。北大之后,东南大学(中央大学)、金陵大学、中山大学、光华大学等多所大学中文系亦顺理成章地引入戏曲教学。

## 二、赓续传统:吴梅课堂内外的教学实践

以上我们专注于制度层面,此节则转回吴梅的戏曲教学实践,探讨他如何在专业学科限制内,通过课堂与课外社团双途径,提供文学赏析、剧本创作、曲律研习、曲唱、表演等全方位的戏曲教育。

讨论吴梅的教学实践,不能不从其戏曲观念开始谈起。吴梅把戏曲/昆曲视为一种"活着的传统"(a living tradition),而非亟待整理的"国故"。从青年开始,吴梅即以戏曲创作参与国事。在他看来,戏曲不仅是文人"陶写性情"之文体,更可"归正风俗"、劝导人心,故他极重视剧场艺术的感染力。[2]正因为吴梅志在传承业已式微的昆曲,故其著述、教学皆着眼于指示技艺,包

---

[1] "国立北京大学讲授国学之课程并说明书",《北京大学日报》1920年10月19日。
[2] 吴梅:《顾曲麈谈》,载《吴梅全集·理论卷上》,第88页。

括文本创作与演唱,而非仅止于现代学术意义上的知识。他多次私下叮嘱门生必须"抓住现实的戏曲去研究和改良",而不能"重理论而轻实际,好考据而少写作"。[1]

吴梅初入北大即开始教授词曲,惟课程尚未独立。梳理其历年授课科目可看到,在"分文类"的设计原则下,词曲先是从"中国文学"中独立成课;然后"词""曲"又各自独立;最后"戏曲"再系统分成关注源流演变的"戏曲史"、研读戏曲文学作品的"戏曲(甲乙)",以及专授曲律的"中国古声律"。三方面课程皆有配套讲义,或辑录曲论,或编汇作品集,或自为著述。后来继任的许之衡,亦采用"戏曲史""戏曲""声律学"三分的课程架构。[2]吴梅南下任教后,在东南大学、金陵大学的戏曲课亦基本循此三方面,惟内容更细致,如"金元戏曲选",以及为"国学研究班"研究生所开专题课如"南词斠律""北词斠律""散曲研究""度曲述要""订曲述要"。[3]

| 年份 | 授课课程 | 资料来源(《北京大学日报》) |
| --- | --- | --- |
| 1917 | 中国文学(3);中国近代文学史(唐宋迄今,5) | 1917年11月29日:《文科本科现行课程》 |
| 1918 | 第三年级:词曲(3)、近代文学史(5) | 1918年1月5日:《文本科第二学期课程表》 |
| 1918 | 第三年级:词曲(3)、近代文学史(5) | 1918年4月12日:《文本科第三学期课程表》 |
| 1918 | 第一年级:词曲(一)(2)<br>第二年级:词曲(二)(2)<br>第三年级:词曲(三)(6);近代文学史(2) | 1918年9月26日:《文本科本学年各门课程表》 |
| 1919 | 第二年级:词曲(2)<br>第三年级:词曲(4)、文学史(2) | 1919年10月25日《文本科中国文学系第三二一学年课程时间表》 |

---

[1] 万云骏《悼瞿安师》与陈绍基《追悼亡师吴瞿庵先生》两文均谈到此场景,分别见《吴梅和他的世界》第50页、第52页。

[2] "注册部布告"之有关许之衡任教课程,《北京大学日报》1940年10月11日。

[3] 吴新雷:《关于吴梅的昆曲论著及其演唱实践》。

续表

| 年份 | 授课课程 | 资料来源(《北京大学日报》) |
| --- | --- | --- |
| 1920 | 戏曲史、曲("曲以元明清之南北曲最有寄托者为主,淫滥而无所归者不取。") | 1920年10月19日《国立北京大学讲授国学之课程并说明书》 |
| 1921 | 二三年级选修科目:戏曲(乙)(3)、戏曲史(3)、中国古声律(凡今日以前中国所传之声律皆属;2)三年级补修:戏曲(甲,2) | 1921年10月30日《中国文学系课程指导书》 |
| 1922 | 中国古声律、戏曲史、戏曲(甲乙) | 1922年2月7日《本校布告》 |

教导戏曲创作的门径与困难,我们可从《词余讲义》略窥一二。此书以明代王骥德《曲律》为蓝本,汇辑明清曲论中的相关内容,如李渔《闲情偶记》论"结构",然后参以己见,融会贯通,旨在"明示条例,成一家之言,为学子导先路"。讲义大多采撷前人著作,故署"吴梅述""吴梅编辑"。[1]不同于其他文类,戏曲是一种可唱、可演的艺术门类,且有相当严谨、繁琐的文体规范。为此,《词余讲义》主要围绕宫调、曲牌、平仄、阴阳等曲律知识展开。全书章法井然,内容丰富,举例清晰,迄今依然可为有志填曲者指引迷津。不过,于今日学者而言,最大遗憾处是,音乐之道难尽载于文字,许多精义皆已遗漏。诚如吴梅序言所指出,"大抵作词规范,粗具本末,而循声造谱,仍未疏论,盖口耳之间,笔不能达也"[2]。比如要解释宫调,就必须有乐器演示。据唐圭璋回忆,"先生运用直观教具进行教学,公然携笛到课堂上说明曲律,说明今传的十七宫调分隶于笛色的七调之中"[3]。从音乐的角度看,课堂传授实有著书立说所无法企及之处,这也是吴梅在教学实践最重要的意义之一。

乍一眼望去,《词余讲义》似乎过于注重曲律等规范性问题,于作品之立

---

[1] 吴梅:《词余讲义·自叙》,北京大学出版部1923重印版。此书1935年易名为《曲学通论》,由商务印书馆出版,收录于《吴梅全集·理论卷上》。

[2] 吴梅:《词余讲义·自叙》,第1页。

[3] 唐圭璋:《回忆吴瞿安先生》,载《吴梅和他的世界》,第85页。

意、结构、文字等,则仅略作要点指示。事实上,吴梅极重视戏曲的文学价值,只是文学造诣有其不可教之处。正如吴梅评述"汤沈之争"所说,"宁庵守法,可以学力求之;若士修辞,不可勉强企及。大匠能与人规矩,不能使人巧也"[1]。吴梅的具体教学举措是,让学生阅读大量元明清戏曲,以辨析文学价值之高下。据苗怀明研究,除《词余讲义》外,吴梅在北大曾编校多部戏曲作品集,如《词余选》收近70套元明散曲,《古今名剧选》拟刊杂剧四十部,另有《曲品·附传奇品》,由北京大学出版部刊行,大抵皆有教科书用途。明代臧懋循所编《元曲选》亦是吴梅的重要教材。[2]杂剧篇幅较短,方便汇刊以供学生纵览。传奇篇幅过长,《曲品》不失为有效指南。其后,在东南大学开设"曲选"课程时,吴梅汇辑南戏传奇三十二种一百九十四出,编入"国立中央大学丛书"。[3]

要使昆曲成为"活着的传统",除分析文本、传授曲律,曲唱与表演亦不可重视。不过,如何在有限课堂掌握创作、音律、唱演甚至乐器这么多技艺,几乎是个不可克服的难题。弥合这一断层的途径正是课外教学,尤其是学生社团。社团可为清唱、乐器演奏提供更充足的师资与练习时间,且比较不会受制于学科考核要求。关于吴梅对北京大学音乐研究会昆曲部的贡献,陈均论文已有精详研究,兹不赘述。吴梅后来任教东南大学等地时,亦延续课堂、课后配合的教学模式。比如在东南大学成立的"潜社",就是让学生练习填词、填曲。[4]昆曲传习社至南京演出时,吴梅组织南大学生停课半个月,让学生进剧场观摩,自己则台上、台下指导,忙个不停。[5]事实上,社团对于民国时期的戏曲教育扮演着重要作用。如吴梅1928—1931年兼职的光华大学,在童斐指导下亦设有"昆曲部",附于"国乐会"。吴梅任教后,"同人之请于吴先生而

---

[1] 吴梅编辑:《词余讲义》,第61页。

[2] 苗怀明:《吴梅评传》,第109—111页、第124—133页。

[3] 吴新雷:《二十世纪前期昆曲研究》第二章《曲学大师吴梅及诸家论著》,春风文艺出版社2005年版,第33页。

[4] 苗怀明:《吴梅评传》,第200—203页;许有富:《吴梅与潜社》,收录于氏著《南大往事》,江苏人民出版社2018年版,第65—71页。

[5] 谢孝思:《忆瞿安师》,载《吴梅和他的世界》,第124页。

习昆曲者,人数骤增,先生亦欣然许之"。当时光华大学"戊辰级歌"乃一支北曲【调寄混江龙】,当是以昆曲歌之。[1]

以上所谈旨在强调吴梅戏曲教学中课堂、课外并重,从而兼顾文本、曲律、表演各要素。只不过,像吴梅这种文学、音乐、表演兼通的全才,实是可遇不可求。对于大多数中文系学生而言,曲律实在是一门过于专门的学问。吴梅南下任教后,开过多门曲律课程,"编纂《南北曲律谱》的讲义用力最勤",[2]让人感慨的是,吴梅在日记里却常提及选课人数"寥寥"。[3]尽管如此,吴梅依然培养出众多一流学者,奠定中国戏曲学科之半壁江山,及门高足几乎都能唱演,亦有善写剧者如卢冀野,足见其教学成效。二十世纪三十年代初吴梅任教中央大学(东南大学)时,"曲律""诗词曲"与"普通乐学、练声、美学、钢琴"等课程一起列为教育学院艺术科音乐组的必修课。[4]这本是极好的课程设计,比较让人惋惜的是,似乎未能获得出色的音乐系学生。

## 三、陈中凡对戏曲教育之提倡

由吴梅的任教经历可见,学校主事者及学科主持人的观念与视野,对学科发展影响甚大。在中国戏曲教育史上,除蔡元培外,另一重要学者陈中凡对中国大学的戏曲教育也扮演了重要作用。陈中凡早年治学兴趣主要是哲学与传统经史、小学,诗文研究亦取得相当成就。陈中凡迟至二十世纪五十年代才转向戏曲研究,但他在担任多所大学的文科负责人时,皆会尽量延聘戏曲专家到校任教,包括东南大学(后改名中央大学,1921—1924年)、国立广东大学(后改名国立中山大学,1925年)、暨南大学(1928—1933年)。[5]本节略述1949年前

---

[1] 上海光华大学编辑:《光华年刊》1928年,"国乐会丝竹部""国乐会昆曲部"等条目,无页码。

[2] 吴新雷:《二十世纪前期昆曲研究》,第33—34页。

[3] 苗怀明:《吴梅评传》,第193—199页。

[4] 王德滋主编:《南京大学史1902—1992》,南京大学出版社1992年版,第139页。

[5] 姚柯夫:《陈中凡年谱》,书目文献出版社1989年版。

作为学科主持人的陈中凡对戏曲教育之提倡与贡献。作为一名教育家,他不仅强调戏曲必须由文本、音乐、表演兼具,亦注重专业训练与业余熏陶齐头并进。

陈中凡在南方各大学所实践的教育理念,实际上皆导源于其北大经历。陈中凡1914—1917年就读于北京大学文科中国哲学门,1917—1920年留校工作。蔡元培就任校长后,陈中凡与之有密切接触,包括参与"进德会"、留校任教、进读研究所、调任担任国史编纂员,深受瞩目。陈中凡深受蔡元培"兼容并包"的办学方针与"美育"理念影响,屡次提及,如1945年所撰《蔡孑民先生和美育——为纪念蔡孑民先生逝世五周年而作》一文。[1]三四十年代,陈中凡写过不少艺术史著作,包括把中国戏曲作为"艺术"之一种。[2]落实于戏曲教育实践,陈中凡承袭的是吴梅在北大开创的传统,兼重本文、音乐、表演。吴梅进北大时,陈中凡正好毕业留校,与吴梅"比室而居,故学曲于吴梅"。时年吴梅34岁,稍长陈中凡五岁。陈中凡不仅能清唱,亦可登台串戏。[3]

1921年,陈中凡任东南大学首届国文系主任,次年聘请吴梅讲授词曲等课程。当年的东南大学极重视教员学历,尤其喜欢延聘留学欧美者。吴梅获聘固然与其北大任教经验有关,更与陈中凡的推荐直接关系。南大史料中有两封信函显示,当初东南大学本拟聘请之人是王国维,校长郭秉文已请人接洽。其中一封是校长办公室副主任刘伯明所写,称"伯沆先生解职后,众意拟请一第一流人物继任。查有王君国维号静庵文学优长,为近今难得人才。陈□言先生极为推重,学生方面亦希望肯来秉教"。两天之后,郭秉文致函沈信卿,"请介绍王国维为词曲诗赋教授"。[4]此职缺原任教员王伯沆本属经学领域,新聘领域转为"词曲诗赋",可见"词曲诗赋"等"纯文学"在中文系日渐得

---

[1] 陈中凡著、姚柯夫编:《清晖集》,书目文献出版社1987年版,第271—278页。

[2] 比如《艺术科学的起源、发展及其派别》《研究中国艺术史计划》《中国绘画科学化》《〈中国音乐文学史〉叙言》《中国音乐科学化》等文章,见陈中凡著、姚柯夫编:《陈中凡论文集》,上海古籍出版社1993年版。

[3] 吴新雷编:《学林清辉——文学史家陈中凡》第73页、第83页。

[4] 《南大百年实录》编辑组编:《南大百年实录·上卷》,南京大学出版社2002年版,第203页。

到重视。王国维前一年刚拒绝北大中文系之聘,这次同样没有接任。这可能是一件极偶然的历史事件,对中国大学的戏曲教育却影响深远。吴梅南下就聘于东南大学,培养出王季思、卢冀野等多位一流的戏曲学者。陈中凡的接引,居功厥伟。

陈中凡对中文系的戏曲课程建制之重视,也反映于他任国立广东大学文科学长时的人事聘任工作。时广东大学方兴,陈中凡的作用几乎等同于始创文科学长,对包括中国文学系在内的整个文科课程规划起到重要作用。[1]1925年5月《广东大学周刊》刊有陈中凡在"文科朝会"上对师生所报告院务发展,其中包括教师聘任:

> 中文系本年增聘教授二人。一为古公愚先生……此次到校,担任陶渊明诗,韵文名著选,唐文等科。二为任中敏先生。任先生专门研究词曲,著有《词曲研究法》三卷,《词原·法》一卷,《曲谱》一卷。现担词学,曲学,专家词研究,曲选等课。[2]

从两位教授所任课程简介可见,广东大学的中国文学系课程设计原则,与上述北大中文系极相近。此处所介绍任中敏诸著作,可能尚为手稿,如《词曲研究法》被列入该校的拟定出版丛书,惟任中敏任教时间甚短[3],不知是否来得及刊出。[4]吴梅1927年亦受傅斯年之聘,短暂任教于此。师徒二人首开

---

[1] 国立广东大学1924年成立,聘杨寿昌为首任文科学长,同年冬由吴康署理。1925年春,陈中凡正式上任。见吴定宇主编:《中山大学校史(1924—2004)》,中山大学出版社2006年版,第82页。《陈中凡年谱》按《陈中凡自传》定1924年冬应聘,应是接到聘书的时间。

[2] 《广东大学周刊》1925年10月26日"文科朝会记"。

[3] 黄叔成《任中敏传》称任中敏于1922年暑假"在广东大学中文系教书一学期",时间与史料不符。黄文收录于陈文和、邓杰编:《从二北到半唐——文史学家任中敏》,南京大学出版社2000年版,第6页。

[4] 此处所列任中敏诸著作未见于陈文和辑《任中敏著作论文目录》。该目录所收论文,发表时间起于1926年4月,见陈文和、邓杰编:《从二北到半唐——文史学家任中敏》,第305—310页。

中山大学词曲教育之先河。

1929年，陈中凡任暨南大学文学院院长后，一如既往地"严订课程，罗致硕学"[1]。戏曲任课教师一时不易物色。陈中凡本希望邀请童斐到校教曲学课程，被婉拒。此后吴梅曾致函陈中凡，推荐王季思。[2]吴梅信笺写于1935年5月19日，同年7月陈中凡离开暨南大学，转至金陵大学任教，此事未果。最后，吴梅的另一重要弟子卢冀野，担任暨南大学戏曲教授这一职位。1936年，卢翼野曾以"国立暨南大学文学院教授"之身份，到中央大学演讲。[3]

最有突破性的实践是，陈中凡开始把戏曲表演引入正规课程。1931年，经暨大杜心桀教授介绍，俞振飞被聘到校开设京昆选修课程，课程持续了三年，直到1934年俞振飞重回舞台。虽然当时已有专门培养演员的戏曲学校，许多大学亦皆有昆曲社团，但将中国表演艺术纳入大学的正式课程，则似乎首见于此。当时的俞振飞已正式"下海"，参加程砚秋的鸣和社公演，惟一年后因故离开舞台。也就是在此时，他被邀请至暨南大学任教。俞振飞出身文人世家，具有深厚的知识修养，又有丰富的舞台经验，无疑是担任大学戏曲表演课程的最佳人选。然而，在那个时代，敢于邀请一位演员在大学开设表演课程，足见陈中凡之视野与魄力。

据《俞振飞评传》的介绍，课程本定每周一节课，"俞振飞除了讲述中国戏曲常识外，主要讲授昆曲知识和教唱昆曲"。后因大受欢迎，增加为三节昆曲课，另外增加三节京剧课。关于课时数，此处说法不知是否有误。选修课由每周一节陡然增加至六节，似乎不太合理。同书下文提到学生觉得"每星期两三节课不过瘾"，看起来比较可能。[4]俞振飞的授课重点是唱曲与表演：

---

[1]《民国日报》1930年1月11日，转引自姚柯夫：《陈中凡年谱》，书目文献出版社1989年版，第26页。

[2] 童斐与吴梅信函见吴新雷、姚柯夫等编纂：《清晖山馆友声集》，江苏古籍出版社，2000），第58—59页，第195—197页。

[3]《国立中央大学日刊》1936年11月16日"中文系同学会请卢翼野先生演讲"。

[4] 康葆祥：《清风雅韵播千秋——俞振飞评传》，上海古籍出版社2010年版，第47—48页。

> 昆剧从《游园惊梦》教起,京剧是全本《四郎探母》,生、旦、净、末、丑各种角色均由他一人执教。……听俞振飞讲课的学生越来越多,从小教室到大礼堂,座无虚席。许多教师也纷纷赶来听俞讲课,其中就有陈中凡、周谷城这样的名教授。[1]

以一人之力教授各种角色,一周三个课(可能的话,最多六个课时),且在"大礼堂"中讲授——在这种场合,学生绝难模仿、练习。所以很快的,学生就觉得仅仅是正式上课远远不够,遂于课余组织"京昆俱乐部,自唱自演",请俞振飞担任导师。与北大学生社团的组织形式一样,这个社团的导师工资也是由校方支付。据说校方屡次给俞振飞加薪。陈中凡势必相当支持此课外社团活动。与蔡元培一样,陈中凡十分重视社团在大学教育中的作用。他认为,"大学之创设,非仅传授知识,兼以陶冶人格为最大目的",落实到具体层面是,"每逢课余,应常举行各种谈话会、同乐会等,不必重形式,注重精神之陶冶也"[2]。

陈中凡也很重视以"养成专门技术职业人才为宗旨"的音乐专科教育。1942年,他撰成《改进现代音乐戏剧教育的意见》,发表于他与同人创办的《大学月刊》。[3]表面看,这篇文章观点、措辞显得非常激烈。在陈中凡看来,国难当头,本应全民抗战,旧音乐却"散布些恶俗肉麻的老调",旧戏剧则"披袍秉笏,涂面挂须,操着板滞不自然的说白、科浑、身段、台步,唱着假嗓、尖嗓,演那些怪力乱神风花雪月的故事"。他甚至认为,中国的戏剧音乐"其组织与原则,始终停滞着",要创造新音乐与新歌剧,"必须绝对接受西洋进步的乐器与乐曲"。这些论调似与"新文化运动"对旧剧的批判一致。实质上,陈中凡依

---

[1] 康葆祥:《清风雅韵播千秋——俞振飞评传》,上海古籍出版社2010年版,第47—48页。

[2] 《文科朝会记》,载《广东大学周刊》1925年10月26日。

[3] 《大学月刊》创刊于1942年,旨在一方面发扬"新文化运动"精神,创造符合时代需求的新思想;另一方面纠正"新文化运动"造成的矫枉过正,以至于全然抛弃"旧的精神传统",见《大学月刊》1942年第1期,《发刊词》。

然认为，传统戏剧音乐不仅是中华民族"精神传统"的载体，更有独特的艺术价值，绝不可全然抛弃。为此，陈中凡提议改进现有音乐戏剧专科学校，尤其是不可"全盘西化，不合国情……对于西洋剧乐只知皮毛，对于固有剧乐，无正确的认识"[1]。他提倡：

> 今后的新音乐与新剧，必须完全建立在现代西洋音乐基础之上。不过，固有的歌曲，也非完全抹杀，其中有比较特具的旋律与节奏，也应同时保存。如北曲的雄浑，南曲的柔和……他如二黄的婉转怨慕，西皮的伉爽凄厉，及现在各地流行的川剧，楚剧，粤剧，和各种民族俚曲，凡具有时地特色，都应分别保存，择其要点，融会贯通，方能构成代表中华民族整个精神及各地民族性的新音乐与新歌剧。[2]

《改进现代音乐戏剧教育的意见》发表于抗战期间，家国关怀所致，陈中凡难免带某种实用观点看待传统戏曲，以至于认为"旧音乐戏剧失去了它的社会性能"。不过，纵然在此最极端时期，陈中凡仍准确认识到传统戏剧音乐的艺术性，提倡"将西方新剧乐、本国旧剧乐、各地俗乐土剧，作精密的研究"，培养专业人才。凡此种种，无不说明陈中凡对传统戏剧教育之重视。

1952年，陈中凡受聘任教、主持南京大学中文系，教研领域转向古典文学与戏曲，陈中凡本人亦站到一线戏曲教育岗位。1956年，借着昆剧《十五贯》"一出戏救活一个剧种"，陈中凡恢复吴梅的戏曲教育传统，始终兼重文本、音乐、表演，"延请老曲师来为研究生开设昆曲课"，[3] 培养了吴新雷、董健等一大批优秀戏曲学者。

---

[1] 陈中凡：《改进中国现代音乐戏剧教育的意见》，载《大学月刊》1942年第4期，第10页、第13页、第14页。

[2] 同上注，第13页。

[3] 吴新雷：《陈中凡先生学行记盛》，载《学林清晖——文学史家陈中凡》，第31—43页。

## 结　语

　　受益于"西学东渐"与现代教育机构,备受歧视的传统戏曲被推上学术舞台,此中既是时代促成,也与中国戏曲本身的特殊体制密切相关。蔡元培取中国传统戏曲音乐的美学意义,成为推动吴梅进北大的重要机缘。不过,戏曲教育能在北京大学扎根,并影响其后的整个学科知识体系,尚有赖于课程制度改革及文学观念更新。陈独秀、胡适等人看重戏曲、小说等通俗文学,将其作为"新国语"的语料库及宣传"新思想"的文体,力推文学课程改革,戏曲在制度层面上被确立为中国古典文学的核心文体。一度在《新青年》上激烈批评京剧等传统表演艺术"野蛮粗暴、没有艺术审美价值"的傅斯年,不仅在校期间曾随吴梅学词曲,二十世纪三十年代主持中山大学文科系时,更特邀吴梅到校教词曲。[1]在一个新旧交替的时代,戏曲以其语言、文学、音乐、表演等多重价值,逐渐在现代知识系统与教育体制中获得应有之承认。

　　身为难得一遇的全才型人物,吴梅凭其曲律、文学、唱演之造诣,出色地完成其传承大雅之乐的心愿与历史使命。吴梅的课程系统性涵盖戏曲史/概论、戏曲作品以及曲律三方面,其所选编、辑撰的讲义及相关著述迄今依然极具研究与教学参考价值。至于曲唱传授,虽间有列入正式课程,大部分主要通过社团活动进行。这些社团活动对二十世纪的曲唱传承影响深远。作为一名学科主持人,陈中凡可以调动更多资源,通过课程设计与师资聘任,包括聘请演员传授表演艺术,丰富戏曲教育课程。六十年代,陈中凡本人从事一线戏曲教育,亦延续吴梅的戏曲教育传统,兼重文本、曲唱、表演。时至今日,作为综合性艺术的戏曲,不仅在中文系,也在音乐系、艺术系及通识教育等领域发挥越来越大的作用。吴梅与陈中凡的先行实践,迄今依然富有启发意义。

---

[1]　傅斯年:《戏剧改良各面观》,载《新青年》1918年第4期。苗怀明:《吴梅评传》,第170—172页。

# 吴梅与北京大学早期昆曲教育考述[1]

陈 均

在近代以来的昆曲史与昆曲教育里,北京大学是一个重要的考察对象。其原因在于,从1917年算起,北京大学的昆曲传习与教育已持续百年,形成了一个具有连续性的小传统;北京大学的昆曲活动与昆曲史关联很深,不仅培养了众多曲家曲友,且与昆剧班社艺人多有交流与互动。近现代昆曲史的一些关节点,都与北京大学有或深或浅的关系。

就本文的主题而言,"北京大学早期昆曲教育"是中国高校里最早实施且产生影响的实践形态。1917年9月,因蔡元培的邀请,吴梅赴北京大学任教。在《仲秋入都别海上同人》一诗中,吴梅赋诗云:"不第卢生成绝艺,登场鲍老忽空群。"并附注"时洪宪已罢,废国学,征余授古乐曲"。吴梅在北京大学讲授词曲,被认为是中国大学里有戏曲学科之始。诸多回忆文章,叙述了吴梅在课堂上撇笛演唱昆曲的场景,而且被描述为吴梅在大学课堂上教授昆曲。吴梅在北京大学教授昆曲,一般也被认为是中国大

---

[1] 本文为国家社科基金艺术学重大项目《百年戏曲演出史及其发展高峰研究》(批准号 21ZD15)阶段性成果。

学里实行昆曲教育的开端。此后吴梅在多所大学任教,培养和影响了很多戏曲研究者。

众所周知,蔡元培在担任校长期间,曾大力推行美育,提倡"以美育代宗教"。昆曲教育与美育的关系如何?这一关系,对于大学的昆曲教育有何影响?遗憾的是,目前对于吴梅与北京大学早期昆曲教育的关系的描述,一方面较为简单,如现有的两本吴梅传记,对吴梅在北大教授昆曲的史料有所摘引,但还是比较简略[1],而坊间一些通常的描述往往错谬较多[2]。另一方面,对于吴梅教授昆曲的主要学生团体——北京大学音乐研究会,现有的研究,多指向西方音乐或古琴,昆曲则几乎不被提及[3],这一研究倾向实际上也遮蔽了北京大学早期昆曲教育的初始历史。

与诸多大学相比,北京大学早期昆曲教育留下的信息及相关文献资料较多,如北京大学主办的《北京大学日刊》《音乐杂志》,以及彼时北京、上海兴起的小报,对于北京大学的昆曲教育或多或少有所记录与描述,为笔者探讨这一实践提供了支撑。

## 一、吴梅在北京大学

吴梅在北京大学工作的时段,为1917年9月至1922年夏,共5年。从《北京大学日刊》所刊载的校园资讯来看,吴梅的主要工作有两种:一是担任

---

[1] 目前关于吴梅的评传主要有两部,一部为王卫民著《曲学大成 后世师表:吴梅评传》(上海古籍出版社2010年版),一部为苗怀民著《吴梅评传》(南京大学出版社2012年版)。王著较少涉及吴梅北大经历,苗著利用《北京大学日刊》作了较多描述。

[2] 如《吴梅戏剧美学思想研究》一书,叙述吴梅在北大任教时,描述为"赴北京大学音乐研究会昆曲组教授古音乐""不久,北京大学开设戏剧课,聘请吴梅作主讲教师。于是,吴梅第一次把戏剧引入了大学课堂"这些描述充斥着臆想之辞。载胡庆龄:《吴梅戏剧美学思想研究》,江西人民出版社2009年版,第21页。

[3] 这一类的文章主要来自研究西方音乐及古琴的学者,如周映辰:《从音乐研究会到音乐传习所》,载《中国音乐学》2006年第2期,第32—37页;林晨:《北京大学音乐研究会》,载《中国音乐学》2010年第2期,第87—94页。

文科本科教授及国文研究所教员，吴梅承担的有两类课程：其一是文学史，这一类课程是"文学史""近代文学史"。在 2005 年出版的《早期北大文学史讲义三种》里，收有法兰西学院汉学研究所图书馆收藏的吴梅所撰《中国文学史（自唐迄清）》讲义，即可大致体现吴梅讲授《中国文学史》的基本内容。[1] 其二是曲，这一类课程的命名有："词曲""曲""戏曲（甲）""戏曲（乙）""戏曲史""中国古声律"。吴梅的《词余讲义》即是此类课程的讲稿。值得注意的是课名的变化：随着时间的推移，吴梅担任的课程的名称由"词曲"变为"曲"，又变为"戏曲"。1921 年 10 月 13 日《北京大学日刊》上所刊登的中国文学系选课科目里的"戏曲（甲）""戏曲（乙）""戏曲史"，从目前所见的史料中，这可能是最早与现今学科体系里的戏曲课程有直接渊源关系的命名。

在 1918 年 11 月 20 日的《北京大学日刊》上，登载了一则《吴瞿安启事》：

> 文本科一二三年级诸同学鉴，《元曲选》照预约价买此事已与上海商务书馆商妥，惟须齐集款项先汇该馆，以便寄书来都。诸君如欲购买，务请于一星期内交款至敝寓（西安门外东斜街二十七号）可也。现定书四十部，每部现洋七元五角。此启。

1918 年 12 月 20 日的《北京大学日刊》上，又登载了一则《吴瞿安启事》：

> 《元曲选》已到，由本校出版部发售（书三十部，照预约价每部现洋七元，合洋二百十元。加木箱二元，转运费十元，又由京汇款至上海汇费洋三元三角，总计洋二百二十五元三角，每部分摊合洋七元五角一分）。今将已付书价诸君姓名列后，请径往出版部领书可也。

---

[1] 参见《早期北大文学史讲义三种》北京大学出版社 2005 版。编者陈平原交待此书来历"吴梅《中国文学史》用的则是为北大文科国文门三年级准备的石印讲义。需要说明的是，吴著原藏巴黎法兰西学院汉学研究所图书馆，书题《中国文学史（自唐迄清）》，实际上只写到了明代，而且三册中有一半是资料及作品选"。

从这两则启事来看，由吴梅发起，于定一经手，集体"团购"商务印书馆新出版的《元曲选》，当属于吴梅戏曲课程教学事务里的一桩。[1]

另一项工作就是在业余时间传授昆曲。以《北京大学日刊》1918年5月登载的《集会一览表》为例，《集会一览表》是北京大学各部门的讲演预告，在5月，"音乐会"召集的吴梅教授昆曲的次数就有8次，大约是每周两次，每次一小时。

据《北京大学日刊》，吴梅担任文科本科教授及国文研究所教员教授相关课程，本科课程每周10课时，研究所每周2课时，而吴梅业余教授昆曲则达到每周8课时，可以说倾注了大量的时间与精力。在1918年4月11日的《北京大学日刊》上，有一则《音乐会通告》：

> 谨启者：昆曲一部，自吴瞿安先生教授以来，进步非常之速，但人数过多，科门太繁，吴先生大有应接不暇之势。

此条通告也可说明吴梅至北大后教授昆曲之状况。此处的"音乐会"即是"北京大学音乐研究会"的前身。吴梅教授昆曲主要是通过北京大学音乐研究会来进行的。以下再略述北京大学音乐研究会之状况。

## 二、从北京大学音乐研究会到音乐传习所

北京大学音乐研究会昆曲组是北京大学早期昆曲教育与昆曲活动的主要组织。这一社团的存在，与北京大学音乐研究会的设置、运行及变更有关。关于北京大学音乐研究会的始末，目前虽已有较详细的叙述，如林晨在其著作《触摸琴史》的《王露与北京大学音乐研究会》一章中以专节叙述了此团体之历程[2]，但并不完全。兹引相关史料简述如下。

北京大学音乐研究会的历史大致可分为五个阶段。1918年印制的《国立

---

[1] 吴梅购买《元曲选》之事，可参看苗怀明：《吴梅评传》，第110—120页。
[2] 林晨：《触摸琴史——近现代琴史叙事》，文化艺术出版社2011年版，第71—105页。

北京大学廿周年纪念刊》上载有关于"北京大学音乐会"之简介:

> 北京大学音乐会
>
> 民国五年秋,周文燨、林士模、唐鸿志、林秉中、余明钰、戴臣水、戴明之、谭伟烈、廖书仓、秦元澄、查士鉴、夏宗淮十余人发起一北京大学音乐团,以研究音乐陶淑性情为宗旨。惟当时组织极形简单,仅有团长一人,举夏宗淮任之。后几经讨论,公决更名为北京大学音乐会,内分二部,一西乐部,一国乐部。六年春,青年会开万国音乐会,该会亦参与其间。嗣后北斋回禄,京畿水灾,该会复与新剧团联合演技于青年会及中央公园。

由这份简介可知,最早出现的是"北京大学音乐团"这一组织,时间是在1916年秋,成员有周文燨、林士模、唐鸿志、林秉中、余明钰、戴臣水、戴明之、谭伟烈、廖书仓、秦元澄、查士鉴、夏宗淮等十余人,团长为夏宗淮,宗旨是"研究音乐、陶淑性情"。"北京大学音乐团"是北京大学最早成立的几个学生社团之一[1]。

随后不久,因"几经讨论金曰此名不正有伤大雅"[2],"北京大学音乐团"改名为"北京大学音乐会"。到1917年春,就以"北京大学音乐会"之名参加万国音乐会,以及与北京大学另一学生社团"新剧团"在青年会和中央公园联合演出。"北京大学音乐会"分为"国乐部"与"西乐部"。

1918年6月,"北京大学音乐会"改组为"北京大学乐理研究会"。《北京大学日刊》1918年6月6日刊发布《音乐会紧要启事》,附有蔡元培代订的章程,并"定名为北京大学乐理研究会;宗旨在敦重乐教提倡美育",分为"中乐门""昆曲门""西乐门"。从宗旨的变化可知,此次改组,不仅将这一团体从

---

[1] 现在所知北京大学最早的学生社团,是1914年春成立的"北京大学预科文学会"。至1916年,还只有北京大学预科体育会、乐群会、新剧团、北京大学技击会、音乐团等寥寥数个。参见李浩泉:《躁动的青春:民国时期北京大学的学生社团活动1912—1949》,华中科技大学出版社2014年版。

[2] 廖书仓:《北京大学音乐会沿革略》,载《北京大学日刊》1918年2月8日。

学生的业余音乐爱好者组织变为半官方的学生团体,而且也寄寓了校长蔡元培"美育"的理念。

1919年1月,"北京大学乐理研究会"宣布改组为"北京大学附设音乐讲习会",在《北京大学日刊》1918年1月20日刊上,载有《音乐讲习会启事》,提出"先办各种专修科",包括"(一)中乐部昆曲专修科七弦琴专修科琵琶专修科(二)西乐部钢琴专修科提琴专修科"。然而,在1月25日刊上,却登出了《音乐研究会启事》,27日刊的《音乐研究会启事》里,则说明"本会前在筹备期中,名称数经更改,现已正式成立,众意订定今名""现先设钢琴、提琴、古琴、琵琶、昆曲五组"。至此,"北京大学音乐研究会"正式成立。

在《北京大学日刊》1922年8月19日刊上,登载了《北京大学附设音乐传习所简章》。10月,"北京大学音乐研究会"停办,"北京大学附设音乐传习所"正式成立。

以上为北京大学音乐研究会从前身、成立到停办的整个历程,时间为1916年秋至1922年10月,大约6年时间。从组织形式来看,北京大学音乐团、北京大学音乐会为学生自发组织的兴趣团体,北京大学乐理研究会、北京大学音乐研究会为校方指导并资助的学生团体,北京大学附设音乐传习所则是一个音乐教育机构,因此,这一音乐社团经历了一个由学生自发到学校支持到音乐教育机构的变化。这种变化的原因及历程,其实也是蔡元培利用并改组这一团体来推行其"美育"理念的过程。那么,在这五年时间里,昆曲所占的比重如何?昆曲在北京大学音乐研究会的沿革中,起着怎样的变化?这些变化的样态及影响又是如何呢?

## 三、北京大学音乐研究会昆曲组

北京大学音乐研究会里的昆曲传习活动,其组织的名称多次变化,从以上历史可知,有北京大学乐理研究会昆曲门、北京大学附设音乐讲习会中乐部昆曲专修课、北京大学音乐研究会昆曲组等命名,其中以"北京大学音乐研究会昆曲组"最为常见,以下以此名代称之。

关于这一组织,目前尚少有人谈及,仅见朱復撰有"北京大学音乐研究会昆曲组"词条,述及其大致情形:

> 蔡元培于民国五年(1916)接任北京大学校长后,既提倡西学,也提倡国学。为提高学生素质,活跃学术空气,在其倡导下成立了课余研究组织,其中音乐研究会成立于民国六年(1917),分为提琴、钢琴、古琴、琵琶、昆曲和丝竹乐等组,由学校聘请艺术名家担任指导教师。昆曲组聘请了南方业余曲家赵子敬,为课余来选修昆曲的学生拍曲兼吹笛。蔡元培还在北京大学文科正式开设了古典词曲课程。此课的教师是他在书肆中获读吴梅撰《顾曲麈谈》一书后选中的。当时吴梅是上海民立中学的教员,经蔡元培提议后,于民国六年(1917)9月由北京大学文科学长陈独秀出面,礼聘吴梅为北京大学文科教授兼国文门研究所教员。……
> 
> 音乐研究会昆曲组虽授曲导师时有更替,但活动一直进行。……北京大学教授陆宗达组织的昆曲活动可以说是北京大学课余昆曲活动的延续。抗日战争胜利以后,民国三十六年(1947),陈古虞任北京大学文学院讲师,课余继乃师许雨香为昆曲组导师。陈离校赴南方任教后,吴晓铃曾担任昆曲组导师。[1]

此词条标题虽然是"北京大学音乐研究会昆曲组",但其实是梳理及叙述了民国时期北京大学昆曲活动的基本脉络,并非仅是"北京大学音乐研究会昆曲组",而是以"北京大学音乐研究会昆曲组"为起始的北大昆曲的发展略述。因北京大学音乐研究会于1922年改组为北京大学附设音乐传习所,此后的昆曲社团名称都各不相同。如文中提及的陆宗达、陈古虞、吴晓铃所参与的昆曲社团,都已不是"北京大学音乐研究会昆曲组"了。而且,即便是朱

---

[1] 朱復:《民国时期北京主要业余昆曲社》,载《中国昆曲论坛2003》,苏州大学出版社2003年版,第203—204页。朱文较长,还介绍俞平伯、任二北等人的情况。此处仅摘录与"北京大学音乐研究会昆曲组"相关文字。朱復另在《北京戏剧通史·民国卷》(北京燕山出版社2001年)撰有此词条,内容大体相同。

復文章，亦只以介绍教师为主，"北京大学音乐研究会昆曲组"的组织、活动、变迁等情形，亦未能涉及。

以下叙述"北京大学音乐研究会昆曲组"的大致状况。

首先是昆曲的日常传习活动。从《集会一览表》上的记录来看，吴梅教授昆曲大致是每周两次，而到1918年5月，北大校医陈万里参与教授昆曲，每周教授一次。吴梅教授昆曲的时间并未减少，每周至少三次昆曲传习活动。此后，寓居北京的常州曲家赵子敬被聘为昆曲组的导师，1918年12月24日的《北京大学日刊》上有一则《乐理研究会昆曲门导师赵子敬先生启事》："乐理研究会昆曲门诸君鉴启者，放假期内每星期三六下午四时至六时，鄙人在绒线胡同八十三号剑南林寓专候。诸君如愿温习，请至该处研究可也。"此则启事显示，在放假期间，赵子敬每周教授两次，每次两小时。平常教授昆曲应也不少于这一时间。1919年《北京大学日刊》刊载的《音乐研究会启事》里，各组研究时间为"吴瞿安先生星期三四时至六时；陈万里先生星期六四时至六时；赵子敬先生星期一二三四五四时至六时"，由此可见，昆曲组三位导师，每周传授昆曲共七次。1920年《音乐杂志》第一卷第七期上刊载北京大学音乐研究会导师姓名表与第一期会员姓名表：在《导师姓名表》里，赵子敬为昆曲导师。在《第一期会员姓名表》里，昆曲组会员有：刘俊、景德华、钟少梅、白景澂、李开先、陈兆彬、闵文蔚、张毅、何炎、萧世芗、曾靖圣、吴德潆、林雁峰、刘元功、萧家驯、谌象天、徐辅德、林心汉、时锡箴、叶英豪、陶勋、蒋复璁、唐性天、傅贵云、范复诚、傅连珍、熊卫邦、刘振翱、胡肇基、杨梦兰、吴寿华、吴毅。共32人。其他各组，丝竹组68人、古琴组18人、钢琴组46人、提琴组10人、西乐唱歌组11人、特别班2人。由各组人数对比，可见昆曲组在音乐研究会里占有较大比例。

1921年10月19日《北京大学日刊》刊载《音乐研究会各组每周练习时间表》，其中昆曲组导师为赵子敬，练习时间为"星期一日午后七至九时、星期二四五日午后四至六时"，如此算来，应是每周四次，每次两小时。

在《音乐杂志》第一卷第八期的封面，刊载了《昆曲组导师会员合影之一》。合影中共有6人，围绕铺盖桌布的长桌而坐，一人持笛，一人持板，可见昆曲组活动之略影[1]。俞平伯的回忆提供了此种昆曲研习的情景："后得问曲学于吴师瞿安,至己未春(八年四月),师于课外借红楼中教室开一歌曲班,从之者不多,余仅习得【南吕宫】【绣带儿】二支,且无是处,引吭发声,颇为特别,妻及许闲若弟常引以为笑也。"[2]

除日常传习活动外,昆曲组参与音乐研究会举办的音乐演奏会。1919年2月2、3日,北京大学第一次召开学生游艺大会,为画法研究会筹款。内容包括书画展、新剧演戏、音乐、幻术、谜语、辩论、技击等。音乐部分有"吴瞿安赵子敬陈万里诸先生之昆曲""均是使人闻之乐而忘倦"。[3]此次游艺会效果良好,不仅京中各报登载消息,而且教育总、次长参加,蔡元培致辞,最后筹得款项约1000元。[4]1919年4月19日,北京大学音乐研究会在米市大街青年会举行音乐演奏大会,共19个节目,其中昆曲节目有列出3个,除开头与结尾都是昆曲组的昆曲外,还有吴瞿安、赵子敬、陈万里、程龙骧的昆曲。[5]自此次演奏大会后,音乐研究会每年4月左右举办演奏大会成为定规。1920年4月17日,北京大学音乐研究会再次在米市大街青年会举行音乐演奏大会,共22个节目,其中昆曲有:《定情·絮阁》,由昆曲组导师及会员演唱;《痴梦》《活捉》《访素》,赵子敬、陈万里、程龙骧演唱。[6]1922年5月1、2日,音乐研究会演奏大会又一次举行。节目分为三类:原有之部、新增之部、创造之部,其中,原有之部包括昆曲,而新奇乐器、创作之部里的歌舞成为演奏会的重点。[7]由这些音乐研究会举办演奏大会的安排来看,昆曲组的导师及会员演唱昆曲自是演奏会的一部分。

---

[1] 此桢合影又见于《北大生活》,北京大学北大生活社1921年版。
[2] 俞平伯:《忆清华园谷音社旧事》,载《论语》第125期,1947年3月16日。
[3] 《学生游艺大会筹备会纪事第二》,载《北京大学日刊》1919年1月25日。
[4] 《学生游艺大会开会志略》,载《北京大学日刊》1919年2月6日。
[5] 《音乐演奏大会预告》,载《北京大学日刊》1919年4月11日。
[6] 宋泽:《四月之演奏大会》,载《音乐杂志》第1卷第3期。
[7] 《请看北京大学音乐研究会空前之演奏大会》,载《晨报》1922年4月30日、5月1日、5月2日。

## 四、昆曲传习活动在北京大学音乐研究会里地位的变化

关于这一音乐团体的传习活动,《北京大学日刊》1918年2月3日刊登的《北京大学音乐会简章》仅简单提及"本会音乐,中西兼采,均由会员自由选定",而在2月8日刊登的《北京大学音乐会沿革略》则"析为二部:一国乐部,一西乐部。西乐部以有关学校之乐器为限,而国乐部其义较广,凡为国乐,勿论为金石、为丝竹、为匏土、为革木皆属焉"。从这一描述来看,音乐会的活动并不包括昆曲,但是,因为经费及师资的原因,音乐会的日常活动实际上主要是昆曲的传习。

1918年4月11日,《北京大学日刊》上有一则《音乐会通告》,云:

> 谨启者:昆曲一部,自吴瞿安先生教授以来,进步非常之速,但人数过多,科门太繁,吴先生大有应接不暇之势。兹特请校医陈万里先生,于每星期一五下午四时教授副净小丑。凡我会员学副净小丑者,请从本星期五起,归陈先生教授可也。

1918年4月27日,《北京大学日刊》上刊登了一则《音乐会启事》:

> 本会自开办以来,历由诸同学共同研究,既乏教师之导引,自无别调之可弹,此皆本会之缺憾,亦同人等之所深自抱歉者也。本会改革,自不可缓,而改革之道不外分科教授,以期专成。故有丝竹、钢琴、昆曲等部焉。虽然设部匪艰,教授实难,非教授之真难也。奈本会经济拮据何!今除热心义务之吴、陈二先生外,如丝竹、钢琴、笛手等在在皆是。……

这两则启事表明,吴梅自1917年秋在北京大学任教之后,业余时间在北京大学音乐会教授昆曲,由于学昆曲的人数日益增多,导致音乐会发生了三大变化:其一,音乐会的构成从国乐部、西乐部变为"丝竹、钢琴、昆曲等部",也即从通常的中乐、西乐的划分,增加了一个"昆曲"门类。这完全是因为吴

梅热心的义务教授昆曲，而此时北京大学校内缺乏像吴梅这样参与音乐会的教师所致。这一点也充分说明吴梅的热心教授昆曲所达致的效果。其二，音乐会的导师开始只有吴梅，因学昆曲的学生日益增多，又聘请了北大校医陈万里，并区分出行当来教授。其三，由于音乐会经费的缺乏，国乐部、西乐部的活动难以展开，只有昆曲的传习活动发展很快，导致音乐会的主要活动主要是昆曲传习。这一点可从1918年4—5月的《北京大学日刊》上刊载的《集会一览表》得到印证。《集会一览表》为北京大学每周讲演、活动的通告，其中召集者为"音乐会"的活动仅有教授昆曲。而教授者一开始是吴梅，到5月时出现了陈万里的名字。此时的"音乐会"无形中变成了昆曲传授与学习的学生组织。

1918年6月，随着"北京大学音乐会"改组为"北京大学乐理研究会"，命名之变化导致了两个变化：一是此团体由较为松散的自发组织的学生社团变为半校方的学生社团；二是寄寓了蔡元培的美育理念。从内部分类来看，"昆曲门"与"中乐门""西乐门"三足鼎立，大约是沿袭了此前音乐会的结构。其中，昆曲门包括昆曲、笛，中乐门包括琴、琵琶、瑟，西乐门包括钢琴、提琴。

这一设置亦引发疑问，在1918年12月，乐理研究会导师陈蒙提议将乐理研究会改组成北京大学附设音乐讲习会，并质疑乐理研究会的结构："原简章分中乐门、昆曲门、西乐门三类，似有疑义，以昆曲固未尝不在中乐门也。本应分为声乐、器乐两部，但事因草创，要在求其普及，暂不细为分别。"在拟议的结构中，分为中乐、西乐两部，而中乐部则包括"唱歌（昆曲类）、七弦琴、琵琶"。

1919年1月25日，音乐研究会成立后，设立"钢琴、提琴、古琴、琵琶、昆曲"五组，昆曲组织名即来源于此。从各组的成立来看，大致是依据所聘请的导师而设，如陈仲子为钢琴组、提琴组导师，王心葵为古琴组、琵琶组导师，陈仲子、王心葵都是蔡元培为音乐研究会而聘请。昆曲组则继续延续了此前的规模，以吴梅、陈万里、赵子敬为导师。据《音乐研究会一年之经过》一文谈及："昆曲组干事蒋君慰堂，又内行，又热心，所以学昆曲的格外多。还有女高师的几位学生入会,组成一个特别班。"[1]1921年10月7日《北京大学日刊》刊载的《音乐研究会征求会员》启事里,又介绍其分为"古琴、丝竹、昆曲、钢琴、乐队"六组,可见此时西乐部分扩大,增设了乐队组。1921年10月19日《北京大学日刊》刊载《音乐研究会各组每周练习时间表》,各组计有古琴、昆曲、钢琴、提琴、乐队、(箫)丝(琵琶、笙、笛、打琴、三弦、二胡)、竹(月琴、三弦)[2]。

从以上可知,随着北京大学音乐研究会的体系化,以及规模的扩大,中乐、西乐的种类增加,昆曲虽然保留了一席之地,甚至很受欢迎,但是其位置比较模糊,有一定的争议性,在中乐与西乐之间,较难进行分类。

## 五、音乐传习所的成立对昆曲传习的影响

1922年10月,北京大学附设音乐传习所成立。这所机构被认为"已具现代专业音乐学府之雏形"[3]。从北京大学音乐研究会到北京大学附设音乐传习所,可以说是蔡元培美育思想的进一步"升级",因北京大学音乐研究会只是由学校扶助的学生业余爱好者团体,而北京大学附设音乐传习所则是成为正式的专业音乐教育机构,而且音乐传习所面向全国招生,虽然招考情形不佳,但已是一个较有规划、初具规模的音乐教育机构。

音乐传习所由蔡元培兼任所长,萧友梅任主任。萧友梅将这一机构设想为进行西方音乐教育的机构[4],从招生简章可以看出,音乐传习所的宗旨为"本所以养成乐学人才为宗旨,一面传习西洋音乐,包含理论与技术,一面保

---

[1] 杨昭恕:《音乐研究会一年之经过 附将来的希望和整顿之我见》,载《音乐杂志》1921年第7期,第1—4页。

[2] 小括号内为原表单列的乐器。

[3] 韩国镆:《北京大学音乐传习所研究(上)》,载《音乐艺术》1990年第1期,第1—8页、第23页。

[4] 周映辰在《从音乐研究会到音乐传习所》一文里,对照了萧友梅1920年在《音乐杂志》第一卷第三号上发表的《什么是音乐?外国的音乐教育机关。什么是乐学?中国音乐教育部发达的原因》一文里介绍的西洋音乐与音乐传习所设置的三科,认为"音乐传习所重视的是西洋乐理和管弦乐队的演出"。(载《中国音乐学》2006年第2期)

存中国古乐,发辉而光大之"。虽然将"西洋音乐"与"中国古乐"并提,但用语显然不同,音乐传习所的目标是"传习西洋音乐"。从其分科与课程亦可以见出这种情形。音乐传习所分为三科:本科、师范科与选科。

  第四条 欲入本科及甲种师范科者,以身体健全,品行端正,年在十八岁以上,曾在中学或初级师范毕业、或经入学试验证明有同等学力者,方许入学。
  第五条 欲入乙种师范科者,以身体健全,品行端正,年在十八岁以上,曾在高小毕业、或经入学试验证明有同等学力者,方许入学。
  第六条 选科入学者不限资格,但须身体健全,品行端正,年龄在十三岁以上者方许入学。

本科与师范科属于正式专业体系,需经过考核(如学历、选送、考试)程序才能入学,而选科则是属于非正式的选修范畴。

从专业体系来看,本科分为"理论作曲、钢琴、提琴、管乐、独唱",师范科未列出专业,但从课程设置来看,基本上是以西洋乐器为主。选科包含甲乙丙三类:

  甲 1 理论 2 合歌
  乙 1 钢琴 2 风琴 3 小提琴 4 中提琴 5 大提琴 6 长笛 7 荜栗 8 洋管 9 小铜角 10 中音铜角 11 圆铜角
  丙 1 箫 2 笛 3 笙 4 琵琶 5 三弦 6 月琴 7 古琴 8 钢丝琴 9 筝 10 胡琴 11 昆曲

这三类皆为选修科,但甲类"每周三次,此类多在下午四时前授课",乙、丙两类"每周二次,下午四时以后授课"。在音乐传习所简章所列专业及科目里,可知西乐、中乐、昆曲的配置及比重。昆曲不仅没有成为正式的科目,而且仅仅变成选科中的一门。也即,在从北京大学音乐研究会到北京大学附设音乐传习所的组织变化过程中,虽然音乐教育成为北京大学正规的专业机构,但仅仅意味着西洋音乐得到重视,中乐、昆曲反而地位下降。昆曲从占有比重较大、传习活动较多的种类,变为一种非常边缘化的传习科目。在本科、师范科、选科三科里,本科、师范科属于正规的音乐专业建制,以西方音乐为主,选科则维持了音乐研究会的范围与业余爱好性质。[1]

音乐传习所整体引入西方音乐的教育体系,造成了原有音乐研究会里的中乐、昆曲部分无形之中被消解,1922年12月27日《北京大学日刊》上的一则《国乐社筹备启事》则揭示了此种影响:

> 北大自音乐研究会取消、丝竹改进会无形消散后,中国音乐即无团体组织之研究,同人等深以为是我校同学中之缺点,故拟发起组织国乐社,从事研究中国古今一切雅乐……

1927年8月,因奉系军阀政府将北平九所大学合并为京师大学校,北京大学成为北大学院,音乐传习所也被取消。1929年,音乐传习所开展复所运动,成立复所筹备委员会。但是校方仅同意成立音乐研究会。[2]

据《北京大学日刊》1930年4月2日载《北大音乐学会会员大会记录》,1930年3月29日,音乐研究会已改名为音乐学会,学会召开第一次会员大会,从各组会员名单可知,此时音乐学会各组为:钢琴组、提琴组、琵琶组、古琴组、二胡组、唱歌组。1931年6月10日,音乐学会第二次常年大会的提议中有一项为"请学校增设铜乐、弦乐、管乐、昆曲及独唱各组"[3]。但是直到1931年10月,才追认增加了昆曲组[4]。此时音乐学会的分类大致与音乐研究

---

[1] 萧伯青:《忆刘天华先生补》,载《音乐研究》1984年第4期,第109—113页。萧文提及"原音乐研究会会员作为音乐传习所的选科学生"。

[2] 《北大音乐传习所复所筹备会第一次开会记录》,载《北京大学日刊》1929年10月18日。

[3] 《音乐学会通告》,载《北京大学日刊》1931年6月10日。

[4] 《音乐学会通告》,载《北京大学日刊》1931年10月3日。据《通告》,此次为大会"追认添昆曲班案",也即昆曲班已在事实上存在,此次将其纳入音乐学会的小组。

会时期相当,也由校方为每个小组聘请导师,昆曲组的规模在音乐学会中不算小,定额会员人数排在第二,共12人,仅次于唱歌组25人。[1]但是昆曲组的导师一直无人,只是由笛师何经海暂代。据《北京大学音乐学会征收会员简章》[2]:

> 昆曲组　导师暂缺(先由笛师何镜海[3]担任教练)
> 凡入本组者以具有普通国乐常识能熟读工尺谱者为合格。
> a 课程　第一年以南曲为主
> b 课本　遏云阁曲谱(约洋五元)
> c 授课　每周两次
> d 联系　随意

按昆曲组的活动时间旋即减少,改为每周五午后四点至六点。也即每周活动时间一次,每次两小时。[4]

对于笛师何经海与音乐学会昆曲组的活动,将音乐研究会改组为音乐学会并主持活动的萧伯青有过回忆,此处录之,可见彼时活动之情景:

> 刘先生在家里组织了学昆曲的会,每周一次,时间在晚上。参加者为刘先生和北大、女大的学生共约十来个人。约请老笛师何经海先生到时前来教两小时的昆曲。大家各买一部《遏云阁曲谱》,作为课本,遇见曲谱中未收的折子,如《玉簪记·琴挑》等就大家各抄一份。教时大家围坐案边,何先生唱一句,我们跟着学一句,唱完一段,又从头唱起,连唱三四遍休息,然后再来。反复多次,他才用笛伴奏,大家齐唱,唱完一

---

[1]《北大音乐学会简章》,载《北京大学日刊》1931年11月3日。
[2]《音乐学会通告》,载《北京大学日刊》1931年10月7日。
[3] 何镜海应为何经海。
[4]《音乐学会通告》,载《北京大学日刊》1931年10月29日。

段才得停住。两小时一会儿过去了,两三年也是很快的。我们排了不少出戏,启蒙头一出是《赐福》一折,这与开锣前《跳加官》一样,取个吉利。我们学了《絮阁》《小宴》《闻铃》《弹词》《琴挑》《思凡》等。何先生年事已高,牙齿摇落,双唇已不能撮口吹清。他用的是经过改造内装哨子的笛子。他把笛面吹孔堵死,手旁另开一孔,吹时双唇含住笛孔,气流先通过哨子发声,再经过膜孔,所发声与一般昆笛无异。他在北京教昆曲数十年,晚年孑然一身,独居会馆中。我受学校委托开办北大音乐学会时,也请他每周来校一次教同学们昆曲。[1]

何经海于 1933 年夏去世,其时俞平伯在清华大学任教,组织谷音社,延请何经海授曲。何经海去世后,俞平伯撰《为何经海募款启》[2]。

从 1922 年到 1932 年,伴随着社会环境的变化以及人事变更,北京大学校方对于音乐教育的目标显然有了变化,大致经历了一个将音乐视为业余爱好到专业教育再到业余爱好的摇摆过程,最终定位为业余爱好。昆曲的位置,显然一直被定位为业余爱好,虽然一直存在,但未能纳入到专业教育之中。

## 结　语

根据本文的梳理与分析,北京大学的早期昆曲教育,可以界定为 1916 年到 1932 年。各阶段可大致如此分期:

一　1916 年秋,北京大学音乐团成立。

二　1917 年 9 月,吴梅至北京大学任教。在音乐会、音乐研究会教授昆曲。其后,陈万里、赵子敬亦成为音乐研究会导师,教授昆曲。

---

[1] 肖伯青:《忆刘天华先生》,载《人民音乐》1982 年第 8 期,第 30—33 页,第 37 页。肖伯青即萧伯青。

[2] 俞平伯:《忆清华园谷音社旧事》,载《论语》125 期,第 330—331 页。

三 1922年，吴梅离开北京大学。北京大学附设音乐传习所成立，提倡西乐。西乐成为专业音乐教育的主要内容，昆曲仅作为选修科。

四 1929年，音乐研究会恢复。1930年，易名为音乐学会。1931年10月，音乐学会增设昆曲组。

在这一过程中，可以见出吴梅在北京大学早期昆曲教育里起到了很大的作用，他开启了北京大学的昆曲教育。自他1922年离开北京大学后，昆曲教育始终处于较为边缘化的位置。在这一时段，音乐教育也经历着很大的变迁，一些观念在激烈的博弈，诸如中乐与西乐的关系、音乐教育在大学体制中的位置等，这些塑造了早期中国音乐教育史。而昆曲教育的沉浮，也与这一历史相关，展现了国人对于中西方音乐的态度及其方案。

# 北方昆弋名伶韩世昌拜师吴梅先生及从学考述

王　馨

近代中国戏曲研究，皆以王国维与吴梅先生为当之无愧的大家。相较王国维先生以三年之功，以中西通贯之法而开中国戏剧史书写的新纪元，吴梅先生则以毕生之力，不仅以曲之本体为治学目标，集制曲、论曲、曲史、藏曲、校曲、谱曲、唱曲、教曲于一身，且倡导曲学教育传承，开高等学府教授曲学之先河，为后世培养了大量有成就的戏曲研究和教育人才，故钱基博在《现代中国文学史》中品评道"论曲学者，并世要推吴梅为大师"。

特别是，吴梅先生受聘北京大学五年中，不仅教授曲学理论，注重培养学生对昆曲欣赏和实践的兴趣，还收了初露头角的北方昆弋艺人韩世昌为徒，以其曲学大家之盛名，助力青年韩世昌声名鹊起，也为从河北乡间进入北京演出的北方昆弋班站脚。在吴梅、蔡元培等教育界名流及其学生们的共同捧场和宣传下，北京兴起一股观赏昆曲的热潮，加之吴梅先生与京津一众曲家在曲学研究上的成就，造就了近代昆曲衰微大势下民国初期的"昆曲中兴"。

昆腔自明中后期创制，广受文士阶层接受，后与演剧相结合而有昆剧生。昆剧自明万历间进入宫廷，至清而被正式尊为雅部，宫廷演剧亦只用昆弋二腔，以昆剧为主，此昆剧之盛极，但自清中晚期开始，昆剧走向衰落。北方而言，自太平天国、捻军之后，南北交通阻隔，再无南方昆曲艺人北上，北京的昆剧班社渐少，昆剧艺人多改入京班，或改唱皮黄，或在京班中插演少量昆剧折子戏。清代晚期，北方新兴一种昆剧与高腔同班同演的艺术形式，流行于北京城内以及京东、京南的直隶各县，这就是北方昆弋[1]。清末，喜爱昆弋的王府巨第出资兴办的王府班与乡间的昆弋班社互为犄角，一度在北京城内引起轰动，但随着清王朝的覆灭，北方昆弋班很快便退出北京。由于北方昆弋班长期主要在直隶乡间演出，与江南正宗昆曲相比，其昆曲唱法深受京南、京东地方方言和高腔唱法的影响，伴奏音乐亦受高腔影响，带有浓厚的乡土特色。

民国六年（1917）秋，已经多年不现昆班的北京城迎来了京东的昆弋同和班，主演郝振基以写实派猴戏《安天会》等震动北京剧坛，有"铁嗓子活猴"之誉，一时与杨小楼的京派猴戏并称。同和班在北京走红的消息传到京南，荣庆昆弋社受田际云之邀亦于民国七年（1918）进京，自元月13日始出演于前门外鲜鱼口内天乐园。后来在昆曲界得享大名、被誉为"昆曲大王"的一代名伶韩世昌，当时还是荣庆社中一名年仅20岁、寂寂无名只能唱开场前几出戏的年轻人，而令其在北京演出数月后便成为风头盛极一时的名角的重要转折点，则自他拜师曲学大家吴梅先生始。

## 一、韩世昌拜师吴梅先生之缘起

韩世昌11岁（1909）开始入乡间昆弋庆长班学戏，先后师从韩子峰、郭凤鸣、白云亭、王益友等，学过娃娃生、小花脸、武生，后师从侯瑞春专习昆旦，1911年随师侯瑞春入股组荣庆昆弋社，出演于河北乡间。乡间昆弋班受观众喜好的影响，重视武戏与阔口戏，戏目一般是武戏开场，中轴一出武戏，大轴一出大武戏，小生、小旦各行戏则穿插于武戏与武戏之间，有"武轴子压台"之

---

[1] 侯玉山述、学昀整理：《北方昆弋渊源述略》，《河北戏曲资料汇编（第六辑）》，1985年印行，第264页。

说。韩世昌在学戏六年后,直到1915年才有机会挑头唱正戏[1],1918年进京演出初期,所演戏目多排在开场二、三出的位置,其名字甚至没有机会出现在《顺天时报》刊载的天乐园广告中。

但是,彼时北京观众的观剧口味,已经由清末生行的实大声洪转为旦行的婉转俊美,梅兰芳等名旦角受到观众的热烈追捧。昆弋班进入北京初,仍按乡间规矩,以武戏为主,继而转向迎合北京观众的口味,生旦戏逐渐增多,在这一过程中,韩世昌以出色的演技开始在班中崭露头角。1917年9月,吴梅先生应北大校长蔡元培之聘,执教北京大学,教授词曲,他不仅教授曲学理论,更注重培养学生对昆曲欣赏和实践的兴趣,经常携笛上讲堂,为学生讲曲律、教唱曲,间接为昆剧演出培养了一批青年观众。此时,北方昆弋班社陆续进京演出,吸引了许多北大学生以及老师前往观剧。不少人尤其喜爱韩世昌的旦角戏,他们不仅前来观剧,还私下与韩世昌结交往来,甚至结成捧韩的"粉丝团"——韩党,其中,以顾君义、王小隐、刘步堂、张聚增、侯仲纯、李存辅最为著名,被称为"韩党北大六君子",亦有"韩内阁"之称。他们对韩世昌的辅助可谓全方位,因有"顾交通、王秘书、刘外交、张司法、侯内务、李海军"之称。虽然同是捧角儿,北大青年们对韩世昌的追捧目的却单纯、简单得多,"只促其艺术上之进步,人格上之清高"[2]。

此时的韩世昌虽然有很大的潜力,但毕竟出身乡间昆弋班社,唱念都带有浓重的京南方音,在北京城内演出虽然一时尚有吸引力,但也因此受到批评,如1917年1月18日《顺天时报》刊《天乐园昆弋之人才》文中便道"(韩)演旦颇知作戏,身段亦佳,惟度曲常凉调"。为促进韩世昌在昆曲艺术上进一步提高,吴梅先生的学生顾君义向韩世昌及其师侯瑞春提出拜吴梅先生为师学习正宗昆曲的建议。

韩世昌自小跟随侯瑞春,侯瑞春不仅是韩世昌旦角艺术上的老师,也是

---

[1] 韩世昌口述、张琦翔整理:《我的昆曲艺术生活》,载《河北戏曲资料汇编(第六辑)》,第16—17页,第21页。

[2] 逊之:《韩世昌成名始末》,载《半月剧刊》1936年第2期,第26页。

韩世昌的人生导师,多年来主持着韩世昌的经济收入和家庭生活。面对可能关系到韩世昌人生的这一重要机遇,侯瑞春显示出过人的胸怀和卓越的头脑,他深知凭己所能,是无法助韩在艺术上和声名上更上一步的,而吴梅先生不仅有精深的昆曲造诣,且享有曲学大师的盛名,拜师吴梅先生将很可能成为韩世昌艺术生涯的重大转折。事实证明,侯瑞春为韩世昌所作的这一决定,在韩世昌一生中的确起到了重大影响,后人对韩世昌成名于南北的原因总结,也往往以"拜曲圣吴公瞿安为师为第一要着"[1]。

## 二、韩世昌拜师吴梅先生时间考

关于韩世昌拜师吴梅先生的时间,向有两种说法。

其一为民国七年夏,来源于由张琦翔整理的韩世昌生前口述材料:

> 那年(注:民国七年)夏天经过顾君义等许多人介绍,我拜吴先生为师。拜师礼是在大栅栏粮食店杏花村饭馆举行的。到了两桌客,有刘孟起、赵子敬等。……那天侯益隆、侯瑞春两个班里的人也去参加了。吴先生豪饮,一顿能喝五六斤黄酒。那天吴先生兴会很浓,当场度曲,把当时席上人的名字全嵌进去,立时打谱子(谱工尺)歌唱。此后,我开始向吴先生学戏。[2]

此说苗怀民《吴梅评传》用之,称"1918年夏正式拜吴梅为师,拜师礼在大栅栏杏花村饭馆举行"。

其二为民国八年春二月十八日(即1919年3月19日),来源于1940年《立言画刊》第80至83期连载的署名一得轩主所撰《名伶小史(十五):韩世昌》一文:

---

[1] 苗怀民:《吴梅评传》,南京大学出版社2012年版。
[2] 韩世昌口述、张琦翔整理:《我的昆曲艺术生活》,载《河北戏曲资料汇编(第六辑)》,第264页。

> 当君青（注：即韩世昌号）出演天乐时，聆曲者以学界占多数，京中文人学士，如蔡子民、吴瞿安、赵逸叟、顾君义、王小隐诸氏，时至园聆曲。吴瞿安为昆曲名宿，对于君青，颇为推许，而于《琴挑》一戏，尤加叹赏。君青因顾君义之介绍，得吴氏之允许，列入门墙，遂于民八春二月十八日，假座杏花村，行拜师典礼。吴首为君青改正《拷红》，次《惊艳》（排误，当为《惊梦》，王卫民在《吴梅年谱》中引注为《惊变》有误，《惊变》为韩从赵子敬后所学，从吴所学为《惊梦》）《思凡》《桃花扇》等戏……）

此说王卫民《吴梅年谱》用之，但其所引称《名伶小史（十五）：韩世昌》中的拜师日期误抄为"民八春二月廿八日"，又在换算阴阳历时有误，因此推导成"1919年4月18日（此为阴历民国八年三月十八日），昆曲演员韩世昌拜先生为师，授《拷红》《游园惊梦》《桃花扇》《吴刚修月》等戏"[1]。

两说之外，《顺天时报》1918年5月28日第5版刊有署名燕侠文《韩世昌初演拷红》，称：

> 星期六（即1918年5月25日）韩郎世昌初演新排之拷红。下午三钟后记者偕二三友人往观，是时天已阴雨，而观客绝不因之少减，楼上楼下几无插足地，后时大雨如注，冒雨至者犹络绎不绝，东楼包箱内并有美国卫西琴博士在焉。……惟该社排演此剧不过两星期且世昌平日所演皆为北曲，此剧乃北京大学教员吴君所教，系属南曲（吴君原拟为吹笛，因雨未到，临时由侯瑞春代替）。

1918年5月25日《顺天时报》广告

---

[1] 王卫民：《吴梅年谱》，载《吴梅全集·日记卷下》，河北教育出版社2002年版，第938页。

正如该剧评所述,《拷红》是韩世昌师从吴梅后新学并排演的剧目,从《顺天时报》所刊天乐园广告知,自荣庆社1月演出始,这是韩世昌第一次在《佳期》后带《拷红》,之前的演出皆仅贴《佳期》而不带《拷红》。故2016年出版的《韩世昌年谱》作者认为韩拜师的时间为剧评刊发日1918年5月28日之前,称"5月,拜吴梅为师,成为吴门弟子北方昆曲第一人"[1]。

从《顺天时报》该剧评看,韩世昌拜吴梅的时间应当在1918年,而非王卫民先生所引论之1919年,具体时间按前剧评所述"该社排演此剧不过两星期",推断应在5月11日之前,即5月25日首演《拷红》的两周前。

那么,韩世昌拜师的时间可自5月中旬上推至何时为宜,是否还能够更准确一些呢?

民国时期关于韩世昌拜师吴梅先生的记述文章,目前见者有三:一为1933年山东济南发行的由李澹素、吕怡琴主编的《梨园花絮集》中所刊《韩世昌习曲记》;二为1936年上海发行的《半月剧刊》第1卷第2期中所刊署名逊之的《韩世昌成名始末》;三为1940年《立言画刊》第80至83期连载的署名一得轩主所撰《名伶小史(十五):韩世昌》。一得轩主的《名伶小史(十五):韩世昌》最晚,多处昆弋班早期的介绍文字与前二文相似度极高,似为作者的直接袭用,如记叙荣庆社自乡间步行进京的过程:

《韩世昌成名始末》称"途路之艰,有如蜀道,火车既毁于水,车马复不通行,日夜涉水数十里,壮者扛箱,弱者执旗"[2]。

《名伶小史(十五):韩世昌》袭之称"行路之难,等于蜀道,君青辈由保定徒行北上,日夜涉水数十里,壮者扛箱,弱者擎旗"[3]。

关于介绍吴梅先生及韩世昌从吴梅与赵子敬学曲过程的部分文字:

《韩世昌习曲集》称:"吴名梅,昆山人,世善词谱,至吴尤工,家传曲书数千部,价值数万金,为全国收藏家冠,其注《顾曲麈谈》一书,尤脍炙人口。蔡

---

[1] 胡明明、张蕾、韩景林:《韩世昌年谱(1898—1976)》,北京燕山出版社2016年版,第7页。

[2] 逊之:《韩世昌成名始末》,载《半月剧刊》1936年第2期,第25页。

[3] 一得轩主:《名伶小史(十五):韩世昌》,载《立言画刊》1940年第82期。

子民长北大时,慕其名,聘为文科教授,都下昆曲名宿,如刘凤叔、刘梦起、钟秋岩、赵子敬、赵子衡、朱杏林辈,均乐与之交。刘凤叔以打谱名,赵子敬(字逸叟)制歌胜,而吴则填词、打谱、吹打唱,兼而工之。""当时吴住后门外二道街,而韩则居于大市比邻之紫竹林,距离几二十里,习戏期初为星期二、五,后改一、三、五。""迨后吴因暑假南旋,且因年老,有不再北来意,因令韩师事赵子敬(即逸叟),时赵方设馆于绒线胡同林绍和家,名流辈陈仲骞、李文苏、张季鸾、李仲吕、萧谦中辈,嗜昆成癖,时相过从,而韩因是亦进步极速。"[1]

《韩世昌成名始末》亦称:"吴瞿安者,昆山人,世善词曲,至公尤甚。藏曲书数千部,价数万金,为全国冠,其注《顾曲麈谈》一书,尤脍炙人口。蔡子民慕其名,聘为北大文科词曲教授。都下昆曲名宿刘凤叔、刘梦起、钟秋岩、赵子敬、赵士衡、朱杏林辈,均乐与之交。刘凤叔以打谱名,赵子敬(字逸叟)以调名,而瞿老则能填词、打谱,更并吹打唱,一人而能一出昆戏者,瞿老而外,有几人哉。""时吴瞿老因担任北大功课,寓居后门外之二道桥,而韩世昌则居大市比邻之紫竹林,相隔近二十里,习戏期初以星期二、五,后星期一、三、五。""迨暑假期届,吴瞿老南行,命世昌师事赵子敬,假绒线胡同林绍和宅学戏,陈仲骞、李文苏、张季鸾、李仲吕、萧谦中诸名流,嗜昆成僻,常与过从,故君青之艺,进展极速。"[2]

《名伶小史(十五):韩世昌》袭之称:"吴公瞿安,名梅,昆山人,世善词曲,至公尤工,家藏曲书数千部,价值十数万金,多绝版书籍,为全国冠,其注《顾曲麈谈》一书,尤脍炙人口。蔡子民氏主北大时,慕公名,聘为文科词曲教授。都下昆曲名宿,如刘凤叔、刘梦起、钟秋岩、赵子敬、赵子衡、朱杏林等,均乐与交游,刘凤叔以打谱名,赵子敬以歌曲称,而吴公则填词、打谱、吹打唱兼而工之。""斯时吴公寓居后门外二道桥,君青则位于大市比邻之紫竹林,距离几二十里,习戏期初定为星期二、五,后改一、二、五。""既而吴公瞿安暑假南旋,令君青师事赵逸叟(字子敬),假绒线胡同林绍和宅学戏,时与陈仲骞、李文

---

[1]《韩世昌习曲集》,载《梨园花轶集》1933年版,第29页。
[2] 逊之:《韩世昌成名始末》,载《半月剧刊》1936年第2期,第26页、第27页。

孙、张季鸾、李仲吕、萧谦和相过从,陈等均时下名流,嗜昆成癖,常相研讨。"[1]

三文叠加袭用痕迹明显,不但人名排列顺序完全一致,且错字,如吴梅"著"《顾曲麈谈》,皆误书为"注",琵琶兼昆曲名家朱杏卿(荇菁)皆误书为"朱杏林"也一致,他如赵子衡、李文荪、萧谦中亦零星有误。

然而,对于韩世昌拜师吴梅的具体时间记载,目见仅有《韩世昌成名始末》《名伶小史(十五):韩世昌》二文,二文分歧也出现在时间上:

《韩世昌成名始末》记"遂于十二月十八日(按上下文当为民国七年,文中所记日期惯例为农历),假韩家潭之杏花村,行拜归礼,昆票及陶显亭辈,均与焉"[2]。

而《名伶小史(十五):韩世昌》则称"遂于民国八春二月十八日(按文意为农历),假座杏花村,行拜师典礼"[3]。

据《顺天时报》1918年5月28日所刊《韩世昌初演拷红》剧评,不管《韩世昌成名始末》所记之1919年1月19日(即民国七年十二月十八日)还是《名伶小史(十五):韩世昌》所记之1919年2月18日,时间都远远晚于韩世昌首演学自吴梅先生的《拷红》,而可见二文中所记韩世昌拜师日期皆不实。《韩世昌成名始末》一文中,对韩世昌拜师吴梅后首演《拷红》又有相对准确的时间记录,称"于四月初旬演唱,大雨倾盆,座客四百余,此为世昌到故都后排演新戏之第一出也",虽日期不特别精确(应为农历四月中旬的十六日,即5月25日),但天气大雨与《顺天时报》剧评所载尽符,以此日期倒推其载韩世昌拜师日期,则十二月十八日所属的年份应为民国六年(即1918年1月30日),但此时距荣庆社出演北京仅十几天,断无可能在如此短的时间内即有拜师事。

但是,我们注意到,《韩世昌成名始末》对于韩拜师一事尚有若干细节记述:

---

[1] 一得轩主:《名伶小史(十五):韩世昌》,载《立言画刊》1940年。

[2] 逊之:《韩世昌成名始末》,载《半月剧刊》1936年第2期,第26页。

[3] 一得轩主:《名伶小史(十五):韩世昌》,载《立言画刊》1940年第81期。

遂于十二月十八日（按上下文当为民国七年，文中所记日期惯例为农历），假韩家潭之杏花村，行拜师礼，昆票及陶显亭辈，均与焉。是日，世昌演《琴挑》，大轴为《黑驴告状》。世昌先至，瞿老不受礼，一揖而罢。座客中之戴贵族眼镜者，或卑韩之衣冠不丽都，不善应酬，而瞿老反喜其诚仆。……席间各歌一曲，首先改正《思凡》，系南曲不应唱出乙字、凡字。即席赠世昌词一首，随谱而随唱之，举座惊服，尽欢而散。先生【醉扶归】（曲名）矣，惜词已不忆，否则，又添一番佳话也。[1]

《顺天时报》1918年3月29日广告

与该文首演《拷红》的记录相印证，可见该作者于日期之记录常有含糊，但于事件过程却往往准确。

按文中所载，韩世昌拜师当日尚曾演出《琴挑》，且当日的大轴戏为《黑驴告状》。检《顺天日报》所刊1918年1月13日至5月25日的天乐园广告，韩世昌的《琴挑》与陶显庭主演的《黑驴告状》仅有两天：3月5日与3月29日。而3月29日为农历二月十七日，与二月十八相差仅一日，综合上述二文所记"十二月十八日""民八春二月十八日"，笔者大胆推测，韩世昌之拜师即发生于民国七年三月底，十二月极可能为二月之笔误，而民八春二月十八日则为民七春之记误。

自韩世昌拜师吴梅起，吴梅先生首先为其排演的戏为《拷红》。《拷红》出自《西厢记》，述莺莺之母老夫人怀疑莺莺与张生有苟且事，故审问拷打红娘，可在《佳期》后与之连演。该剧演唱曲牌不多，红娘仅【桂枝香】一曲，以韵白为主。按《韩世昌成名始末》所记，"首习拷红，【折桂香】（此应为【桂枝香】）一折，以不谙言语，倩伴读者译之，月余始竟"[2]，可见来自河北乡间的韩世

---

[1] 逊之：《韩世昌成名始末》，载《半月剧刊》1936年第2期，第26页。

[2] 逊之：《韩世昌成名始末》，载《半月剧刊》1936年第2期，第26页。

与来自吴地的吴梅先生在初期学习时,因与吴先生的南方吴语沟通有障碍,初期学习并不顺畅,因此进度不快,不仅唱曲的字音需要重新归置,韵白字音更需要从以往的河北方言倾向向标准昆曲语音转变,作为一名文化程度低的伶人,难度颇高,从学习唱念到敷演身段再到与其他艺人一起排演,非一两月不成。由5月底演出向上推一二月,三月底拜师一说变得颇为合理。

综之,关于韩世昌1918年3月底拜师吴梅先生之推断,可聊备为一说。

## 三、韩世昌之从学吴梅考述

吴梅先生自1917年秋任教北大,至1922年方举家南归,在京五年(假期除外),而韩世昌自1918年春拜吴梅先生为师后,数年间向吴先生学习的戏可考者仅《拷红》《惊梦》(订正)、《寄扇》、《吴刚修月》寥寥数出,其中学习《吴刚修月》的时间已到了吴梅先生离开北京的1922年。所学不多的原因固然有吴梅先生课业、酬酢繁忙以及韩世昌本人亦为生计多地奔波的原因,另外也有韩世昌随后拜师赵子敬的缘故。

韩世昌在1918年春拜师吴梅先生后,趁热打铁,首先扎实地向其学习了《拷红》一剧。学戏通常由顾君义联系,先与吴先生定好时间,然后电话告韩。时吴梅先生住在东板桥的二道桥胡同,而韩世昌住在东珠市南大市附近的紫竹林,两相距离十一二里(由地图实测可知,前三文所袭二十里有夸大之嫌),但韩世昌每日要在鲜鱼口天乐园演出,演出完毕后回紫竹林吃饭(大约二里),饭后七八点方能去吴梅先生处上课,课毕后十一二点,再走回寓所往

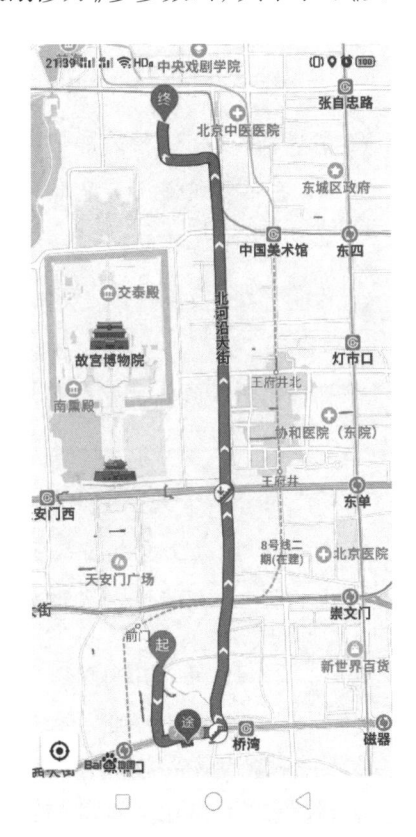

往要一两点后[1],加之此时韩世昌戏份不多,所赚亦薄,为省钱只得步行来往,往返相加则有近三十里,十分辛苦,吴梅先生对待这个年青艺人的好学上进也相当感动,知其每次徒步来往辛苦,曾主动助其车资。

《韩世昌成名始末》记述此段经历颇详:

> 园毕欲归膳,则往返徒劳十里,否则,食资无着也。盖韩戏份极微,不到一季,不得增包银也。偶共一饭,班衣或揶揄之,"晚间无饭局乎",世昌弗与较也。每值课期,偕瑞春少食,步行至瞿老所。……夜归恒在子夜后,吴怜之,助以车资,三推而受,储之以备下期馔费。抵寓,阍者时伪睡不纳,常坐门外以待旦,如是者四阅月。事后溯及,常为泪下。[2]

《韩世昌习曲集》亦述之道:

> 韩是时出演天乐园,所入之资甚微,只可安步当车,于习戏之日,每于戏散之后,顿趋吴寓学戏,及返家时在子刻以后,往返数十里,虽极疲倦,亦不敢或懈。吴见其状,喜其勤而悯其遇,且是时任北大教授,俸金颇丰,故时加资助,而韩感吴之心益甚,故吴之对韩,不但师之如徒,几若父之于子,韩之事吴,亦若子之于父也。[3]

韩世昌本人晚年回忆此段学戏艰辛,亦多伤感道:

> 有一次去吴家学曲子,同去的有刘步堂、侯先生(指侯瑞春)。到夜十一点时,天上打起雷来了,我们就告辞走了。到了沙滩,天色已经要下雨的样子,刘步堂约我们到北大宿舍,我们没去,刘步堂送了我们一段,

---

[1] 长弓生:《梅兰芳与韩世昌》,载《顺天时报》1918年4月19日,第5版。

[2] 逊之:《韩世昌成名始末》,载《半月剧刊》1936年第2期,第26页。

[3] 《韩世昌习曲集》,载《梨园花轶集》1933版。

就回去了。当我们走到南池子时,瓢泼大雨倾泻下来,我们往前走,走不了。找避雨地方又没有,在墙边蹲了好大一会儿。我那里年轻,想起学戏这么难,已经夜深一两点了,别人早就睡入梦乡,而我却在雨夜中漂泊受罪,于是禁不住哭了。侯先生见我哭了,也很伤感。

学戏过程纵然辛苦,然《拷红》一剧学毕奏之氍毹后,韩世昌因之声名大盛,在荣庆社入京演出不到半年内,便由一名不见经传的年青旦角,俨然成为荣庆社的台柱之一,评论界仿迷梅兰芳之风称为"梅毒",称此迷韩之风为"伤寒病"(亦有称为"寒热症"),甚至有将其昆曲与梅兰芳相比更好的剧评[1],北京教育界、文化界名人纷至观剧,故又有蔡元培"宁捧昆,勿捧坤"之趣闻。《拷红》一剧现有1957年韩世昌与魏庆林、马祥麟、白云生的录音存世,听是剧,韩唱曲与念白之口风,皆一派南昆风范,与魏庆林、白云生等浓厚的京南方音启口收韵形成明显对比,实为得吴梅先生亲授之缘故。

韩世昌拜吴梅先生为师后,紧接着又得拜赵子敬先生为师。韩世昌拜赵子敬先生为师的详细时间未见诸文献,但据上述三文所述,似于1918年夏北京大学放暑假前,吴梅先生即将南返,故推荐韩世昌向赵子敬学习。此外,亦有刘步堂为中间人之说,称"吴人赵子敬,夙潜心昆曲,浪迹至京,与步堂深相契合。步堂复为言于世昌,介绍从而师事"[2]。

赵子敬先生1915年受袁寒云邀入京,在北洋政府国务院统计局任主事,1917年又应蔡元培和吴梅邀,在北京大学为学生拍曲。1918年夏吴梅南返度假前,推荐韩世昌向赵子敬学戏,时赵子敬先生住在绒线胡同林绍和家,侯瑞春为方便韩世昌学习,秋间便搬到打磨厂德泰皮店,并将赵子敬先生也接来同住,直到赵子敬逝世。赵子敬对韩世昌这个学生显然十分满意,尽心尽力培养,从1918年到1924年,不但对韩旧学《思凡》《佳期》《琴挑》《学堂》

---

[1] 大都:《韩世昌成功史》,王卫民摘自吴梅藏书《朝野新声太平乐府》。王卫民:《吴梅先生与北方昆剧》,载《艺术百家》1994年第3期,第57页。

[2] 吴新雷主编:《中国昆剧大辞典》,南京大学出版社2002年版,第419页。

《游园惊梦》一一加以订正，还新教了若干出戏，新学剧目按韩世昌晚年自述有《折柳》《阳关》《扫花》《三醉》《跪池》《三怕》《痴梦》《庵会》《借扇》《送京娘》《翡翠园》等。

在韩世昌同时向吴梅、赵子敬二位先生学戏过程中，也出现过一些不合谐音，问题主要出在二位老师对相同剧目的不同教授上。如《韩世昌成名始末》中曾载有一桩关于演出《游园惊梦》的公案：

> 惟此剧中，有"你可曾吩咐花郎扫除花径么"一句，吴瞿老于其出台前告以不当有"么"字，因"可曾"即问口气，不必画蛇添足，但赵子敬则坚持有"么"字。韩出台，竟从赵语，唱有"么"字，吴瞿老忿然，不终剧而去，此后吴韩过从渐疏。[1]

笔者亦曾听北京北方昆弋研究家朱复先生转述韩世昌晚年亲自谈起关于《游园惊梦》的另一桩公案，即《游园》【步步娇】中有"迤逗的彩云偏"句，关于"迤"字的字音，吴梅先生主张唱作"移"，而赵子敬先生主张唱作"拖"，二位先生同为韩世昌订正该剧时，传授了两种唱法，令韩世昌十分为难，于是他只得在演出时，视二位先生在座情况来选择字音，若吴梅先生在座，则唱"移"，若赵子敬先生在座，则唱"拖"，偶尔有二位先生同座观是剧的尴尬情形，韩世昌自云"我便一转身含糊过去"。

论此字音，赵子敬先生依传统唱法作"拖"自然正确，如尚小云上世纪二三十年代曾有唱片歌是曲，便作"拖"音，而吴梅先生亦是循《韵学骊珠》所载，且与江南曲圣俞粟庐先生进行商讨后改作"移"音，亦无误处。二位先生作为文人的自负，在同时教授韩世昌时，难免出现相互冲突处，也许这就是后期吴梅先生不再教授韩世昌常演剧目，而改教《寄扇》《吴刚修月》这类冷僻戏出的原因吧。

1922年吴梅先生应南京东南大学聘南返，时正值韩世昌与侯益隆共同学

---

[1] 逊之：《韩世昌成名始末》，载《半月剧刊》1936年第2期，第26页。

《吴刚修月》,未竟则吴梅先生已走,临走前,吴梅先生为韩世昌写了《桃花扇》的《访翠》《眠香》《却奁》《守庐》《寄扇》等曲本相赠。

自1922年吴韩师生一别,再见时已至1936年底。彼时韩世昌、白云生率祥庆昆弋社自天津、济南南下经开封、汉口、长沙转来南京演出一月,越明年自浙江回南京又演月余,此时吴梅先生正任教于国立中央大学和金陵大学,师生得以重聚,其间之活动可列如下:

1936年12月14日,由汉口甫至南京的韩世昌便首先与白云生前来拜晤吴师,吴梅先生感叹时光荏苒,道"韩伶世昌来,为余北京时拜门弟子,不见十余年,已非苕秀颖发之状"。

12月15日,韩世昌偕白云生再访吴梅先生,白云生提出拜师请求,吴梅先生慨允,晚间携韩白同赴公余联欢社活动。

时值"西安事变"刚刚发生,时局正处混乱时,韩白亦为票房发愁,为了帮助自己的学生,吴梅先生可谓倾力谋划。

12月16日,吴梅先生在老万全菜馆宴新闻界郭冷厂、张恨水、徐炎之夫妇、红豆馆主溥侗、刘孟起作陪,专为商讨祥庆社演出的宣传事项,商定以吴梅及二人名义发请柬约请报界人士。

12月17日,吴梅先生再次在老万全宴请文艺、戏剧、新闻界共16人,为祥庆社19日在南京大戏院的首演举行新闻发布会,张恨水主持报告,商定演出当日刊出《铁冠图》特刊。

12月18日,吴梅先生为韩白二人作两幅楹联,一集《还魂》(即《牡丹亭》)云:风月暗销磨,见水阁摧残,画船抛躲;举止都停当,爱人全风韵,花有根斜。一自作云:燕市筑声稀,问十里莺花,都成尘迹;秦淮酒家近,仗一樽鸡黍,重整歌喉。又作绝句二首:"春城二月夕阳迟,每感当筵竹肉丝。今日重逢成一笑,江南不是落花时。""曾掐檀槽教小伶,吾才那及牡丹亭。君家倘演湘真阁,阑夜还当侧耳听。"二诗寄往《南京晚报》于次日刊发。

12月19日,祥庆社首演于南京大戏院,吴梅先生携夫人与汪旭初、翟贞元同往观,是晚祥庆社演《铁冠图》。

12月17至20日,《朝报》《南京晚报》连续数日刊登吴梅招宴为祥庆社作宣传事。

12月21日，吴梅先生继续前往观剧，在日记中道："《搜山》《打车》较苏班为佳，《絮阁》《惊变》亦可，惟《埋玉》则不合，且又未完，明日二生来，当一问之。"

由于西安事变的影响，南京政府决定自22至24日全市停止娱乐三日，祥庆社演出停止，韩白二人遂往吴梅先生家学戏。

12月22日，白云生至吴梅先生家学《玩笺》，韩世昌后至并留饭。

12月24日，白云生学《西楼记·错梦》，韩世昌学《桃花扇·寄扇》。关于《寄扇》一出，韩世昌早年拜师吴梅后或曾得授，但恐多年未唱之缘故俱已忘记。

12月25日，吴梅先生携夫人及学生再次观剧，对饰演《通天犀》《狮吼记》演员品评颇佳。

12月26日，韩白二人至吴梅先生家学曲，白云生《错梦》学完，而韩世昌的《寄扇》才到第三支，吴先生叹曰"恐难毕事"。

12月28日，吴梅先生前往观剧，并约韩白二人前往其北大旧学生陈剑修母七十寿诞中演唱。

12月29日，吴梅先生颇为奔波忙碌，上午韩白来学曲，下午金陵大学课完，先至陈剑修处祝寿，后赴如社参加聚会，席间陈剑修又来请，于是复至陈宅听白云生唱【石榴花】一支及韩白《西厢记》（至《长亭送别》），再返如社。是日，由于韩白二人皆不在祥庆社，故当晚演出的戏码均以武戏为主。

12月31日，白云生至吴梅先生家学《题画》三支。

1937年元月2日，吴梅先生携家人一起往观韩白《狮吼记》，日记记道"比苏班多《春游》一折"。

元月3日，白云生至吴梅先生家学曲。

元月7日，白云生至吴梅先生家学曲，《题画》学完，又学《偷曲》二支，为拍十四遍。

元月9日，上午韩世昌至吴梅先生家学曲，傍晚白云生来念《偷曲》数遍。此时祥庆社演期已满，褚民谊约为饯行，而吴梅先生为二人新作诗二首："不唱怀宁燕子笺,知君心薄石巢园。登场一观惊鸿影,虎口余生旧铁冠。""冬郎旧稿香奁在,兰谷新辞天籁鸣。漫道西昆无俊赏,万人空巷看双卿。"

元月 10 日,中午陈仲骞约为韩白二人饯行,吴梅、程龙骧、徐炎之、姚传芗等在座。晚间,祥庆社最后一天演出了《三战吕布》《弹词》《嫁妹》《赠剑联姻》,演出完毕,褚民谊与公余联欢社为韩白饯行。

这次祥庆社的演出,在吴梅先生的精心安排和大力宣传下,南京公余联欢社及军政、社会名流中喜好昆曲者皆前往捧场,南京评论界好评如云,中央电台亦约请韩白到台播唱《长生殿》[1],虽然其间经历了因西安事变而导致的停演事件,但祥庆社在南京的演出成绩总体还是相当不错的[2],不但约期十日满后又与剧场续约五日,且有上海、芜湖、南昌、苏州等地闻名来约[3]。

1937 年 6 月,韩世昌率祥庆社由浙江重返南京。

6 月 9 日,陈仲骞携韩世昌、白云生再访吴梅先生,此时吴梅先生正谱就《桃花扇》的《投辕》一折,以谱示之。韩世昌年轻时便有排《桃花扇》的意愿,当时因余碧云已排皮黄该剧,遂作罢。《桃花扇》一剧韩白兴趣极大,前次来南京前在湖南长沙演出时,便应湖南大学中文系青年会的邀请,于 1936 年 11 月 1 日演出专场,由魏庆林、白云生演出了《桃花扇》的《争座》和《和战》两出,上次韩世昌又向吴梅先生学习了《寄扇》,此次恰逢吴先生正谱《桃花扇》诸折,于是趁热请求吴先生多谱几折。吴梅先生于是费数日为他们谱了《听稗》《抚兵》,加上《投辕》共计三折。

6 月 15 日,南京报界黄甘草、顾蔗园为宣传韩白,约与吴梅先生一起在老万全菜馆聚宴,席间白云生唱《桃花扇·哭主》一折,韩世昌唱《寄扇》【胜如花】,在秦淮江畔歌《桃花扇》,可谓本地风光,令众人感慨不已。

6 月 17 日,吴梅先生重订《抚兵》的【石榴花】谱,又为白云生指正《哭主》《亭会》二折,其四子吴南青为之按拍。

---

[1] 韩世昌播音,载《新中华报》1936 年 12 月 30 日,第 2 版
[2] 蔗园:《介绍白云生》,载《朝报》1937 年 1 月 9 日,第 11 版
[3] 凌波:《韩世昌在京续约五天》,载《戏世界》1936 年 12 月 25 日,第 2 版

6月18日,将《抚兵》《投辕》二折交白云生。

韩世昌在南京的两次演出,前次受"西安事变"之累,后次更遭遇"七七事变",演至7月13日,班中各人思返,于是辞京北返,此一去,与吴梅先生成为永别。

昆剧之衰弱,至民国达到谷底,幸赖北方的昆弋班社与南方的昆剧传习所得留一脉,韩世昌作为北方昆弋的主要代表人物之一,从其随荣庆昆弋社进京演出时名不见经传的年轻艺人,成长为有"昆曲大王"之誉的一代昆剧名伶,其演艺人生中的第一个重大转折点,即是拜师吴梅先生。昆剧之兴时,文人士大夫既是欣赏者又是参与者,及昆曲之衰时,文人则成为重要的扶持者和传继者。吴梅先生不仅是近代重要的曲学研究大家,也是身体力行的扶助者。韩世昌由从学吴梅先生始,得以有机会接触江南正宗昆曲的唱念及表演风范,因而能够快速地适应北京昆曲观众的口味与审美倾向,而吴瞿安弟子的头衔更成为韩世昌演艺生涯中的无形资产,令其能够持久地在北方城市中立身,甚至被誉为衰微的民国昆剧界最有号召力的中兴力量,最终成为了民国北方昆剧界最为知名的昆剧名家。

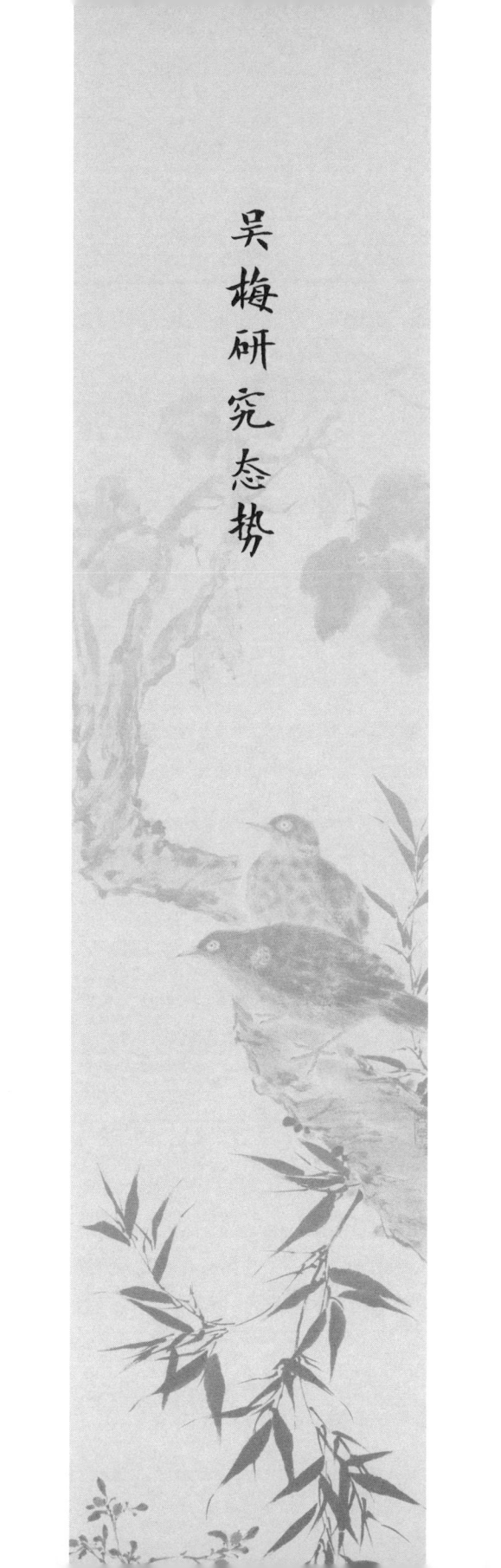

吴梅研究态势

# 曲学大成　后世师表

## ——吴梅研究态势散议

朱宗明

### 一、资料论著

我的曾外祖父吴梅（1884—1939），字瞿安，一字灵鹣，晚号霜崖，别署臞庵、癯盦、崖叟、甫飞、呆道人等。祖籍江苏长洲（今属苏州市吴中区）。他一生主要从事于戏曲研究、创作和教学工作，同时在戏曲的其他方面作出了突出贡献。

1. 制曲方面：他一生共创作了十四个剧本，为当时人们最推崇的一位传奇杂剧作家。

2. 曲律研究方面：他继承王骥德、李渔等前人的研究成果，结合自己的艺术实践，全面而系统地论证了制、谱、唱、演的艺术规律，为曲之成学奠定了基础。

3. 曲史研究方面：他上自宋元，下至明清，通盘考察了中国戏曲的发展、变化、流变，并对历代作家作品加以评价，被当时誉为与王国维齐名的曲史大家。

4. 藏曲方面：他南北搜索，晨抄冥写，收集了大量孤本珍本，为当时首屈一指的藏曲大家。

5. 校曲方面：他校订曲本一百五十余种，选择之精，校订之善，远胜于明代臧晋叔和毛晋的《六十种曲》。

6. 谱曲方面：他为许多传奇杂剧打了声情并茂、宜唱美听的歌谱，使一些案头名剧在舞台焕发青春，为当时的谱曲大家。

7. 唱曲方面：他继承昆曲正规，言传身教，带动并培养了一批昆曲演员和业余爱好者，为昆曲的振兴贡献了毕生力量。

8. 教学方面：他率先把戏曲搬到大学讲堂，南北任教二十多年，编著《中国戏曲概论》《元剧研究》《古今名剧选》《曲选》《元剧方言释略》，培养了一大批词曲专家，有力地推动了古代戏曲研究和教学工作。墙列门下的第一代直系学生有王玉章（1895—1969）、任中敏（1897—1991）、韩世昌（1898—1976）、朱自清（1898—1948）、钱南扬（1899—1987）、俞平伯（1900—1990）、唐圭璋（1901—1990）、白云生（1902—1972）、卢前（1905—1951）、王季思（1906—1996）、万云骏（1910—1994）、吴南青（1910—1970）、汪经昌（1913—1985）、李一平（1904—1991）等。

9. 词学研究和创作方面：他对诗、词、散文的研究也颇具深度，只是为曲学领域的成就所掩盖。编著了《词学通论》《辽金元文学史》，此外，还创作了大量散论、书牍、序跋等，功力深厚，是一位著名的词学专家。

10. 书画鉴赏方面：词曲研究教学之余，雅集文人书画家以文会友，诗酒唱和、书画遣兴与文艺品鉴，诗文书画歌颂不绝，更是引为历代艺坛佳话。鉴赏海上一贯轩所藏的上自宋元，下及近代书画，所诗词咏画的作品大多为传世珍品，著跋《霜崖读画录》诗词共包括二十三题、五十七首。在王卫民编的《吴梅全集·日记卷》中从1917年至1937年的十年间吴梅自撰的日记里，较为详细地记载有与书画名宿的书画鉴赏、诗词题跋以及自己购藏明清名家书画的事例，仅鸿林一志。

20世纪80年代以来，学界人士继续重视对吴梅先生原始资料的发掘整理，进入2000年以后，吴梅研究的资料更是取得了丰硕成果。2002年7月，河北教育出版社出版了王卫民编的《吴梅全集》，共八册，分为作品卷、理论卷、南北词简谱卷、日记卷，可以说对当时可见的吴梅著作收罗已尽。作品卷收录了《霜崖诗录》《霜崖词录》《霜崖曲录》《霜崖读画录》《霜崖三剧》及散见于各种出版物上的其他戏曲作品。理论卷收录了《顾曲麈谈》《曲学通论》

《中国戏曲概论》《元剧研究》《词学通论》《辽金元文学史》，以及校勘记、读曲记、序跋、书牍、曲话、笔记、书目等，吴梅撰述的有关戏曲、散曲、诗词等方面的论著和发表过的零星意见，无论巨细，全部集合。吴梅先生精于南北曲，既能制曲、谱曲，也能度曲、演曲，他以自己的经验来检核前人的成果，作成《南北词简谱》。日记卷收录了吴梅在南京中央大学任教期间（1931年10月11日—1937年7月7日）的生活内容，生活内容与国家命运紧紧相连，还收录了《百嘉室遗嘱》，这是吴梅先生卧病云南大姚李旗屯，生命垂危时亲自写下的遗言。由于研究范围的拓展，对于吴梅研究已经不仅仅停留在生平思想、戏曲理论等方面，而是向纵深发展，开拓了许多新的研究领域，诸如教育、生平轶事等方面。

2012年南京大学出版社出版了苗怀明著《吴梅评传》；苗怀明专著《江苏历代文化名人传——吴梅》编入由娄勤俭、吴政隆总主编的"江苏文脉整理与研究工程——江苏文库研究编"丛书，2019年江苏人民出版社出版。该书是继王卫民的《曲学大师，后世师表——吴梅评传》之后又一本记述吴梅先生生平学术的著作，并且较为详细地附录了从2011年至2019年期间的《吴梅研究资料目录》，有助于后来者对吴梅先生更加全面、深入的了解和研究，必将成为吴梅研究的学术热点高潮。

2005年解玉峰著作的《独步一时的曲学大师：吴梅先生的生平与学术》编入张宪文主编的《民国南京学术人物传》，由南京大学出版社出版。

2010年11月，《东南大学学报（哲学社会科学版）》发表了吴新雷的《吴梅〈词余选〉探考》。《词余选》是吴梅在北京大学任教时配合《词余讲义》而编发的作品教材，内容是元明散曲选讲。北大图书馆没有收藏，在各种传记及书目里也从未提及，该书是被吴梅本人以及当年的众多学生所遗忘的教材，今从南京大学图书馆所藏胡小石教授遗存的图籍中发现了此书，可以说是为曲学大师吴梅先生的研究提供了一份宝贵的新资料。

2021年3月，由王宁、黄金龙、杨由之等学者共同发起的微信公众号"蓁溪曲学"，旨在"传承吴梅曲学，彰显戏曲魅力"，至今共刊发了27篇原创学术论文。王宁主编在公众号发刊词《曾是千里传笙歌，天下戏曲半吴门》中重点描述了一段佳话："民国十年左右,苏州两位著名曲家(吴梅先生和俞粟庐先生)在葑门黄天荡船上,有过一次曲学辩论,这件事却不为一般人所知。"有意思的是,两位曲家各执一端,各扬其长:粟老长处在场上,所以强调换气行腔;吴梅先生的长处在文学,所以能由情及声。对于苏州戏曲和曲学之兴盛,我曾总结:"天下戏曲半吴门。"这句话其实可以从三个方面理解,一是"天下优伶半苏州",近处有金陵,远处即使是在吴三桂府中,很多昆曲演员都来自苏州。二是"天下曲学半苏州",如果你留意一下明清时期很多曲家的籍贯,会发现很多人都是苏州人。三是"天下曲学半吴梅之门",当今很多戏曲学者,其实都是吴梅先生的门人。近代吴梅先生的曲学和戏曲研究,至今仍滋养着中国学界。

## 二、文学创作

在 2000 年以前,对于吴梅戏曲文学创作(包括曲、杂剧、传奇等)的研究已取得了前所未有的成果,遗憾的是,研究者对吴梅的诗词文极不重视,致使这方面的研究留下了大片空白。进入 2000 年以后,研究者们开始重视吴梅诗词方面的成就并填补了吴梅创作研究的空白。

2005 年 1 月,《北京大学学报(哲学社会科学版)》发表了陈平原撰写的《不该被遗忘的"文学史"——关于法兰西学院汉学研究所藏吴梅〈中国文学史〉》,为世人呈现出吴梅在北大讲学时编撰的三册《中国文学史》讲义,从讲义中可以看出吴梅本人的学术追求,这为更全面的研究吴梅提供了新的线索和信息。

2006 年,严迪昌的论文《吴瞿安先生的词与词学观》被收录在华东师范大学出版社出版的《词学》第 16 辑。2009 年 7 月《苏州大学学报(哲学社会科学版)》发表了薛玉坤的《吴梅与清季民初词坛宗尚关系发微》,认为吴梅早年即亲炙朱祖谋,汇校梦窗词的举动、对梦窗词的体认,以及以苏辛救梦窗词晦涩密丽之弊的主张,无不与清季民初词坛宗尚气韵相通。其沉郁悲壮、雄奇缜密的词风,亦即由此化出。且其长期执教南北上庠,民国诸多词家与学者多出其门,故吴梅在近现代词史中光前裕后的地位不可忽视。

赵筠的《格律精严 风格沉郁——吴梅咏史怀古散曲赏析》专门赏析了吴梅散曲中的登临怀古、咏怀言志之作,指出其散曲格律精严、风格沉郁,浸透着作者丰厚的曲学素养以及深沉的人文情怀。《东吴学术》2013年第4期发表了侯敏的《吴梅、唐文治的大学校歌创作及其人文精神》,专门分析了吴梅所创校歌的歌词意境和形式。

2017年,《泰山学院学报》发表了仇俊超的《吴梅的金元词研究》,论文重点介绍了吴梅对金元词的研究涉及金元词选、金元词史、金元词批评,范围较广。他从曲学角度出发,结合词人的身份对金元词进行研究,较同时期的金元词研究者更为细致深入。吴梅不仅在民国金元词的研究中占有重要地位,也对现代金元词研究产生重要影响。对吴梅的金元词研究进行分析有助于我们更加全面深入地了解吴梅的词学研究成就。

2017年,云南师范大学马艳玲的硕士论文《吴梅词学考论》,以吴梅词学交游、创作、版本批评和词学理论为研究中心,具体剖析了吴梅词学的诸多方面,较为详细地描述了在吴梅词学的教学、集社等词学活动的谆谆教诲和耳提面命的真挚,培养了诸如唐圭璋、沈祖棻、卢前等推动现代词学研究走向鼎盛的大家,对吴梅的研究更加全面丰满。

## 三、戏曲理论

2000年以前,吴梅研究的重点和热点在于戏曲理论方面,这方面的文章占全部发表文章的近一半,专著中有关吴梅的章节也重点谈其曲论,不少谈吴梅生平及创作的文章也涉及其曲论。吴梅戏曲理论研究已非常全面。进入2000年以后,吴梅戏曲理论研究走向深入。

2004年,解玉峰《吴瞿安先生和20世纪的中国戏剧研究》发表于《南京大学学报》第1期;同年11月,《东南大学学报(哲学社会科学版)》发表了吴新雷的《关于吴梅的昆曲论著及其演唱实践——为纪念曲学大师吴梅先生诞辰120周年而作》,该文通过对吴梅生平与教学经历、吴梅的昆曲论著、吴梅演唱实践的突出贡献及深远影响三方面内容论述了吴梅对昆曲学科的贡献。他能创作、能鉴赏、能评论、能研究，全方位地建立了昆剧学的体系。

2009年，谢柏梁的论文《吴梅、王起与北京昆曲》刊发《戏曲艺术》第2期。2012年3月，《广州大学学报（社会科学版）》发表了苗怀明的《吴梅剧作四论》，认为通过吴梅的政类剧作、婚恋类剧作、轶事类剧作可看出他的一些艺术观念和创作特点，即采用传统剧曲样式，讲究音律的规范与和谐。

2013年3月，《海南师范大学学报（社会科学版）》发表了李占鹏的《吴梅：曲学批评学的倾心探究与竭力推进》，认为吴梅为后世留下了内容非常丰富的曲学批评论著。吴梅曲学批评学的时代从两宋开始一直至清末、民国初期，时间跨度长，涉及形态广，视野开阔，方式多样，呈现出不拘一格的多维向度，使中国古代曲学批评学或零碎单一或感性随意的散漫状态获得了前所未有的改变。

2005年，春风文艺出版社出版《20世纪前期昆曲研究》。此书主要论述了20世纪前50年昆曲活动以及理论研究的情况，注重探讨昆曲的艺术形式、审美价值和吴梅等名家的曲学成就。

2000年5月，上海古籍出版社出版由江巨荣导读的《顾曲麈谈》《中国戏曲概论》。江巨荣在导读文中指出："吴梅以深厚的传统曲学、戏剧学知识为根基，集度曲、制曲、藏曲、教曲、演戏于一身，发挥他独特的知韵守律、审音度曲、创作表演的特长，继往开来，对传统曲学的曲的本体论、创作论和中国戏剧史作了深入的研究，并在明清戏剧史的研究做了许多开创性的工作，奠定了明清戏剧研究的基础，是一位博学的曲学家和戏剧史家。吴梅曲学研究的重点分两个方面：一是以考述曲的特性、构成、演唱为中心的戏曲本体论，二是描述宋金元直至明清时期，包括散曲、戏曲在内的'曲'的发展史。前者有《曲学通论》《顾曲麈谈》诸作，而以《顾曲麈谈》为代表；后者除《中国戏曲概论》以外，还有《元剧研究》以及《曲海目疏证》《瞿安读曲记》等成果，却以《中国戏曲概论》最为完整，并代表着他剧史研究的最高成就。两书虽有分工，各有侧重，但彼此互有关联，相互渗透，故这里选取的两部论著，一横一纵，大致反映了吴梅曲论、剧史论的面貌。"再次传扬吴梅先生的曲学研究的学术价值。

2021年4月,微信公众号"葑溪曲学"摘选了《吴梅全集·理论卷上》中的《中国戏曲概论·明总论》。吴梅的作家评价和剧史论有着精到的见解,从文词和思想内容两个方面较为科学地品评作品。明总论中,依据杂剧结构的长短、南曲的应用、唱角的增多、曲词风格的变化等方面,简明比较总结了元、明杂剧的差异、体制的演变和发展。这都是杂剧流变过程。在传奇的论述中,他将明传奇分为开国初的南剧、海盐腔的出现、昆山腔的繁盛等阶段。在昆山腔传奇中,依据文辞和格律,分出以沈璟为首的吴江派,以汤显祖为首的临川派,以梁辰鱼为代表的昆山派,并概括出他们的特点。这不仅为后人画出了八百年剧史发展的脉络,还总结了许多重要的规律,值得我们借鉴。

近代剧史研究虽然以王国维为肇始,但是吴梅先生所著的《中国戏曲概论》则标志着我国第一部比较完整的、以戏剧成熟期为重点的戏曲史的出现。一般认为,中国戏剧成熟于金元,到明清而发展,并取得新的辉煌。因此之故,只有一部比较完整的、重在反应戏剧成熟期的戏曲史才能反映我国戏曲的成就和全貌。吴梅的戏曲史恰满足了这一需要。它的出现,奠定了元明清戏剧史的基础。故无论卢前的《明清戏曲史》、青木正儿的《中国近世戏曲史》等明清戏史之作受到他的影响,连后来的戏曲、散曲通史也受到他的启发。

2007年复旦大学袁玉冰的硕士论文《吴梅、王季烈曲学研究比较》,2010年6月内蒙古大学闫敏的硕士论文《戏剧发展困境中的理论探索:吴梅与苏珊·朗格戏剧理论比较研究》,2005年山东大学胡庆龄的博士论文《吴梅戏剧美学思想研究》(江西人民出版社2009年出版)2010年9月《东岳论丛》发表的胡庆龄论文《论吴梅对中国近代戏剧美学的贡献》,为吴梅研究开辟了新的途径。

## 四、生平轶事

吴梅生平思想研究的文章在2000年以前占全部吴梅研究文章的一半以上,数量着实可观。进入2000年后,研究者对于吴梅生平思想的研究转向了生平轶事，这样对吴梅的认识就变得更为全面鲜活，对于研究理解吴梅的学术思想具有巨大的辅助作用。

2004年钱仁康的《缅怀曲学大师吴梅先生》是在吴梅先生诞生120周年之际对其生平事迹和学术成就的缅怀。2002年甘兰经的论文《吴梅》载入柳无忌、殷安如主编的《南社人物传》。同年8月张舫澜在《南京理工大学学报》（社会科学版）上发表的《南社巨子曲坛泰斗——论吴梅先生的革命生涯与创作活动》阐述了吴梅从事创作活动的主要历程和相关事迹，肯定了其作品中的进步思想和其本人的爱国主义精神。

2012年第2期《群文天地》发表了郭子的《曲家吴梅的呆与狂》，对吴梅在生活和学术方面所表现出的"呆狂"进行了论述，也正是吴梅的这份"呆狂"使他登上了曲学大师的宝座。淮茗的《曲学大师吴梅的中原之行》分析了吴梅的开封之行本是为解决家庭困境，但却最终对其研习曲学产生了重要的推动作用。

2013年第3期《钟山风雨》发表了南雁的《曲学大师吴梅轶事》，该文通过吴梅的上课特色、唱曲所得雅号、婉拒权贵、所用斋号、藏曲等生活琐事，表现了一代曲学大师是如何炼成的。

2004年3月，郑志良在《南京师范大学文学院学报》上发表了《吴梅与黄侃失和事实考论》；2010年5月，尹奇岭在《人物》上发表了《吴梅黄侃失和考》等等。这类文章于2000年后篇目增多，这不仅是对逝者的纪念，更是更全面地认识大师的文字。

## 五、教育意义

随着研究的深入，进入2000年以来，研究者们开始探寻吴梅在教育方面的贡献。吴梅认为作为教师一定要做到理论与实践相结合，并要十分爱护学生。

2002年吴新雷发表了《曲学大师吴梅的治学特点》。作者认为吴梅的治学特点是立足于戏曲是综合艺术，"欲明曲理，须先唱曲"，力求理论联系实际，做到戏曲文学和舞台演唱的结合，编剧创作与音律声腔的沟通，全方位地建立了戏剧戏曲学的体系。

2007年第4期《艺术百家》刊登了程华平的《吴梅曲学教育的文化史意义》。指出学术界对吴梅的研究,主要集中在其作曲、谱曲、度曲等方面,而对其曲学教育没有给予应有的重视。他在曲学教育上的方法具有典范意义,吴梅课堂教学的讲稿,能够充分吸收前人的研究成果,并时时结合自己的经验体会加以阐释、发挥,提出独立见解,更系统、深入地阐明了制曲、度曲、谱曲的规律。注重实践性是吴梅曲学教育的一大特点,他从不把戏曲仅仅当作是供人阅读的案头之作,而是强调戏曲可唱可演之特性;吴梅在戏曲教学中,从来不对学生有所保留,真正做到了知无不言、言无不尽,这些方法值得我们借鉴和学习。

2015年山东大学李银梅的硕士论文《吴梅的戏曲创作和戏曲教育》,以戏曲教育和戏曲学术为切入点,开辟了吴梅研究的新方向,补充完善了对吴梅以及近代戏曲发展的相关研究,体现了曲学大师吴梅的杰出成就和贡献。2018年《新疆艺术学院学报》发表了赵君的《吴梅对中国戏曲教育事业之贡献的研究》。论文主要从高等院校的师生、戏班和科班的艺人以及在社集、曲集的曲友三类群体入手,全面梳理和总结吴梅先生在中国戏曲教育领域中的贡献。

2017年10月22日《文汇报》发表了杨月英撰写的《珍重读书身——吴梅与一百年前的"北京大学校歌"》。文章描述了1918年4月24日《北京大学日刊》刊登了这首由北大文科教授吴瞿安先生创作的歌曲。它为北大廿周年校庆而作,在蔡元培时期的北大广为传唱。歌词采用散曲曲谱【锦缠道】填写。在吴梅先生的《霜崖曲录》中收录了这首歌的改定稿《正宫锦缠道·示北雍诸生》。这首被吴梅谱作北大校歌的【锦缠道】,完全是一支格律谨严的昆曲清曲。曲子旋律典雅,于清越的曲调中见出高朗的情怀,并且有一种明亮的光芒,让人坚信这个世界上再没有比读书更好、更值得珍重的事情了。2019年11月,在吴梅先生逝世八十周年学术论坛,我应北京大学艺术学院邀请,用小楷书法创作了这首昆曲版的校歌歌谱,以飨当今曲学研究者,传唱经典。

## 六、其他研究方面

　　进入 2000 年以后,研究者对于吴梅的研究更为细致,除以上五个研究方向外,又拓宽了研究路径。2007 年 2 月胡庆龄在《滨州学院学报》发表了《吴梅的婚姻观与女性观》;2007 年第 7 期左鹏军在《学术研究》发表了《吴梅弟子的传奇杂剧及其戏曲史意义》;2011 年第 5 期徐有富在《古典文学知识》发表了《吴梅与潜社》;2011 年第 5 期陈益在《钟山风雨》发表了《吴梅致曹君直的两封信札》;2010 年张荣明在《21 世纪》第 12 期上发表了《吴梅与蒋谷孙——读〈吴湖帆日记〉》;2012 年第 3 期苗怀明在《九江学院学报(社会科学版)》发表了《吴梅与王国维关系三辩》;2015 年《书法》第 12 期刊发了张鹏宇的论文《云锦还在,秋霜未酣——近代曲学大师吴梅及其书法》等等。由此可见,对于曲学大师吴梅的研究已较为全面、到位,以后的研究方向将更加深入,人们对于"北王南吴"中的吴梅将会有一个更加全面、客观的认识,重新思考吴梅先生所倡立的昆曲文献研究之"吴氏范式"的研究地位,以及他对中国近代戏曲研究的学术贡献。

# 吴梅研究的新阶段

——北京大学"吴梅与近代以来的中国戏曲文化·吴梅研究工作坊"会议综述

张 淼

2019年11月9日到11月10日,"吴梅与近代以来的中国戏曲文化"学术论坛在北京大学艺术学院召开,来自北京大学、台湾大学、香港中文大学、南京大学、中国人民大学、北京师范大学、中国传媒大学、中国戏曲学院、上海戏剧学院、中国艺术研究院、上海艺术研究所、天津艺术研究所等高校和研究机构的30余位专家学者与会。

11月9日为"吴梅研究工作坊",主题为吴梅先生的学术成就与吴梅研究进展,包括四场专题报告和一次圆桌会议,是继1984年、1994年之后,第三次纪念吴梅先生的规模较大、意义也较大的学术研讨。吴梅先生的曾外孙朱宗明参加了会议,并将亲手抄录的吴梅先生撰写的昆曲版北大校歌的工尺谱赠送给了会议主办方教育部中华优秀传统文化(昆曲)传承基地。北大京昆社的学生演唱了吴梅在1921年创作的北大校歌。

北京大学艺术学院副院长李道新教授代表北大艺术学院和北京大学人文论坛欢迎各位与会者的到来。李道新教授认为研讨会是在吴梅与北京大学关联性的议题之下,对中国戏曲文化的一次深入的学术性的研讨。

台湾大学中文系汪诗佩教授介绍了大陆学者关于吴梅研究的著作在台湾传播的曲折过程,以及吴梅先生对自己学术研究工作的启发。

南京大学文学院苗怀明教授总结了吴梅研究的四个历史发展阶段,指出未来的吴梅研究可以关注的领域。

吴梅先生的曾外孙、无锡太湖学院朱宗明教授介绍了近些年学界研究吴梅的情况,并在会上展示了一些非常珍贵的历史照片。此后的研讨环节,主要围绕以下五个主题展开。

## 一、吴梅曲学研究

北京大学中文系李简报告的题目是"吴梅家数说刍议"。李简认为吴梅先生被誉为近世的曲学大师,研究者都强调他传统曲学色彩,但我们对吴梅以传统融会新学的努力还需要进一步的认识。李简从"家数"概念的确认、运用这一学说对中国古代曲体创作史的分析与对作家的分析这三方面说明了吴梅先生的"家数"理论在近现代曲学史上的重要意义。而在吴梅先生的弟子的努力下,"家数"的划分成为了曲体研究的一个代表性思路。李简还重点分析了"家数"理论对于关汉卿研究的贡献。

上海戏剧学院俞永杰在报告"吴梅的昆曲订谱理论与实践"中介绍了吴梅先生关于"订谱"方面的基本观点。订谱是有相当难度的,订谱需要熟练掌握多种昆曲技艺,订谱人自身要能唱,需要遵循订谱的基本原则与技术方法。吴梅先生订谱能力非常强,熟练和快速、"竹、肉"可度,他的曲子可吹可唱,为业界认可。吴梅先生不仅仅是传统意义上的曲学专家,他也很重视创新,他"新词不可全依旧谱"的观点是很重要的。而在当代昆曲的曲谱创作里,照抄旧谱的太多,这是很不好的现象。

苏州大学文学院黄金龙提出可以"从曲牌校注看吴梅的曲学思想与学术传承"。他讨论了曲谱的订正、南北曲差异的变迁、集曲和正曲的厘订,以及"曲牌声情说"等问题。黄老师认为曲牌的发展应该顺应时代潮流,吴梅的曲学传承在两个方面,一个是中国乐文学的传承,就是一代之人一代之乐;另一个是一直传到现在的曲谱考评,现在的学者其实都在传承这样的曲谱修订观念。

汕头大学中文系孙敏智报告的内容是从《顾曲麈谈》来看吴梅先生的度曲之法,讨论吴梅先生在《顾曲麈谈》中作句和作曲的观点。作为作曲的原则,吴先生认为唱比写还要重要,所以音声的安排是被置于首位的。吴先生一直强调要去读古人的曲谱,要去跟业界很多很能唱的老师们学,能唱了再去谈怎么作句和作曲的问题。论文中还介绍了吴梅先生的度曲诀窍以及他的戏曲教育理论和戏曲创作理论。

广州大学人文学院陈燕芳的报告题目是"近代知识转型视阈下的吴梅戏曲研究",以比较《顾曲麈谈》《词余讲义》《中国戏曲概论》三部著作对新旧曲论不同的利用方式为中心,试图从这个角度来讨论吴梅先生在当时特殊知识背景下的曲学个性。

北京师范大学艺术与传媒学院蒯卫华评述说:吴梅先生和北大、和北京昆曲有非常重要的渊源和难解的缘分。在民国时期,昆曲舞台的表演艺术南北两地分置的状态。南方传字辈的艺人有很多知识人士的扶持,是学界比较周知的。在北方昆曲艺人背后的力量和昆曲史的意义尚没有得到足够的关注,通过对吴梅先生教学的整理,发现他也在曲学界培养了一批文人曲家。吴梅先生研究的意义是很重大的,尤其是陈均在近期发表的一篇文章里对吴梅在北大五年的从教期间上课的基本情况做了详细的梳理,这是非常难得的史料。

## 二、吴梅史料再发现

安徽科技学院中文系姚大怀和华东师范大学中文系高岩分别对辽宁省图书馆藏许之衡的《玉虎坠传奇》与吴梅对《琵琶记》所做的研究加以讨论,分析了两部作品创作的动因。中国社会科学院民族文学研究所冯王玺讨论了吴梅先生的父亲吴国榛的剧作《续西厢》,指出该剧第三折设置了连续十首的悼亡诗,这在戏曲的创作中极为罕见,是吴国榛的一个新创。同时该文也指出吴梅先生成为曲学大师并非偶然,这一过程中有"家学"的因素。

北京大学中文系杜雪则通过《瞿安书目》对吴梅先生的藏书状况进行了细致的分析。吴梅先生是曲学大家,也是近代著名的戏曲文学藏书家之一。他的书斋是"奢摩他室",又因有明代嘉靖本专藏而号"百嘉室",编有《瞿安书目》。杜雪通过史料厘清了《瞿安书目》各部分的成书时间,以及这一时期吴梅先生藏书的总体面貌。

中国人民大学谷曙光提交的论文题目是"从日记看曲学大师吴梅的日常生活"。谷曙光指出《吴梅日记》表面上看起来是一些碎片和生活当中点滴的东西,但是从日常生活史的角度来看,日记不但是吴梅一份自己心灵史,也是在大时代当中爱国知识分子感时忧国的典型标本。吴梅日记中教书、写书、买书是主流,还包括有排曲。但他贯穿始终的一个主轴还是一个老辈的知识分子感时忧国的情感。日记当中也反映了吴梅碰到好书买不下来的苦恼、对黄侃的微辞,以及一个老辈学人的衣食住行、曲家经历和藏书家经历等等,是一份非常珍贵的转折时代的知识分子的心灵史。

南京大学文学院王馨的论文考察了北京昆弋名伶韩世昌拜师吴梅先生及从学的史实与影响。通过史料分析,可以明显看到原本寂寂无名的青年昆曲演员韩世昌拜吴梅为师在他的一生中是一个重大的转折,其实他跟吴梅先生并没有学到多少戏,所知最详细的就是《拷红》,剩下的像《吴刚修月》《桃花扇·祭扇》都是非常冷门的戏。但韩世昌拜吴梅为师成为了他的一个无形资产,让他走向了一个高峰,成为了那一时期北方昆曲的标志性人物。

北京师范大学文学院冯先思从吴梅佚札中发掘出了吴梅先生与其友王立承之间从同去旧书店淘书而相识相知,建立的亲密关系。论文中谈及的两人的往来书信,现在都是很罕见的,对这些史料的整理,可以说明我们更全面地认识吴梅先生的文化活动与精神世界。

中国昆曲博物馆浦海涅重点叙述吴梅先生《霜崖三剧》《霜崖曲话》《霜崖词录》三部作品的出版始末以及各种版本的相关情况,并且介绍了一些关于吴梅先生活动的新史料。

## 三、吴梅与大学戏曲教育

香港中文大学（深圳）人文社科学院陈亮亮认为吴梅昆曲传承理念最重要的是课程和社团的凝合，吴梅课堂中教的是文学和曲律，具体的技艺方面的培养则倚重社团和学社。

北京大学艺术学院陈均报告的题目是"吴梅与北京大学早期昆曲教育考述"，报告厘清了当年的北京大学音乐研究会与吴梅先生、与昆曲之间的关系。吴梅曾担任过音乐研究会的导师，他教曲很热心而且免费，所以音乐研究会的很多学生都在学昆剧。此外，陈老师还介绍了昆曲在北大艺术教育中的盛衰以及艺术教育观念的变化。

江苏第二师范学院文学院邹青在报告中另辟蹊径，通过对吴梅任教时期的自述和学生的回忆，结合吴梅先生在教学过程中所使用及所编写的讲义以及在东南大学和中央大学指导用书的课程纲要进行整理、对读，尽量地还原了吴梅先生任教的经历，并总结出吴梅先生教授词曲的授受特点。一是"古乐曲"统领下的词曲一体、戏曲散曲一体的教学观念。二是确立以作法为核心的教学内容，目标是培养懂方法的学者。三是坚持"欲明曲理、须先唱曲"的教学方法。

北京师范大学文学院冯先思指出吴梅离开北大之后接任他讲曲学课的是许之衡，在南京接任他曲学课的就是王立承。所以，许、王都是吴梅的接班人。

台湾大学汪诗佩介绍了台湾戏曲研究的现状，表达了对大陆戏曲专家的期待。

## 四、近现代戏曲发展态势

上海艺术研究所周锡山对"民国时期昆曲演出与生存情况"作了细致的分析。他指出在民国时期昆曲是三支力量在坚持，第一支是梅兰芳和程砚秋；第二支是昆曲的爱好者，尤其是上海的企业家；第三支就是传字辈。周老师还重点分析了"传字辈"如何把昆曲从绝境中挽回，又如何出现"内讧"造成了昆曲近乎灭亡的经验与教训。

郑州大学文学院王亚楠通过对吴梅先生传人许之衡、卢前戏曲著述的介绍，讨论了他们在戏曲史上的贡献，认为现在戏曲史上对他们的作用稍有低估。

上海艺术研究所曹凌燕和中国戏曲学院陈建平分别探讨了"海派"京剧形成的历史原因和邕剧艺术与岭南文化的交融关系。曹老师指出发源于北京的京剧到了上海以后成为了"海派"京剧，是跟上海特定的环境有很大的关系的。上海的观众与北京有很大差异，稀奇古怪的剧目、夸张和惊险的演出容易火，武戏特别容易火。上海建立了中国第一座近代化新式舞台。出于舞台上对于综合艺术的追求，灯彩戏最先也在上海产生。陈老师指出从邕剧形成到鼎盛的过程来看，作为邕剧特征的平民意识、尚武传统、家国情怀，都和岭南文化内在的神韵非常契合。天津市艺术研究院王兴昀引用了天津的报纸等史料，提出要注意对天津昆曲的研究。他也剖析了在京津地区昆曲和评剧不同境遇的原因。三篇论文涉及在不同地域发展的三个不同的剧种，但发掘出的剧目演变与所在地的经济文化状态、民间风俗文化之间不可分割的关系则是具有共同性的。

中山大学中文系慈华分析了传统戏曲剧目中刘知远故事的类型化及其成因。慈老师指出王季思先生很早就认识到，《汾河湾》里薛仁贵、柳迎春，《别窑》《回窑》里的薛平贵、王宝钏的故事，都是从刘知远故事演变而来的，它们都可以划为同一个类型。慈老师指出这一类型具有类似的故事情节，都有从贫贱发迹到功成名就、主要人物有缺点不完美、存在着试妻的情节这三个类型标志。这一类型深层是基于现实生活中民间的发迹渴望、帝王梦想，以及英雄故事背后的女性悲剧。

北京大学医学人文学院李远达的论文"迟到的科普戏曲：近代北方药性剧的地域性与内在矛盾"也提供了一个比较新颖的视角。论文指出隐藏在通俗文学和小说文学的脉络里面的说药传统，在晚清的时候在戏曲创作上有一个爆发，产生了一批与中医中药材相关的作品。通过这些剧目可以看出民间戏曲和近代科普文化的关系。

中国人民大学张一帆分享了他对百年曲学的发展和传承过程中偶然因素所发挥的作用的研究，这种偶然性甚至是很可怕的，这个可能性一旦没有实现的话，那么后面的整个趋势将如何发展是不可想象的。

## 五、中国戏曲研究的现状与发展

在最后的圆桌讨论环节，与会专家讨论了吴梅与中国戏曲研究的现状与发展等议题。

张一帆指出胡锦涛在清华百年的讲话当中，已经在高等教育原有的三大职能之上，又增加了一条叫"文化的传承与创新"。大学是有这个责任的。

汪诗佩介绍了台湾地区高校的昆曲教学情况，强调了长期以来台湾的昆曲研究和大陆昆曲界以及昆曲研究的联系。20 世纪 80 年代组织了到大陆看戏的活动，回去之后所有看戏的人都迷上了昆曲。各大学认识到昆曲是明清传奇的范本，于是在大学中提倡带学生去看昆剧，由于台湾没有昆剧可看，就把大陆五大昆剧团的折子戏录回来，上课都是看录像带。看了录像带之后就形成非常多爱昆曲的观众。

陈均发言指出对于昆曲传承和戏曲的研究，从这次会议的情况来看，继续吴梅以来的戏曲研究，还是很有可为。

浦海涅介绍了昆曲博物馆的现况与开展的工作，介绍了吴梅故居保存状况不佳等情况，需要各级政府发挥作用。他表示昆曲博物馆期待与高校的合作："只要凭一个介绍信，我们都愿意开门。"

本次"吴梅研究工作坊"议程紧凑，到会代表准备充分，亮点频出，对中国戏曲文化和吴梅先生的历史贡献做了一次深入的学术性研讨。

图书在版编目（CIP）数据

吴梅研究新集/陈均主编. -- 宁波：宁波出版社，2023.5

ISBN 978-7-5526-4819-5

Ⅰ.①吴… Ⅱ.①陈… Ⅲ.①吴梅（1884-1939）—人物研究—文集 Ⅳ.① K825.78-53

中国版本图书馆 CIP 数据核字（2022）第 243041 号

### 吴梅研究新集
WUMEI YANJIU XINJI

陈　均　主编

| 责任编辑 | 苗梁婕 |
| --- | --- |
| 责任校对 | 余怡荻 |
| 装帧设计 | 金字斋 |
| 出版发行 | 宁波出版社 |
| | （宁波市甬江大道1号宁波书城8号楼6楼）|
| 印　　刷 | 宁波白云印刷有限公司 |
| 开　　本 | 787mm×1092mm　1/16 |
| 印　　张 | 22.5 |
| 插　　页 | 2 |
| 字　　数 | 320千 |
| 版　　次 | 2023年5月第1版 |
| 印　　次 | 2023年5月第1次印刷 |
| 标准书号 | ISBN 978-7-5526-4819-5 |
| 定　　价 | 98.00元 |

版权所有　侵权必究